KB168528

라캉 또는 알튀세르

Lacan *sive* Althusser
For Ideological Revolt and Politics of Anti-Violence

ⓒ Won Choi 2016
All Rights Reserved

이 책의 저작권은 지은이와의 독점계약으로 도서출판 난장에 있습니다.
저작권법에 의해 한국 내에서 보호를 받는 저작물이므로
어떤 형태로든 무단전재와 복제를 금합니다.

라캉 또는 알튀세르

이데올로기적 반역과 반폭력의 정치를 위하여

최원 지음

일러두기

1. 인명, 지명, 작품명, 단체명은 국립국어원이 2002년 발간한 『외래어 표기 용례집』을 따랐다. 단, 이미 관례적으로 쓰이는 표기는 그대로 따랐다.

2. 본문에서 외국 문헌의 내용이 인용될 경우, 해당 문헌의 한국어판이 있으면 그 번역을 따랐으나 필요할 경우에는 부분적으로 수정했다. 단, 기존 번역도 참조하라는 뜻에서 각주에 한국어판의 서지사항과 쪽수를 병기했다.

3. 본문에서 지은이가 강조한 부분은 **견출명조체**로 표기했다.

4. 단행본·전집·정기간행물·팸플릿·영상물·음반물·공연물에는 겹낫표(『 』)를, 그리고 논문·논설·기고문·단편·미술 등에는 홑낫표(「 」)를 사용했다.

편지는 항상 자신의 목적지에 도착한다.
자크 라캉(1901~1981)

나는 비록 발송은 됐지만
여전히 수신자를 찾지 못하고 있는
'편지들'을 생각했다.
루이 알튀세르(1918~1990)

어떤 사람들은 알튀세르가 지배적인
이데올로기적 장치들에 맞서
반역할 가능성에 대해 말한 적이 없다고 생각한다.
이는 분명 오류이다.
에티엔 발리바르(1942~   )

서 문

이 책은 2008~2011년 시카고 로욜라대학교 철학과에서 쓴 박사학위 논문, 『이데올로기에 대한 알튀세르와 라캉의 구조주의 논쟁』[1]을 번역·보완한 것이다. 여기에서 나는 루이 알튀세르와 자크 라캉의 논쟁이라는 프리즘을 통해 이데올로기의 핵심 메커니즘을 고찰한다. 20세기 후반의 가장 뛰어난 프랑스 이론가들 사이에서 서로 어깨를 겨룬 이 두 사람의 이론적 수렴과 발산은 말 그대로 프로이트-맑스주의 역사의 중요한 한 국면을 규정했다. 1960년대 초 서로 동맹을 맺었을 때, 이들은 구조와 주체라는 질문을 공유하면서 맑스주의와 프로이트주의 사이에 새로운 연결고리를 만드는 결정적인 일보를 내딛는 것처럼 보였다. 그러나 이 동맹은 그리 오래 가지 못했는데, 라캉은 곧 자신의 세미나(1968~69년)에서 알튀세르를 공개적으로 실명 비판하고, 알튀세르는 1976년의 에세이(「프로이트 박사의 발견」)에서 라캉의 이론에 대한 불만을 감추지 않고 드러낸다.

라캉의 전기를 쓴 엘리자베트 루디네스코는 알튀세르와 라캉의 입장 차이를 이렇게 묘사한다.

---

1) Won Choi, *A Structuralist Controversy: Althusser and Lacan on Ideology*, Ph.D. Dissertation, Chicago: Loyola University, 2012.

라캉은 알튀세르와 정반대로 나아갔다. 라캉이 상징적 기능이라는 레비-스트로스의 관념에 항상 새로운 애착을 보였다면, 알튀세르는 모든 친족적 상징성에서 탈출함으로써만 정초적 행위를 달성할 수 있다고 믿었다. 라캉은 반대로 이런 탈출이 진정 논리적 담론을 생산할 수 있을지는 모르지만 그 담론은 정신증에 의해 침범당할 것이라는 점을 보여줬다.[2]

많은 독자들은 이 구절 앞에서 당혹스러워 할 것이다. 왜냐하면 여기에서 제시된 두 이론가의 이미지는 독자들이 보통 옳다고 믿는 것과 정반대일 것이기 때문이다. 오늘날 대부분의 독자들에게 알튀세르는 주체가 지배 이데올로기로부터 탈출할 수 있는 어떤 기회도 불허한 고집스러운 구조주의자로 비쳐지는 반면, 라캉은 이런 알튀세르의 입장에 대한 진정한 비판가, 곧 '실재'의 환원 불가능한 차원을 강조함으로써 어떻게 주체가 상징적 질서 전체를 전복하는 것이 가능한지를 보여준 이론가로 비쳐진다.

물론 이런 독자들의 이해를 일반인들의 아무 근거 없는 믿음이라고 쉽게 무시할 수는 없다. 실제로 알튀세르는 「이데올로기와 이데올로기적 국가장치들」(1970)을 출판하자마자 곧바로 구조주의자 또는 기능주의자라고 비판받기 시작했다. 이런 비판이 마침내 그 이론적 무게와 토대를 확보한 것은 주지하다시피 슬라보예 지젝이 『이데올

---

2) Élisabeth Roudinesco, *Jacques Lacan*, trans. Barbara Bray, New York: Columbia University Press, 1997, pp.301~302. [양녕자 옮김, 『자크 라캉 2: 삶과 사유의 기록』, 새물결, 2000, 102쪽.]

로기의 숭고한 대상』(1989)을 발표해 그 타당성을 나름대로 논증해 보였을 때였는데, 지젝은 정확히 알튀세르와 라캉의 비교를 통해 이를 달성했다. 출판된 지 20년이 훨씬 넘었지만, 지젝의 저 책은 오늘날에도 다양한 학문 공동체들이 알튀세르와 라캉을 이해하는 방식을 강력하게 규정하고 있다. 심지어 이안 파커 같이 지젝에 동조하지 않는 비판가조차 알튀세르에 대한 지젝의 비판은 타당하며 라캉 자신의 입장을 충실히 대변한다는 생각을 기꺼이 수용한다.[3]

그렇다면 루디네스코는 단순히 실수를 범한 것일까? 그러나 훨씬 더 최근에 사토 요시유키는 루디네스코와 유사한 주장을 펼친다. 즉, 1960~70년대 프랑스에서 벌어진 주체에 대한 논쟁에서 가장 완고하게 구조주의의 입장을 취했던 것은 오히려 라캉이며 알튀세르, (특히 후기의) 미셸 푸코, 질 들뢰즈, 자크 데리다의 이론화 작업은 모두 라캉의 이런 입장과 거리를 두기 위한 다양한 시도였다고 단언한 것이다. 사토에 따르면, 전체적으로 라캉의 이론은 상징적 구조에 대해 주체가 '절대적 수동성'을 가진다는 점을 강조하는 특징이 있다.[4] 그렇다면 우리는 알튀세르와 라캉에 대해 지금 대다수의 사람들이 믿고 있는 이미지야말로 단순한 오해라고 여겨야 하는 것일까?

나는 정통 구조주의의 입장을 좀 더 완강하게 견지했던 것은 알튀세르가 아니라 라캉이라는 관점에 동의하면서도, 이 두 이론가의 이견

---

3) Ian Parker, *Slavoj Žižek: A Critical Introduction*, London: Pluto Press, 2004, pp.85~86. [이성민 옮김, 『지젝』, 도서출판b, 2008, 173~174쪽.]

4) Yoshiyuki Sato, *Pouvoir et résistance: Foucault, Deleuze, Derrida, Althusser*, Paris: L'Harmattan, 2007, p.57. [김상운 옮김, 『권력과 저항: 푸코, 들뢰즈, 데리다, 알튀세르』, 도서출판 난장, 2012, 84쪽.]

뿐만 아니라 동의의 지점을 살펴보는 것이 중요하다고 주장할 것이다. 바꿔 말해서, 구조주의라는 것 자체는 하나의 통일된 학파가 아니었으며, 따라서 알튀세르와 라캉이 구조주의와 맺었던 관계도 '전부 아니면 전무'라는 식으로 생각해서는 곤란하다. 주체라는 범주를 '구성하는 위치'에서 '구성되는 위치'로 옮겨 놓으려 했던 한에서 그 두 사람은 모두 훌륭한 구조주의자였다.[5] 그들은 (주체의 능동성과 자율성까지 포함해) 주체의 범주를 단순하게 무효화하려 했던 것이 아니라 오히려 '설명'하려 했으며, 이를 위해서 주체가 어떤 과정과 메커니즘을 통해, 구조에 특정한 방식으로 의존하면서도 여전히 스스로를 자율적이라고 인지하는 존재로 구성되는지 검토했다. 이렇게 그들의 공통 관심사를 분명히 윤곽 지은 뒤에야 비로소 우리는 알튀세르와 라캉이 각자의 이론화 작업에서 감행했던 상이한 선택지들에 대해 질문하기 시작할 수 있을 것이다.

이와 같은 연구를 수행하기 위해 제1장에서는 지젝이 『이데올로기의 숭고한 대상』에서 제시한 알튀세르-라캉 논쟁 해석을 재검토할 것이다. 지젝은 주로 라캉의 욕망 그래프 안에 설치된 두 층(수준) 사이의 차이에 준거해 알튀세르-라캉 논쟁을 분석한다. 요컨대 지젝은 욕망 그래프의 아래층(1층)이 상징계의 확립을 설명한다면, 위층(2층)은 그런 상징계가 어떻게 실재에 의해 관통되는지, 구멍 뚫리게 되는지 보여준다고 주장한다. 알튀세르가 상징계 안에서 주체의 '소외'가 일어나는 아래층에 논의를 한정하는 반면, 라캉은 그 위에 한

---

5) Étienne Balibar, "Structuralism: A Destitution of the Subject?"(2001), trans. James Swenson, *Differences*, vol.14, no.1, Spring 2003, pp.11~13.

층을 더 추가해 실재(주이상스)의 차원을 도입하고 상징 그 자체로부터 주체의 '분리'가 어떻게 가능해지는지 보여준다는 식이다.

나는 지젝의 이런 관점에 동의하지 않는다. 나는 욕망 그래프의 아래층이 (상징계가 아닌) 상상계를 도식화하고 위층이야말로 상징계를 도식화한다고 주장할 것이다. **지젝의 오해는 라캉이 모든 주의를 기울여 구분한 두 종류의 상징을 혼동한 데서 비롯된 것이다.** 곧 상상적 시기에 '미리 도착해 있는 상징'(아래층에 도입되는 모성적인 상징적 질서)과 '고유한 의미의 상징'(위층에서 상상으로부터 분리되어 나오는 순수 상징으로서의 부성적인 상징적 질서)이 그것이다. 이 둘을 혼동함으로써 지젝은, 라캉의 '분리'라는 개념이 단지 대타자 어머니로부터의 분리를 의미하며 이런 분리를 달성하기 위해서는 주체가 아버지의 은유에 절대적으로 의존해야 된다는 사실을 지속적으로 놓치게 되는데, 결국 지젝의 이런 체계적인 오해야말로 상징의 절대적 필연성을 주장했던 라캉의 구조주의에 대한 알튀세르의 비판을 인지 불가능하게 만든 원인이라고 볼 수 있다.

제2장에서는 라캉의 이론적 발전의 시기 구분이라는 문제를 다룬다. 이 시기 구분이 중요한 까닭은, 라캉이 '아버지-의-이름'이라는 개념을 이론화하면서 상징의 절대적 중요성을 주장했던 초기(또는 초·중기)와 달리 후기에는 실재의 차원에 초점을 맞춘다는 지젝과 또 다른 이들의 주장 때문이다. 나는 '후기 라캉'의 시기가 이들의 주장처럼 1950년대 말(『세미나 7: 정신분석학의 윤리』) 또는 늦어도 1960년대 초(『세미나 11: 정신분석의 네 가지 근본 개념』)가 아니라, 그보다 훨씬 뒤인 1970년대 초(『세미나 20: 앙코르』)에 이르러서야 시작된다고 주장할 것이다. 이처럼 시기 구분을 어떻게 잡는가에

따라 알튀세르-라캉 논쟁에 대한 해석이 완전히 달라질 수 있는 까닭은 양자의 논쟁이 바로 1960년대 후반에 집중적으로 일어났기 때문이다. 1970년대에 단절이 일어났다고 가정할 경우, 상징의 중심성을 옹호했던 1960년대의 라캉은 여전히 구조주의의 입장을 견지하고 있었으며, 알튀세르는 바로 이런 라캉의 입장에 비판적이었다고 해석하는 것이 자연스럽다. 또한 나는 제2장에서, 1970년대에 일어난 라캉의 이론적 변화는 결국 과학으로서의 정신분석학을 포기하고 (생톰$^{le\ sinthome}$에 대한 논의로 대표되는) 포스트-정신분석학으로 나아가는 변화를 의미한다는 점을 보여주고자 한다.

제3장에서는 알튀세르와 라캉이 1960년대 후반에 서로를 비판했던 텍스트 안으로 직접 들어가서 논쟁의 요점이 지젝이 이해한 것과는 크게 달랐다는 점을 밝혀낼 것이다. 실제 쟁점은 주체가 구조에서 분리될 수 있는가 없는가가 아니라, 사회적 실천으로서의 주체의 이데올로기적 형성이 경제나 정치 같은 다른 사회적 실천들과 어떤 관계를 맺는가였다. 곧 그들은 주체와 구조 중 어디에 우위(또는 강조점)를 둘 것인가 하는 이론적으로 불모적인 질문 대신, 상이한 사회적 심급 간의 접합을 어떻게 이해할 것인가 하는 질문에 초점을 맞췄던 것이다. 이 문제를 검토하면서 나는 당시 구조주의를 옹호했던 것은 여전히 라캉이었음을 밝혀낼 것인데, 라캉은 상이한 사회적 실천들 간의 관계를 '구조적 상동성'의 논리에 따라 이해하고 각 학문분과의 종별성을 언어학의 부당 전제된 일반성으로 환원함으로써 구조주의를 옹호했다. 반면 알튀세르는 언어학과 정신분석학을 모두 국지적 이론들로 바라보면서 국지적 이론의 대상들이 서로에 대해 맺는 미분적 관계가 분절될 수 있도록 허락하는 일반 이론을 구축하

자고 제안한 바 있다. 알튀세르에 따르면, 라캉이 "무의식은 언어처럼 구조화되어 있다"는 자신의 유명한 주장에서 시작해 점점 더 언어학이나 "언어학과 연대한" 정신분석학이 모든 인문과학들에 대한 '모체-학문'mother-discipline의 역할을 수행할 수 있다고 믿게 된 것은 이런 일반 이론의 부재 때문이었다.

알튀세르의 제자인 미셸 페쇠가 나중에 보여주듯이, 일반 이론들(특히 담론 이론)을 구축하려는 알튀세르의 시도는 이데올로기적 투쟁과 반역이라는 질문을 새롭게 조명할 수 있게 해준다. '언어'(그 자체로는 정치적으로 중립적인 기표들의 집합)의 수준과 '담론'(똑같은 기표들로 구성되지만 매우 정치적이 되는 기표들의 상호결합·접합들의 집합)의 수준을 개념적으로 구분함으로써 알튀세르는 언어의 수준에 갇힌 관념적 이항대립들(랑그/파롤, 구조/주체, 필연/우연)로 퇴행하지 않으면서 이데올로기적 반역을 이론화할 수 있는 길을 준비했다.

제4장은 이 책의 결론을 이루는 장으로 나는, 알튀세르가 저항과 해방의 정치의 논리를 이해하는 데 라캉보다 좀 더 도움을 줄 수 있는 이론가라는 점을 보여주고자 한다. 알튀세르는 주체라는 아르키메데스의 점, 형이상학적 외부를 가정하지 않으면서도 이데올로기 자체에 내재해 있는 반역의 가능성을 발견하려고 노력했던 이론가였다. 물론 나는 알튀세르가 이 문제를 사고하는 데서 곤란에 부딪혔다는 점을 인정한다. 그러나 지젝의 해석처럼 '호명 너머'에 위치해 있는 라캉적 '무의식의 주체'라는 관념을 거부했기 때문에 알튀세르가 이런 곤란에 부딪혔던 것은 아니다. 오히려 알튀세르의 곤란은 고전적 맑스주의가 지배 이데올로기에 대해 가졌던 너무나 자명한 생각, 곧 "지배 이데올로기는 지배 계급의 이데올로기이다"라는 생각을 무

비판적으로 수용했다는 데서 비롯됐다. 이 동어반복적 정식화는 지배 이데올로기 자체에 내적으로 기입되어 있는 갈등과 모순을 충분히 분석하는 것을 (불가능하게는 아닐지라도) 곤란하게 만들었다. 나는 알튀세르와 그의 제자인 에티엔 발리바르가 1978년에 벌인 논쟁을 검토함으로써 알튀세르의 전반적인 노선에 충실하면서도 반역의 문제에 관련된 알튀세르의 곤란(이것은 곧 맑스주의적 이데올로기론 그 자체의 아포리아이다)으로부터 벗어나는 길을 어떻게 찾을 수 있는지 사유해보고자 한다.

그렇지만 라캉과 알튀세르의 차이에 대한 이 모든 지적에도 불구하고 나의 입장은 라캉의 문제설정을 기각하는 것과는 거리가 멀다. 정반대로 나는 라캉에 대한 주류적 해석들과 거리를 두면서 라캉을 극단적 폭력의 쟁점과 대결한 시민공존civilité의 이론가로 보자고 제안할 것이다. '아버지-의-이름'에 대한 라캉의 유명한 정식화는 극단적 폭력을 감축하는 헤게모니적 이데올로기의 긍정적 차원을 인식하려는 이론적 노력으로 볼 수 있으며, 이런 이데올로기의 역할은 혁명정치가 쉽게 무시할 수 있는 것이 아니다. 알튀세르가 말년에 니콜로마키아벨리에 대해 쓴 유고작을 읽으면서 나는, 알튀세르가 실제로 이런 라캉의 이론적 근본 구상에 이끌렸다는 점을 보여줄 것이다. 시민공존은 1990년대 후반부터 발리바르가 사고의 중심축으로 삼아온 정치의 세 개념 중 하나를 이루는 것으로 라캉의 논의는 여기에서 중요한 이론적 준거 가운데 하나로 전유되고 있다.

몇몇 특수 용어에 대한 예비 설명*

1. 욕망 그래프

자크 라캉은 욕망 그래프를 「프로이트적 무의식에서 주체의 전복과 욕망의 변증법」[1]이라는 글에서 포괄적으로 설명한다. 욕망 그래프는 라캉이 '기본 세포'라고 부르는 것(그림 1)이 겪는 변증법적 발전을 위상학적으로 재현한 것이다. 기본 세포는 기표 사슬이 자신의 눈앞에서 미끄러지는 동안 주체가 형성되는 과정의 최소 구조를 표상한다. 누군가 어떤 문장을 말하는 상황을 상상해보자. 각 단어의 의미는 그 문장이 완전히 끝나기 전에는 고정되지 않는다. 예컨대 "나는 학교에 간다."라는 단순한 문장의 첫 기표('나는')는 그 문장의 나머지 부분을 다 듣기 전에는 완전히 엉뚱한 다른 것을 의미할 수 있다. 그것은 일인칭 주어로서의 '나'를 의미할 수도 있지만 '날아가는'이라

---

* 나는 딜런 에반스의 사전을 참조했다. Dylan Evans, *An Introductory Dictionary of Lacanian Psychoanalysis*, London: Routledge, 1996. [김종주 옮김, 『라깡 정신분석 사전』, 인간사랑, 1998.]

1) Jacques Lacan, "The Subversion of the Subject and the Dialectic of Desire in the Freudian Unconscious"(1960), *Écrits: The Complete Edition*, trans. Bruce Fink, New York: W. W. Norton, 2006. 본문(다음 쪽)의 '그림 1'과 '그림 2'는 각각 이 영어판의 681쪽과 692쪽에 나온다.

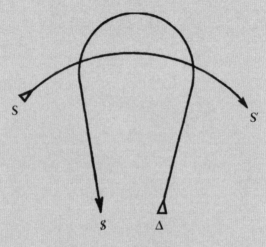

그림 1. 욕망 그래프의 기본 세포

는 말을 의미할 수도 있다("나는 새의 날개 짓은 참으로 힘차다." 같은 문장에서처럼). 이 첫 번째 기표의 의미가 고정되는 것은 오직 우리가 그 문장을 완전히 다 들은 다음에야 가능하다. 따라서 우리는 어떤 문장을 들을 때 문장이 끝나고 난 뒤에야 비로소 그 문장을 이루는 각각의 단어로 되돌아가 그 의미를 양각시키는 어떤 회고적 작업을 수행해야만 한다. 이 경우에, 문장이 끝난 것을 알려주는 마침표(.)는 여기에서 라캉이 '누빔점'un point de capiton이라고 부르는 것으로 기능하는데, 이 누빔점 위에서 기표들의 무한정한 미끄러짐은 멈춰지고 기표와 기의가 서로 꿰매어져 고정되는 것이다. 그러나 이런 상황은 개개의 문장에만 해당되는 것이 아니라 통상적 의미에서의 언어 전체가 어떤 누빔점(들)을 필요로 한다는 식으로 일반화될 수 있다. 언어 습득 이전의 아이가 마주하는 것이 바로 이런 일반적 상황이다. 아이는 언어 그 자체를 하나의 의미 없는 사물das Ding로서 경험한다.

아이가 언어를 이해하고, 그리하여 (기본 세포 왼쪽 아래의 분열된 주체 또는 빗금 쳐진 주체 $로 표시된) 기표의 주체로서 형성되는 것은 오직 어떤 누빔점이 그 아이에게 주어졌을 때뿐이다.

이런 욕망 그래프의 기본 세포는 라캉이 복잡한 방식으로 가공하는 변증법적 논리에 따라 완전히 전개된 그래프(그림 2)로 발전한다. 기본적으로 이 그래프는 두 개의 층, 곧 아래층과 위층을 가진다. 여기에서 아래층은 '소외'의 단계, 그리고 위층은 '분리'의 단계라고 명명될 수 있다('소외'와 '분리'라는 이름은 주로 『세미나 11: 정신분석의 네 가지 근본 개념』에서 가져온 것이다).

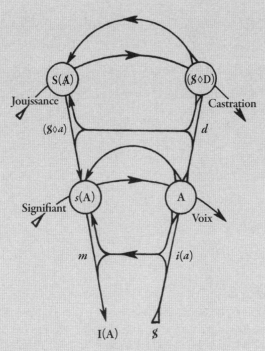

그림 2. 완성된 욕망 그래프

2. 실재/상징/상상

실재, 상징, 상상 같은 특수 용어를 정의하는 것은 어려운데, 왜냐하면 이 각각의 용어를 어떻게 정의할 것인가가 쟁점을 이루기 때문이다. 그러나 어떤 통상적인 설명이 출발점이 될 수 있다. 상상은 거울 단계에서 자아와 자아의 거울 이미지 사이에서 형성되는 이원적 관계를 지시하는 용어이다. 아이는 거울에 나타난 자신의 이미지와 나르시시즘적으로 동일시함으로써 자신을 인지한다. 그러나 이런 인지는 동시에 오인이기도 한데, 왜냐하면 아이는 실제로는 그 거울 안에 있지 않으며, 실제의 자기 자신을 바라보고 있는 것도 아니기 때문이다. 가령 이런 오인의 표지는 거울상에서 좌우가 뒤집혀 나타나는 현상에서 찾아질 수 있다. 라캉에 따르면, 이렇게 상상 안에서 형성되는 자아는 주체가 자기 자신으로부터 소외되는 장소를 이룬다.

반면 상징은 언어, 특히 기표들의 구조적 차원과 관련된다. 라캉의 유명한 정식은 "무의식은 언어처럼 구조화되어 있다"[2]고 말한다. 따라서 상징은 대타자의 영역에 속하는 무의식의 담론이다. 상상의 이원적 관계와 대조적으로 상징은 삼원적 관계에 의해 특징지어진다. 예컨대 어머니와 아들 간의 이원적 관계는 상징적 질서 안에서 제3의 항에 의해 매개되고 규제되는데, 이 제3의 항이 바로 아버지이다. 따라서 상징은 욕망을 한계 짓는 법의 영역이기도 하다.

---

2) Jacques Lacan, *The Four Fundamental Concepts of Psychoanalysis: The Seminar of Jacques Lacan, Book XI*, trans. Alan Sheridan, New York: W. W. Norton, 1998, p.20. [맹정현·이수련 옮김, 『정신분석의 네 가지 근본 개념: 자크 라캉 세미나 11』, 새물결, 2008, 37쪽.]

마지막으로 실재는 "상징화에 절대적으로 저항하는 것"[3]이다. 따라서 실재는 '불가능한 것'l'impossible이기도 하다. 실재는 결코 상징적 설명을 제공받을 수 없으며, 주체의 현실 감각 안으로 통합될 수도 없다(이런 맥락에서 라캉은 경우에 따라 실재le Réel와 현실réalité을 날카롭게 구분한다). 실재는 상징의 외상적 중핵을 구성한다. 상징은 실재를 외면하거나 전위시키려들지만 결코 실재로부터 성공적으로 도망치진 못하면서 실재의 주위를 맴돌 뿐이다. 그리하여 라캉은 실재를 이렇게도 정의한다. "실재는 …… 항상 똑같은 자리로 되돌아오는 것이다."[4] 주체는 모든 노력에도 불구하고 궁극적으로 실재를 피하지 못하는데, 왜냐하면 상징적 사슬 자체가 공백의 형태로 실재의 자리를 보존하고 있기 때문이다. 실재를 배제하지 않았다면, 상징 자체가 애초에 존재할 수 없었을 것이다. 따라서 실재는 규칙에 대한 예외이다. 단지 그것이 규칙의 바깥에 놓이는 것이라는 의미에서뿐만 아니라 그것이 규칙의 가능성과 불가능성을 모두 구성하는 것이라는 의미에서 그렇다. 라캉은 실재와 상징 간의 이런 이중 구속의 관계를 묘사하기 위해서 '외밀함'extimité이라는 신조어를 만들어낸다.

3. 억압

라캉에게서 억압이란 (지크문트 프로이트에게서와는 달리) 항상 '기

---

3) Jacques Lacan, *Freud's Papers on Technique, 1953–54: The Seminar of Jacques Lacan, Book I*, trans. John Forrester, New York: W. W. Norton, 1988, p.66.

4) Jacques Lacan, *The Ethics of Psychoanalysis, 1959–60: The Seminar of Jacques Lacan, Book VII*, trans. Dennis Porter, New York: W. W. Norton, 1992, p.70.

표'의 억압이다. 주지하다시피 라캉은 페르디낭 드 소쉬르의 기호 공식을 뒤집는다. 원래 소쉬르는 기표를 막대 아래에, 기의를 막대 위에 위치시키지만, 라캉은 이것을 뒤집어 다음과 같이 제시한다.

$$\frac{S}{s}$$

라캉은 항상 기표를 대문자 S로, 기의를 소문자 s로 표시한다는 점을 기억해두자. 따라서 기호 공식뿐 아니라 다른 모든 곳(예컨대 욕망의 그래프)에서 등장하는 S와 s는 각각 기표와 기의를 가리킨다.

라캉이 이렇게 소쉬르의 기호 공식을 뒤집는 이유는 물론 일반적으로 지적하듯이 기의에 대해 기표가 갖는 우위를 강조하기 위함도 있지만, 더욱 중요하게는 억압이라는 개념을 기호 공식과 연결해 설명하길 원하기 때문이다. 라캉에게서 억압은 기표의 억압이며, 기표가 억압된다는 것은 기표가 막대 아래의 기의의 영역으로 눌려 내려가게 된다는 것, 기표가 그 지하의 영역으로 내려가 기의의 역할을 떠맡게 된다는 뜻이다. 이 때문에 라캉에게는 막대 위에 기표의 영역을, 그리고 막대 아래에 기의의 영역을 위치시키는 일이 이론적으로 요구됐던 것이다. 그리고 이때 기표와 기의 사이의 막대는 의식과 무의식을 나누는 선, 따라서 어떤 금지와 억압을 표시하는 선으로 이해된다. 라캉은 「무의식에서의 문자의 심급」이라는 텍스트에서 소쉬르가 기호 공식을 예시하기 위해 늘 '나무'라는 예를 선호한다는 점을 상기시키면서, 프랑스어에서 나무를 가리키는 arbre라는 단어는 철자 순서 바꾸기anagram를 통해 barre(막대)로 만들 수 있다는 점을 지적한다.5) 라캉은 소쉬르가 기표와 기의를 논하는 동안 단 한 번도 그 중간에 있는 막대에 대해서 말하지 않았지만, 무의식적으로는 늘 그 막대에 대해 생각하고 있었으며, 이 때문에 소쉬르가 '나무'라는 예에 집착하고 있었던 것이라고 설명하고 있는 것인데, 이런 라캉의 설명을 믿건 믿지 않건 간에 중요한 것은 라캉이 기호 공식 안에 있는 막대를 이론적으로 문제 삼았다는 것이다. 라캉이 보여주고자 하는 것은, 소쉬르는 모든 기표들이 항상 막대의 한 쪽에만 있을 수 있고 다른 쪽으로 넘어갈 수 없다고 믿었지만 사실 기표가 기의의 영역으로 넘어가는 일이 일어날 수 있다는 것이다. 이 때문에 라캉은 자신의 텍스트에서 다음과 같은 화장실의 예를 제시한다.

HOMMES   DAMES

그림 3. 화장실의 예

이 경우, 기의의 자리에 놓여 있는 두 개의 문 그림은 정확히 동일하게 생겼다. 따라서 기의만을 놓고 보면 전혀 구분이 되지 않으며, 우리가 볼일이 급해서 화장실로 뛰어 들어가려고 할 때 어느 쪽

5) Jacques Lacan, "The Instance of the Letter in the Unconscious or Reason Since Freud"(1957), *Écrits: The Complete Edition*, trans. Bruce Fink, New York: W. W. Norton, 2006, p.419.

문을 열어야 할지 몰라 당황하는 일이 생길 수 있다. 이런 곤란을 피하기 위해서 우리는 어떻게 하는가? 바로 화장실 문 위에 기표(신사용Hommes, 숙녀용Dames)를 직접 적어 놓는다. 이렇게 기표가 기의의 영역에 있는 문 위에 직접 기입되는 상황을 예로 들면서 라캉은 기표가 기의의 영역으로 내려가는 일이 생긴다고 주장한다.

정상적인 방식으로 언어 안에서 기능하는 기표들은 모두 기호 공식의 막대 위에 나타나지만, 어떤 기표가 억압되면 그 기표는 막대 아래로 눌려 내려와 기의의 역할을 하게 된다. 무엇의 기의 역할을 한다는 뜻일까? 바로 말실수, 침묵, 부인dénégation 따위의 기의 역할을 한다는 뜻이다. 우리는 말할 때 기표들을 선택하고 결합하면서 말한다. 그런데 왜 우리는 기표들로만 말하지 않고 그 사이에 있는 어떤 공백, 끊어짐, 균열 따위를 경험하는 것일까? 왜 우리는 말실수를 하는 것일까? 정신 안에 생기는 그 어떤 일도 우연일 수 없다는 정신분석학의 원칙에 따르면 이런 현상들은 반드시 설명되어야 하는 것이다. 라캉은 우리의 말 안에 공백이나 균열이 생겨날 때, 그 기표들의 틈, 어긋남 아래에는 어떤 억압된 기표가 자리 잡고 있다고 말한다. 곧 그 틈, 어긋남도 다른 기표들과 마찬가지로 기의를 가지고 있으며, 그 기의의 자리에 있는 것이 바로 억압된 기표라는 것이다. 물론 정신분석학이 치료를 통해서 달성하고자 하는 것은 이 억압된 기표를 다시 막대(금지선) 위로 가지고 나와 다른 기표들과 연결시켜 줌으로써 의미화하고 이해할 수 있게 만들어 주는 것이다. 이것이 바로 정신분석학적 '해석'이 목표로 하는 것이다.

제1장

상징으로부터 떠나는가, 상징을 향해 떠나는가?

지젝의 『이데올로기의 숭고한 대상』 비판

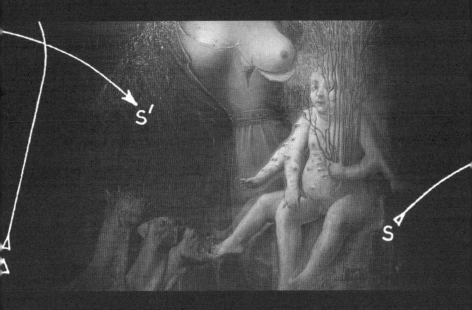

1. 알튀세르-라캉 논쟁에 대한 지젝의 해석

『이데올로기의 숭고한 대상』 서문에서 슬라보예 지젝은 당시 유명했던 위르겐 하버마스와 미셸 푸코의 논쟁이 실은 또 다른 논쟁을 억압하고 있으며 이 억압된 논쟁이야말로 이론적 의미가 훨씬 더 지대한 것이라고 지적한다. 이 "억압된 논쟁"이란 다름 아닌 루이 알튀세르와 자크 라캉의 논쟁이다. 지젝에 따르면 하버마스-푸코 논쟁이 직면하길 원치 않았던 '외상적 중핵'으로서의 이데올로기라는 쟁점을 전면화했기 때문에 알튀세르-라캉 논쟁은 억압됐다. 이 이중의 논쟁에서 각각의 이론가는 "주체의 네 가지 상이한 의념notion" 중 하나를 대표하며, 이에 따라 각자 상이한 "윤리적 위치"를 차지하게 된다.[1] 하버마스의 주체는 오래된 "초월적 반성의 주체"를 언어학적으로 개조한 것으로, 그 보편주의적 이상은 주체 간의 투명한 소통을 확립하고 주체가 이 소통의 주인이 되는 데 놓여 있다. 반면 푸코의 주체는

---

1) 이하 Slavoj Žižek, *The Sublime Object of Ideology*, London: Verso, 1989, p.2.
[이수련 옮김, 『이데올로기의 숭고한 대상』, 새물결, 2013, 22~23쪽.]

미학화된 반(反)보편주의적 주체로, 그 전통은 정념을 통제할 수 있는 주인이 되고 자기 삶을 예술작품으로 변화시킬 수 있는 역량을 지닌 "전인적" 개인이라는 르네상스적 이상으로까지 거슬러 올라간다. 지 젝은 보편주의와 관련된 표면적 차이에도 불구하고 하버마스와 푸코 는 모두 주체가 자기의-주인됨과 자기-투명성을 지고의 가치로 강 조하는 인본주의적 전통에 포함될 수 있다고 주장한다.

다른 한편, 알튀세르는 이런 인본주의적 전통으로부터의 결정적 단절을 표시한다. 주체가 자신을 주체로 인지하는 것은 항상 이데올 로기 안에서이기 때문에 주체는 결코 스스로의 주인이 될 수 없다. 이데올로기는 주체의 모든 활동에 동반되는 근본적 조건 가운데 하 나이다. 따라서 지젝에 따르면, 알튀세르의 주체는 "주체 없는 상징 적 과정 내에서" 발본적으로 소외되어 있는 주체, 또는 이데올로기 의 단순한 효과로 다소간 완전하게 환원될 수 있는 사실상의 **비**-주 체non-subject에 불과하다. 지젝은 이런 알튀세르의 주체에 라캉의 주 체를 대립시키는데, 라캉의 주체는 실재를 그것의 상징화로부터 분 리하는 환원 불가능한 거리에 의해 정의된다. 이 시각에 따르면, "상 징적 통합-분해"에는 그것에 저항하는 잔여물 또는 잉여라는 것이 늘 생겨나기 마련이며, 이 잔여물이야말로 주체에게 자신을 상징적 구조에서 분리할 수 있는 기회를 허락하는 욕망의 차원을 야기한다. 지젝의 관점에서, 불굴의 비극적 인물인 안티고네를 모델 삼아 라캉 이 정식화한, "결코 자신의 욕망을 양보하지 말라"는 구호는 이런 종 류의 주체에 적합한 윤리적 입장을 요약한다. 그것은 자기의-주인됨 이라는 윤리로 복귀하려는 시도가 아니라 바로 그런 '자기' 또는 '자 아'를 규정하는 상징적 구조를 전복하려는 정반대의 시도이다.

지젝은 알튀세르와 라캉의 차이를 소묘하기 위해서 라캉의 욕망 그래프에 마련된 두 층 사이의 차이에 준거한다.[2] 지젝에 따르면 알튀세르는 상징 안에서 주체가 소외되는 1층(아래층)에 자신의 논의를 한정하지만, 라캉은 여기에 또 다른 층(2층)을 추가함으로써 실재(주이상스)의 차원을 도입하고, 그리하여 상징으로부터 주체의 분리를 사고할 수 있도록 허락한다.

나는 1980년대의 학문적 무대에서 억압됐던 알튀세르-라캉 논쟁의 중요성을 재발견하고 강조한 지젝의 관점에 공감하지만, 그럼에도 불구하고 지젝이 이 논쟁을 성격 짓는 방식에 대해서는 전혀 동의하지 않는다. 지젝의 방식에는 적어도 두 가지 커다란 문제가 있다. 첫 번째 문제는 지젝이 이 논쟁에 대해 제시하는 이미지가 너무 일방적인 것이라는 점이다. 지젝은 이 논쟁이 실제로 전개된 방식을 조심스럽게 재구성하지 않고 라캉의 이론적 잣대로 알튀세르의 이론을 난폭하게 재단함으로써 단순히 알튀세르 이론이 어떤 점에서 라캉의 이론에 미달했는지를 지적하고 알튀세르 이론을 기각하는 데 만족한다. 마치 그들이 동일한 길을 걸었으며, 알튀세르가 멈춘 곳에서 라캉은 더 멀리까지 나아갔다는 듯이 말이다. 이런 재단은 각각의 이론이 발전된 독특한 방식을 무시하는 목적론적 독해라는 점에서 문제가 있다. 더 나아가 이런 재단은 마치 라캉이 자신의 이론(특히 욕망 그래프)을 고안한 것이 적어도 부분적으로는 알튀세르의 입장을 반박하기 위한 것이었다는 인상을 주거나, 알튀세르가 라캉에

---

2) Žižek, *The Sublime Object of Ideology*, p.124. [『이데올로기의 숭고한 대상』, 205쪽.]

의해 이 논쟁에서 다소간 일방적인 방식으로 비판됐을 뿐이라는 인상을 준다는 점에서 문제가 있다.

　이런 인상이 적어도 매우 의문스러운 것이라는 점을 보려면, 관련된 몇몇 역사적 사실을 고려하는 것만으로도 충분할 것이다. 『이데올로기의 숭고한 대상』에서 지젝의 중심 논거를 이루는 텍스트는 의심할 바 없이 「프로이트적 무의식에서의 주체의 전복과 욕망의 변증법」(이하 「주체의 전복」)이라는 라캉의 글이다. 이 글은 원래 1960년 로요몽 수도원에서 열린 '변증법' 학술대회에서 발표하기 위해 작성된 것으로 1966년 『에크리』에 처음 출판됐는데, 이는 알튀세르가 『맑스를 위하여』와 『《자본》을 읽자』를 출판한 1965년에서 단 1년밖에 지나지 않은 때였다. 다른 한편, 지젝의 비판이 주된 과녁으로 삼게 되는 알튀세르의 「이데올로기와 이데올로기적 국가장치들」이라는 글은 1969년에 작성됐고 1970년에 출판됐다. 이 글에 대해 라캉은 별다른 반응을 보이지 않았다. 오히려 나중에 라캉을 비판했던 것은 알튀세르였는데, 특히 알튀세르가 1976년에 쓴 「프로이트 박사의 발견」이라는 글에서 이 점을 확인할 수 있다. 물론 여기에 대해서도 라캉은 답변하지 않았다. 라캉이 알튀세르에 대해 가했던 명시적이고 유일한 비판은 『세미나 16: 대타자에게서 소타자에게로』(1968~69)의 첫 두 세션에 나오는데, 이는 알튀세르의 이데올로기에 대한 논문 출판을 1년 이상 앞서는 것으로, 당연히 거기에는 '이데올로기적 호명'에 대한 알튀세르의 정식화를 비판하는 논의가 없다.[3]

---

3) 나는 본서의 제3장에서 『세미나 16』에 제시된 알튀세르에 대한 라캉의 비판의 내용이 무엇이었는지를 자세히 살펴볼 것이다.

이런 논쟁의 순서를 염두에 둔다면, 우리는 지젝과는 사뭇 다른 가설에 도달할 수 있다. 지젝에 따르면, 라캉이 제안한 욕망 그래프는 두 개의 층을 가지고 있는 반면 알튀세르의 이론은 단지 하나의 층만을 가지고 있고, 이런 대조는 그 자체로 상징의 역할을 과도하게 강조하고 실재의 차원을 무시하는 알튀세르 이론의 약점을 보여준다. 다시 말해서, 라캉의 욕망 그래프는 바로 알튀세르의 이런 이론적 약점을 지적하는 것이라고 이해될 수 있다는 것이다. 그러나 이 욕망 그래프가 1960년에 제안됐고 이데올로기에 대한 알튀세르의 테제가 1969년에 나왔다면, 2층을 추가함으로써 라캉이 알튀세르를 비판했다고 보기보다는 오히려 알튀세르가 이 욕망 그래프의 2층을 **거부했다**고 보는 것이 더 그럴듯하지 않은가? 알튀세르가 이 욕망 그래프의 1층을 몇몇 수정과 함께 받아들였다고 할지라도 말이다. 물론 알튀세르가 2층을 거부한 것이 아니라 단순히 2층의 함의를 놓쳤다고 주장하는 것은 여전히 가능하다(이것이 아마도 지젝의 해석일 것이다). 그러나 이미 말했듯이 알튀세르는 1970년대에 라캉을 비판한 바 있는데, 그렇다면 적어도 그 비판의 요점을 먼저 확인하는 것이 필요하지 않을까? 그러나 지젝은 묘하게도 라캉에 대한 알튀세르의 이런 비판이나 그 비판이 등장하는 글을 결코 언급하지 않는다.

이와 같은 첫 번째 문제와 긴밀하게 연결되어 있는 두 번째 문제는 라캉의 욕망 그래프에 대한 지젝의 해석 자체와 관련된다. 지젝은 1층이 상징적인 것을, 2층이 그런 상징이 실재에 의해 관통되는 것을 각각 도식화한다고 본다. 하지만 내가 보기에 1층은 오히려 상상을, 2층은 상징을 도식화한다고 간주하는 것이 훨씬 더 적합하다. 실재는 상상에서 상징으로의 이행을 가능하게 만드는 일종의 촉매로서 '불안'angoisse의 형태로 개입한다. 이런 관점에서 보면, 2층을 추가함으로써 상징의 필연성을 강조한 것은 라캉이다. 반면 알튀세르는 이데올로기에 대한 이론 안에서 욕망 그래프의 2층에 해당하는 것을 거부함으로써(또는 그것의 함의를, 말하자면, '놓침'으로써) 상징의 필연성을 문제시하고 있는 것으로 보인다. 따라서 우리가 던져야 할 결정적인 질문은 바로 욕망 그래프의 1층에서 2층으로 이행할 때 우리는 "상징**으로부터** 떠나는가, 아니면 상징**을 향해** 떠나는가?"이다. 여기에서 나는 (상상계 안에) **미리 도착해 있는 상징**과 (상상계로부터 분리된) **고유한 의미의 상징**을 구분함으로써 1층이 실로 상상계를 재현하며 2층은 상징계를 재현한다는 점을 논증하고자 한다.

『이데올로기의 숭고한 대상』에서 지젝은 알튀세르를 두 차례에 걸쳐 비판하고 있다. 제1장(「맑스는 어떻게 증상을 발명했는가?」)과 제3장(「케 보이?」4))이 그것인데, 각별히 욕망 그래프의 2층 구조의 문제를 다루고 있는 것은 제3장이다. 두 번째 절에서 나는 제1장을 논하고, 알튀세르가 실재라는 카프카적 차원, 곧 "동일시/주체화 없는 호명"의 차원을 놓쳤다고 하는 지젝의 주장을 검토해볼 것이다. 세 번째 절에서는 라캉의 텍스트, 즉 「주체의 전복」을 직접 분석함으로써 욕망 그래프의 구조를 정확히 파악해보고자 한다. 그리고 마지막으로 네 번째 절에서는 라캉이 욕망 그래프에 대한 이론화를 처음 시도했던 『세미나 5: 무의식의 형성』(1957~58)에 대한 독해를 통해, 그것이 어떤 정신분석학적 논쟁의 맥락에서 제기됐으며, 더 나아가 욕망 그래프의 1층과 2층이 환유와 은유라는 언어학상의 근본 구분에

---

4) "케 보이"(Che vuoi)는 이탈리아어로 "당신은 무엇을 원하는가?"를 뜻한다.

어떻게 연결되어 있는지를 살펴보고, 이를 통해 지젝 및 다른 라캉 주해자들의 해석이 가지고 있는 난점을 드러내보이고자 한다.

2. 사물과의 마주침

『이데올로기의 숭고한 대상』 제1장에서 지젝은 『세미나 7: 정신분석학의 윤리』(1959~60)에 등장하는, 사물에 대한 라캉의 논의를 활용해 알튀세르의 이데올로기론을 공략한다. 지젝은 알튀세르가 여전히 참과 거짓의 차원에서 인식론적으로 이데올로기 문제에 접근한다고 비판하면서, 주체가 참된 지식을 확보한다고 해도 물리칠 수 없거나 교정할 수 없는 "믿음의 객관성"이라는 쟁점을 제기한다. 자신의 논점을 묘사하기 위해서 지젝은 상품의 물신성을 예로 든다. 지젝에 따르면 모든 사람은 돈이라는 것이 종이 쪼가리에 불과하다는 사실을 이미 **알고** 있지만 마치 돈이 그 직접적 현실 속에서 부富를 구현한다는 듯이 **행동한다**. 자본주의에서 모든 사람은 이론이 아니라 실천에 있어서 물신주의자라는 것이다.

이런 상품의 물신성은 어떻게 가능해지는 것일까? 그것은 바로 주체가 시장에서 활동할 때 자신이 그저 자신의 이익을 쫓는 자율적 행위자라고 오인함에도 불구하고, 사실 거기에서 주체를 대신해 사고하고 행동하는 것은 오히려 그 주체를 둘러싸고 있는 외적 **사물들**로서 시장의 사회적 제도들이기 때문이다. 주체와 외적 시장장치 간의 능동-수동 관계의 이런 전도야말로 상품의 물신성을 일반적인 인식론적 비판의 사정거리 바깥에 자리 잡게 만들며, 상품의 물신성을 단순히 주체의 환상으로 비난하는 일을 소용없게 만든다. 다시 말해서, 돈에 대한 물신주의적 믿음은 사실 우리 자신의 것이 아니라 사물들이 우리를 대신해서 가져주는 **객관적 믿음**인 것이다.[5]

지젝은 이런 논점을 일반화하기 위해서 법에 대한 외적 복종이라는 문제를 논한다. 법에 대한 외적 복종이란 주체가 자신의 외적 행동 속에서 보여주는 복종을 일컫는데, 만일 주체가 법에 따라 행동한다면 주체가 그 법이 옳다고 마음속으로 믿는가, 그렇지 않은가 하는 것은 별 문제가 되지 않는다는 것이다. 이와 같은 외적 복종은 알튀세르의 이론에서 억압적 국가장치로 대표되는 비-이데올로기적 '완력'에 복종하는 것과는 다른 차원의 것이다. 지젝에 따르면, 이는 알튀세르가 전혀 사고하지 못한 것인바, 외적 복종이란 "그 명령이 이해할 수 없고 이해되지 않는 한에서, 그 명령이 '외상적'이고 '비합리적' 성격을 가지는 한에서" 주체에게 강제되는 복종이다.[6]

이제 우리는 이런 주장이, 『세미나 7』에서 라캉이 도덕적 명령의 권위를 확립하는 데 있어 **사물**das Ding이 가지는 역할을 논하면서 펼쳤던 것과 동일한 주장이라는 것을 분명히 알 수 있다. 여기에서 라캉이 말하는 사물이란 일반적 사물die Sache을 가리키는 것이 아니라 오로지 기표라는 사물을 가리킨다. 소리가 들리지 않는, 사물로서의 말Wort als Ding(따라서 발화la parole라기보다는 단어le mot 그 자체이자 기

---

5) 상품의 물신성은 맑스주의적 전통에서는 인간들의 관계가 자본주의 시장에서 사물들의 객관화된 관계로 전도되어 표현되는 현상을 일컫는다. 반면에 정신분석학의 전통에서 페티시즘(물신주의)은 아이가 어머니의 부재하는 페니스(자지) 대신에 다른 대상을 그 자리에 놓음으로써 거세의 '사실'을 부인하려고 시도하는 현상을 가리킨다.

6) Žižek, *The Sublime Object of Ideology*, p.37. [『이데올로기의 숭고한 대상』, 76쪽.]

의 없는 기표로서의 말)이야말로 정확히 주체에게는 이해 불가능하고 외상적이며 비합리적인 것으로 보이는 것이다. 라캉은 사물이란 자신이 "기의-너머le hors-signifié라고 부르는 것"이라고 말한다.[7] 따라서 사물은 주체에 의해 아직 의미로 경험되지 않고 단지 완강한 한 조각의 현실로서 외부로부터 주체에게 강제되는 기표(또는 기표 사슬)이다. 그리고 바로 이것이 궁극적으로 라캉이 실재le réel라고 보는 것이기도 한데, 라캉은 "사물이라는 바보 같은/벙어리 같은 실재réalité muette"라고 말함으로써 이를 표현한다.[8] 왜 바보 같은가? 왜냐하면 사물로서의 기표는 아직 주체에게 그가 이해할 만한 어떤 의미도 생성해주지 않기 때문이다. 그것이 하는 일이라곤 고집스럽게 기표로서의 자기 자신에 준거하는 것일 뿐이다. 라캉은 기표의 이런 바보 같은 자기-준거적 성격을 도덕적 명령이 가지는 권위의 비밀스러운 원천으로 식별하면서, 그것을 주체의 '쾌락원칙'을 제한할 수 있는 (사회적) '현실원칙'과 관련시킨다. 라캉은 어떤 경험적 내용이나 의미도 결여하고 있는 순수 형식으로서의 정언명령(임마누엘 칸트)이야말로 탁월한 의미에서의 사물이라고 주장한다. 그리고 지젝이 알튀세르를 전면적으로 비판하는 것은 바로 이런 관점에서이다.

알튀세르는 이데올로기의 상징기계가 의미와 진리의 이데올로기적 경험 속으로 '내부화'되는 이데올로기적 호명의 과정에 대해서만 이

---

7) Jacques Lacan, *The Ethics of Psychoanalysis, 1959-60: The Seminar of Jacques Lacan, Book VII*, trans. Dennis Porter, New York: W. W. Norton, 1992, p.54.

8) Lacan, *The Ethics of Psychoanalysis*, p.55. 물론 우리는 이 세미나에서 라캉이 '실재'와 '현실'이라는 두 용어를 혼용하고 있다는 사실을 고려해야 한다.

야기하고 있다. 그러나 파스칼로부터 우리가 배울 수 있는 것은, 이와 같은 '내부화'가 그 구조적 필연성에 의해서 결코 온전히 성공하지 못한다는 점, 거기에는 항상 그 내부화에 들러붙는 외상적 비합리성과 비의미성의 나머지, 잔여물, 자국이 있다는 점, **또 이 잔여물은 이데올로기적 명령에 대한 주체의 온전한 복종을 방해하기는커녕 바로 그 복종의 조건이 된다**는 점이다. 법에 무조건적인 권위를 부여하는 것은 정확히 무의미한 외상의 이런 통합되지 않은 잉여이다. 다시 말해서 이 잉여는 우리가 이데올로기적 의미의-즐김$^{jouis-sense}$, 이데올로기에 고유한 의미 안에서의 즐김(의미된 즐거움$^{enjoy-meant}$)이라고 부를 만한 것을 지탱해준다.[9]

이데올로기는 주체가 일련의 의미 없는 기표들(사물들)로 구성된 상징기계를 내부화할 때 주체가 즐길 만한 의미를 생산한다. 그러나 이런 내부화/상징화는 온전히 성공할 수 없는데 실재로서의 사물은 정의상 상징화에 저항하는 것이기 때문이다. 이데올로기가 주체에게 제공하는 의미와 진리의 외부에는 항상 어떤 것이 남아 있게 마련이다. 이 잔여물은 이데올로기의 무난한 작동에 방해가 되는, 전혀 불필요한 것인 양 보이지만, 사실은 주체에 의해 경험되는 정신화된 의미의-즐김을 지탱하는 물질성을 구성하는 것이다. 이데올로기를 떠받쳐주는 이 비의미적인 잉여의 차원에 주목하면서, 지젝은 알튀세르에 반대해, 이데올로기적 동일시 또는 주체화에 **선행**하거나 그것

---

9) Žižek, *The Sublime Object of Ideology*, pp.43~44. [『이데올로기의 숭고한 대상』, 85쪽~86쪽.]

의 **사전 조건**을 이루는 호명이 있다고 제안한다. 지젝은 이를 위해서 프란츠 카프카를 알튀세르의 비판가로 등장시킨다.

> 우리가 이런 이데올로기적 의미의-즐김과 관련해 카프카의 이름을 언급했던 것은 우연이 아니었다. 카프카는 '기계'와 그것의 '내부화' 사이의 틈에 구성적인 것을 보여줌으로써 알튀세르에 대한 일종의 비판을 미리avant la lettre 발전시킨다고 말할 수 있다. 카프카의 '비합리적' 관료제는 주체가 어떤 동일시, 어떤 인지(어떤 **주체화**)도 일어나기 **전에** 마주하는 이 맹목적이고 거대하며 비의미적인 장치, 정확히 이데올로기적 국가장치가 아닌가? …… 이 호명은 말하자면 **동일시/주체화 없는 호명**이다.10)

그러므로 예컨대 『성』(1926)에서 카프카가 그리는 비의미적 관료기계의 경험은 상징적 의미의 모든 가능한 생성을 위한 **사전** 조건을 이루는 '동일시/주체화 없는 호명'의 차원을 보여준다. 그러나 사물(즉, 성)이 완전히 내부화되거나 상징화될 수 없는 어떤 것으로 특징지어지는 한에서, 우리는 상징적 법의 효과적 작동을 위한, 말하자면, **사후** 조건으로서 회귀하고 기능하는 어떤 잔여물 또는 어떤 기억을 상기시켜주는 흔적이 여전히 남아 있게 된다고 말할 수 있다. 이 때문에 지젝은 '동일시/주체화 없는 호명'이라는 생각을 도입한 직후 곧바로 그것을 대상 a 및 라캉의 환상 공식(ꞩ◇a)에 연결하는데, 대상 a와 환상 공식은 모두 원칙적으로 상징기계의 내부화 **이후**에만

---

10) Žižek, *The Sublime Object of Ideology*, p.44. [『이데올로기의 숭고한 대상』, 86쪽.]

출현할 수 있는 것이다. 또한 지나가는 길에, 지젝에게는 이런 잔여물이 그 효과에 있어서 극단적으로 양가적인 어떤 것으로 남을 것이라는 점도 지적해두자. 왜냐하면 이런 잔여물은 동시에 안티고네나 예수의 경우처럼 주체가 상징적 법에서 자신을 분리할 수 있는 기회를 허락하는 것이기 때문이다.

그러나 이 시점에서 나는, 지젝이 '동일시/주체화 없는 호명'이라고 부르는 차원을 알튀세르의 이론이 가지고 있다는 점을 충분히 보여줄 만한 반증을 제시하고자 한다. "상징적 법이 미리 도착해 있다"[11]는 라캉의 테제를 심각하게 받아들이며, 알튀세르는 「프로이트와 라캉」에서 다음과 같이 말한다.

[상상과 상징이라는] 두 시기는 유일한 법칙인 상징세계의 법칙에 의해 지배되고 통제받으며, 그것에 의해 드러난다. …… 상상적 세계 자체의 시기[는] …… 아이가 **실제로 그것을 상징적 관계**(즉, **인간의** 자식과 **인간으로서의** 어머니의 관계)**로 인지함 없이, 무매개적인** 관계를 체험하는 첫 번째 시기[를 일컫는다].[12]

---

11) "사실 상징들은 인간의 삶을 너무나 총체적인 네트워크로 감싸기 때문에 상 징들은 인간이 세상에 나오기 전부터, 그를 '뼈와 살'로 생성시킬 것들과 함 께 결합하며, 그가 탄생할 때 요정들의 선물까진 아니더라도 별들의 선물과 함께 그에게 그의 운명의 윤곽을 가져다준다." Jacques Lacan, "The Function and Field of Speech and Language in Psychoanalysis"(1953), *Écrits: The Complete Edition*, trans. Bruce Fink, New York: W. W. Norton, 2006, p.231.

12) Louis Althusser, "Freud and Lacan"(1964), *Lenin and Philosophy and Other Essays*, trans. Ben Brewster, New York: Monthly Review Press, 1971, p.210. [이진수 옮김, 「프로이트와 라캉」, 『레닌과 철학』, 백의, 1991, 35쪽.] 강조는 인용자.

지젝의 주장과 달리, 여기에서 알튀세르는 아이가 아직 의미와 진리로서 경험하지 못하는, 작동 중인 상징기계의 벌거벗은 실존을 분명히 인식하고 있다. 아이가 어머니와 맺는 최초의 관계는 **무**-매개적 *im*-mediate인 것이며 아직 의미는 생산된 바 없다. 아이는 어머니를 단지 사물로서, 곧 말하는 사물로서 경험할 뿐 의미를 가지고 있는 "인간으로서의 어머니"로 경험하지 않는다. 「이데올로기와 이데올로기적 국가장치들」에서도 알튀세르는 "무릎을 꿇어라. 기도의 말을 읊조려라. 그러면 믿게 될 것이다"[13]라는 블레즈 파스칼의 테제를 강조함으로써 모든 이데올로기적 호명 안에서 논리적으로도, 시간적으로도 앞서는 것은 의례에 대한 개인의 종속(곧, 주체화에 앞서는 종속[14])임을 분명히 한다. "[개인의] 사고는 물질적 행동 속에 기입되어 있으며, 이 행동은 물질적 관습들에 의해 제한되는 물질적 실천들 속에 기입되어 있고, 이 관습들은 그 자신이 물질적 이데올로기적 장치에 의해 규정되는바, 그 주체의 사고는 이 장치로부터 유래한다."[15]

따라서 지젝이 "법은 법이다"라는 동어반복적 명제를 가지고 폭로하는 법의 비미의적, 자기-준거적, 바보 같은/벙어리 같은 성격[16]

---

13) Louis Althusser, "Ideology and Ideological State Apparatuses"(1970), *Lenin and Philosophy and Other Essays*, trans. Ben Brewster, New York: Monthly Review Press, 1971, p.168. [김웅권 옮김, 「이데올로기와 이데올로기적 국가장치」, 『재생산에 대하여』, 동문선, 2007, 391쪽.]

14) 주체화는 의미작용(signification)의 수준에서 일어나고 주체에게 기호의 의미에 대한 온전한 접근을 허용한다. 반면 종속은 정서(affects)의 수준에서 일어나며 의미 없는 기표에 대한 개인의 신체적 종속을 강제한다.

15) Althusser, "Ideology and Ideological State Apparatuses," p.169. [「이데올로기와 이데올로기적 국가장치」, 391쪽.]

이 사실 알튀세르가 그리스도교적 종교 이데올로기의 사례를 논하면서 강조하는 중요한 논점 가운데 하나라는 것은 매우 자연스러운 것이다. 차이가 있다면 알튀세르에게는 가장 도드라진 사례가 성경의 모세 이야기에서 찾아진다는 점뿐이다. "당신은 누구십니까?"라고 묻는 모세에게 신이 이렇게 답했다는 것 말이다. "나는 나다!"[17]

하지만 욕망 그래프의 1층에 대한 설명의 마지막 부분에서 라캉이 지적하는 것 또한 법의 이런 동어반복적 성격이 아닌가? 「주체의 전복」에서 라캉은 이렇게 쓴다.

---

16) Žižek, *The Sublime Object of Ideology*, p.36. [『이데올로기의 숭고한 대상』, 73쪽.]

17) 이런 이유로 예컨대 주디스 버틀러는 이렇게 주장한다. "알튀세르와 라캉 **양자 모두**의 논점은, 문법의 예상들은 항상 그리고 오직 **회고적으로만** 자리 잡게 된다는 것[이다] …… 비트겐슈타인은 이렇게 말한다. '우리는 말한다, 우리는 단어를 말한다, 그리고 단지 나중에 가서야 그 단어들의 생명의 의미를 얻게 된다.' 의미의 이와 같은 예상은 말하기라는 '텅 빈' 의례를 지배하고 그 의례의 반복 가능성을 보장한다. 이런 의미에서, 그렇다면, 우리는 무릎을 꿇기 전에 먼저 믿지 않으며, 말하기 전에 단어들의 의미를 알지도 못한다"(강조는 인용자). Judith Butler, *The Psychic Life of Power: Theories in Subjection*, Stanford: Stanford University Press, 1997, p.124. 다른 한편, 믈라덴 돌라르는 알튀세르에 대한 지젝의 비판을 보완하기 위해서 다음과 같은 주장을 추가한다. 곧, 알튀세르는 '상징적 자동성'의 '비물질적' 성격에 대한 라캉의 강조와 제도 및 실천의 '비의미적 물질성'에 대한 알튀세르 자신의 강조를 분리하는 결정적인 차이를 놓쳤다는 것이다. Mladen Dolar, "Beyond Interpellation," *Qui parle*, vol.6, no.2, Spring–Summer 1993, pp.90~91. 그렇지만 이는 돌라르 자신이 만들어낸 허구적 쟁점에 불과하다. 왜냐하면 '반복 자동성'을 야기하는 것이 '기표의 물질성'이라고 강조한 사람은 누구보다 라캉 자신이기 때문이다. Jacques Lacan, "Seminar on 'The Purloined Letter'" (1955), *Écrits: The Complete Edition*, trans. Bruce Fink, New York: W. W. Norton, 2006, p.16. [민승기 옮김, 「〈도난당한 편지〉에 관한 세미나」, 『욕망 이론』, 권택영 엮음, 문예출판사, 1994, 112쪽.] 나는 본서의 제3장에서 버틀러와 돌라르의 입장을 좀 더 심도 깊게 논의할 것이다.

기표의 장소로서의 대타자라는 관념에서 출발해보자. **어떠한 권위의 언표도 자신의 언표행위 이외에 다른 보증을 갖지 않으며**, 어쨌든 이런 장소 바깥에서는 나타날 수 없는 또 다른 기표 안에서 그 보증을 찾는다는 것은 부질없는 일이다. 내가 어떤 메타언어도 발화될 수 없다고 말할 때, 또는 좀 더 경구적으로 말하자면 대타자의 대타자는 없다고 말할 때 내가 의미하는 것이 바로 이것이다.[18]

알튀세르가 라캉과 다소간 동의하고 있는 것은 바로 여기까지인 것 같다. 알튀세르가 동의하지 않는 것은 라캉의 욕망 그래프의 2층이다. 무슨 이유에서일까?

이 질문을 생각해보기에 앞서 알튀세르가 「프로이트와 라캉」에서 아이-어머니 관계의 본성과 관련해 언급하는 또 하나의 논점을 먼저 논의해보자. 알튀세르의 주장은 어찌 보면 꽤 놀라운 것인데, 알튀세르는 아이와 어머니가 맺는 최초의 관계가 실재적이라기보다는 상상적이라고 말하기 때문이다. 우리는 이 점을 분명히 할 필요가 있다. 알튀세르에게 상상적인 것은 (사물로서의) 어머니 자신이 아니라, 아이가 고유한 의미의 상징적 질서 내로 진입하기 전에 어머니와 맺는 무매개적 관계이다. 따라서 아이와 어머니의 관계를 상상적이라고 말한다고 해서 필연적으로 실재라는 차원이 무시된다는 뜻은 아니다. 오히려 그것은 실재와 상상의 관계가 좀 더 복잡한 방식으

---

18) Jacques Lacan, "The Subversion of the Subject and the Dialectic of Desire in the Freudian Unconscious"(1960), *Écrits: The Complete Edition*, trans. Bruce Fink, New York: W. W. Norton, 2006, p.688. 강조는 인용자.

로 사고된다는 것을 뜻한다. 실재와 상상은 진리와 오류라는 인식론적 이원론 안에 붙잡혀 있지 않다. 정확히 이 때문에 알튀세르는 훗날 「이데올로기와 이데올로기적 국가장치들」에서 이데올로기를 단순히 실재의 왜곡된 표상이라고 정의하지 않고, "개인들이 자기 실존의 실재 조건들과 맺는 상상적 관계에 대한 '표상/재현/상연'"이라고 규정하게 된다.19) 다소간의 왜곡과 함께 이데올로기 안에서 표상/재현/상연되는 것은 실재 자체가 아니라 실재에 대한 개인들의 상상적 **관계**, 곧 개인들이 실재를 살거나 경험하는 특정한 방식 또는 양식이다. 그러므로 이데올로기는 "사제나 전제 군주"가 꾸며낸 거짓(이데올로기에 대한 홉스적 관념)도 아니고, 또 대중들의 일반적 무지의 결과(이데올로기에 대한 플라톤적 관념)도 아니다. 이데올로기는 심지어 소외 또는 소외된 노동의 환상적 산물(칼 맑스가 「유대인 문제」에서 쫓아가는 이데올로기에 대한 포이어바흐적 관념)도 아니다. 알튀세르가 말하는 이데올로기란 다른 사회적 관계(예컨대 경제적 관계)만큼이나 물질적인 하나의 **사회적 관계**, 곧 그 안에서 구체적 개인들이 사회적 주체들로 호명되는 하나의 관계이다. 구성하는 주체라는 칸트적 관념은 구성되는 주체라는 관념에 의해 대체된다.20) 알튀세르는 이렇게 말한다. "모든 이데올로기가 구체적 개인들을 주체로 '구

---

19) Althusser, "Ideology and Ideological State Apparatuses," p.162. [「이데올로기와 이데올로기적 국가장치」, 384쪽.]

20) 라캉도 이와 동일한 테제를 「〈도난당한 편지〉에 대한 세미나」에서 주장한 바 있다. Lacan, "Seminar on 'The Purloined Letter'," p.34. [이 테제는 이 세미나의 부기(附記)에 해당하는 부분('Présentation de la suite')에 나온다. 한국어판에는 이 부기가 번역되어 있지 않다.]

성하는' 기능(그것이 이데올로기를 규정한다)을 가지는 한에서만, 주체의 범주는 모든 이데올로기에 구성적이다."[21)

그러나 이데올로기에 대한 알튀세르의 최종 정식화에서 우리가 보는 것은 상상과 실재이지 **상징이 아니라는 사실**에 주목하자. 「이데올로기와 이데올로기적 국가장치들」 전체를 통해서 알튀세르는 '상징'이라는 용어를 전혀 사용하지 않는다. 이것은 꽤 놀라운데, 지젝에 따르면 알튀세르가 욕망 그래프의 2층을 놓침으로써 보지 못하게 된 것은 실재이지 상징이 아니기 때문이다.

왜 이런 불일치가 생겨나는 것일까? 내가 보기에 이런 불일치는 알튀세르가 1층을 상상의 도식화로, 2층을 상징의 도식화로 바라보지만, 반면 지젝은 1층을 상징으로, 2층을 실재로(또는 상징이 실재에 의해 관통되는 과정으로) 보기 때문에 생겨나고 있다. 지젝의 관점에서 봤을 때 알튀세르가 2층을 거부한다는 것은 따라서 알튀세르가 실재를 거부한다는 뜻이 된다. 그러나 알튀세르가 2층을 상징으로 이해했다면 이야기는 전혀 달라진다. 2층을 거부한다는 것은 (상상으로부터 완전히 분리된) '순수 상징'을 거부한다는 뜻이기 때문이다. 그렇다면 정작 라캉 자신의 설명은 어떨까? 「주체의 전복」에서 제시된 라캉의 관점은 지젝의 해석보다는 알튀세르의 해석을 지지한다. 지젝은 자신의 관점을 라캉의 욕망 그래프에 강제함으로써 라캉의 이론적 의도를 왜곡할 뿐만 아니라 욕망 그래프의 2층에 대한 알튀세르의 비판도 이해 불가능하게 만들어버린다.

---

21) Althusser, "Ideology and Ideological State Apparatuses," p.171. [「이데올로기와 이데올로기적 국가장치」, 394쪽.]

3. 욕망 그래프의 2층이라는 쟁점

라캉이 욕망 그래프를 구축함으로써 해결하고자 하는 중심 질문은 무엇일까? 라캉이 1층에 대한 설명에서 2층에 대한 설명으로 이행하는 지점에서 우리는 이 질문을 적절하게 찾아낼 수 있다. 법의 권위의 동어반복적 본질을 지적함으로써 1층에 대한 논의를 종결한 뒤, 라캉은 곧바로 다음과 같이 쓴다.

> 아버지가 이런 법의 권위의 본래적 대표자로 간주될 수 있다는 사실은 다음과 같은 질문에 대해 구체적으로 답할 것을 요구한다. 곧 대타자의 자리를 **실제로** 차지하도록 인도된 주체인 어머니를 넘어서서 아버지가 지지되는 것은 어떤 특권화된 현존의 양식에 의해서인가 하는 질문 말이다. 그리하여 질문[의 해결]이 한 번 연기된다.22)

여기에서 우리가 깨닫는 것은 욕망 그래프의 1층에서 우리가 마주치는 대타자는 아버지가 아니라 '실제로'는 어머니라는 점이다.23) 그렇다면 2층의 구축 전체는 어머니의 상상적 질서를 넘어, 왜 아버

---

22) Lacan, "The Subversion of the Subject……," p.688. 강조는 인용자.

23) 지젝은 이런 이행을 거꾸로 이해한다. 지젝은 욕망 그래프 1층에서의 상징적 동일시를 '아버지-의-이름'에 연결시킨 뒤에 2층의 "너는 무엇을 원하는가?"라는 질문을 어머니의 기능에 연결시킨다. Žižek, *The Sublime Object of Ideology*, p.121. [『이데올로기의 숭고한 대상』, 200쪽.] 물론 "너는 무엇을 원하는가?"라는 질문이 어머니라는 대타자와 관련된 것은 사실이지만, 우리가 앞으로 보게 될 것처럼 그것은 부성적 상징적 질서가 2층에서 어떻게 수립되는가 하는 설명으로 나아가기 위한 것이지 부성적 상징적 질서가 모성적 실재에 의해 어떻게 관통당하는가를 보여주기 위함이 아니다.

지의 상징적 질서가 여전히 필요한지, 그리고 전자에서 후자로의 이행은 어떻게 일어날 수 있는지를 보여주려고 고안됐다고 말할 수 있다. 또한 이 때문에 라캉은 2층에 대한 논의의 끝자락에서 이렇게 말하는 것이다. "남근적 이미지로서의 -φ(소문자 파이)가 상상과 상징 간 등식의 한쪽에서 다른 쪽으로 이동하면, -φ는 비록 결여를 채워준다고 해도 어찌됐건 양의 값을 갖게 된다. 비록 (-1)을 지탱해주지만, -φ는 Φ(대문자 파이)가 되는 것이다. 즉 음의 값이 될 수 없는/부정될 수 없는 상징적 남근, 주이상스의 기표가 된다."[24] 그렇다면 무엇을 통해 상상으로부터 상징으로의 이런 이행이 일어나는가? 이런 이행은 오직 '거세'를 통해서만 일어날 수 있는데, 거세는 욕망 그래프상의 2층 오른쪽 구석에서 발견될 수 있으며, 이는 욕망 그래프 전체를 진정으로 결론짓는 것이다.

따라서 알튀세르가 주장하듯이 1층은 아이가 어머니와 맺는 상상적 관계를 묘사하는 반면, 2층은 상상으로부터 상징으로의 이행, 또는 라캉 자신의 표현을 빌리자면 "상상의 상징화"[25] 과정을 묘사한다. 다른 한편, 지젝은 상상을 오직 1층의 아랫부분에 위치한 이상적 자아 — $i(a)$ — 에만 한정하고, 자아이상 — I(A) — 을 **고유한 의미의 상징**으로 간주한다. 지젝은 우선 모방할 수 있는 이상적 특징들의 집합으로서의 이상적 자아(내용)로부터 주체가 스스로를 관찰할 수 있는 장소로서의 자아이상(구조적 또는 형식적 장소)을 구분한 다음, 이렇게 말한다. "유일한 차이는, 이제 [자아이상과의] 동일시는 더 이

---

24) Lacan, "The Subversion of the Subject……," p.697.

25) Lacan, "The Subversion of the Subject……," p.695.

상 상상적인 것(모방해야 할 모델)이 아니며, 적어도 근원적 차원에서 상징적이라는 점이다 …… [이상적 자아와의] 상상적 동일시를 분해하는 것은 바로 이런 [자아이상과의] **상징적 동일시**이다."[26]

이와 같은 지젝의 해석이 완전히 잘못된 것이라고 말하진 않겠다. 왜냐하면 라캉 자신이 이상적 자아와 자아이상을 각각 상상적인 것과 상징적인 것으로 정식화하는 것처럼 보이기 때문이다. 그러나 이런 단순한 구분법은 오히려 우리를 잘못된 해석으로 이끌며, 지젝이 바로 거기에 말려들고 있는 것으로 보인다. 『세미나 1: 프로이트의 기법에 관한 글들』(1953~54)에서 라캉은 "자아이상**과는 대조적으로** 초자아는 발화의 상징적 평면 안에 본질적으로 자리 잡고 있"다고 말할 뿐만 아니라, 자아이상의 기능을 "상상적 구조화"에 연결시킨다.[27] 그렇다면 우리는 외양상 대립되는 이 두 주장을 어떻게 이해해야 하는 것일까? 한쪽에서 라캉은 자아이상이 상징적이라고 말하지만 다른 한쪽에서는 자아이상이 상상적이라고 말하니 말이다. 딜런 에반스가 『라캉 정신분석학 사전』에서 제시한, 자아이상에 대한 다음과 같은 설명이 쟁점을 이해하는 데 도움이 될 수 있다.

제2차 세계대전 직후에 작성한 글에서 라캉은 이상적 자아로부터 자아이상을 구분하는 데 더 많은 주의를 기울인다. …… 그리하여

---

26) Žižek, *The Sublime Object of Ideology*, p.110. [『이데올로기의 숭고한 대상』, 184쪽.] 강조는 인용자.

27) Jacques Lacan, *Freud's Papers on Technique 1953-1954: The Seminar of Jacq -ues Lacan, Book I*, trans. John Forrester, New York: W. W. Norton, 1988, pp.102, 141. 강조는 인용자.

1953~54년 세미나에서 라캉은 이 두 가지 형성을 구분하기 위해 광학 모델을 발전시킨다. 라캉은, 자아이상은 상징적 **입사**introjection 인 반면에 이상적 자아는 상상적 투사projection의 원천이라고 주장한 다……. **자아이상**은 이상적인 것으로 작동하는 기표이자, **법의 내부화된 평면**이요, 상징적 질서 안에서 주체의 위치를 통제하는 안내이고, 따라서 **두 번째 (오이디푸스적) 동일시를 예상한다.**28)

일견 이 설명은 그 자체로 모순되는 것처럼 보이는데, 왜냐하면 외양상 양립 불가능한 두 가지 말을 동시에 하고 있는 것처럼 보이기 때문이다. 첫째, 에반스에 따르면, 자아이상은 상징적인 어떤 것이다. 둘째, 자아이상의 형성은 두 번째 오이디푸스적 동일시를 "예상한다." 그렇다면 이는 상징적 동일시가 오이디푸스적 동일시와 다를 뿐만 아니라 그것에 선행한다는 뜻인가? 이는 바로 지젝이 공유하고 있는 모순이기도 하다. 왜냐하면 지젝은 상징적 동일시가 1층에서 이미 일어난다고 주장하기 때문이다(지젝에 따르면 2층에서 일어나는 일은 1층에서 그렇게 생성된 상징이 실재 또는 주이상스에 의해 구멍 뚫리게 되는 일이다). 바꿔 말해서 지젝은 상징적 동일시가 거세 콤플렉스의 경험을 통과하지 않고도 일어날 수 있다고 주장하는 셈이다. 거세 콤플렉스의 경험은 우리가 확인할 수 있듯이 욕망 그래프의 2층에 위치되어 있으니 말이다.

---

28) Dylan Evans, *An Introductory Dictionary of Lacanian Psychoanalysis*, London: Routledge, 1996, p.53. [김종주 옮김, 『라깡 정신분석 사전』, 인간사랑, 1998, 326~327쪽.] 강조는 인용자.

우리는 이 수수께끼를 (알튀세르가 누누이 강조하는) **미리 도착해 있는 상징**이라는 관념에 준거하지 않는 한 풀지 못할 것이다. 에반스가 바르게 지적하듯이, 자아이상은 사실 상징적 **동일시**의 결과가 아니라 상징적 **입사**의 결과이다. 이 미묘한 차이는 결정적인데, 그것은 자아이상이 미리 도착해 있는 상징적 법의 단순한 입사에 불과하다는 것을 보여준다. 상징적 법은 미리 도착해 있으며, 그리하여 주체에 의해 미성숙한 방식으로 경험된다. 그렇지만, 또는 정확히 그렇기 때문에, 상징적 법은 상징적 방식으로 경험되지 않고 단지 상상적 방식으로만 경험된다. 라캉이 나중에 보여주듯이, 진정한 상징적 동일시란 "두 번째 (오이디푸스적) 동일시"와 똑같은 것으로서 오직 아이가 거세 콤플렉스를 경험한 **뒤에만** 도래한다. 이와 같은 두 번째 오이디푸스적 동일시에 앞서는 첫 번째 동일시는 물론 상상적 동일시인데, 이 상상적 동일시의 두 가지 효과가 바로 이상적 자아의 형성과 자아이상의 형성인 것이다. 이 두 가지 형성은 동일한 **상상적** 동일시 과정의 두 결과인 것이다.[29] 라캉은 다음과 같이 설명한다.

---

29) 라캉은 『세미나 1』에서 투사를 상상에 관련시키고, 입사를 상징에 관련시킨다. Lacan, *Freud's Papers on Technique*, p.83. 나중에 『세미나 8: 전이』(1960~61)에서 라캉은 이런 상징적 입사가, 상징적 동일시가 일어나는 오이디푸스적 상황에 주체가 들어서기 훨씬 **전에** 일어나는 "아버지와의 원시적 동일시"라고 주장한다. Jacques Lacan, *Le transfert: Le séminaire, livre VIII*, éd. Jacques-Alain Miller, Paris: Seuil, 2001, pp.416~417. 이것이 정확히 상징법이 미리 도착한다는 것이 의미하는 바이다. 상징법의 의미를 이해하기 전에 주체는 "강렬하게 사내다운" 위치에 미리 고정되는데, 바로 이 위치에서 주체는 이상적 자아로서의 어머니를 보고 욕망하게 된다. 따라서 여기에서 만들어지는 삼각형은 상징적 삼각형이 아니라 아이, 어머니, 그리고 그 양자 사이를 순환하는 상상적 팔루스(φ)로 이뤄진 상상적 삼각형이다.

기표에 의한 주체화의 길을 따라 거울 이미지에서 자아의 구성으로 나아가는 이런 **상상적** 과정은 나의 욕망 그래프 안에서 $i(a) \rightarrow m$ 벡터에 의해 표시되는 것인데, 이 벡터는 일 방향으로 진행되지만 **이중적으로 분절**된다. 첫 번째는 $\mathcal{8} \rightarrow I(A)$ 벡터의 짧은 회로로서, 그리고 두 번째는 $A \rightarrow s(A)$ 벡터의 돌아오는 길로서 말이다. 이는 자아가 담론의 나^{je}로서 분절됨에 의해서가 아니라 그것[담론의 나]의 의미작용의 환유로서 분절됨에 의해서만 완성된다는 점을 보여준다.[30]

여기에서 라캉의 마지막 말은 우리의 논의에 있어서 결정적이다. 지젝의 말에 따르면, 자아이상은 주체가 스스로를 관찰하는 장소이다. 곧 (상징적 입사가 아니라) '상징적 동일시'를 통해서 주체는 대타자의 장소에 스스로를 위치시킬 수 있게 되고 그 자리에서 자신을 관찰하게 된다는 것이다. 또한 이 말은 주체가 이제 자기 자신의 주인이 됐다는 뜻이기도 하다. 지젝은 "[주체가 자아이상과의] 동일시를 통해 '자율적 인격'이 된다"[31]고 말한다. 하지만 우리는 주체가 동시에 "담론의 나"가 되지 않은 채 자기 자신의 주인이 된다는 것은 생각할 수 없는 일이라는 점을 깨달아야 한다. 라캉 자신의 주장에 따르면 1층에서 완성된 자아는 "담론의 나"가 아니라 "그것의 의미작용의 환유"일 따름이다. 여기에서 라캉의 주장은 당연한 것인데, 왜냐하면 언표와 언표행위의 구분은 욕망 그래프의 2층(으로의 이행

---

30) Lacan, "The Subversion of the Subject······," p.685. 강조는 인용자.

31) Žižek, *The Sublime Object of Ideology*, p.110. [『이데올로기의 숭고한 대상』, 183쪽.]

국면)에서 일어나는 것으로 가정되기 때문이다. 지젝은 2층에 속해 있는 것을 계속해서 1층으로 끌고 내려온다. 만일 지젝이 이상적 자아와 자아이상의 구분이 도입될 때 자기 자신의 주인-되기를 위한 게임이 벌어지기 **시작한다**고 말했다면 그것은 올바른 말이었을 것이다. 바꿔 말해서, 지젝이 이 발전 국면에서 주체가 **이미** 자신의 "자율적 인격"을 달성한다고, 이미 자신의 주인이 됐다고 말하는 것은 분명 잘못이다. 자기 자신의 주인-되기의 이와 같은 변증법적 게임의 구조와 변화야말로 사실 라캉이 욕망 그래프 2층의 구성 전체를 통해 논증하려고 시도하는 것이다.32)

---

32) 『세미나 1』에서 라캉이 자아이상의 기능을 주체의 시각이라는 질문과 연결시킨다는 것은 사실이다. 그러나 라캉에 따르면 자아이상은 주체가 (주체 자신이라기보다는) **이상적 자아**를 관찰하는 장소이다. 물론 이상적 자아 또한 자아 자체의 거울 이미지라고 볼 수 있는 한에서 우리는 자아이상이 주체가 스스로를 관찰하는 장소라는 지젝의 해석을 용인할 수 있다. 그러나 지젝은 더 나아가, 자아이상은 이상적 자아와 달리 주체가 자신의 **명백한 결함들에도 불구하고** 자신을 좋아할 만한 것으로 관찰할 수 있는 자리라고 주장한다(지젝은 이 때문에 주체가 마침내 숨 쉴 공간을 허락받게 된다고 주장하는데, 말하자면 자신의 이러저러한 결함이 자신의 주인-됨을 불가능하게 하지 않기 때문이다). 그러나 라캉 자신의 개념화 안에서, 자아이상은 주체가 자기 자신을 좋아할 만한 것으로 볼 수 있게 되는 자리가 맞지만 그 주장은 **자신의 결함들이 마술처럼 사라지는 것처럼 보이기 때문**이라고 정반대로 정식화된다. 라캉에게 자아이상은, 라캉의 '광학 모델'(optical model) 중앙에 위치한 평면거울의 기울기를 조작함으로써 주체가 다소간 성공적으로 조립된 자신의 이미지를 보고 욕망하게 만드는 '목소리'이다(좀 더 실제적인 상황에서 예를 들자면, 이 목소리는 아이를 거울 앞에 데려가 잘 보이게 세워주고 "이게 바로 너야"라고 말해주는 어머니의 목소리와 같다). 라캉은 다음과 같이 주장한다. "다시 말해서, 보는 자로서의 주체의 위치를 규정해주는 것은 상징적 관계입니다. 상상적인 것의 완전함, 완성성, 근접성의 크거나 적은 정도를 결정하는 것은 말하기요, 상징적 관계입니다. 이 표상은 우리가 이상적 자아와 자아이상을 구분하도록

이미 말했듯이, 여기에서 라캉의 이론적 목표는 상상적 질서에서 상징적 질서로의 이행이 어떻게 일어나는지 적절한 설명을 제공하는 것 이외에 다른 것이 아니다. 라캉은 세 가지 죽음에 대해 평행하는 구분을 행함으로써 세 가지 설명 모델을 제공한다.

① G. W. F. 헤겔의 주인과 노예의 변증법.[33]
② 죽었지만 자기가 죽었는지 모르는 아버지라는 지크문트 프로이트의 "가장 최근에 탄생한 신화."[34]

허락해줍니다. …… 자아이상은 타자들과의 모든 관계들이 의존하는 관계들의 상호작용을 지배합니다. 그리고 타자들과의 이런 관계 위에 상상적 구조화의 다소간 만족스러운 성격이 의존해 있습니다." Lacan, *Freud's Papers on Technique*, p.141. 바꿔 말해서, 자아이상은 그 안에서 주체가 하나의 이상적 이미지로 나타날 수 있는 대타자의 관점이며, 따라서 이상적 자아와 자아이상은 동일한 과정의 두 가지 측면이다. 라캉에 대한 좀 더 최근 저작에서 지젝은 자아이상에 대한 자신의 정의를 수정하면서 이렇게 말한다. "자아이상은 [나를 보고 있는] 응시의 작인이며, 나는 나의 자아 이미지를 가지고 그 응시에 [좋은] 인상을 주려고 애쓴다. 자아이상은 나를 바라보고 내가 최선을 다해야 할 것처럼 느끼게 만드는 대타자, 내가 따라가려고 하고 현실화하고자 하는 이상이다." Slavoj Žižek, *How to Read Lacan*, New York: W. W. Norton, 2006, p.80. [박정수 옮김, 『How to Read 라캉』, 웅진지식하우스, 2007, 124쪽.] 지젝의 이 새로운 정의는 그 자신의 원래 정의와 거의 반대되는 것이며, 확실히 라캉의 정의에 좀 더 접근해 있다. 지젝은 더 이상 자아이상을 주체가 자신의 명백한 결함에도 불구하고 자신을 좋아할 만한 것으로 관찰하는 자리라고 규정하지 않는다. 그러나 여전히 이 새로운 정의는, 보다시피, 라캉 자신의 것과 정확히 똑같은 것은 아니다. 라캉은 주체를 위해서 자아의 이상적 이미지(이상적 자아)를 상징적으로 (조립한다는 의미에서) **구조화**하는 자아이상의 기능을 강조한다. 여기에서 이렇게 조립된 자아는 여전히 상상적 자아이며, 따라서 자기 자신의 주인이 된 주체와는 전혀 다른 것이다.

33) Lacan, "The Subversion of the Subject……," pp.686~687.
34) Lacan, "The Subversion of the Subject……," pp.693~694.

③ "신화가 아닌" 프로이트의 "거세 콤플렉스."[35]

이 세 가지 모델에 각각 상응하는 세 가지 죽음은 다음과 같다.

① 상상적 죽음(이 때문에 라캉은 헤겔의 변증법을 1층에서 다룬다).
② 실재적 죽음(아버지는 **실재로** 죽었지만 자신이 죽었다는 것을 알지 못한다).
③ 그리고 마지막으로 상징적 죽음.

　라캉은 이 죽음 가운데 "주체의 전복"이 적절히 달성될 수 있는 것은 오직 상징적 죽음을 통해서라고 주장한다. 여기에서 라캉이 '전복'이라고 부르는 것은 지젝이 라캉의 욕망 그래프 2층에 대한 분석에서 이끌어내는 혁명적 픽션, 곧 주체가 상징적 법에 대항해 싸우다 영웅적으로 죽으면서 동시에 상징적 법을 와해시킨다는 픽션과는 아무 상관도 없다. 사실 라캉이 말하는 주체의 전복은 헤겔이 말한, 주인과 노예 사이에서 주체의 위치가 역전되는 것과 상당히 동일하다. 곧 노예가 자기 자신의 주인(개인)이 되어 자유롭게 되는 것 말이다. 헤겔에 대한 라캉의 유일한 이견은 이와 같은 전복 또는 역전이 헤겔이 제안한 주인-노예의 변증법을 통해서는 달성될 수 없다는 점이다. 라캉은, 중요한 것은 단지 죽음이라는 질문이 아니라 정확히 "어떤 죽음인가. 삶이 가져다주는 죽음인가, 아니면 삶을 가져다주는 죽음인가?"라고 지적한다. 그리고 이렇게 말한다.

---

35) Lacan, "The Subversion of the Subject……," pp.695~698.

이는 분명히 이성의 간지라는 테마인데 이 테마의 유혹은 내가 위에서 지적했던 오류에 의해서도 전혀 감소되지 않는다. 헤겔이 말하듯이 죽음의 공포 때문에 주이상스를 포기함으로써 노예가 스스로 종속되는 노동은 정확히 노예가 자유에 도달하는 길이다. 정치적으로나 심리학적으로나 이보다 더 분명한 미끼는 있을 수 없다. …… 헤겔이 작성한 이야기에 진정으로 무의식적인 경의를 표하면서, **노예는 종종 자신의 알리바이를 주인의 죽음에서 찾는다.** 그러나 이 죽음이 어떻다는 것인가? **사실 노예가 게임을 쫓아가는 것은 자신이 스스로를 위치시키는 대타자의 장소로부터이며 따라서 노예는 자신에 대한 모든 위협을 제거하는데, 특히 노예는 죽음이 단지 장난에 불과하다고 여기는 '자기의식' 속에서 결투의 위협을 제거한다.**[36]

그러므로 라캉의 주장은 헤겔의 주인-노예의 변증법이 노예 주체(아이)의 주인(어머니)으로부터의 궁극적 해방이라는 자신의 목표를 달성할 수 없다는 것이다. 왜냐하면 그 변증법이 제공하는 것이라고는 단지 상상적 죽음의 게임, 곧 어떤 실재적인 위협도 포함하지 않기에 단지 "장난"에 지나지 않는 죽음의 게임이기 때문이다. 죽음과의 실재 대면이 이뤄지지 않는다면, 어떤 해방도 불가능하다.

그렇다면 실재 죽음은 어떠한가? 라캉에게 실재 죽음은 예수의 죽음의 사례에서 패러다임적으로 표현되는 것이다. 지젝에 따르면, 라캉은 '불안의 종교'인 아브라함의 유대교에 대해 '사랑의 종교'인 예수의 그리스도교를 특권화한다. 예수가 궁극의 해답인 이유는 예

---

36) Lacan, "The Subversion of the Subject……," pp.686~687. 강조는 인용자.

수야말로 "대상 a의 자리, 순수 대상의 자리, 발본적인 주체의 황폐화를 경험하는 어떤 이의 자리"를 차지함으로써 "성인"聖人이 되는 자이기 때문이라는 것이다.37) 안티고네처럼 예수는 자신의 욕망을 결코 양보하지 않음으로써 실재의 영역(곧 상징 바깥 또는 너머의 영역)으로 진입한다. 그리하여 예수와 대타자의 관계가 뒤집어진다. 예수는 자신의 활동 없는 현존 속에서 단순히 버팀으로써(곧 고통에 반응하지 않고 고통을 고스란히 감내함으로써) 그 스스로가 대타자에게 하나의 의문스러운 주체가 된다("케 보이?" "예수, 그가 원하는 것은 도대체 무엇인가?"). 그리하여 예수는, 대타자 자신이야말로 무엇인가를 결여하고 있으며 따라서 비참한 육체적·인간적 존재로서의 예수를 욕망한다는 점을 폭로한다. 예수는 자기 자신의 죽음을 영웅적으로 받아들임으로써 불가능한 일을 해낸다. 곧 당시 대타자였던 유대신의 상징적 질서를 휩쓸어버리는 혁명을 달성하는 것이다.38)

---

37) Žižek, *The Sublime Object of Ideology*, p.116. [『이데올로기의 숭고한 대상』, 194쪽.]

38) 지젝은 우선 예수를 안티고네와 동일시하고, 그 다음에 안티고네의 반역행위를 발터 벤야민의 혁명이라는 의념과 연결한다("기표들의 네트워크 자체의 말소" 또는 "역사적 전통의 총체적 '삭제'"). 지젝은 이렇게 쓴다. "스탈린적 관점이 크레온의 관점, 국가의 공동선의 모습을 가정하는 최고선이라는 관점이라면, 벤야민의 관점은 안티고네의 관점이다. 벤야민에게 혁명은 생사의 문제, 좀 더 정확히 말해서 두 번째 상징적 죽음의 문제이다." Žižek, *The Sublime Object of Ideology*, pp.114~117, 144. [『이데올로기의 숭고한 대상』, 190~196, 232쪽.] 『그들은 자기가 하는 일을 알지 못하나이다: 정치적 요인으로서의 향락』(1991)이나 『무너지기 쉬운 절대성: 혹은 왜 그리스도교적 유산은 싸워서 지켜야 할 만한가?』(2000) 같이 좀 더 나중에 쓴 저서에서 지젝은 안티고네를 팔루스-로고스중심주의적 영웅주의의 환상에 의해 휘둘리는 인물로 기각하지만 예수와 벤야민은 진정한 혁명주의자로 보존한다.

그러나 이것이 라캉에 대한 올바른 해석일까? 첫째, 라캉은 결코 유대교와 그리스도교를 대립시키지 않는다. 둘째, 라캉은 예수 그리스도가 아닌 아브라함을 오히려 특권화한다. 라캉은 이렇게 말한다. "우리의 역할에 대해서라면 거기엔 어떤 교조적인 것도 없다. 우리는 어떤 궁극적 진리를 위해서도 대답할 필요가 없으며, 확실히 어떤 특정 종교를 위해서나 그것에 반해서 대답할 필요가 없다 …… 시신은 필시 하나의 기표이지만, 프로이트에게 모세의 무덤이 비어 있는 것은 헤겔에게 예수의 무덤이 비어 있던 것과 마찬가지이다. 아브라함은 자신의 비밀을 그 둘 중 누구에게도 가르쳐주지 않았다."[39] 따라서 쟁점은 '유대교 대 그리스도교'라는 식으로 형성되지 않는데, 왜냐하면 라캉은 확실히 그리스도교인이 아닌 모세를 예수와 동일한 범주에 분류하기 때문이다. 게다가 비밀스러운 해결책을 소유하고 있던 사람은 예수가 아니라 외려 아브라함이었다. 아브라함은 자신이 알던 것을 예수에게(그리고 모세에게도) 가르쳐주지 않았다.

왜 예수의 실재 죽음은 주체의 가능한 구원이라는 질문에 대한 궁극적 해답이 아닐까? 라캉은 이렇게 답한다.

우리는 이 질문을 나^{Je}로서의 주체에게는 물을 수 없다. 그는 이 질문의 답을 알기 위해서 필요한 모든 것을 결여하고 있다. 왜냐하면 우리가 이미 말했듯이, 이 주체, 나^{moi}, 내^{Je}가 죽었다 해도 그는 그것을 알지 못할 것이기 때문이다. 그러므로 그는 내가 살아 있다는 것을 알지 못한다. 그러므로 내가 어떻게 내가 살아 있다는 것을 나 자

---

39) Lacan, "The Subversion of the Subject······," p.693.

신에게 증명할 것인가? 왜냐하면 나는 기껏해야 대타자에게 그[대타자]가 존재한다는 것을 증명할 수 있기 때문이다. 물론 몇 세기 동안 신을 죽여온 신의 존재증명을 가지고서가 아니라, 그리스도교의 복음에 의해 도입된 해결책, 곧 신을 사랑함으로써 말이다. **게다가 그것**[그리스교의 복음에 의해 도입된 해결책]**은 너무나 불안정한 해결책이라서 여기에 기초해 "나는 무엇인가?"라는 우리의 문제를 에둘러 간다는 것은 생각조차 할 수 없다.**[40)]

따라서 라캉의 주장은 누구도 자기 자신의 실재 죽음을 받아들임으로써, 즉 대타자에 대한 사랑을 위해 스스로를 희생시킴으로써, 자신을 구원할 수 없다는 것이다. 이는 예수의 자기-희생이 결코 적절히 답할 수 없는 궁극적 질문이 남아 있기 때문이다. "나는 무엇인가?"라는 질문이 그것이다. 만일 내가 죽는다면, 내가 비-존재로 변한다면, 대타자에 대한 성인다운saintly 사랑이 무슨 소용이란 말인가? 그리하여 라캉은 계속해서 이렇게 말한다. "나는 다음과 같은 소리가 울려 퍼지는 장소에 있다. '우주란 비-존재의 순수성 안에 있는 하나의 결점이다.' 그리고 이는 이유 없는 것이 아닌데, 왜냐하면 이 장소는 자신을 보호하기 위해서 존재 그 자체를 시들어버리게 만들기 때문이다. 이 장소는 주이상스라고 불리며, 주이상스의 부재야말로 우주 전체를 헛된 것으로 만든다."[41)] 요컨대, **나의** 주이상스가 없다면, 이 우주 전체가 아무짝에도 쓸모없다는 것이다.

---

40) Lacan, "The Subversion of the Subject……," p.694. 강조는 인용자.

41) Lacan, "The Subversion of the Subject……," p.694.

반면 대타자를 겪어내고 마침내 생존하는 것은 정확히 아브라함이다. 아브라함의 소중한 아들의 몸(시신, 기표)은 예수나 모세의 것과 달리 사라지지 않는다. 그렇다면 아브라함이 모세나 그리스도에게 알려주지 않고 자신의 손에 쥐고 있던 비밀이란 무엇일까? 그것은 바로 상징적 죽음, 곧 그 안에서 우리가 **약간** 죽게 되는 상징적 죽음이다. 아브라함은 **상징적 의례 안에서** 자신의 소중한 아들을 **죽이고**, 그렇게 함으로써 역설적으로 아들에게 **삶을 가져다준다**. 여기에서 라캉이 던졌던 본래 질문을 다시 한 번 상기해보자. "어떤 죽음인가를 알아야 한다. 삶이 가져다주는 죽음인가, 아니면 삶을 가져다주는 죽음인가?" 우리가 이미 봤듯이, 이 구절에서 삶이 가져다주는 첫 번째 죽음이란 헤겔의 노예가 상상 속에서 무한정 기다리고 있는, 주인의 자연적 죽음이다. 반면 두 번째 죽음은 상징적 죽음이며, 이것이야말로 마침내 주체에게 삶을 가져다주는 것이다.

라캉은 상징적 죽음이라는 의념을 거세 콤플렉스라는 문제설정에 연결하며, 이것이야말로 진정한 '전복'의 계기라고 선언한다. "거세 콤플렉스 안에서 우리는, 우리가 그 변증법을 수단으로 삼아 여기에서 설명하려고 애쓰고 있는 바로 그 전복의 원천을 찾아내게 된다."[42] 그리고 주체가 마침내 거세 콤플렉스를 통해 달성하는 자유란 **법으로부터의** 자유가 아니라 여전히 법을 **통한** 자유이다.

사실 이상적 아버지의 이미지라는 것은 신경증자의 환상이다. 어머니, 즉 그녀가 자신의 욕망(곧 그녀의 욕망)을 누그러뜨렸으면 하고

---

42) Lacan, "The Subversion of the Subject……," p.695.

우리가 바라는, 요구의 실제 대타자인 어머니 너머에서, 욕망에 대해 눈감아주는 아버지의 이미지가 윤곽을 드러낸다. **이는 아버지의 진정한 기능을 폭로한다기보다는 표시하는데, 이것이 근본적으로 욕망을 법에 (대립시키지 않고) 통일시킨다.**[43)]

따라서 라캉이 욕망 그래프의 2층을 구축한 의도는 그것을 통해 어떻게 상징적 법이 실재(주이상스)에 의해 관통되어 약점을 드러내고 그리하여 주체가 영웅적으로 아버지의 법에 맞서 일어나 싸울 수 있게 되는지를 보여주는 것과는 거리가 멀다. **주이상스에 의해 관통되는 것은** 아버지의 상징적 법이 아니라, 오히려 주인-되기와 통제의 상상적 게임(포르트-다[Fort-Da])으로 나타나는 어머니와 아이의 **상상적 관계이다.** 유아적 자위행위로부터 귀결되는 주이상스는 아이 안에서 극도의 불안을 불러일으킨다. 어머니의 입 속으로 자신이 집어삼켜질 것 같다는 아이의 환상 안에서 분명해지는 이런 불안은, 오직 아이를 거세함으로써 아이를 약간 죽이는 아버지 쪽에서의 개입에 의해서만 진정될 수 있다. 두 가지 죽음, 곧 주인/대타자(어머니)의 상상적 죽음과 예수(아이)의 실재 죽음은 아이가 여전히 어머니와의 상상적 관계 안에 머물면서 자기 자신의 주인이 되고자 하는 아이의 실패하는 두 가지 시도를 대표한다. 상징적 죽음이야말로 아이가 마침내 발견하는 탈출구이다. 아버지의 법에 종속되면서, 아이는 동시에 그 동일한 부성법 아래에서 자유로워진다. 왜냐하면 이 부성법은 주체의 욕망을 배제하거나 억압하는 종류의 법이 아니라 욕

---

43) Lacan, "The Subversion of the Subject……," p.698. 강조는 인용자.

망에 어떤 한계(곧 칸트적인 방식으로 욕망이 순수하게 될 수 있는 조건으로서의 한계)를 부과함으로써 역설적으로 주체의 욕망을 해방시키는 것이기 때문이다.

이제 우리는 왜 알튀세르가 라캉의 욕망 그래프 2층의 이와 같은 결론을 받아들일 수 없었는지를 엿볼 수 있다. 알튀세르의 관점에서 보면, 2층이 하는 일이라고는 아버지의 상징법의 필연성을 이론적으로 정당화하는 것에 불과하다. 1976년에 알튀세르는 이 쟁점과 관련된 두 편의 글을 썼다. 「프로이트 박사의 발견」과 「이데올로기적 국가장치들에 대한 노트」가 그것이다. 「프로이트 박사의 발견」에서 알튀세르는 라캉을 다음과 같이 강도 높게 비판한다. "그렇게 해서 라캉은 실재, 상징, 상상을 구분하는 이론 전체를 구성함으로써 계속 진행했다. 무의식을 논할 때 무엇이 문제가 되는지를 알고 있던 프로이트는, 모든 것이 무의식의 기능으로 인식되는 것이 아니라 **상징**의 기능으로, 곧 언어, 법, 그리고 '아버지의 이름'의 기능으로 인식되는 이런 [라캉적] 이론에 결코 의존하지 않았다."[44] 여기에서 우리는 알튀세르가 라캉의 이론에 대해 가졌던 주요 불만 가운데 하나가 바로 상징에 대한 것이었다는 점을 분명히 확인할 수 있는데, 주지하다시피 라캉은 "편지는 항상 자신의 목적지에 도착한다"[45]고 주장함으

---

44) Louis Althusser, "The Discovery of Dr. Freud"(1976), *Writings on Psycho-analysis*, trans. Jeffrey Mehlman, New York: Columbia University Press, 1996, pp.90~91. [윤소영 옮김, 「프로이트 박사의 발견」, 『알튀세르와 라캉: '프로이트-마르크스주의'를 넘어서』, 공감, 1996, 47쪽.] 강조는 인용자.

45) Lacan, "Seminar on 'The Purloined Letter'," p.30. [「〈도난당한 편지〉에 관한 세미나」, 134쪽.]

로써 상징의 필연성을 **과학적 필연성**의 수준으로까지 격상시키려고 노력했다. 이와 같은 상징의 필연성을 목적론적 환상이라고 비판하면서 알튀세르는 라캉의 테제에 자신의 "유물론적 테제"를 대립시키며 이렇게 말했다. "편지가 자신의 목적지에 도착하지 않는 일이 일어난다/돌발한다/도착한다il arrive."46) 비록 상징이라는 의념을 완전히 기각했던 것은 아니지만(예컨대 알튀세르는 주어진 사회의 이데올로기적 배열 안에서 주체를 위한 비어 있는 자리를 마련해주는 '미리 도착해 있는 상징'이라는 관념을 보존한다), 알튀세르는 상상적 질서로부터 (상상과 온전히 분리된) 순수한 상징적 질서로 이행하고, 그렇게 함으로써 아버지-의-이름의 도입을 통해 적대와 모순을 효과적으로 잠재워 평화를 확립하는 일이 가능할 것이라는 라캉의 생각을 도저히 받아들일 수 없었던 것 같다.47)

약간 다른 맥락이긴 하지만, 알튀세르는 이렇게 말한다.

[아버지와 거래되는] 그 **평화**는 …… 아이에게는 어느 날 '엄마 같은 여자'를 소유하고, 무의식적으로뿐만 아니라 의식적이고 공적인 방식으로, 결혼 안에서든 연애의 자유 안에서든 사회법의 상태가 허락할 때 그 여자를 욕망하고 소유할 수 있는 '아빠 같은 남자'가 될 수 있는 유일한 기회를 대표한다. 나는 이 [거래의] 힘이 꽤 유약할 수

---

46) Althusser, "The Discovery of Dr. Freud," p.92. [「프로이트 박사의 발견」, 48쪽.]

47) 이런 맥락에서 에티엔 발리바르는 알튀세르와 라캉의 주된 대립점이 상징적인 것이라는 범주 주변에서 형성됐다고 주장한다. Étienne Balibar, "Althusser's Object"(1991), trans. Margaret Cohen and Bruce Robbins, *Social Text*, no.39, Summer 1994, pp.168~169.

있다고 말하겠다. 왜냐하면 만일 오이디푸스 콤플렉스가 충분히 잘 협상되지 않고, 아이의 무의식 안에서 그 **평화(사실 이 평화는 결코 온전히 달성될 수 없다)**가 적절하게 실현되지 않는다면, 아이의 무의식 안에서 **모순의 요소들은 존속할 것**이고 이 요소들은 프로이트가 신경증의 형성이라고 부르는 것을 가져올 것이기 때문이다.[48]

이 구절을 「이데올로기적 국가장치들에 대한 노트」에서 가져온 다음의 구절과 함께 읽어보자.

지배 이데올로기의 통일을 위한 이런 투쟁이 항상 '미완성'이며 또 항상 '재개될 수밖에 없는' 것이라 할 때, 여기에는 여러 이유가 있다. …… 계급투쟁이 결코 중단되지 않는 것과 꼭 마찬가지로, 현존 이데올로기적 요소들 및 형태들의 통일성을 획득하기 위한 지배 계급의 투쟁도 결코 중단되지 않는다. 이는 지배 이데올로기가 (그런 통일이 지배 이데올로기의 기능이라 하더라도) 계급투쟁의 반영인 자신의 모순들을 결코 완전하게 해결할 수는 없음을 뜻한다.[49]

알튀세르의 이 주장이 사실 "주이상스의 일관되지 못한 대타자"라는 지젝의 주장과 꽤 유사하다는 것을 우리가 어떻게 놓칠 수 있

---

48) Althusser, "The Discovery of Dr. Freud," pp.99~100. [「프로이트 박사의 발견」, 59쪽.] 강조는 인용자.

49) Louis Althusser, "Note sur les AIE"(1976), *Sur la reproduction*, Paris: PUF, 1995, pp.254~255. [김웅권 옮김, 「이데올로기적 국가 장치에 대한 노트」, 『재생산에 대하여』, 동문선, 2007, 331쪽.]

을까? 보다시피 알튀세르 또한 지배 이데올로기는 항상 "미완성"이라고 주장한다. 물론 알튀세르는 주이상스가 아니라 계급투쟁을 논한다. 그러나 지젝에게 이데올로기가 문제인 한에서 실재는 무엇보다도 사회적 적대를 의미한다는 것 또한 사실이다(지젝이 가장 많이 언급하는 두 가지 사례는 주지하다시피 계급 적대와 성적 적대이다). 그렇다면 이론적 입장과 정식화상의 수많은 차이와 대립에도 불구하고 적어도 이 점에서만큼은 지젝이 라캉보다는 오히려 알튀세르와 공유하고 있는 것이 더 많다고 생각하는 것이 너무 지나친 생각일까?

이어지는 절에서는 상품이라는 질문으로 돌아가 이 문제에 대한 라캉의 접근법이 우리가 방금 그려본 욕망 그래프상의 두 개 층에 대한 전체적 윤곽과 어떻게 맞아 들어가는지 검토해볼 것이다.

4. 『세미나 5: 무의식의 형성』에서의 라캉의 이중 전선: 욕망 그래프 구축의 쟁점들

『자본』 1권의 도입부에서 전개되는 상품에 대한 맑스의 이론적 정식화를 논하는 라캉의 주된 텍스트는 둘이다. 『세미나 5: 무의식의 형성』(1957~58)과 『세미나 16: 대타자에게서 소타자에게로』(1968~69). 『이데올로기의 숭고한 대상』에서 비록 지젝이 저 두 세미나에 나오는 논변을 부주의하게 뒤섞어 놓고 있지만, 양자 사이엔 엄연한 차이가 있다. 라캉은 『세미나 5』에서는 일정한 수준에서 맑스의 정식에 경의를 표하면서도 맑스(그리고 맑스주의)의 한계에 비판적 태도를 견지하고 있다면, 『세미나 16』에서는 맑스의 잉여가치 개념과 자신의 잉여-주이상스 개념을 연결하면서 맑스를 증상 개념의 최초의 발명가라고 극찬한다. 라캉이 알튀세르를 명시적으로 비판하는 것 역시『세미나 16』에서이다. 반면『세미나 5』에서는 알튀세르의 이름이 등장하지 않을 뿐만 아니라 각별히 알튀세르와 연결시켜볼 만한 암묵적인 비판도 찾아볼 수 없다. 중요한 것은『세미나 5』에서 라캉의 비판은 맑스와 맑스주의 일반을 향한 것이지 특별히 알튀세르를 겨냥한 것이 아니라는 점이다.

엘리자베트 루디네스코가 라캉 전기에서 말하듯이, 알튀세르와 라캉이 1957년 이전에 이미 서로의 존재에 대해 알고 있었다는 것은 사실이다.[50] 1945년에 라캉이 파리 고등사범학교에서 행한, 광기의 기원에 관한 강연을 들은 뒤 알튀세르는 "라캉의 난해한 스타일"에 불만을 표시했고 "광기를 포함하는 코기토"라는 라캉의 생각을 받아들일 수 없다고 논평했는데, 루디네스코에 따르면 라캉은 나중에 지인을 통해서 알튀세르의 이런 비판을 전해 들었고 한참 동안 마음에 담아두고 있었다고 한다. 하지만 이런 짧은 마주침이 전부였다. 알튀세르와 라캉의 의미 있는 첫 만남은 1963년 7월에 라캉이 알튀세르에게 편지를 보냈을 때 성사됐다. 이 편지는 라캉이 같은 해에 알튀세르가 발표한 논문「철학과 인문과학」[51]을 읽고 보낸 것이었는데, 거기에서 알튀세르는 라캉이 경제적 인간$^{Homo\ oeconomicus}$에 대한 맑스의 거부에 평행하는 심리학적 인간$^{Homo\ psychologicus}$에 대한 프로이

---

50) Élisabeth Roudinesco, *Jacques Lacan*, trans. Barbara Bray, New York: Columbia University Press, 1997, p.296ff. [양녕자 옮김,『자크 라캉 2: 삶과 사유의 기록』, 새물결, 2000, 94쪽 이하.]

51) Louis Althusser, "Philosophie et sciences humaines"(1963), *Solitude de Machi-avel et autres textes*, éd. Yves Sintomer, Paris: PUF, 1998.

트의 거부의 본질을 적절하게 이해하고 밝혀낸 핵심적인 현대 정신분석가라고 인정했다.

하지만 이때까지만 해도 알튀세르의 이름이나 작업이 라캉의 그것보다 더 잘 알려져 있었던 것은 아니었다. 알다시피 알튀세르는 1965년에 『맑스를 위하여』와 《자본》을 읽자』가 출판되면서부터 유명해졌다. 따라서, 자연스러운 일이든 아니든 간에, 처음 알튀세르에게 편지를 보냈을 때 라캉의 관심은 알튀세르 자신보다는 알튀세르의 제자들에게 향해 있었다. 라캉이 알튀세르와 접촉한 진짜 이유는 당시 라캉 자신이 절망적인 상황에 처해 있었기 때문인데, 프랑스정신분석학회뿐만 아니라 생트-안느 병원에서 쫓겨난 라캉은 세미나를 이어갈 새로운 장소와 자신이 곧 설립할 학파(파리프로이트학파)의 새로운 구성원들을 물색하고 있었던 것이다. 오히려 라캉에게 이론적 관심을 보인 것은 알튀세르였으며, 그리하여 알튀세르는 라캉의 편지를 받아들자 자신들이 미래에 형성할 동맹에 대한 이론적 생각과 구상이 담긴 장문의 답장을 보냈다. 이런 만남의 결과, 라캉은 파리 고등사범학교에서 강의를 시작할 수 있게 됐고 심지어 알튀세르의 몇몇 제자들까지 선사받을 수 있었는데, 그 중에는 장차 라캉의 사위 겸 이론적 승계자가 될 자크-알랭 밀레도 끼어 있었다. 하지만 이 역사적 만남 이후에도 라캉은 맑스주의를 근본적으로 개조하려는 알튀세르의 프로젝트에 별로 관심이 없었다. 즉, 라캉에게 알튀세르는 단지 몇몇 실용적인 도움을 줄 수 있었던 맑스주의자들 가운데 하나였고, 따라서 그 수준에서 대하면 될 사람이었을 따름이다.

그렇다면 1957~58년 세미나에서 라캉이 맑스주의를 비판했을 때 특별히 알튀세르를 염두에 두고 있었다고 볼 수는 없다. 10년 이상 떨어져 있는 두 세미나의 상이한 맥락을 뒤섞음으로써 지젝은 라캉이 나중에 행하는 알튀세르에 대한 비판을 이해할 수 없게 만든다. 게다가 라캉이 상대적으로 초기에 맑스주의 일반에 대해 행했던 비판도, 한참 뒤에 있었던 이데올로기(또는 '담론')에 대한 논쟁을 그 위에 마구 겹쳐 놓음으로써 왜곡한다. 나는 여기에서는 『세미나 5』에 초점을 맞추고 『세미나 16』은 본서의 제3장에서 논할 것이다. 『세미나 5』를 읽으면서 우리는 욕망 그래프의 2층을 구축한 라캉의 실제 의도를 파악할 수 있는데, 왜냐하면 이 세미나야말로 라캉이 욕망 그래프를 발전시킨 최초의 텍스트이기도 하기 때문이다.

농담 또는 위트, 환유와 은유의 구분 및 관계, 그리고 무의식의 형성 같은 몇 가지 상이한 주제를 엮어나가면서 라캉은 두 가지 다른 전선에 개입하는데, 그 중 하나가 맑스주의와의 전선이라면, 다른 하나는 멜라니 클라인 또는 클라인 학파와의 전선이다. 그러나 이 두 전선에 라캉이 두는 비중은 대칭적이지 않다. 더욱 중요한 것은 클라인과의 논쟁이다. 맑스주의와의 논쟁은 파생적이기 때문에, 클라인과의 논쟁에 비추어 살펴보는 편이 좀 더 이해하기에 용이할 것이다.

먼저 1950년대에 라캉이 맞닥뜨린 정신분석 운동의 상태를 묘사하면서 시작해보자. 당시의 상황은 둘 또는 그 이상의 근본적으로 대립된 주류 정신분석학의 분파들이 서로 지난한 혈투를 벌이는 전쟁터나 마찬가지였다. 이 싸움은 기본적으로 안나 프로이트 학파와 클라인 학파 사이에서 1941년에 터져 나와 적어도 다섯 해 동안 지속됐다고 알려진 '대논란'controversial discussions의 결과였다. 이 논란은 안나가 아버지와 함께 당시 나치 독일의 지배하에 있던 비엔나를 탈출해 런던으로 왔을 때 시작됐는데, 왜냐하면 런던에는 안나의 라이벌 이론가인 클라인이 이론적 지도자로 활동하면서 영국의 정신분석가들에게 강력한 영향력을 행사하고 있었기 때문이었다. 하지만 장기간 벌어진 열띤 논쟁의 최종 결론은 두 그룹 모두에게 별로 만족스럽지 못했다. 영국정신분석학회는 조직 내에 세 분파 집단이 있다는 것을 공식적으로 인정하는 것 외엔 별다른 일을 하지 못했다. 안나 프로이트 학파, 클라인 학파, 마지막으로 '중간파.' 이 중 중간파에는 도널드 위니콧을 위시해 '대상-관계 이론'을 이론적 배경으로 가지고 있는 분석가들이 속해 있었다.[52] 루디네스코는 이들 사이의 쟁점을 다음과 같이 묘사한다.

> [처음에] 논쟁은 클라인 이론의 평가에 대한 것이었지만, 위니콧이 지적하듯이 논쟁은 곧 분석가들의 훈련 문제에 집중됐다. 안나 프로이트 학파는 자아가 이드를 더 잘 통제하게 만들기 위해서 [우선적으로] 억압을 해소하고 [피분석자의] 방어 기제를 축소하는 데 분석의 목표가 있다고 봤다. 전이는 방어가 축소되기 전에는 분석되어서는 안 된다. 이런 훈련 기법은 [프로이트가 고안한] 두 번째 위상학에 대해 자아심리학이 내세운 해석과 조응한다. …… 이와 반대로 클라인 학파에게서 분석 치료는 전이 관계 형성의 우선성을 승인하고, 자아를 통해 이드를 통제할 필요를 전혀 고려하지 않은 채 처음부터 이 전이 관계를 분석해야 할 필요성을 승인함으로써 시작됐다.[53]

---

52) Evans, *An Introductory Dictionary of Lacanian Psychoanalysis*, p.127. [『라캉 정신분석 사전』, 101쪽.]

53) Roudinesco, *Jacques Lacan*, p.193. [양녕자 옮김, 『자크 라캉 1: 라캉과 그의 시대』, 새물결, 2000, 323쪽.]

따라서 안나는, 환자가 처음에 분석가를 향해 드러내는 부정적이거나 공격적인 반응을 전이로 봐서는 안 되며, 장차 진정으로 긍정적인 전이 상황을 만들기 위해서 분석가가 먼저 무장해제해야 되는 자아의 방어로 봐야 한다는 입장을 취했다. 이렇게 생산되는 긍정적인 전이 상황에서 환자는 정신분석가와 성공적으로 동일시할 수 있게 되고, 그리하여 자신의 이드에 대해 좀 더 확고한 통제력을 확보할 수 있게 된다는 것이었다. 이런 관점에서는 환자의 자아를 강화하는 것이야말로 모든 가능한 분석의 필수적인 예비 작업을 이루는바, 안나는 (미국에서 현재까지도 강력한 영향력을 행사하고 있는) 자아심리학이라고 알려진 학파의 설립자로 간주된다. 다른 한편, 클라인은 전이를 엄격히 분석의 대상으로, 곧 모종의 교육 목적을 위해서 활용되어야 하는 것이 아니라 분석되어야만 될 대상으로 여겼다. 따라서 이 입장에서는 환자의 긍정적 반응뿐만 아니라 부정적 반응도 불필요한 공격이라는 식으로 기각되어서는 안 되며, 그 자체 환자가 자신의 일차적인 애정-대상과 맺는 양가적 관계의 숨겨진 비밀을 알려줄 수 있는 하나의 전이 현상으로 이해되고 해석되어야 한다.

전이 문제를 둘러싼 이와 같은 입장 차이는 사실 훨씬 더 앞선, 1920년대 후반의 논쟁으로까지 소급되는데, 쟁점이 됐던 것은 당시 막 싹이 트고 있던 아동정신분석이었다. 이들 두 이론가가 취했던 입장은 대략 위에서 살펴본 것과 같았지만, 차이점은 이들의 입장이 좀 더 가시적으로 **초자아**, 특히 **초자아의 형성 시기**에 대한 상이한 이해에 연결되어 있었다는 점이다. 주지하다시피, 클라인의 혁신은 당시로선 새로운 기술이었던 '놀이 치료법'의 발견에 있었다. 놀이 치료법은 상징들symbols로 기능할 수 있는 다양한 장난감을 활용함으로써 정신분석가가 아이들의 무의식에 접근할 수 있도록 해줬다. 아주 어린아이들에게는 적절한 언어 능력이 없기 때문에 전통적인 자유연상법을 활용해 이들을 치료할 수는 없는데, 클라인은 아이들이 장난감과 상호작용하는 것의 '상징성'을 분석하자고 제안함으로써 정신분석학이 오랫동안 진입할 수 없었던 새로운 영역을 효과적으로 개척할 수 있었던 것이다.

그러나 놀이 치료법을 사용한다는 말은 아이들의 정신이 조기에 (만 1~3세의 시기에) 이미 발전하기 시작함으로써 성인들을 위한 정신분석학적 해석을 다소간 유사하게 아이들에게도 적용할 수 있다는 것을 함축한다. 몇몇 유형의 장난감 놀이에 대한 아이들의 반응이 정신분석학적으로 의미 있고, 따라서 '전이'로 해석될 수 있으려면 아이들의 정신 안에 초자아의 어떤 조기 형성을 가정해야만 한다. 이 때문에 「아동분석에 대한 심포지엄」(1927)에서 클라인은 "아이들의 자아가 어른들의 자아에 비할 수 없다는 것은 확실하지만, [아이들의] 초자아는 성인의 초자아에 매우 근접하며, 자아와는 달리 이후 이어지는 발전에 의해 근본적으로 영향을 받지 않는다"[54]고 말한다.

안나는 「아동분석에 대한 네 번의 강의」(1927)에서 클라인의 입장을 반박하며 두 번째 토픽의 해석에서 도출해낸 자기 아버지의 생각, 곧 초자아는 오직 오이디푸스 콤플렉스가 해소된 결과로서만 형성되며, 이런 해소는 보통 만 3~5세에 달성될 수 있다는 생각을 고집한다.[55] 이런 반박에 대해 클라인은 「오이디푸스 콤플렉스의 초기

---

54) Melanie Klein, "Symposium on Child Analysis," *Love, Guilt and Reparation and Other Works 1921-1945*, London: Hogarth, 1981, p.154.

단계」(1928)에서 오이디푸스 콤플렉스의 발생 시기까지도 훨씬 더 앞선 시기로 옮기자고 제안함으로써 맞선다. 클라인은 아이들이 빠를 경우 생후 1년이 지나며 경험하는 "전前-성기기의 고착에 연결된 죄의식"은 "오이디푸스적 애정-대상의 입사"의 직접적 결과라고 주장한다.56) 알렉스 홀더는 이런 논란의 지점을 잘 요약해준다.

> 클라인이 여기에서 "진정한 의미에서의 초자아"라고 부르는 것은 초기의 초자아로 상정되어야만 한다. …… 클라인은 한편으로 초자아 형성에 기여하는 가장 초기의 원시적인 동일시와, 다른 한편으로 기껏해야 자기(자아)를 변화시키는 나중에 오는 동일시를 분명하게 구분한다. 대조적으로 안나 프로이트는 자신의 아버지처럼 일차 대상들과의 연속적인 동일시들의 실존을 가정하는데, 이 대상들은 여러 해 동안 지속되며 오직 오이디푸스 콤플렉스가 극복된 뒤에만 팔루스적 국면에서의 초자아의 조립으로 이어진다.57)

따라서 안나는 고유한 의미의 초자아가 만 3세 미만 아이의 정신에 발본적으로 부재한다고 본다. 안나는, 클라인이 초자아의 조기 형

55) Anna Freud, "Four Lectures on Child Analysis," *Introduction to Psychoanalysis: Lectures for Child Analysts and Teachers, 1922-1935*, London: Hogarth, 1974, pp.3~62.

56) Melanie Klein, "Early Stages of the Oedipus Conflict," *The Selected Melanie Klein*, ed. Juliet Mitchell, New York: Free Press, 1987, p.70.

57) Alex Holder, *Anna Freud, Melanie Klein, and the Psychoanalysis of Children and Adolescents*, trans. Philip Slotkin, New York: Karnac, 2005, p.87.

성이라고 착각한 것은 아이들이 외부 대상들 또는 (부모 같은 본래적 대상이든 정신분석가 같은 새로운 대상이든 간에) 아직 충분히 내부화되지 않은 대상들과 맺는 불안정하고 일시적인 관계의 표현에 불과하다고 주장한다. 그래서 안나는, 단순하게 아이들의 외적 환경을 바꾸고 새로운 환경에 적응하도록 도와줌으로써 아이들의 성숙되지 못한 정신을 분석가가 용이하게 변화시킬 수 있으리라고 생각했다. 이런 관점에서 보면, 이제 분석가가 해야 할 일은 아이들의 초자아 자리에 스스로를 위치시키고, 그 위치에서 아이들을 **교육**시키는 일이 된다(홀더가 지적하듯이 30년 뒤에 안나는 이런 교육적 접근법을 포기하고 치료의 유일한 차원으로서의 분석의 중요성을 강조하게 된다).

물론 클라인은, 안나의 방법이 수행해야 할 분석 작업을 방기함으로써 아이들의 신경증의 진정한 원인을 모호하게 만든다고 비판한다. 그뿐만 아니라 안나의 방법은 부모들을 분석가와 대립시키고, 사실상 부모들을 충분히 좋은 대상이 아닌 외적 대상들이라고 도덕적으로 비난하기에 이른다고 지적한다("당신들이 좋은 부모가 아니기 때문에 당신들의 아이가 아픈 것이오!").

라캉은, **미리 도착해 있는 상징** 또는 『세미나 5』에서 자신이 "아이와 어머니 간의 원시적 상징화"[58]라고 부른 것을 이론적 수단으로 삼아 이 논쟁에 개입한다. 이 관념을 통해 라캉은 클라인의 편에 서면서도, 동시에 클라인 이론의 주된 곤란이 어디에 놓여 있는지를 정교하게 비판적으로 탐색할 수 있었다. 요컨대 라캉의 원시적 상징화

---

58) Jacques Lacan, *Les formations de l'inconscient: Le séminaire, livre V*, éd. Jacques-Alain Miller, Paris: Seuil, 1998, p.180.

라는 관념은 양날의 칼이었다. 이 관념은 초자아의 조기 형성 및 오이디푸스 콤플렉스의 조기 단계에 대한 클라인의 생각들에 찬성함으로써 안나의 입장을 명시적으로 거부하면서도, 동시에 그런 조기 형성을 **상징** le Symbolique의 관점에서 재정식화하자고 제안함으로써 **언어**에 명확히 관련짓기를 요구한 것이다.59) 왜냐하면 라캉에게 상징은 엄격히 언어적인 것이며, 클라인이 '상징들' 또는 '상징적-등가물'이라고 부르지만 여전히 상상적 단계에 머물러 있는 장난감 같은 것에만 관련된 것이 아니었기 때문이다. 클라인의 이론에서 라캉이 식별한 가장 큰 문제점은 클라인이 아이와 어머니의 이원적 관계에 과도하게 집중하고 모든 것을 상상적 투사의 메커니즘을 통해 설명하려고 함으로써 실제로 상징적 차원을 이론적으로 고려하는 데 실패했다는 것이다. 여기에서 우리는 『세미나 5』의 관련된 두 구절을 읽어볼 텐데, 이중 첫 번째 구절은 오이디푸스 콤플렉스의 이른 도착이라는 문제에 대한 클라인의 입장에 라캉이 명확히 동의함을 보여준다.

---

59) 이 문제에 대한 나의 견해는 딜런 에반스의 것과 다르다. 에반스에 따르면, "라캉은 오이디푸스 콤플렉스의 초기 발전에 대해서 클라인과 동의하지 않았는데 …… 왜냐하면 오이디푸스 콤플렉스는 일차적으로 어떤 발전의 단계가 아니라 주체성의 영구적 구조이기 때문"이며 더욱이 라캉은 "전-오이디푸스적 국면이 있다고 주장"하기 때문이다. Evans, *An Introductory Dictionary of Lacanian Psychoanalysis*, p.95. [『라깡 정신분석 사전』, 399쪽.] 오이디푸스 콤플렉스가 하나의 구조라는 것, 또한 전-오이디푸스적 국면이 있다는 것이 사실이라고 할지라도, 라캉은 『세미나 5』에서 오이디푸스 콤플렉스의 **두 가지 상이한 구조**를 분명하게 구분한다. 곧 오이디푸스 콤플렉스의 상상적 삼각형(세 항으로 이뤄진)과 상징적 삼각형이 그것이다. 라캉은 또한 남성적 초자아보다 더욱 오래된 "유아기의 여성적 초자아"의 실존을 긍정한다. Lacan, *Les formations de l'inconscient*, pp.180ff, 462.

단지 전-오이디푸스 시기에 대해서뿐만 아니라, 최초의 이론화 시도 안에서 전-오이디푸스적이라고 가정되는 단계에서 자신이 검토하고 분석하는 아이들에 대해 매우 계발적인 심오한 견해를 우리에게 가져다주는 이 여성[클라인], 거의 [아이들에게서] 말하기가 [처음] 출현하는 그 순간에, 종종 전-언어적인 항들로 이뤄진 주제들을 가지고 있는 이런 아이들에게 효과적으로 접근하는 이 분석가는, 그런데, 역사의 전-오이디푸스적이라고 가정되는 시간으로 거슬러 올라가면 올라갈수록 항상 그리고 매번, 영구적으로, 거기에서 **오이디푸스적** 질문을 보게 됩니다.[60]

하지만 다음과 같은 두 번째 구절에서 라캉은 클라인과 결정적으로 갈라져 나오면서 클라인의 이론이 여전히 상상적 평면 위에 갇혀 있다고 주장한다.

이 점이 핵심입니다. [모든 것을] 단순히 아이와 모성적 인물의 대립이라는 측면에서 정식화함으로써, 클라인은 **거울 내의 사변적 관계**로 귀결되고 맙니다. 이런 사실에서 나오는 것은 어머니의 육체가 …… 아이의 충동 중에서 투사에 의해 국지화될 수 있는 충동의 울타리 및 거주의 장소가 된다는 것입니다. …… 궁극적으로, 이 변증법 안에서는 그 어떤 것도 우리를 **환상적 투사의 메커니즘**에서 떠나도록 해주지 않습니다. …… 클라인의 변증법을 완성하기 위해서는 다음과 같은 개념을 도입하는 것이 필요합니다. 즉, 주체의 외부가 무엇보다도 주

---

60) Lacan, *Les formations de l'inconscient*, p.164. 강조는 인용자.

체의 내부로부터, 주체의 충동으로부터 투사된 어떤 것으로서 주어지는 것이 아니라, **대타자의 욕망**이 위치해 있는 장소로서, 주체가 그 욕망을 마주쳐야 하는 장소로서 주어진다는 개념 말입니다.[61)]

여기에서 주체가 그 욕망을 마주쳐야만 한다고 라캉이 주장하는 바의 타자란 상상적 타자^{autre}가 아니라 상징적 대타자^{Autre}이며, 그 자리를 현재 차지하고 있는 것은 바로 "말하는 존재"로서의 어머니이다.[62)] 라캉에 따르면, 대타자의 욕망이라는 이런 차원이 없다면, 충동들이 모성적 부분대상들을 향해 외부로 투사된 뒤 나쁜 대상들이라는 형태로, 식인주의적으로 주체에 의해 재통합되고, 다시 내부로 들어온 (독성을 지닌) 나쁜 대상들이 외부로 투사될 필요가 이어지는 이 악순환에서 주체가 마침내 어떻게 빠져나올 수 있는지 설명할 길이 없다. 아이가 이런 클라인적 지옥을 '정상'적인 아이로 빠져나오는 것은 거의 기적과도 같은 일이라는 것이다.

클라인적 악순환에서의 탈출 과정을 설명하고자 라캉은 어머니에 대한 아이의 요구가 작동하는 두 가지 상이한 수준을 '필요'의 수준과 '욕망'의 수준이라 구분하고 명명한다. 아이, 또는 오히려 아기 ^{enfant}의 요구는 처음에는 자연스럽게 생물학적 필요(예컨대 영양분을 공급받아야 할 필요 또는 적절한 온도에 있어야 할 필요)를 만족시켜줄 것에 대한 단순한 요구로 시작한다. 요구가 있을 때 아기는 울고, 어머니는 이 요구를 받아 안아 그것에 대한 대답으로 무엇인가를 해준

---

61) Lacan, *Les formations de l'inconscient*, pp.271~272. 강조는 인용자.

62) Lacan, *Les formations de l'inconscient*, p.393.

다. 만일 아기가 만족한다면 아기는 우는 것을 멈추고 본래의 차분한 상태로 돌아갈 것이다. 하지만 만일 아기가 만족하지 못한다면, 아기는 자신의 요구가 만족될 때까지 또는 너무 지쳐 더 이상 울 수 없게 될 때까지 계속 울 것이다. 우리는 이런 아기의 울음이 여기에서 이미 어머니가 해석해야 할 일종의 기표로서 작동하고 있다는 것을 알 수 있다. 그리고 그 울음이 하나의 기표로 작동하는 한에서, 우리는 또한 주체의 요구와 대타자로서의-어머니^{mère comme l'Autre/ mOther}의 대답 사이에 어떤 틈새가 열리는 것을 볼 수 있다.

클라인이 '나쁜 대상'이라고 부르는 것은 아기가 자신의 필요와 관련해 경험하는 어떤 좌절감에서 비롯된다. 클라인에 따르면, 아기는 가령 어머니의 젖가슴이 젖을 충분히 생산하지 않기 때문에 좌절감을 맛본다. 하지만 클라인은, 발육 과정이 진행됨에 따라 아기의 요구가 그 자체로 점점 더 만족시킬 수 없는 어떤 것으로 발전한다는 점을 발견했다. 심지어 젖을 충분히 먹였을 때조차 아기는 울음을 멈추지 않는다. 이 채울 수 없는 허기 탓에 아기는 클라인이 자신의 선배인 칼 아브라함을 쫓아 구순기 후반 국면이라고 부르는 것으로 들어서게 되는데, 이 국면에서 아기는 젖꼭지를 가학적으로 깨물며 어머니를 공격한다. 하지만 클라인의 이론에서 이런 좌절감은 여전히 '필요'의 측면에서, 또는 기껏해야 아기가 타고난 태생적 충동(생물학적 충동)의 측면에서 사유되고 있다는 점에 주목할 필요가 있다.

이와 대조적으로, 라캉은 이런 좌절감을 기표의 수준에서 이론화해야 한다고 시사한다. 아기는 자기의 요구를 충족시키지 못하는 나쁜 젖가슴 같은 것이 실제로 있기 때문이 아니라(그 잘못이 젖가슴의 빈약한 생산 능력 쪽에 있든 아니면 욕심 많은 아기 쪽에 있든 간에), 기표로서의 요구와 그 기표에 대해 어머니가 행하는 해석을 분리시키는 어떤 심연, 틈새가 있기 때문에 좌절감을 느낀다는 것이다. 원칙적으로 이 틈새는 닫힐 수 없는데, 왜냐하면 이 틈새는 단지 일시적인 소통장애로 인해 야기되는 것이 아니기 때문이다. 만일 그런 것이라면 아기가 장차 적절한 언어 기술을 습득하는 것만으로도 충분한 해결책을 찾을 수 있을 것이다. 하지만 아기에게 있어서 근본적 교착상태를 이루는 것은 바로 **대타자의 욕망**이라는 차원이다. 아기가 좌절감을 느낄 수밖에 없는 것은 어머니가 대상으로 존재할 뿐만 아니라 또한 **하나의 주체로서** 욕망하기 때문이고, 아기가 종종 자의적으로 변하는 어머니의 바로 그 욕망을 또한 욕망하기 때문이다.

그리하여 필요로서의 요구라는 최초의 지평 위로 그것의 너머, 곧 **욕망**으로서의 요구라는 지평이 출현하게 된다. '포르트-다'라고 알려진 게임에 아이가 몰두하기 시작할 때 두드러지기 시작하는 것이 바로 이런 과잉으로서의 욕망이며, 이 게임 안에서 어머니의 현존과 부재는 '원시적'으로 상징화된다. 예컨대 다른 누군가와 전화를 하기 위해서 어머니가 아이로부터 잠시 떠났을 때 아이는 강박적으로 묻는다. "왜 엄마가 지금 멀리 가버리는 거지? 여기에서 젖을 주거나 놀아주거나 하면서 나와 함께 있어야 하는 것이 아닐까? 왜 엄마는 나 이외에 다른 무언가를 욕망하는 거지? 도대체 엄마가 욕망하는 이 대상이 무엇이지? 내가 바로 이 대상이 되어야 하는데 말이야. 단적으로, 이 모든 것의 **의미**가 무엇이지? 엄마의 현존과 부재가 자의적인 방식으로 교대되어 나타나는 이 수수께끼 같은 기표 사슬의 의미가 도대체 무엇이지?" 나중에 보게 될 것처럼, 이 국면은 라캉이 "세 번의 오이디푸스 콤플렉스"[63]라고 부르는 것 가운데 첫 번째 국면('좌절')을 구성하는데, 미리 도착해 있는 상징은 여기에서 외양상 상상적으로 보이는 아이와 어머니의 이원적 관계의 표면 아래에서 은밀하게 기능하고 있다.

이런 '첫 번째 상징화'를 이후에 오는 상징화와 구분하기 위해서 라캉은 로만 야콥슨으로부터 용어를 빌려와 언어가 작동하는 두 가지 근본적으로 구별되는 양태를 도입한다. 바로 **환유**와 **은유**이다. 프로이트가 '전위'라고 부르는 것에 환유가 조응한다면 '응축'이라고 부르는 것에는 '은유'가 조응하는데, 라캉은 이것들을 각각 '결합'과 '대체'로 특징짓는다.[64] 환유는 기표 사슬의 통시적 결합축을 지시한다. 예컨대 누군가 이렇게 말했다고 가정해보자. "나는 굶주려 있다." 그러면 우리는 곧 "나는", "굶주려", "있다"라는 세 개의 기표를 연결하기 시작하고, 그렇게 해서 전체 문장의 의미를 이해하려고 시도하게 된다. 그러나 이 시도는 오로지 **회고적** 방식으로만 행해질 수 있다. 우리가 첫 번째 기표 "나는"을 들었을 때 그것은 '날아가는'이라는 의미의 "나는"^{flying}이라는 기표(예컨대 "나는 새도 떨어뜨리는 권력의 소유자"라는 기표 사슬에 등장하는)와 정확히 동일하게 발음되기 때문에 그 의미(기의)를 결정할 수 없으며, 그 의미를 결정하기 위해

---

63) Lacan, *Les formations de l'inconscient*, p.179.

64) 본래 로만 야콥슨은 프로이트의 전위와 응축을 각각 환유와 제유에 연결시켰다. Roman Jakobson, "Two Aspects of Language and Two Types of Aphasic Disturbances"(1956), *Language in Literature*, ed. Stephen Rudy and Krystyna Pomorska, Cambridge, MA: The Belknap Press of Havard University Press, 1987, p.113. [박여성 옮김, 「언어의 두 측면과 실어증의 두 유형」, 『언어의 토대: 구조기능주의 입문』, 문학과지성사, 2009, 112쪽.] 라캉은 프로이트의 응축을 제유가 아니라 은유에 연결함으로써 야콥슨을 수정한다.

서는 그 다음에 따라 나오는 기표(들)의 도착을 기다려야 한다. 결국 문장을 마무리 짓는 마침표(.)를 만났을 때에야 비로소 우리는 전체 문장에 대해 거꾸로 작업할 수 있고 각각의 기표로부터 그것의 기의를 양각시킬 수 있게 된다. 라캉은 언어의 이런 환유적 차원을 표현하기 위한 하나의 공식을 우리에게 제시한다.

$$f\,(S \cdots S')\,S \cong S\,(-)\,s$$

왼편에 있는 $f(\ \ )S$는 이것이 의미화의 함수라는 뜻이고, 괄호 안에 들어 있는 $S \cdots S'$는 S로 시작해 S'로 끝나는 기표 사슬 안에 들어 있는 모든 기표들을 가리키는데, 이 기표들이 결합해 오른편의 $S\,(-)\,s$로 표현되는 의미작용의 효과를 생산하게 된다. 보다시피 각각 기표와 기의를 대표하는 S와 s는 괄호 안에 들어 있는 막대에 의해 분리되어 있다. 이 막대는 기호에 대한 소쉬르의 공식인 's/S'에서의 그것과 동일한 것이다. 다만 라캉의 공식은 소쉬르의 공식을 뒤집어 'S/s'가 된다.[65] 하지만 여기에서 우리가 핵심적으로 눈여겨봐야 하는 것은 기표들의 환유가 기의(s), 곧 의미를 생산한다는 점이다.

그렇다면 환유가 어떤 누빔점도 결여하고 있으며, 따라서 어떤 의미도 생산하지 않는다고 말하는 것이 전적으로 정확한 것은 아니다.

---

65) Jacques Lacan, "The Instance of the Letter in the Unconscious or Reason Since Freud"(1957), *Écrits: The Complete Edition*, trans. Bruce Fink, New York: W. W. Norton, 2006, pp.428~429. 라캉이 소쉬르의 기호 공식을 이렇게 뒤집는 이유에 대해서는 본서의 앞 부분에 수록된 「몇몇 특수 용어에 대한 예비 설명」의 '억압' 항목을 참조하라.

예컨대 문장의 마지막에 있는 마침표는 **수평적 또는 통시적 누빔점**을 이루며, 이를 통해 기표 사슬의 의미가 고정된다. 물론 문제는 이렇게 기표 사슬이 하나의 기의에 누벼진다고 해도 이 누빔점 자체가 다시 해체될 수 있는 가능성이 항상 여전히 남아 있다는 것이다. 바로 또 다른 기표 사슬이 시간 속에서 다시 도착하게 될 때 그렇다. "나는 굶주려 있다"라고 말한 사람이 계속해서 이렇게 말한다고 가정해보자. "바로 지식에 굶주려 있다는 말이다!" 이 새로 도착한 구절은 원래 문장의 의미를 상당히 변화시켜 "나는 무엇인가를 먹고 싶다" 대신 "나는 무엇인가를 배우고 싶다"를 함의하도록 강제한다. 따라서 수평적 누빔점은 보기보다 안정적이지 못하며, 이 때문에 라캉은 환유에 의해 생성되는 의미를 "그다지-없는-의미"peu-de-sens라고 정의한다.[66] 기표들의 환유적 결합은 비의미nonsense를 생산하는 것은 아니지만 기껏해야 그다지-없는-의미만을 생산하는 것이다.[67]

잠시 앞에서 언급한 아이와 어머니 간의 원시적 상징화 문제로 돌아가보자. 아이가 좌절감을 느끼는 것은 어머니의 욕망을 확정적이고 결론적인 방식으로 알 수 없기 때문이다. 물론 한동안 아이는 자신이 그 일을 해낼 수 있을지도 모른다는 유혹적인 생각에 사로잡힌다. 예컨대 아이는 먹었던 젖을 토해 어머니가 돌아보게 만들고, 전화를 끊고 달려와 자기가 방금 어지럽힌 것을 치우게 만듦으로써 그렇게 할 수 있다고 생각한다. 그렇게 되면 아이는 "아, 다시 한 번 내

---

66) Lacan, *Les formations de l'inconscient*, p.97.
67) 사실 지젝이 '동일시/주체화 없는 호명'이라는 비-의미적 차원에 의해 지시하고 싶어 하는 것이 바로 이것이다.

가 엄마의 욕망의 의미라는 것이 확실해졌구나!"라고 생각할 것이다. 그럼에도 불구하고 아이는 잠시 동안만 그렇게 안심할 수 있을 뿐인데, 왜냐하면 다음번에 어머니가 아버지와 대화하기 위해서든, 책을 읽기 위해서든, 집안을 청소하기 위해서든 간에, 여하간 다른 무엇인가를 하기 위해서 다시 자신의 곁을 떠나버리면 아이는 동일한 좌절감을 맛보게 될 것이기 때문이다. 이렇게 아이는 대타자로서의-어머니의 욕망의 끝없는 환유적 미끄러짐에 의해 소외된다. 대타자의 변덕으로 말미암아, 자신의 상황을 이해하려는 아이의 모든 시도는 궁극적으로 실패하며, 단지 그다지-없는-의미만을 생성하는 것으로 끝나는데, 이 그다지-없는-의미는 정확히 어머니의 욕망에 대한 종결될 수 없는 자신의 추격을 위한 하나의 미끼로나 기능하는 것이다.[68]

---

68) 우리는 이런 환유적 좌절에 대한 최고의 문학적 재현 중 하나를 윌리엄 셰익스피어의 『맥베스』(1606)에서 찾을 수 있다. 왕을 죽이고 왕좌에 오른 맥베스는 자신에 대한 반군이 일어나고 위기에 빠지게 되자 처음에 자신에게 왕이 될 것이라고 예언했던 세 마녀에게 다시 찾아가 자신의 운명을 묻는다. 이때 세 마녀는 "맥베스는, 저 큰 버냄 숲이 던시네인 언덕으로 와서 그와 맞서기 전에는 결코 질 수 없다"고 답한다. 4km나 떨어져 있는 버냄 숲이 던시네인 성까지 올 리가 만무하므로 자신이 안전하다는 뜻으로 이해하고 맥베스는 돌아오지만, 반군이 버냄 숲에서 야영을 하고 그 숲의 나무들로 자신들을 위장한 뒤 다음날 아침 던시네인 성으로 진격해오자 이를 본 병사는 맥베스에게 "지금 던시네인 숲이 여기로 오고 있습니다"라고 보고한다. 세 마녀는 또한 여자가 낳은 사람은 아무도 맥베스를 쓰러뜨릴 수 없다고도 말했지만, 맥베스는 결국 제왕절개로 태어나 여자가 낳았다고 말할 수 없는 맥더프의 손에 죽게 될 운명에 처하게 된다. 맥더프의 출생의 비밀을 알게 된 맥베스는 이렇게 말한다. "그렇게 말하는 저 [맥더프의] 혀에 저주 내릴지니, 그것이 내 사내다운 용기를 겁먹게 만들었구나. 그리고 이 요망한 마녀들을 더 이상 믿지 말지니, 그것들은 한 입으로 두 말을 하며 우리에게 말꼬리를 흐리고, 우리의 귀에 [자신들이 한] 약속의 말 자체는 지키면서 우리의 희망에 대해서는

그러므로 주체라는 용어가 모종의 자율성의 의미를 가지고 있어야 한다고 가정한다면, 아이는 아직 주체^{sujet}가 아니라 하나의 '비주체/예속자'^{assujet}에 불과하며, 어머니와의 관계에서 자기 상황의 주인이 될 역량을 발본적으로 결여하고 있다.

이런 정도까지, **첫 번째 상징화**에 근거해 자신의 어머니를 **주체로서** 구성한 아이는 우리가 단지 예상이라는 방식으로이긴 하지만 '법'이라고 부를 수 있는 것에 완전히 종속된 것으로 드러납니다. …… 어머니의 법은 물론 어머니가 말하는 존재라는 사실에 놓여 있으며, 이는 내가 **어머니의 법**이라고 말하는 것을 정당화하기에 충분합니다. 그럼에도 불구하고, 이 법은, 이렇게 말하는 것이 용납된다면, 하나의 통제되지 않은 법입니다. …… 이 법은 전적으로 그것을 지지하는 주체 안에 있습니다. 곧 어머니의 좋은 의지 또는 나쁜 의지 안에, 좋은 어머니 또는 나쁜 어머니 안에 있는 것이죠. 주체는 **비-주체/예속자**$^{a\text{-}ssujet}$로서 그 윤곽을 드러내게 됩니다. 주체는 하나의 예속자인데, 왜냐하면 자신이 의존해 있는 자의 변덕에 깊이 예속된 것으로 스스로를 경험하고 감각하기 때문이죠. 심지어 이런 변덕이 분절된 변덕이라고 할지라도 그렇습니다.[69]

그 약속을 저버리는구나. 난 그대와 싸우지 않겠다"(5막 8장). 곧, 여기에서 맥베스의 좌절은 자신이 안정적이라고 믿었던 기표들의 의미가 다른 기표들이 시간 속에서 도착함에 따라 뒤바뀌어버리는 통시적 누빔점의 해체로 인해 생겨난 것이라고 볼 수 있다.

69) Lacan, *Les formations de l'inconscient*, pp.188~189. 강조는 인용자.

이 구절에서 제시된 라캉의 설명이 또한 욕망 그래프의 첫 번째 층(하층)에 조응한다는 사실을 상기하자. 이 때문에 우리는 라캉이 곧 바로 이 대목에서, '기본 세포'라고 불리는 첫 번째 그래프와 똑같이 생긴 그래프(그림 4)[70]를 도입하는 것을 보게 된다.

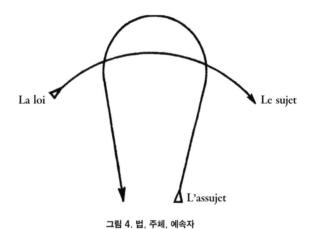

그림 4. 법, 주체, 예속자

이 그래프는 다음과 같은 방식으로 읽어야 한다. 기표 사슬인 대타자로서의-어머니(말하는 존재)가 또한 욕망하는 존재로서의 주체 Le sujet인 한에서, 어머니의 법La loi은 단지 아이를 언어 안에서 깊이 소외된 비-주체/예속자L'assujet로 만드는 자의적인 법이다.

따라서 우리는, 이미 그래프의 하층에서 시작된 자의적인 어머니의 법에 의한 주체의 좌절이 "당신이 원하는 것[욕망하는 것]은 무엇입니까?"라는 주체의 절규("케 보이?")에서 정점에 이르게 되는 것을

---

70) Lacan, *Les formations de l'inconscient*, p.189.

보는데, 이 절규가 바로 욕망 그래프의 상층을 구축하기 시작하는 세 번째 그래프(그림 5)[71])에서 묘사되고 있는 것이다. 세 번째 그래프의 오른편에 있는 뻗어 올라가는 두 선 사이의 소문자 d는 언표와 언표 행위 사이의 간격으로서의 어머니의 욕망^{désir}을 표상하는 것으로, 이 욕망을 붙잡을 수 없는 주체는 좌절해 "도대체 무엇을 원합니까?"라고 울부짖으면서 결국 환상 공식($\$ \diamond a$) 안에 갇히게 된다.

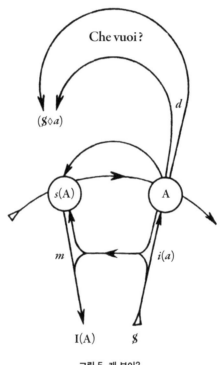

그림 5. 케 보이?

71) Lacan, "The Subversion of the Subject……," p.690.

이런 주체의 좌절감은 오직 언어의 또 다른 본질적 차원인 **은유**가 개입함으로써만 극복될 수 있다. 환유와 대조적으로, 은유는 하나의 기표가 다른 하나의 기표를 대체하는 기표 사슬의 공시적-대체적 축을 특징짓는다. 은유는 **수직적 또는 공시적 누빔점**의 효과를 생산하는 언어의 근본적 작동이며, 기표 사슬의 무한정한 환유적 미끄러짐이 마침내 안정되는 것도 바로 은유를 수단으로 해서이다.[72) 라캉의 은유 공식은 다음과 같다.

$$f\left(\frac{S'}{S}\right)S \cong S(+)s$$

기표 S가 또 다른 기표 S′에 의해 대체되는 것의 기호적 함수는 공식의 오른편에 나와 있는 $S(+)s$가 지시하는 것, 곧 기표 S가 기의라는 지하 영역(막대 아래의 영역)으로 가라앉으면서 새로운 기의 s를 생산한다는 것과 같다. 여기에서 S와 s 사이의 괄호 안에 위치한 + 부호는 '더하기'를 표시하는 것이 아니라 "막대를 넘어감," "시적이거나 창조적인 넘어감"을 표시하는데, 이 "넘어감"을 통해서 마침내 고유한 의미에서의 주체가 도래하게 된다. "이 넘어감은 기표가 기의로 이동하는 것의 조건이며, 나는 앞에서 이 계기를 **주체의 장소**와 융합함으로써 적시했다"[73)고 라캉이 말하는 것은 이 때문이다.

---

72) 바로 이 때문에 은유는 환유에 **앞서** 일어나지 않는다. 환유와 은유를 각각 농담의 준비작업과 펀치라인(핵심)으로 비유하면서 라캉은 환유가 은유의 필요한 준비 작업이라고 주장한다. "환유는, 은유라는 이 새롭고 창조적인 어떤 것이 그 속에서 생산될 수 있는 근본적인 구조이다." *Lacan, Les formations de l'inconscient*, p.75.

따라서 이 넘어감은 종종 "주체에 의한 근본적 환상 횡단"이라고 불리는 것과 동일하다(사실 '횡단'이라는 번역어는 여기에서 적절치 못한데, 왜냐하면 이런 넘어감은 오히려 기표 영역과 기의 영역 사이의 수직적 운동을 말하기 때문이다). 은유의 형성을 통해서 주체가 환상을 넘어갈 때 주체는 정확히 주인기표 자체가 기호 공식의 막대를 넘어 기의의 지하 영역으로 넘어가도록 강제함으로써 그렇게 한다. 그러나 이런 넘어감은 오늘날 많은 라캉 주석가들, 특히 지젝이 주장하듯이 주체가 상징적인 것의 너머^{beyond}로 나아가는 순간을 표시하는 것이 아니라 오히려 주체가 **고유한 의미의 상징적 질서로 진입하는 순간**을 표시하는데, 왜냐하면 환유가 어머니의 질서에 속한다면 은유는 근본적으로 아버지의 질서에 속하기 때문이다. 아버지-의-이름은 어머니의 욕망(주인기표)을 대체함으로써 "순수한 상징적 원칙"[74]으로서 개입해 들어오는 부성적 은유이다.

『세미나 5』(9번째 세션)에서 이미 등장하는 라캉의 은유에 대한 두 번째 정식은 다음과 같다.

$$\frac{S}{S'} \cdot \frac{S'}{x} \to S\left(\frac{1}{s}\right)$$

이 정식은 『에크리』에 수록된 「그 모든 가능한 정신증 치료에 선행하는 질문에 대하여」(1958)에서 반복되는데, 다음과 같은 설명이 추가된다. "여기에서 대문자 S들은 기표들이고, x는 알려지지 않은

---

73) Lacan, "The Instance of the Letter in the Unconscious," p.429. 강조는 인용자.
74) Lacan, *Les formations de l'inconscient*, p.227.

의미작용이며, s는 은유에 의해 유도된 기의인데, 은유는 기표 사슬 안에서 S′를 S가 대체하는 것에 있다. 빗금 그어진 사실에 의해 정식 속에서 표상되는 S′의 탈락은 은유의 성공 조건이다."[75] 이 정식을 어머니의 욕망과 아버지-의-이름 사이의 관계에 적용하면서 라캉은 다음과 같은 정식을 도출한다.

$$\frac{\text{아버지-의-이름}}{\text{어머니의 욕망}} \cdot \frac{\text{어머니의 욕망}}{\text{주체를 위한 기의}} \longrightarrow \text{아버지-의-이름}\left(\frac{A}{\text{팔루스}}\right)$$

나는 오이디푸스 콤플렉스를 논할 때 라캉이 이 정식의 오른편에 위치해 있는 '팔루스'를 통해 의미하는 바가 무엇인지를 곧 논의할 것이다. 그러나 먼저 나는, 이런 은유의 효과가 생산되는 것은, 기의가 기표에 의해 대체됨으로써가 아니라 하나의 기표가 또 다른 기표에 의해 대체됨으로써 이뤄진다는 점을 강조하고 싶다. 바로 이 때문에 라캉은 환유의 '그다지-없는-의미'와 대조해, 의미의 은유적 생성을 '의미-없음'pas-de-sens에 연결한다. 여기에서 의미-없음이란 은유가 '비의미'nonsense를 생산한다는 뜻이 아니다.[76] 라캉은 다음과 같이 주장한다. "은유는 상당히 일반적인 기능이다. 이렇게 말할 수 있다면, 의미의 세계의 생성이 인식되는 것은 바로 대체의 가능성에 의한 것이다."[77] 따라서 은유는 의미를 생산한다.

---

75) Jacques Lacan, "On a Question Prior to Any Possible Treatment of Psychosis" (1957), *Écrits: The Complete Edition*, trans. Bruce Fink, New York: W. W. Norton, 2006, p.465.

76) Lacan, *Les formations de l'inconscient*, p.98.

77) Lacan, *Les formations de l'inconscient*, p.31.

외려, 은유의 '의미-없음'이라는 말이 가리키는 바는 이런 의미의 세계가 생성되도록 만드는 은유적 대체 작업 그 자체는 (의미와 전혀 상관없는) **음소의 수준에서**(라캉이 훨씬 뒤에 **라랑그**lalangue라는 신조어로 지시하는 언어의 음향적 수준에서) 일어난다는 사실이다. 라캉은 프랑스어의 atterré라는 말을 예로 든다. 일상적으로 사용되는 이 말은 "공포에 질린"terrified이라는 뜻을 가지고 있지만, 그럼에도 불구하고 이 말은 어원상으로 보자면 "공포에 질린"과는 아무 상관도 없는 말이다. 형용사 atterré가 파생되어 나온 동사 원형 atterrir는 원래 "육지에 도착하다," "바다에서 육지로 들어오다"라는 뜻을 가지고 있다. 그렇다면 이 용어 atterré는 어떻게 "공포에 질린"이라는 완전히 새로운 기의를 갖게 됐을까? 그것은 전적으로 atterrir라는 동사 안에 들어 있는 ter라는 음소의 작업 덕분이다. 이 음소의 작업을 통해 atterrir라는 말은, 자신과 완전히 다른 어원 및 의미를 갖지만 단지 그 음소 ter만을 공유하고 있는 또 다른 용어인 terreur(공포)와 응축되면서 새로운 용어 atterré를 만들어냈던 것이다. 이와 같은 응축은 프로이트가 보여주듯이 우리가 꿈작업들 안에서 발견하는 것과 같다.

농담과 위트 또한 이런 은유의 응축 메커니즘을 통해 형성된다. 이 때문에 라캉은 『세미나 5』에서 프로이트의 『농담과 무의식의 관계』(1905)에 준거해 환유와 은유에 대한 자신의 전체 논의를 농담이라는 질문 주변에 조직한다. 농담의 메커니즘을 묘사하기 위해서 프로이트가 활용하는 사례 중 하나는 하인리히 하이네의 『여행 그림 III』(1829)에서 가져온 것이다. 이 농담은 복권 판매상인 히르슈-히아킨트에 대한 것인데, 히르슈-히아킨트는 사람들에게 거부인 잘로몬 로트쉴트 남작을 알고 있다면서 이렇게 말한다. "잘로몬 로트실트 씨 옆에 내가 앉아 있었는데, 그분은 나를 동등하게 대해줬지. 상당히 파밀리오네르familionär하게 말이야." 프로이트의 설명에 따르면, 저 familionär라는 신조어는 다음과 같이 아주 길고 복잡한 의미를 요약적으로, 재치 있게 표현한다. "로트실트 씨는 나를 동등하게 대해줬지. 상당히 다정하게familiär 말이야. [하지만] 백만장자milionär가 할 수 있는 선에서 그랬다는 거야. …… 부자의 겉 겸양에는 그걸 경험하는 쪽에서 보면 꽤 유쾌하지 않은 뭔가가 항상 섞여 있게 마련이거든."[78] Familiär와 Milionär 사이의 신속한 연결이 "mili"와 "är"라는 두 개의 공유된 음소에 의해 달성되고 있는 것이다. 프로이트는 이런 신속한 연결을 "대체의 형성을 동반하는 응축"[79]이라고 묘사한다.

하지만 프로이트는 여기에서 한 걸음 더 나아가 "famillionär"라는 용어에 부착되어 있는 또 다른 의미, 즉 시인 하이네 자신의 개인사와 관련된 의미를 발굴해낸다.[80] 이렇게 놓고 보면, '히르슈-히아킨트'라는 이름은 하인리히 하이네라는 이름의 (두 개의 H를 매개로 한) 환유적 전위인 것으로 드러난다. 그리고 백만장자 '잘로몬 로트실트' 뒤에 숨어 있는 것은 또 다른 백만장자인 하이네 자신의 삼촌, 잘로몬 하이네인데, 이 삼촌의 딸과 하이네는 결혼하고 싶은 '열망'을 가지고 있었지만 그럴 수 없었다. 왜냐하면 로트실트 남작처럼

---

78) Sigmund Freud, *Jokes and Their Relation to the Unconscious*, trans. James Strachey, New York: W. W. Norton, 1989, p.17. [임인주 옮김, 『농담과 무의식의 관계』, 열린책들, 2004, 22쪽.]

79) Freud, *Jokes and Their Relation to the Unconscious*, p.19. [『농담과 무의식의 관계』, 26쪽.]

80) Freud, *Jokes and Their Relation to the Unconscious*, p.140. [『농담과 무의식의 관계』, 181쪽.]

하이네의 삼촌도 항상 하이네를 "약간 파밀리오네르"하게 대접했을 뿐이기 때문이다. 이것이야말로 하이네가 이 농담을 하면서 "최대의 만족감"을 느끼는 이유이다. 하이네가 이 농담 안에 성공적으로 묶어 내는 주이상스는 '잘로몬 하이네'라는 기표 또는 이름을 기의의 지하 영역으로 쫓아내는 데서 오는 것인데, 이 이름의 주인인 삼촌은, 라 캉에 따르면, "하이네의 인생에서 가장 억압적인 역할을 행한 자,"[81] 곧 주인기표의 역할을 행한 자였던 것이다.[82]

---

81) Lacan, *Les formations de l'inconscient*, p.54.
82) 이런 관점에서, 라캉이 제공하는 또 다른 사례를 읽는 것은 매우 흥미롭다. 빅토르 위고의 시 「잠든 보아스」("Booz endormi"[1859])에서 가져온 한 구절, 즉 "그의 곡식다발엔 인색함도 증오심도 없었다"에 대해 논하면서 라캉은, 일단 "그의 곡식다발"이 "보아스"(Booz)라는 이름을 대체하자 보아스는 "인색함과 증오심이 그 부정의 구멍 안에서 그 자신을 품고 있는 바깥의 어둠 속으로 내던져지고" 자신의 자리로 되돌아갈 수 없게 된다고 말한다. 라 캉은 이런 은유의 효과를 '부성'과 '다산성'에 연결한다. Lacan, "The Instance of the Letter in the Unconscious," pp.422~423. [빅토르 위고, 윤세홍 옮김, 「잠든 보아스」, 『위고 시선』, 지식을만드는지식, 2009, 133쪽.] 원래 보아스는 구약 성경의 「룻기」에 등장하는 인물로, 나오미가 남편인 엘리멜렉과 사별해 모압에서 돌아올 때 데리고 온 모압 출신 이방인 며느리 룻과 결혼한다. 보아스와 룻의 만남은, 추수를 한 밀밭으로 이삭을 주우러 온 룻에게 보아스가 친절을 베풀 때 시작된다. 보아스는 자신의 곡식다발에서 밀을 조금씩 뽑아 바닥에 뿌려 룻이 그것을 줍게 한 것이었다. 이후 이 일을 들은 나오미는 "너를 결혼시켜야 하겠다"고 말하며, 룻에게 다음날 밤 보아스의 밭으로 가서 곡식다발 곁에 누워 자고 있는 보아스의 발아래에 누우라고 한다. 자신의 발아래 있는 룻을 발견하고 보아스가 놀랐을 때 룻은 자신을 거둬달라고 한다. 보아스는 룻을 거두겠다고 답하지만, 원래 자신이 룻을 거둘 수 있는 권리를 가진 첫 번째 사람(고엘[go'el])은 아니니 그 권리를 가진 사람이 양보하면 그렇게 하겠다고 말한다. 룻을 거두는 데는 조건이 있었는데, 룻을 거둘 경우 죽은 엘리멜렉의 땅도 함께 구입해야 하지만 그 땅을 엘리멜렉의 이름에 여전히 귀속시켜야 했다. 이에 자신의 재산 손실을 우려한 첫 번째 권리자가 룻에 대한

라캉의 세미나 전체는 기표들의 환유적 결합이 은유적 대체로 나아가는 이런 위트의 메커니즘을 활용해 "무의식의 형성들"의 과정을 설명하는 데 바쳐지고 있다.[83] 그렇지만 우리에게는 퍼즐 한 조각이 더 필요한데, 왜냐하면 이런 이행이 아이의 정신적 발달과 관련해 어떻게 달성되는지를 설명해야 하기 때문이다. 바로 여기에서 라캉은 "세 번의 오이디푸스 콤플렉스"라는 관념을 도입하고, 그 각각을 '좌절,' '박탈,' '거세'라고 부른다. 우리는 이미 좌절이 무엇인지 설명했지만 단지 경험적 수준에서 그렇게 했을 뿐이다. 어머니가 전화를 한다든지, 아버지와 이야기를 나눈다든지, 책을 읽는다든지 하는 것은 모두 어머니가 팔루스를 쫓아가고 있는 상황의 예인데, 여기에서 팔

권리를 포기하자, 보아스는 룻과 함께 그 땅을 모두 거둔다. 위고의 시에는 보아스가 룻을 만나기 전에 본 환상에 대한 묘사가 나온다. 자손이 번창할 것을 의미하는, 나무가 뻗어 자라나는 환상이다. 이 환상을 본 보아스는 신에게 "나는 아내를 잃은 지 오래고 자식들도 모두 내 곁을 떠나갔는데, 어떻게 내 가족이 저 나무처럼 뻗어나갈 수 있다는 것이냐"고 의문을 표하지만, 룻과 결혼해 이 환상을 이룬다. 결국 보아스가 룻과 결혼해 자손을 번창시킬 수 있었던 것은, 보아스 자신이 인색함과 (이방인에 대한) 증오심을 모두 버리고 룻에게 순수하게 친절한 마음을 베풀었기 때문이라고 볼 수 있다. 따라서 보아스의 곡식다발은 인색함과 증오심을 대체한 은유로 등장하며, 라캉은 여기에서 부성적 은유의 탁월한 사례를 찾고 있는 것이다.

83) 위트의 이런 차원은 지젝이 상품 물신성의 상징적 구조를 (시트콤 등의 '배경 웃음'이라는 유명한 사례를 가지고 묘사하는) '전체주의적 웃음'과 관련시키면서 지시하고자 했던 것으로 보인다. 그러나 라캉에게서 농담은 대타자로서의-어머니의 '전체주의적' 법의 환유적 수준에서 생산되는 것으로 가정되지 않는다. 왜냐하면 환유는 단지 농담을 위한 준비 작업을 구성하는 것이기 때문이다. 오히려 농담은 그것의 펀치라인이 효과적으로 도입되는 은유적 수준에서 생산된다. 농담을 함으로써 이끌어낼 수 있는 주이상스는 어떤 '전체주의적' 주인기표를 쫓아내는 것, 금지하는 것과 관련되어 있다.

루스란 상징적 팔루스(Φ)가 아니라 상상적 팔루스(φ)를 말하는 것이다. 이렇게 해서 오이디푸스 콤플렉스의 상상적 삼각형이 '아이-어머니-아버지'라는 삼각형이 아니라 '아이-어머니-φ'라는 삼각형으로 형성된다. 명백히 이것이 바로 오이디푸스 콤플렉스의 초기 단계들에 대한 클라인의 관념에 라캉이 가하는 수정이다. 라캉은 "현실에 대한 첫 번째 관계는 어머니와 아이 사이에서 묘사되며, 아이가 살아 있는 환경과 접촉하는 최초의 현실을 경험하는 것은 여기이다. 우리 [분석가들]가 아버지로 하여금 삼각형 안에 들어가게 만드는 것은 그 상황을 객관적으로 묘사하고자 하는 것이지만 **아이 입장에서 보면 아버지는 아직 삼각형 안으로 들어온 것이 아니다.**"[84] 이 주장은 "[클라인의 주장에 따르자면] 어머니의 신체 안에 현존하고 있는 나쁜 대상들(모든 라이벌들, 과거·현재·미래의 형제들·자매들의 신체들) 가운데 **아버지는** 매우 정확하게 **그 자신의 페니스 형태로 표상되어 있다**"[85]는, 라캉 자신이 앞에서 행한 주장을 되풀이하는 것이다.

그리하여 라캉은 자신의 '셰마 L'을 변형한 다음과 같은 셰마를 제시하는데(그림 6),[86] 우리는 그 안에서 두 개의 삼각형을 보게 된다. 하나는 점선으로 이뤄진 상상적 삼각형 E-M-φ(아이^{Enfant}-어머니^{Mère}-φ)이고, 또 다른 하나는 실선으로 이뤄진 상징적 삼각형 E-M-P(아이-어머니-아버지^{Père})이다. 나중에 이 셰마를 '셰마 R'이라 부르는 또 다른 셰마로 바꾸며 라캉이 보여줄 것처럼, 여기에서

---

84) Lacan, *Les formations de l'inconscient*, p.180. 강조는 인용자.

85) Lacan, *Les formations de l'inconscient*, p.165. 강조는 인용자.

86) Lacan, *Les formations de l'inconscient*, p.183.

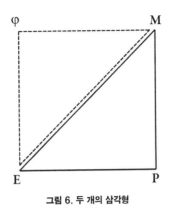

그림 6. 두 개의 삼각형

첫 번째 삼각형은 상상적 삼각형을 묘사하고 있으며 두 번째 삼각형은 상징적 삼각형을 묘사하고 있다. E-M-φ의 상상적 삼각형은 첫 번째 오이디푸스 콤플렉스인 '좌절'의 구조를 보여주는데, 그것은 아이가 어머니의 욕망을 쫓고, 다시 어머니는 끝없이 도망가는 상상적 팔루스를 쫓는 구조이다. 이 단계에서 아이는 어머니가 추구하는 상상적 팔루스가 됨으로써 어머니의 욕망을 지배하려고 시도한다. 아이는 자신이 팔루스로 **존재하려고**, 팔루스가 **되려고** 시도하기 때문에, 무엇이든 어머니의 욕망의 대상으로 보이는 것(곧 팔루스로 보이는 것)과 경쟁하고 또 그것을 파괴하려고 든다. 상상적 단계에서 아이가 보여주는 공격성은 이런 라이벌 게임에서 비롯되는 것이다. 라캉은 이 시기 아이의 질문을 햄릿의 유명한 대사를 변형해 요약한다. "팔루스로 존재할 것인가 말 것인가, 그것이 문제로다!"Être ou ne pas être le phallus, telle est la question!

두 번째 오이디푸스 콤플렉스인 '박탈'은 아이가 거세라는 '사실'에 위협받을 때 시작된다. 그러나 라캉은 이 국면에서 거세되는 것은 아이가 아니라 어머니라는 점을 반복해서 지적한다. 사실 아이에게 거세를 위협하는 부모의 말("계속 그거 가지고 놀면 잘라버릴 거야!")은 어떤 실제 효과도 못 가져온다. 실제 효과는 오직 아이가 어머니의 신체 안에서 드러나는 팔루스의 '박탈'을 두 눈으로 목격할 때에만 발생한다. 이 순간을 어머니의 성기의 상징인, 끔찍한 "메두사의 머리"와 대면하는 순간과 유비하며 라캉은 이렇게 주장한다.

> 팔루스는 그것이 의미화 영역으로 접근하는 것에 대해 가해진 금지[막대], 곧 대타자 안에서 그것의 장소에 대해 가해진 금지에 의해 언제나 가려진 채로 발견된다. 그리고 바로 이를 통해 거세가 [아이의 정신적] 발달 안으로 도입된다. 거세는 결코, 예컨대, 자위행위에 대한 금지의 말을 통해 도입되는 것이 아니다. 문제가 되는 것은, 실재의 지평에서 거세될 가능성이 가장 적다고 가정되는 세계 내 존재, 곧 어머니인 것이다. 거세가 대타자 안에서 드러나고, 대타자의 욕망이 의미화의 막대/금지la barre signifiante에 의해 표시되는 것은 바로 이 장소[어머니 안]에서이다. 그리고 바로 여기에서, 또 본질적으로 이런 방식을 통해 (남자든 여자든 간에) 거세 콤플렉스로서 기능하는 그 종별적인 것이 도입된다.87)

따라서 대타자로서의-어머니 안에 있는 팔루스의 결여를 아이가 발견하게 되는 것은 대타자가 마침내 금지되는 순간을 표시한다. 이 대타자는 완성된 욕망 그래프의 상층 왼쪽 구석에서 보이는 금지된

---

87) Lacan, *Les formations de l'inconscient*, p.348.

대타자(Ⱥ)와 진정으로 동일하다. 그러나 라캉은, 이렇게 거세된 어머니는 아이에게 그 어떤 의미로도 약화된 존재로서 나타나지 않는다고 주장한다. 반대로 어머니는 **훨씬 더 강해진다.** 왜냐하면 거세됐기 때문이다. 팔루스 없는 어머니는 이제 하나의 검은 구멍, 아이의 전 존재를 집어삼킬 수 있는 욕망의 심연으로서의 입으로 변한다.[88] 아이가 팔루스를 **가지고 있는** 아버지 쪽에 도움을 구하게 되는 것도 바로 이때인데, 여기에서 아버지의 팔루스란 상상적 팔루스가 아니라 상징적 팔루스(Φ)를 일컫는다. 아이는 아버지로부터 빌려온 팔루스를 어머니의 열린 입 안에 기둥처럼 세움으로써 어머니의 입이 더 이상 닫힐 수 없도록, 자기를 집어삼킬 수 없도록 만드는 것이다.

라캉은 이 국면을 가리켜 세 번째 오이디푸스 콤플렉스, 즉 '거세'라고 말한다. 아이가 상상적 팔루스로 **존재하려는** 시도를 포기하도록 강제함으로써 아버지는 마침내 전제적이고 변덕스러운 어머니의 법으로부터 아이를 분리할 수 있게 되며, 그렇게 해서 아이를 그 용어의 고유한 의미에서의 주체로 구성하게 된다. "팔루스로 존재할 것인가 말 것인가"라는 질문은 "팔루스를 가질 것인가 말 것인가"라는 또 다른 질문으로 대체된다. 어떤 것을 가진다는 것이 다른 사람들과 그것을 공유할 가능성을 반드시 배제하는 것이 아닌 한에서, 이런 새로운 질문은 현존과 부재를 둘러싼 아이의 상상적 게임 안에서 우리가 볼 수 있던 과도한 라이벌 의식을 피할 수 있게 된다. 아이는 아버지를 파괴하지 않고도(또는 자기가 파괴되지 않고도) 아버지에게서 상징적 팔루스를 빌려올 수 있게 되는 것이다.

---

88) Lacan, *Les formations de l'inconscient*, p.350.

지젝을 포함해[89] 많은 라캉 학자들은 이 금지된 대타자(Ⱥ)를 가리켜 주체가 대타자 안에서 결여를 발견하거나 대타자의 비일관성을 발견함으로써 마침내 주체가 자신을 상징으로부터 **분리**할 수 있게 되는 계기를 표시한다고 말한다. "대타자는 그것을 가지고 있지 않아!"라는 주체 자신의 깨달음이 그 자신이 예전에 가지고 있던 대타자에 대한 무소불위의 이미지를 깨뜨리고, 대타자에 대한 전복의 기회를 준다는 것이다. 그렇지만 이런 해석은 중대한 이중의 오해를 지니고 있다. 첫째, 두 상이한 상징적 대타자(어머니와 아버지)를 구분하는 데 실패함으로써 그 해석은 오이디푸스 콤플렉스에 대한 라캉의 논리를 이해할 수 없는 것으로 만든다. 둘째, 그 해석은 '좌절'의 단계와 '박탈'의 단계를 혼동한다. 대타자의 비일관성이라는 것은 사실 좌절의 단계에서 이미 드러나는 것이다. 아이가 계속 어머니의 공백을 메울 수 있는 바로 그 대상이 되려고 시도하는 것은 정확히 어머니가 자꾸 어떤 다른 것을 욕망함으로써 자신의 법을 비-일관되게 바꾸기 때문이다. 바꿔 말해서, 이와 같은 대타자의 비일관성은 라캉이 말하는 '그다지-없는-의미' 이외의 그 어떤 것도 아니며, 주체의 욕망을 유인하는 **미끼**로 기능하는 것이다. 주체가 대타자로서의 어머니 안에서 마주치는 팔루스의 '박탈'은 이와는 전혀 다른 것이다. 오히려 그때의 박탈은 '불안'의 계기를 구성한다. 곧 사태가 **실재**가 되는 순간, 주체가 더 이상 어머니와의 상상적 포르트-다 게임에 탐닉할 수 없도록 만드는 불안 말이다.

---

89) Žižek, *The Sublime Object of Ideology*, p.122. [『이데올로기의 숭고한 대상』, 202쪽.]

이런 관점에서, 『세미나 10: 불안』(1962~63)의 한 구절에 대해 브루스 핑크가 보여주는 당혹감을 유심히 관찰해볼 필요가 있다. 먼저 핑크는 다음과 같은 라캉의 구절을 인용한다.

불안을 자극하는 것은 무엇인가? 사람들이 말하는 것과 반대로, 어머니의 현존-부재의 리듬이나 교대는 아니다. 아이가 현존-부재의 게임에 탐닉하게 된다는 것이 바로 이를 증명한다. 현존의 안전함은 부재의 가능성에서 찾아진다. 아이에게 가장 많은 불안을 생산하는 것은 (아이가 욕망하도록 만드는 결여의 기초 위에서) 그 아이가 통과해온 관계가 가장 방해받을 때이다. 곧 결여의 가능성이 없어질 때, 아이의 어머니가 계속해서 아이의 등 뒤에 따라붙을 때 말이다.[90)]

라캉의 이 구절을 인용하고 나서 핑크는 다음과 같이 주장한다.

[라캉의] 이 사례는 분리라는 라캉의 개념을 따르는 데 실패한다. 왜냐하면 여기에서 부정들(결여들)은 모두 어머니, 즉 대타자라는 동일한 항에 적용되기 때문이다. 분리를 이루기 위해서, 그리고 주체가 $\mathbb{S}$로서 존재하기 위해서는 [대타자로서의-]어머니가 어떤 불완전함, 오류 가능성, 부족함의 표시를 내보여야만 한다. 다시 말해서, 주체의 도래를 보려면, 어머니 스스로가 자신이 욕망하는 주체(따라서 또한 결여를 가진 소외된 주체)이며 자신이 언어의 분열시키는/금지시키는

---

90) Jacques Lacan, *L'angoisse: Le séminaire, livre X*, éd. Jacques-Alain Miller, Paris: Seuil, 2004, p.67.

작용에 종속되어 있기도 함을 보여줘야 한다. [하지만] 『세미나 10』에서 가져온 위의 사례에서 어머니는 장場을 독점한다. 어머니 자신이 분할된 주체로 존재하게 됐는지가 불분명한 것이다.91)

분명히 볼 수 있듯이, 라캉은 저 구절에서 좌절과 박탈을 개념적으로 구분하려고 한다. 좌절은 아이가 어머니와의 현존-부재의 게임에 탐닉하는 단계를 말하지만, 박탈은 아이가 어머니로부터 더 이상 도망칠 길을 찾을 수 없게 됨에 따라 자신이 어머니에 의해 집어삼켜지는 환상적 이미지에 의해 소진되는 단계를 말한다. 라캉이 "결여의 가능성이 없어질 때"라고 부르는 것은 아이가 제3자에게서 절망적으로 도움을 구하며 이미 어머니의 닫히고 있는 입 안에 들어가 있는 상황을 특징짓는다. 이 두 가지 상이한 단계를 혼동하고 오로지 좌절의 논리에만 초점을 맞춤으로써 핑크는, '장을 독점하는 어머니'에 대한 라캉의 설명이 '분리'에 대한 라캉 자신의 논리를 따르는 데 실패하고 있다는 잘못된 주장을 펼치고 있는 것이다.

그러나 라캉의 주장은 또 다른 그의 주장과 결합될 때에만 적절히 이해될 수 있다. 거세된 어머니는 약해지는 것이 아니라 오히려 더욱 강해진다는 주장 말이다. 주체가 어쩔 수 없이 아버지에게 도움을 요청하고 따라서 오이디푸스 콤플렉스의 다음 단계인 '거세'의 단계로 진입하게 되는 것은 바로 거세된 어머니가 주체성의 전체 장을 독점

---

91) Bruce Fink, *The Lacanian Subject: Between Language and Jouissance*, Princeton, NJ: Princeton University Press, 1995, pp.53~54. [이성민 옮김, 『라캉의 주체: 언어와 향유 사이에서』, 도서출판b, 2010, 111쪽.]

하기 때문이다. 여자 아이가 거세된 자신의 어머니를 목격하면서 겪는 딜레마를 묘사한 뒤에 라캉은 계속해서 다음과 같이 말한다.

남자라고 해서 상황이 더 나을 것이라고 믿어서는 안 된다. 상황은 심지어 더욱 코믹하다. 이 처량한, 운도 없는 남자 아이는 팔루스[고추]를 가지고 있으며, **사실 자신의 어머니가 그것을 가지고 있지 않음을 알게 되는 것이야말로 그 아이를 트라우마에 걸리게 하는 것이다.** 왜냐하면, 이제, **어머니가 더욱 강하다면, 무엇이 귀결되겠는가? 캐런 호니가 거세 콤플렉스의, 마음을 어지럽히는 가장 본질적 원천 중 하나를 보여줬던 것은 바로 여자에 대한 이런 원시적 공포 안에서였다.** 최종 분석에서, 남자 아이가 자신이 가진 것을 위협하는 위험이라는 이 질문을 해결하는 것은 우리가 잘 알다시피 그것의 표지insignia[곧 팔루스]를 가지고 있는 자와의 순수하고 단순한 동일시를 통해서, 어느 모로 보나 그 위험을 피한 사람인 **아버지와의 동일시**를 통해서이다.[92]

이렇게 해서 우리는, 지젝과 핑크의 설명에서 가장 큰 문제점 중하나는 좌절과 박탈에 대한 혼동에 있으며, 이런 혼동은 다시 라캉의 '분리' 개념을 **상징적인 것 일반으로부터의 분리**라고 보는 문제 많은 해석과 밀접하게 연결되어 있다고 말할 수 있다.[93] 그러나 라캉의 분

---

92) Lacan, *Les formations de l'inconscient*, pp.350~351. 강조는 인용자.
93) 우리는 동일한 성격의 오류를 지젝의 또 다른 구절에서도 찾을 수 있다. "라캉이 **분리**라고 부르는 일종의 '탈−소외'를 주체가 달성하도록 만들어주는 것은 정확히 대타자 안에 있는 이런 결여이다. 주체가 언어의 장벽에 의해 대상으로부터 영원히 분리되어 있음을 경험한다는 의미에서가 아니라 대상이 대

리는 어떤 모호함도 없이 두 상이한 상징적 질서를 구분함으로써만 작동한다. 미리 도착해 있는 환유적 상징(어머니의 욕망)과 은유적 순수 상징(아버지-의-이름)이 그것이다. 아버지에 의해 제공되는 상징적 팔루스는 부정될 수 없는데, 왜냐하면 그것 없이는 주체가 어머니로부터 분리될 수 있는 가능성 자체가 사라지기 때문이다.

그렇다면 이는 부성적 법이 모성적 법을 지배하는 상위법이라는 뜻인가? 바꿔 말해서 부성적 법은 모성적 법이 결여하고 있으며 주체가 오랫동안 기다려온 완전한 일관성의 토대를 제공하는 법이라는 뜻인가? 로렌초 키에자는, 라캉이 『세미나 5』 같은 초기 세미나들에서는 여전히 "대타자의 대타자"라는 관념을 고수하고 있었다고 지적한다.[94] 실제로 라캉은 이 세미나에서 "대타자의 대타자"라는 표현을 반복적으로 사용한다. 하지만 내가 보기에 라캉은 단지 아이와 대타자로서의-어머니 사이의 원시적 관계 너머에 또 다른 차원이 있다는 것을 지시하기 위해서만 그 표현을 사용하는 것 같다. 비록 이 세미나에서 "대타자의 대타자는 없다"라고 명시적으로 말하고 있는 것은 아니지만, 그럼에도 불구하고 라캉은 "메타-언어란 없다"[95]는

타자 자체로부터 분리되어 있음을 경험한다는 의미에서, 대타자 자신이 '그것을 가지고 있지 않다,' 최종 해답을 가지고 있지 않다(곧 대타자가 봉쇄되어 있으며 욕망하고 있다는 것, 또한 대타자의 욕망이라는 것이 있다)는 것을 경험한다는 의미에서 말이다. **대타자 안에 있는 이런 결여는 주체에게** (이를테면) **숨 쉴 공간을 준다**." Žižek, *The Sublime Object of Ideology*, p.122. [『이데올로기의 숭고한 대상』, 203쪽.] 강조는 인용자.

94) Lorenzo Chiesa, *Subjectivity and Otherness: A Philosophical Reading of Lacan*, Cambridge, MA: The MIT Press, 2007, pp.107~115. [이성민 옮김, 『주체성과 타자성: 철학적으로 읽은 자크 라캉』, 도서출판 난장, 2012, 223~241쪽.]

점을 완고하게 주장하는데, 이는 정확히 "대타자의 대타자는 없다"는 경구적 표현이 의미하는 바와 같다.[96] 어머니의 말 너머에 위치해 있는 아버지의 말은 어떤 '상위의-말'super-word이라고 여겨질 수 없다. 라캉은 이렇게 말한다.

> 여러분에게는 모든 것이 이런 종류의 단어의 위계로 환원되지 않는다고 생각할 상당히 정당한 권리가 있으며, 저는 이런 종류의 실수가 제가 그것을 설명하는 순간 여러분을 불만족스럽게 남겨뒀으리라고도 생각합니다. …… 실제로 말 너머에 그리고 상위의-말 너머에, 아버지의 법 너머에, 우리가 그것을 어떤 방식으로 지시하든 간에, 다른 어떤 것이 꼭 필요합니다. 자연스럽게 이런 [부성적] 법이 위치해 있는 것과 동일한 수준에서 정확히 이 선별적 기표, 곧 팔루스가 도입됩니다. 정상적 조건에서 팔루스는 대타자와의 마주침의 두 번째 수준에 위치 지어집니다. 이것이 제가 저의 작은 정식 안에서 S(Ⱥ), 곧 빗금 쳐진 A의 기표라고 불렀던 것입니다.[97]

따라서 부성적 법이 상위법 또는 상위의 말이 아닌 이유는 라캉 자신이 몇 줄 아래에서 말하듯이, 그 부성적 법이 "팔루스라는 선별적 기표" 주위를 맴도는 거세 콤플렉스(거세 공포)와 "통합"되기 때문이다. 바로 이 거세 콤플렉스를 통해서 모성적 법과 부성적 법의

---

95) Lacan, *Les formations de l'inconscient*, p.74.

96) Lacan, "The Subversion of the Subject……," p.688.

97) Lacan, *Les formations de l'inconscient*, p.367.

차이가 단지 양적인 차이가 아니라 질적인 차이로서 도입된다. 아버지의 법은 어머니의 법 같이 모든 것을 소유하려고 하고, 모든 곳에 편재하며 전능한 법이 아니라 오직 한 가지(φ)만을 금지하고,[98] 그럼으로써 주체가 **다른 모든 것**을 할 수 있도록 허락하는 법이다. 두 가지 법 사이의 이런 질적 차이야말로 라캉이 이 세미나의 마지막 세션에서 도달하고자 하는 결론이자 거기에서 표도르 도스토예프스키의 소설 『카라마조프가의 형제들』(1880)에 나오는 이반의 무신론적 입장과 쟁점을 형성하는 이유이다. 이반은 이렇게 말한다. "만일 신이 존재하지 않는다면, 모든 것이 허락될 것이다."[99] 이런 입장에 대해 라캉은 **"만일 신이 죽었다면, 우리에겐 그 어떤 것도 허락되지 않을 것이다"**[100]라고 반박한다. 곧 한 가지만을 금지함으로써 다른 모든 것을 할 자유를 허락하는 부성적 법의 담지자로서의 신이 없다면, 오히려 우리는 그 어떤 것도 할 수 없는 '부자유'의 상태에 놓이게 될 것이라는 말이다. 부성적 법의 기능은 주체가 어떤 일을 자기가 원하는 대로 하는 것을 불허한다기보다는 허락하는 것이며, 이 때문에 상징적 거세는 라캉에게 있어 **주체화**의 순간, 주체가 **모종의** 자율성을 확립하게 되는 순간과 일치하게 된다.

그러므로 『세미나 5』에서 라캉의 모든 노력이 '미리 도착해 있는 상징'과 '고유한 의미의 상징'을 구분하는 데 바쳐지고 있다고 말하

---

98) 물론 이런 금지는 아버지-의-이름(le nom-du-père)의 동음이의어적인 말장난인 아버지-의-안 돼(le non-du-père)에 의해 함축되어 있다.

99) Lacan, *Les formations de l'inconscient*, p.496.

100) Lacan, *Les formations de l'inconscient*, p.496. 라캉의 강조.

는 것은 과장이 아니다. 클라인에 대한 라캉의 비판은 클라인이 **욕망**의 차원을 무시하고, 요구를 단지 **필요**의 수준에만 한정적으로 이해했다는 것이다. 생물학적 기능에 관련된 것이든 태생적 충동에 관련된 것이든 간에, 필요는 만족되어야만 될 어떤 것으로 남는다. 다른 한편, 욕망은 궁극적으로 만족될 수 없는 것이다. 이 말은 곧 두 개의 욕망(주체와 어머니의 욕망)이 계속해서 서로를 놓치는 심연적 틈새가 있다는 말이다. 따라서 중요한 것은 **욕망하는 것 자체를 즐기는 법**을 배우는 것, 욕망의 불만족 자체를 즐기는 법을 배우는 것이다. 이렇게 할 수 있는 길은, 적어도 라캉적 사유의 이 발전 단계에서는 오직 상징의 차원이 분명하게 부각됐을 때에만 찾아질 수 있다. **욕망은 항상 상징적인 삼원적 관계의 항 안에서 사고되어야만 한다.** 아버지의 역할에 대한 프로이트의 강조를 복원하면서, 그리고 클라인의 오이디푸스 콤플렉스의 이른 단계들을 미리 도착해 있는 상징으로 재정식화하면서, 라캉은 당시 정신분석학 이론(클라인의 이론뿐만 아니라 위니콧 같은 다른 이들의 이론[101]) 안에 깊이 결여되어 있던 상징적 차원을 도입할 뿐만 아니라, 또한 상징적 법, 아버지-의-이름에 기초함으로써 욕망 또는 욕망하기의 즐김을 지속할 수 있는 동학을 달성할 적절한, 파괴적이지 않은 방식을 결국 정식화한다.

이제 우리가 라캉의 『세미나 5』에 담겨 있는 맑스주의와의 논쟁을 검토할 수 있는 것도 이런 관점에서이다. 맑스에게 "거울 단계의 선구적 이론가"[102]라는 찬사를 보내면서 라캉은, 맑스의 상품 이론

---

101) Lacan, *Les formations de l'inconscient*, p.461.

102) Lacan, *Les formations de l'inconscient*, p.81.

에서 '등가성 일반'이 확립되기 전에는 어떤 가치의 양적 관계도 성립될 수 없다는 것을 지적한다. 다시 말해서 문제는, 동일한 종류의 상품들(예컨대 사과들)을 재는 많은 잣대들 사이에 균등성을 확립하는 것이 아니라 상이한 종류의 상품들(예컨대 사과와 오렌지)을 비교하는 것이다. 사용가치로서 이질적인 상품들의 이와 같은 비교는 오직 기표의 수준에서만 달성될 수 있는데, 이 수준에서 모든 것은 다른 모든 것의 가치의 기표가 된다. 라캉은 가치의 일반적 등가성에 대한 이런 맑스적 관념을 **환유**의 효과에 준거해 설명한다.

제가 지난번에 환유적 기능에 대해 여러분에게 말한 것들이 무엇인가를 겨냥하고 있다면, 그것은 기표 사슬의 단순한 전개 안에서 균등화, 평준화, 그리고 등가성으로부터 생산되는 것을 겨냥하고 있습니다. 그것은 의미의 삭제 또는 환원이지만, 그것이 비의미라는 뜻은 아닙니다. 이에 대해 저는 맑스주의적 준거를 택했습니다. 곧 필요의 두 대상이 기능하게 만들어 하나가 다른 하나의 잣대가 되게 하는 것, 대상으로부터 정확히 필요의 질서인 것을 삭제하는 것, 그리고 이런 사실로부터, 그 대상을 가치의 질서 안으로 도입하는 것 말입니다. 의미의 관점에서 보면, 그것은 어떤 모호함을 보여주는 일종의 신조어인 탈-의미$^{dé\text{-}sens}$라고 부를 만한 것입니다. 오늘은 그것을 단순하게 '그다지-없는-의미'라고 부르기로 하죠. 일단 이 열쇠를 갖게 되면, 환유적 사슬의 의미작용이 여러분에게 분명히 나타나는 데 실패함이 없을 것입니다.[103]

---

103) Lacan, *Les formations de l'inconscient*, p.97.

라캉이 봤을 때, 맑스가 상품을 기표의 수준, 환유의 수준에서 정식화한 것은 아주 적절한 일이었다. 하지만 문제가 발생하는데, 왜냐하면 맑스는 또한 자본주의적 상품 관계를 극복하기 위해서 요구의 두 상이한 수준인 필요와 욕망을 다시 하나로 통합할 수 있는 모종의 "자연적 은유"의 실존을 가정하기 때문이다. 바꿔 말해서, 맑스는 이상주의적으로 이와 같은 "자연적 은유"가 일단 발견되기만 하면 환유적 상품 관계가 만들어내는 그다지-없는-의미의 곤궁을 끝내고 한층 높은 수준에서 모든 개인을 위한 "원시적 만족," "처음 만족된 요구가 준 쾌락"을 재생산할 수 있을 것이라고 믿는다. 그러나 라캉의 비판의 요점은, 주체의 욕망과 대타자(여기에서는 타인들)의 욕망 사이의 축소할 수 없는 틈새를 표현하는 한, 그다지-없는-의미라는 것이 절대적인 방식으로는 제거될 수 없다는 것이다. 무엇인가는 항상 만족되지 않은 채 남아 있을 수밖에 없다. 사실, 이렇게 억압된 요소(예컨대 φ)야말로 모든 자가 욕망하는 일 자체를 즐길 수 있는 가능성의 조건을 이루는 것이다.

이런 관점에서 보면 맑스의 공산주의 관념이라는 것은, 그것이 서로 일치하지 않는 다양한 개인적 욕망들 간의 틈새를 마침내 닫을 수 있고 모든 이를 만족시킬 수 있다고 주장하는 한에서 하나의 신화에 불과하다. "자연적 은유"라는 모순 어법을 사용함으로써 맑스는 반대 방향으로 뛰어가는 두 마리의 토끼, 곧 필요와 욕망이라는 토끼를 한꺼번에 잡으려고 한다. 라캉은 다음과 같은 블라디미르 일리치 레닌의 유명한 발언도 유사한 함정에 빠져 있다고 주장한다. 곧 "사회주의는 아마도 매우 매력적인 것일 테지만, 완전한 공동체는 전력화electrification 또한 가진다"[104]라는 발언 말이다. 라캉에 따르면, 레닌은 비록 "필요와는 다른 욕망을 창출함으로써" 필요의 질서 너머로 나아가려고 시도하긴 하지만, 그럼에도 불구하고 욕망을 "기표 더하기 필요"(사회주의 더하기 전력화)라고 규정함으로써 필요와 욕망이라는 두 수준을 다시 혼동하고야 만다. 이에 대해 라캉이 제안하는 것은 이 두 가지 수준을 완전히 갈라놓고 욕망을 오직 기표의 수준에서만 철저히 개념화하자는 것이다.

욕망의 변증법의 길고 복잡한 발전을 추론한 뒤, 라캉은 『세미나 5』의 26번째 세션에서 맑스주의의 쟁점에 대해 이렇게 주장한다.

그리하여 우리는 이상 사회에 도달합니다. 제가 묘사하는 것은 태초부터 유토피아주의자들이 꿈꿔온 어떤 것, 곧 완벽하게 기능하는 사회, 각자의 필요에 따라 각자 만족하는 것으로 귀결되는 사회입니다. 정확히 말하자면, 모두가 자신의 능력에 따라 참여한다는 점을 추가해야 할 것이고, 문제가 시작되는 것은 바로 여기에서입니다.[105]

"각자 능력에 따라" 일하고 "각자 필요에 따라" 소비한다는 이 두 가지 유토피아적 구호는 맑스의 「고타 강령 비판」(1875)에서 취해온

---

104) 하지만 라캉의 인용은 완전히 정확하지는 않다. 제8차 전국소비에트대회 (1920년 12월 29일)의 2부에서 블라디미르 일리치 레닌이 실제로 한 말은 이렇다. "공산주의는 **소비에트 권력** 더하기 전국의 전력화이다." Vladimir Ilyich Lenin, "The Eighth All-Russia Congress of Soviets," *Collected Works*, vol.31: April-December 1920, Moscow: Progress Publishers, 1966, p.516. 강조는 인용자. 곧 공산주의는 레닌에 따르면 '사회주의적 생산관계+생산력'이 아니라 '(프롤레타리아 인민의) 정치+경제'이다.

105) Lacan, *Les formations de l'inconscient*, p.461.

것이다. 첫 번째 원칙은 맑스적 이상 사회의 초기 형태로서 사회주의를, 두 번째 원칙은 최종 형태로서 공산주의를 특징짓는데, 라캉은 여기에서 맑스가 필요의 수준으로 후퇴한다고, 또는 기표의 수준(욕망)을 필요의 수준과 뒤섞는다고 비판하고 있는 것이다.

요컨대 ["각자 필요에 따라"라는] 이 세마가 **쾌락이나 필요의 경향과 기표가 서로 교차하는 수준에** 머물러 있다면, 무엇을 낳을까요? **필요**에 조응할 수 있는 자원의 분배를 대타자가 분절하는 한에서는, 주체와 그 대타자의 동일시로 귀결될 것입니다. [그러나] 이는 그럴 법하지 않은데, 간단한 이유에서 그렇습니다. 곧 **실재의 질서 너머에 실존하며, 실재의 질서를 복잡하게 만들고, 실재의 질서와 중첩되어 거기에 얌전히 붙어 있지 않는, 우리가 상징적 질서라고 부르는 질서** 내로의 주체의 접합을 설명하기 위해서라도, 요구의 배경을 고려하는 것이 필요하다는 이유에서 말이죠.[106]

여기에서 우리는 맑스주의에 대해 라캉이 동의하지 않는 지점이 어디인지를 분명히 알게 된다. 라캉의 관점에서 맑스는 실재의 질서를 놓쳤던 것이 아니라 상징의 질서를 놓쳤다. 다른 맥락에서이긴 하지만, 맑스는 클라인과 동일한 실수를 범했던 것이다. 이 때문에 라캉은 이 세미나에서 저 두 사람에 대한 비판을 하나의 가닥으로 꼬며 이중의 전선에서 싸움을 벌이고 있는 것이다. 반복하건대 라캉이 시도하는 욕망 그래프 상층(2층)의 구축 전체는, 상상 또는 실재와

---

106) Lacan, *Les formations de l'inconscient*, p.461. 강조는 인용자.

원칙적으로 혼동되어서는 안 되는 상징적 차원을 부각시키고 정밀하게 설명하는 것을 목표로 한다.

하지만, 이 마지막 절을 시작할 때 내가 이미 언급한 바 있듯이, 맑스주의에 대한 라캉의 비판은 어떤 면에서도 특별히 알튀세르를 겨냥하고 있지 않다. 오랜 시간이 지난 뒤에 정확히 욕망 그래프의 2층을 거부함으로써 상징이라는 라캉의 범주를 비판하게 되는 것은 오히려 알튀세르이다. 알튀세르가 그것을 비판한 까닭은 맑스의 '유토피아적 입장'(이것이 무엇을 의미하든 간에[107])을 복원하길 원했기 때문이 아니라 사회의 한복판에서 계급 적대에 의해 열려진 상처를 봉합하는 데서 상징이 가지는 궁극적인 비효율성 또는 불충분함을 강조하길 원했기 때문이다. 지젝은 라캉의 욕망 그래프를 체계적으로 오해함으로써 알튀세르-라캉 논쟁의 전체 그림을 왜곡한다. 그러므로 라캉에 대한 알튀세르의 논의와 비판을 조심스럽게 재구성하는 것이 중요하다. 이런 재구성이야말로 지젝이 결코 시도하지 않는

---

107) 맑스 안에서 유토피아적 경향이 발견된다는 것은 사실이다. 그러나 맑스 안에는 그런 경향과 경쟁하는 반-유토피아적, 반-목적론적 경향이 있다는 것 또한 사실이다. 『독일 이데올로기』(1846)에서 맑스가 제시하는 공산주의의 정의가 이 사실을 웅변적으로 보여준다. "공산주의는 아직 수립되어야 할 상태도 아니고 현실이 거기에 맞춰나가야 할 이상도 아니다. 우리는 사물들의 현재 상태를 폐지하는 현실적 운동을 공산주의라고 부른다. 이 운동의 조건들은 현재 존재하는 전제들로부터 나온다." Karl Marx and Friedrich Engels, *The German Ideology*, New York: Prometheus Book, 1998, p.57. [최인호 옮김, 「독일 이데올로기」, 『칼 맑스·프리드리히 엥겔스 저작선집 1』, 박종철출판사, 1991, 215쪽.] 따라서 맑스의 유토피아적 관념들을 비판·기각하는 것보다 중요한 것은 이런 균열(유토피아와 반-유토피아)을 분석함으로써 맑스의 사유 안에 깊이 자리 잡은 곤란들을 찾아내는 것이다.

것이며, 내가 본서의 제3장에서 시도하려고 하는 바이다. 하지만 먼저 다음 장에서는 후기 라캉에게서 일어나는 변화들을 검토해보려고 하는데, 왜냐하면 지젝에 따르면 상징보다 실재에 더 초점을 맞추는 것은 후기 라캉이기 때문이다.

제2장

후기 라캉

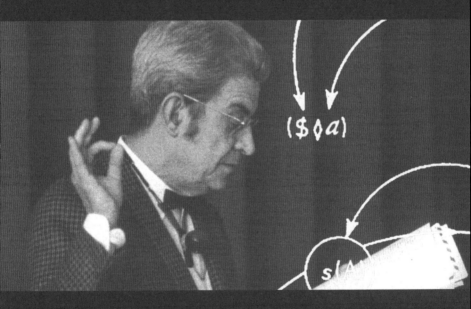

나는 비록 발송은 됐지만 여전히 수신자를 찾지 못하고 있는 '편지들'을 생각했다(루이 알튀세르).[1]

1. 후기 라캉은 언제 도착하는가?

앞 장에서 살펴봤듯이, 루이 알튀세르는 상징을 상상에서 모호하지 않은 방식으로 분리할 수 있는 가능성을 의문에 붙인다. 상징이라는 범주 전체를 거부한다고 할 수는 없지만, 알튀세르는 상상적인 것의 양가적 효과 너머에서 확립되는 부성적 상징법의 지배 아래에서 사회적 적대가 효과적으로 진정될 수 있다는 생각을 거부한다. 이와 대조적으로 자크 라캉은, 이론적으로 욕망 그래프의 상층에서 확보되는 '고유한 의미의 상징'만이, 주체가 대타자로서의-어머니의 수수께끼 같은 욕망("케 보이?")과 형성하는 상상적-상징적 관계와 관련해, 주체 자신이 붙잡혀 있는 곤란에서 빠져나올 수 있는 유일무이한 길을 제공해줄 수 있다는 점을 보여주고자 한다. 다양한 형태의 정신적 질병은 주체가 '순수 상징'의 추출에 실패하는 데서 유래한다.

---

1) Louis Althusser, *The Future Lasts Forever: A Memoir*, trans. Richard Veasey, New York: The New Press, 1993, p.187. [권은미 옮김, 『미래는 오래 지속된다』 (증보판), 이매진, 2008, 250쪽.]

물론 슬라보예 지젝을 비롯한 많은 라캉 주석자에 따르면 이는 라캉이 마지막 시기에 취했던 최종적 입장이 아니다. 후기 라캉은 상징보다 실재의 차원을 특권화하며, 알튀세르 이론의 근본적인 결함이 적절하게 파악될 수 있고 비판될 수 있는 것은 이와 같은 후기 라캉의 관점에서라는 것이다. 지젝은 알튀세르가 실재의 차원을 무시함으로써 주체가 사회의 지배 구조를 전복할 수 있는 진정한 기회를 이론화하는 데 실패하는 '소외의 윤리학'으로 귀결됐다고 주장한다.

그렇다면 라캉의 이 기념비적인 단절은 언제 일어나는가? 바꿔 말해서 후기 라캉은 언제 도착하는가? 이 질문에 어떻게 답하는가에 따라 알튀세르-라캉 논쟁의 본질은 꽤 상이한 조명 아래 그 모습을 드러낼 수 있다. 하지만 우선, 이 질문은 라캉이 자신의 정신분석학 이론에 추가하려고 했던 모든 새로운 아이디어나 정식화를 낱낱이 식별해내는 문제가 아니라는 점을 이해해야 한다. 또한 시기별로 라캉이 선호했던 논의 주제상의 변화를 부각시키는 문제도 아니다. 오히려 이 질문은 **라캉의 이론적 장 전체**가 겪는 어떤 근본적인 단절들이 있다고 결정할 수 있는가 하는 문제이다.

지젝은『이데올로기의 숭고한 대상』에서 라캉의 최종적 단절이 매우 이른 1950년대 말에 일어났다고 본다.[2] 지젝에 따르면 라캉 이론의 발전 안에서 우리는 세 개의 주요 시기를 구분할 수 있다. 그 중 가장 이른 첫 번째 시기는 "말이란 사물의 죽음이다"라는 G. W. F. 헤겔의 현상학적 관념에 의해 지배되는 시기인데, 이 시기에 라캉은

---

2) Slavoj Žižek, *The Sublime Object of Ideology*, London: Verso, 1989, p.132. [이수련 옮김,『이데올로기의 숭고한 대상』, 새물결, 2013, 214~215쪽.]

우리가 일단 말을 하게 되면 인식-이전적인 사물의 오염되지 않은 현실로 돌아가는 것은 불가능해진다는 생각의 다양한 이론적 결과를 검토한다. 두 번째 시기는 「〈도난당한 편지〉에 대한 세미나」(1955)와 함께 시작하는 시기로, 이 시기에 라캉은 더 이상 사물들을 대신하는 (또는 "살해하는") 단어들의 집합으로서의 언어가 아니라 스스로 의미작용의 효과를 생성할 수 있는 기표들의 공시적 구조로서의 언어로 초점을 변화시킨다. '구조주의적'인 이 두 번째 시기에 라캉은 상징적 질서를 자신의 이론 체계 중심에 위치시킬 뿐만 아니라 상징을 쾌락원칙 너머에서 작동하는 '반복 자동성'의 죽음 충동과 동일시한다(라캉은 이 시기에 쾌락원칙을 단지 상상적인 것으로 간주한다). 마지막으로 세 번째 시기는 『세미나 7: 정신분석학의 윤리』와 함께 시작하는 시기(1950년대 말)로, 이 시기에 라캉은 "불가능한 것으로서의 실재"를 명확히 강조한다. 이제 상징적 질서는 정확히 상상적인 것과 마찬가지로 여전히 쾌락원칙의 한계 내에 갇혀 있는 것으로 간주된다. 쾌락원칙 너머에 있는 것은, 지젝에 따르면, 더 이상 상징적인 것이 아니라 라캉이 **사물**("전-상징적인 모성적 사물")이라고 부르는 "어떤 실재적 핵심, 어떤 외상적 중핵"이다.

나중에 지젝은 『세미나 7』에 대한 자신의 관점을 다소 변경하면서, 『세미나 7』은 조르주 바타이유의 '위반'이라는 관념에 위험스러울 정도로 가까워진다고 주장한다.[3] 그러나 지젝이 이 때문에 자신이 이미 행한 시기 구분을 수정할 필요가 있다고 생각하는지는 불분

---

3) Slavoj Žižek, *The Parallax View*, Cambridge, MA: The MIT Press, 2006, p.94. [김서영 옮김, 『시차적 관점』, 마티, 2009, 193쪽.]

명하다. 어쨌든 지젝이 후기 라캉의 비가역적인 시작을 『세미나 7』 (1959~60)과 『세미나 11: 정신분석의 네 가지 근본 개념』(1964) 사이 어디쯤엔가 위치시키는 것은 틀림없다. 잘 알려져 있듯이 『세미나 11』은 '소외'와 대립되는 '분리'라는 유명한 개념이 도입된 바로 그 세미나이다. 지젝과 함께 슬로베니아 정신분석 학파에 속해 있는 알렌카 주판치치 또한 '욕망'의 역할을 강조하는 『세미나 7』은 정확히 취소되는 것이 아니라 '충동'(곧 죽음충동)이라는 개념을 주된 관심의 대상으로 삼는 『세미나 11』에 의해 '보충'된다고 주장한다.4)

사실 많은 라캉 주석자들은 『세미나 11』이 후기 라캉으로 가는 진정한 문턱을 표시한다고 본다. 예컨대 폴 벌헤이그는, "1964년의 『세미나 11』부터 줄곧, 실재는 엄밀한 의미에서의 라캉 이론 안에서 진정한 라캉적 개념이 되며 주체의 이론을 근본적인 방식으로 변화시킨다"5)고 주장한다. 이와 유사한 맥락에서 에릭 로랑은 "[1964년에 행해진] 소외와 분리의 도입은 …… 단절을 표상"했으며 이런 새로운 개념쌍은 1964년 이전의 라캉 이론에서 중심적인 위치를 부여받았던 환유와 은유라는 오래된 개념쌍을 "대체했다"고 주장한다.6)

---

4) Alenka Zupančič, *Ethics of the Real: Kant and Lacan*, London: Verso, 2000, p.239. [이성민 옮김, 『실재의 윤리: 칸트와 라캉』, 도서출판b, 2004, 357~358쪽.]

5) Paul Verhaeghe, "Causation and Destitution of a Pre-Ontological Non-Entity: On the Lacanian Subject," *Key Concepts of Lacanian Psychoanalysis*, ed. Dany Nobus, New York: Other Press, 1998, p.165.

6) Éric Laurent, "Alienation and Separation(I)," *Reading Seminar XI: Lacan's Four Fundamental Concepts of Psychoanalysis(The Paris Seminars in English)*, ed. Richard Feldstein, New York, Albany: State University of New York Press, 1995, p.19. 그러나 우리가 곧 보게 될 것처럼 환유와 은유라는 개념쌍은 소외와 분리에 대한 라캉의 논의에서 여전히 중심적이다.

여기에서 내가 제안하고자 하는 시기 구분은 위와 같은 시기 구분들과는 근본적으로 다르며, 초기 라캉과 후기 라캉이라는 단 두 개의 국면만을 가지고 있다. 단절은 정확히 『세미나 20: 앙코르』(1972~73)에서 일어나는데, 이 세미나의 제목("앙코르"Encore)은 충분히 의미심장하다. 이 제목은 적어도 한 가지 핵심적 측면에서 "다시 한다"는 의미, 따라서 "다시 돌아가 무엇인가를 고친다"는 의미를 가지고 있다고 해석될 수 있다. 『세미나 20』이 라캉의 이전 작업과 가지는 불연속성은, 라캉 자신이 그때까지 '주체의 전복'을 위한 수단으로 상징적 법에 부여하기를 결코 멈추지 않았던 지고의 지위가 이 세미나에서는 포기되거나 적어도 심각하게 상대화된다는 사실에 있다.[7]

---

7) 내가 발전시킨 시기 구분은 자크-알랭 밀레가 최근에 행한 시기 구분과 부분적으로 수렴되는 것 같다. 베로니크 보뤼즈와 보그단 울프가 라캉-밀레 연구자들의 글을 모아 편집한 『후기 라캉』의 서문에 따르면, 밀레는 "현재 진행 중인 파리 세미나"에서 자신의 시기 구분을 발전시켜왔는데, 이것은 슬라보예 지젝의 시기 구분과는 꽤 다른 것으로 보인다. 밀레 또한 세 개의 라캉적 질서(상상, 상징, 실재)에 조응하는 세 개의 국면을 구분한다. 그러나 첫 번째 국면(상상적 시기)은 지젝의 것보다 훨씬 더 오래 지속되며, 『세미나 10: 불안』(1962~63)에 이르러서야 끝난다. 이 국면에서 라캉은 상상적인 것의 저항을 "상징적 축"에 의해 분쇄하는 방법을 찾기 위해 애쓴다. 두 번째 국면(상징적 시기)은 『세미나 11』부터 『세미나 19: ……또는 더 나쁜』(1971~72)까지의 시기에 걸쳐 있으며, 이 시기 동안 라캉은 대상 a를 형식화하고, "대타자 또는 상징적 질서 내에서의 주체적 위치의 한도들(parameters)"에 대해 일관되게 작업함으로써 "상징적인 것에 의해 붙잡혀 있는 잔여적 실재를 흡수, 처리, 또는 적어도 설명"하려고 노력한다. 마지막 국면(실재적 시기)은 "후기 라캉"이라고 불리는 시기로 그것은 『세미나 20』과 함께 시작할 뿐이다. 이 시기는 실재(주이상스)에 대한 고려에 의해 특징지어지는데, 이제 실재는 의미의 상징적 균형을 불안정하게 만드는 것으로서만 이해되는 것이 아니라 언어의 라랑그 차원을 통해 언어 그 자체에 통합되어 있는 것으로도 이해된다. Véronique Voruz and Bogdan Wolf, "Preface," *The Later Lacan: An Introduction*, New York, Al

현재의 논의와 관련해 이런 시기 구분을 채택한다는 것은 두 가지를 의미한다. 첫째, 알튀세르와 라캉의 논쟁(알다시피 이 논쟁은 대부분 1972년 이전에 일어났다[8])은 실재보다는 상징이라는 범주 주변을 맴돌았고, 1970년대 초까지 라캉은 상징적 법의 절대적 필연성에 대한 믿음을 여전히 고수했다는 점. 둘째(그리고 이 점이 첫 번째 논점보다 더 중요할 수 있다), 나중에 자신의 입장을 심오하게 변경했던 것은 오히려 라캉이었으며, 그리하여 알튀세르 **쪽으로 수렴했던** 것도 라캉이었다는 점(오직 다시 발산하기 위해서였을 뿐일지라도 말이다).

이어지는 두 번째 절에서 나는, 소외와 분리라는 개념이 가공되는 『세미나 11』의 몇몇 부분을 세밀하게 독해할 것이다. '아파니시스'aphanisis(곧 주체의 사라짐)라는 중심 쟁점에 초점을 맞추면서 나는 라캉 이론의 근본 구조가 이 세미나에서도 여전히 변하지 않고 그대로 남아 있다는 점, 그리고 바로 이 때문에 라캉의 이론은 여전히 결

-bany: State University of New York Press, 2007, pp.vii~xvii. 물론 밀레의 이런 시기 구분을 온전히 평가하기는 어렵다. 왜냐하면 밀레의 세미나가 아직 출판된 형태로 나와 있지 않기 때문이다. 나는 그저 이런 밀레의 시기 구분이 지젝의 것보다는 훨씬 더 동의할 만하다는 점을 지적하고자 한다. 그러나 동시에, 밀레는 첫 번째 국면의 라캉뿐만 아니라 두 번째 국면의 라캉 또한 (상상적 저항과 씨름하든 아니면 실재의 불안정화시키는 효과와 씨름하든지 간에) 상징의 역할에 강하게 의존하고 있다고 여기고 있다는 점에 주목할 필요가 있다. 이 때문에 나는 『세미나 11』에서 어떤 근본적인 단절이 일어나고 있다고 생각하지 않는다. 실재의 불안정화시키는 효과에 대해서라면 그것은 이미 『세미나 7』에서처럼 이른 시기에 라캉에 의해 인지된 바 있다.

8) 라캉은 1969년에 파리 고등사범학교를 떠났고, 따라서 알튀세르의 주변에서도 떠났다. 라캉과 알튀세르의 서신 교환이 멈춘 것도 이때쯤이다. 물론 알튀세르는 이후 1976년에 라캉을 비판했다. 그러나 알튀세르가 1970년대 라캉의 작업(특히 문제의 『세미나 20』)을 아주 잘 알고 있었다고 보기는 어렵다.

론에서 도덕 법칙에 대한 임마누엘 칸트의 이론을 옹호하고 있다는 점을 논증해보이려고 시도할 것이다. 즉, 칸트의 진실이 사드적 도착perversion sadienne 안에 있다는 것을 폭로한 뒤에도, 그리고 사드적 도착을 주체의 욕망을 실현하기엔 부적절한 방식이라고 분명히 기각하면서도, 왜 라캉이 여전히 칸트를 옹호하고 있는지를 보여줄 것이다.[9] 세 번째 절에서 나는 초기 라캉과 후기 라캉 사이의 단절을 『세미나 20』에 위치시키고, 어떤 의미에서 라캉이 이 단절을 통해 알튀세르 쪽으로 수렴했다고 말할 수 있는지를 논할 것이다. 또한 라캉이 『세미나 23: 생톰』(1975~76)에서 발전시키는 '생톰'le sinthome이라는 개념에 대해 간략히 살펴봄으로써 후기 라캉이 행한 단절의 주된 이론적 효과 가운데 몇몇을 검토해볼 것이다.

2. 『세미나 11: 정신분석의 네 가지 근본 개념』에 대하여: 아파니시스라는 질문

『세미나 11』의 마지막 부분(16번째 세션 이하)에서 라캉은, 주체가 대타자와 맺는 관계의 교대하며 이어지는 두 가지 양상을 묘사하고자 '소외'와 '분리'라는 두드러진 개념을 발전시키는데, 이 두 개념(특히 분리)은 라캉 연구자들에게 이론적 논의의 소진되지 않는 원천을 제공해왔다. 그러나 아파니시스라는 또 다른 개념을 이해하지 않으면

---

9) 알렌카 주판치치는 칸트의 도덕 법칙 그 자체와 동일시되는 '순수 욕망'을 라캉이 다시 한 번 어떤 모호함도 없이 옹호하고 있는 전체 세미나의 이런 결론 앞에서 당혹감을 내보인다. 주판치치가 『세미나 11』이 『세미나 7』을 "보충"한다고 말하면서 얼마간 애매한 입장을 유지하고자 하는 것은 이 때문이다.

저 두 개념을 정확히 이해하는 것이 힘들다는 점이 종종 간과되곤 했다. 아파니시스는 라캉이 어니스트 존스로부터 빌려와 개조한 개념으로, 라캉은 그것을 **욕망**의 사라짐이라고 보는 존스의 원래 규정과 대비해 **주체**의 사라짐이라고 재정의했다. 예컨대 브루스 핑크는 소외와 분리 개념을 설명하면서 아파니시스라는 개념에 충분히 주목하지 않으며, 거의 언급조차 하지 않는다.[10] 이런 부주의는 곧 보게 될 것처럼 부정적인 결과를 낳지 않을 수 없다.

2.1. 소외

'소외'는 주체가 언어와 마주치는 최초의 원초적 상황을 묘사하기 위해서 라캉이 활용하는 개념이다. 이때 아직 주체는 전-언어적 생물 상태에 있는 것("성별화된 살아 있는 존재")으로 간주된다. 주체가 언어로서의 대타자의 장과 만나고 거기에 스스로를 종속시킬 때, 대타자는 주체를 "주체로서 기능하고 말하도록" 요구하는 바로 그 움직임에 의해 주체를 돌처럼 굳게 만듦으로써 주체를 "기표에 불과한 존재"로 환원한다.[11] 이런 상황은 얼핏 보기엔 총체적 소외의 상황처럼 보일 수 있다. 하지만 라캉은 중요한 대목에서 '벨'[vel]이라고 부르는 새로운 구조를 도입함으로써 소외 개념을 결정적으로 비튼다.

---

10) Bruce Fink, *The Lacanian Subject: Between Language and Jouissance*, Princeton, NJ: Princeton University Press, 1995, p.49ff. [이성민 옮김, 『라캉의 주체: 언어와 향유 사이에서』, 도서출판b, 2010, 104쪽 이하.]

11) Jacques Lacan, *The Four Fundamental Concepts of Psychoanalysis: The Seminar of Jacques Lacan, Book XI*, trans. Alan Sheridan, New York: W.W. Norton, 1998, p.207. [맹정현·이수련 옮김, 『정신분석의 네 가지 근본 개념: 자크 라캉 세미나 11』, 새물결, 2008, 314쪽.]

유감스럽게도 오늘날이라고 해서 이런 소외가 일어나지 않는다고는 말할 수 없습니다. 무슨 일을 하건 간에 우리는 항상 다소간 소외되어 있기 마련입니다. 경제적 장에서건, 정치적 장에서건, 정신병리학적 장에서건, 미학적 장에서건 간에 어디서도 마찬가지입니다. 따라서 흔히들 말하는 그 소외의 뿌리가 어디에 있는지 살펴보는 것도 그리 나쁘지 않겠죠. **그렇다면 주체는 처음부터 오로지 대타자의 장에서 출현하도록 운명지어졌다는 뜻일까요?** 이것이 제가 말하고자 하는 바일까요? 그렇게 보일 수도 있겠지만 사실은 전혀 그렇지 않습니다. **결코 아닙니다.** 소외는 주체로 하여금 어떤 분열 속에서만 나타나도록 운명 짓는, '운명 짓다'라는 말에 이견이 없다면 이 단어를 계속 사용할 텐데, '벨' 속에 있습니다. 이 분열에 대해서는 그것이 한편에선 기표에 의해 생산된 의미로서 나타난다면 다른 한편에선 '아파니시스'로서 나타난다는 말로써 충분히 설명됐으리라 생각합니다.[12]

따라서 벨은 주체와 언어의 모든 만남에서 명시적으로 나타나는 소외의 본질적 구조를 이루는 것이다. 라캉이 설명하듯이 벨은 '또는'이라는 말에 해당하는 라틴어의 선언적 접속사인데, 라캉이 여기에서 라틴어 사용을 선호하는 이유는 그것을 환상 공식($\$ \diamond a$)에 등장하는 마름모꼴의 원환 운동 아래 반쪽을 이루는 작은 $\vee$에 연결시키고 싶어 하기 때문이다. 기본적으로 벨은 주체 안에 하나의 분할을 효과적으로 도입함으로써 주체가 빗금 처진 주체($\$$)가 되게끔 강제하는

---

12) Lacan, *Four Fundamental Concepts*, p.210. [『네 가지 근본 개념』, 318쪽.] 강조는 인용자.

것이다. 주체가 언어의 장에 진입할 때 주체는 그 장에 완전히 포섭되는 것이 아니라 오히려 둘로 분열한다. 주체는 나타나면서 동시에 사라지는데, 한쪽에서는 기표에 의해 지지되는 '의미'로 나타난다면, 다른 한쪽에서는 '아파니시스'로, 사라짐으로 나타난다.

그러나 벨이 이와 같은 분할을 생산하기 위해서 어떤 방식으로 작동하는지에 대해 답하기 위해 라캉은 자신의 벨을 좀 더 정교하게 규정한다. 라캉에 따르면 형식 논리학에서 전형적으로 인정되는 벨은 두 가지 종류가 있다.[13] 첫 번째는 배타적 벨(또는)이다. "나는 여기에 가든지 또는 저기에 간다. 만일 내가 여기에 가기로 결정한다면 그건 내가 저기에 가지 못한다는 것을 뜻한다." 이에 반해 두 번째는 무관심의 벨(또는)로 다음과 같은 문장에서 볼 수 있다. "내가 여기에 가든지 또는 거기에 가든지 아무 상관없다." 그러나 라캉은 이 두 가지 벨 중 어떤 것도 자신이 바라는 용도와 부합하지 않는다고 말하면서 세 번째 종류의 벨을 발명하는데, 그것이 진정으로 소외 개념의 근본 구조를 규정한다. 그것은 집합으로서의 두 선택 사이에 어떤 '결합'이 일어나는 상황과 특별하게 관련된다.

집합 용어로 말하면 2개의 집합들을 합산하는 것과 그것들을 합집합으로 묶는 것은 똑같은 게 아니죠. 만일 왼쪽 원에 5개의 물체가 있고 오른쪽 원에 또 다른 5개가 있다면 그것을 다 합칠 경우 10개가 될 겁니다. 하지만 양쪽 원에 공통적으로 속하는 것이 있을 수 있죠. 두 원에 다 속하는 것이 2개라면, 이 두 집합으로 합집합을 만들 경우 그

---

13) Lacan, *Four Fundamental Concepts*, p.210. [『네 가지 근본 개념』, 318쪽.]

2개는 더해지지 않고 합집합 속에는 8개의 물체가 있게 됩니다. 이처럼 유치해 보이는 예를 드는 것을 이해해주시기 바랍니다. 하지만 **이는 제가 여러분에게 설명하고자 하는 이 '벨'이 합집합이라는 논리적 형태로서만 유지된다는 것을 보여드리기 위한 것입니다.**[14]

두 집합에 의해 공유된 어떤 원소들이 있을 때 두 집합의 결합에서 귀결되는 총 원소의 수는 각각의 집합을 따로 계산했을 때 가지는 원소 수를 단순히 합산한 것과 똑같지 않다. 두 집합 사이에서 분명한 선택을 하지 못하게 하는 것이 바로 이 공유된 원소들이다. 하나의 집합을 다른 집합 대신 선택한다고 할지라도, 우리는 여전히 우리가 선택하지 않기로 결정한 집합에 모호하게 속하는 어떤 원소들을 우리 손에 쥐고 있는 결과를 갖게 된다. 이런 상황에서 주체에게 가장 문제가 되는 것은 자신이 행하는 각각의 선택으로부터 어떤 비대칭적인 결과가 따라 나오는지를 아는 것이다.

라캉은 강도의 위협이라는 유명한 모델을 도입해 세 번째 종류의 벨(또는)의 효과를 묘사한다. "돈을 내놓든지, 또는 목숨을 내놓아라!" 만일 목숨 대신 돈을 선택한다면 그 위협받은 사람은 목숨**뿐만 아니라** 돈까지 잃을 것이다(이미 죽은 사람에게는 돈이 쓸모없다는 당연한 이유에서 말이다). 그러나 반대로 선택한다면 그 사람은 주머니 안의 돈을 잃게 될 뿐 목숨은 부지할 수 있다. 그 돈이 말 그대로 전재산이며, 그리하여 모든 것을 잃게 된다고 할지라도, 그 사람은 목

---

14) Lacan, *Four Fundamental Concepts*, p.211. [『네 가지 근본 개념』, 319쪽.] 강조는 인용자.

숨을 건짐으로써 미래에 다시 돈을 벌 수 있다는 희망을 가질 수 있다. 이런 의미에서, 목숨은 어느 정도까지는 돈**이다**. 돈과 목숨 사이의 이런 중첩이 이 맥락에서는 상대적으로 이질적인 두 집합의 교차된 부분(교집합)을 이룬다고 말할 수 있다. 주체의 장(존재)과 대타자의 장(언어) 사이에서 마주침이 일어날 때, 주체는 유사한 비대칭적 선택의 상황을 맞게 된다. 만일 언어의 장 밖에 남아 있기를 완강하게 고집함으로써 언어 대신 존재를 택한다면, 주체는 의미**뿐만 아니라** 존재도 잃게 된다. 그러나 반대로 선택한다면 주체는 의미를 획득할 뿐만 아니라 존재의 **어떤 부분**을 보존할 수도 있게 된다.

라캉이 이로부터 끌어내고 싶어 하는 결정적 논점은 언어의 세계에서 모든 말썽을 일으키는 것은 사실 주체의 '존재' 중 주체 자신에 의해 순수하고 단순하게 포기되는 부분이 **아니라**, 대타자의 장에 붙잡혀 있는 존재의 다른 부분이라는 것이다. 주체가 언어 안으로 들어가기 위해서 단호하게 존재를 기각하려고 시도한 뒤에도 여전히 잔존하는 이런 존재의 쪼가리는 라캉이 소외의 도해에서 체크무늬 처리한 '비의미'의 영역으로, 존재와 의미의 **사이-영역**(교집합 영역)에 속하는 것이다(그림 7).[15] 아파니시스의 현상 전체는 곧 보게 될 것처럼 바로 이 사이-영역에서 일어난다. 주체의 존재 중 어떤 부분은 보존되는 동시에 사라진다(**그것은 사라짐으로서 나타난다**). 자아가 다른 곳에서 기표에 의해 지지되어 '의미'로서 나타나는 동안 무의식의 주체가 형성되는 것은 바로 이 '외밀한' 영역, 곧 존재의 장에 의해 부분 일식처럼 한입 베어 물려 있는 언어의 지하 영역에서이다.

---

15) Lacan, *Four Fundamental Concepts*, p.211. [『네 가지 근본 개념』, 320쪽.]

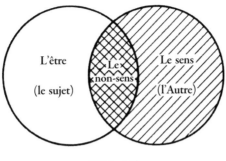

그림 7. 소 외

브루스 핑크는 라캉의 소외 개념에 대해 다음과 같은 해석을 제시하고 있다. 곧 "~이든지 또는 ~이든지^{either/or}라는 두 부분 사이의 **배타적** 선택으로 귀결되는 벨, 두 부분의 사투를 통해 결정되는 벨"[16] 이라는 해석을 말이다. 핑크가 이런 배타적 벨을 가지고, 여전히 대타자의 장으로 들어가기로 결정하는 주체의 최초 선택은 진정한 선택이 아니라 단지 "강제된 선택"에 불과하다는 점을 다소간 성공적으로 지적하고 있다는 것은 사실일지도 모른다.[17] 그리고 이는 주체의 소외된 선택과 관련해 라캉이 강조하고자 하는 측면 가운데 하나임이 분명하다. 그러나 확실히 이런 선택의 강제성이 유일한 관심사였다면, 라캉이 세 번째 벨을 도입할 필요는 없었을 것이다. 핑크가 시사하듯이 배타적 벨만으로도 충분했을 것이다(바꿔 말해서 라캉은 강도의 희생자가 돈과 목숨을 모두 선택할 수 없고 오직 하나만을 배타

---

16) Fink, *The Lacanian Subject*, p.51. [『라캉의 주체』, 107쪽.]

17) "강제된 선택"(choix forcé)이라는 표현 자체는 『세미나 11』이 아니라 『세미나 15: 정신분석적 행위』(1967~68)에 등장한다(1968년 1월 10일 세션).

적으로 선택할 수 있기 때문에 목숨을 선택하고 돈을 포기하도록 강제 됐다는 식으로 말할 수 있었을 것이다).

그러나 라캉이, 두 선택이 서로에 대해 배타적인 것이 아니라 부분적으로 중첩되어 있는 세 번째 벨을 발명한 이유는 이 특별한 벨의 논리적 작동을 통해서 무의식이 위치하는 '비-의미'라는 사이-영역을 확립하고자 했기 때문이다. 핑크가 말하듯이 주체가 소외의 수준에서 배타적 벨의 논리를 따라 행동하는 것이라면, '존재' 대신 '의미'를 선택함으로써 주체는 자신의 '존재'에 대한 모든 연결고리를 상실하게 될 것이며, 그리하여 대타자의 장에 완전히 포섭되고 말 것이다. 그렇게 되면 어떤 '잔여물'의 논리적 근거도 사라질 것이며 '주체의 전복'으로 나아갈 수 있는 더 이상의 변증법적 발전의 가능성도 사라질 것이다. 핑크가 주체의 아파니시스가 일어나는 방식 및 그 결과를 정확하게 설명할 수 없다면, 이는 라캉이 자신의 소외 개념의 차별성을 보여주기 위해서 조심스럽게 발전시킨 세 번째 종류의 벨을 핑크가 고려하지 않기 때문이다. 아파니시스에 관련된 핑크의 유일한 언급(핑크는 여전히 '아파니시스'라는 이름을 말하지 않는다)은 소외의 과정을 통해 주체가 자신의 사라짐을 택하며, 그 결과 자신의 존재를 **완전히** 상실하게 된다는 것이다. 그러나 내가 파악하기로, 라캉의 논점은 오히려 주체의 '존재'의 어떤 부분이 '비-의미'로 침전하며, 그리하여 무의식을 구성하게 된다는 것이다('아파니시스'라는 용어는 정확히 무의식 속으로의 사라짐을 뜻한다).[18]

---

18) 또한 라캉의 벨에 대한 핑크의 오해는, 만일 아이가 의미에 대해 완강하게 존재를 선택한다면 아이가 정신병자가 된다고 믿도록 이끈다. 핑크는 이것을

그러나 이쯤에서 우리는 마음 한쪽에 품고 있던 질문을 던져야 한다. 주체와 언어 사이에는 왜 애초에 이런 중첩이 있는 것인가? 도대체 무엇이 주체의 장(전-언어적인 생물적 존재)과 대타자의 장(언어)에 모두 속하는 교집합을 이룰 수 있단 말인가? 요컨대 소외의 과정에서 대타자의 장에 의해 붙잡혀 있는 존재의 쪼가리의 본성은 무엇인가? 이 질문에 핵심적인 실마리를 주는 것은 『세미나 11』의 17번째 세션 첫 부분('아파니시스'라는 제목이 붙어 있다)에 나오는 Vorstel -lungsrepräsentanz에 대한 라캉의 논의이다. 왜냐하면 주체와 언어의

대타자에 대한 아이의 '승리'라고 부른다. Fink, *The Lacanian Subject*, p.49. [『라캉의 주체』, 104쪽.] 실로, 배타적 벨의 논리라면 이것을 의미에 대한 존재 선택의 결과라고 정당화할 수 있을 것이다. 아이는 의미를 포기했기 때문에 존재를 보존하게 될 테니 말이다. 그러나 라캉의 세 번째 종류의 벨의 요점은 오히려 의미를 선택하지 않는 주체는 존재마저도 보존하지 못한다는 것이 아닌가? 바꿔 말해서 아이는 의미**뿐만 아니라** 존재까지도 잃게 된다는 것 말이다. 아이의 '승리' 같은 것은 없다. 아이는 모든 경우에서 패배한다. 라캉의 벨은 단지 아이가 **어떻게** 패배하는지를 결정할 뿐이지, 아이가 승리할지 패배할지를 결정하지 않는다. 사실 라캉에게 정신병적 반응은 주체가 언어의 장으로의 진입을 거부할 때 촉발되는 것이 아니라 오히려 언어에 의해 남김없이 포획될 때 촉발된다. 곧 아이에 대한 대타자의 포획이 완전해 대타자와 아이 사이에 그 어떤 간격도 허락되지 않을 때 말이다. Lacan, *Four Fundamental Concepts*, p.237. [『네 가지 근본 개념』, 360쪽.] 아마도 그와 같은 총체적 소외의 상황에서는 어머니와 아이 사이의 간격이 완전히 부재함으로써 아버지-의-이름이 폐제되며, 따라서 정신병적 반응이 촉발된다는 것이 라캉의 생각일 것이다. 이 쟁점에 관해 지젝도 핑크와 유사한 주장을 펼친다. Slavoj Žižek, "Class Struggle or Postmodernism?" *Contingency, Hegemony, Universality: Contemporary Dialogues on the Left*, London: Verso, 2000, p.119. [박미선·박대진 옮김, 「계급투쟁입니까, 포스트모더니즘입니까? 예, 부탁드립니다!」, 『우연성, 헤게모니, 보편성: 좌파에 대한 현재적 대화들』, 도서출판b, 2009, 175~176쪽.]

사이-영역을 구성하고 있는 것이 바로 소외의 과정을 통해 원-억압 되는 기표로서의 Vorstellungsrepräsentanz이기 때문이다.

라캉은 지크문트 프로이트가 고안한 메타심리학 용어의 하나인 Vorstellungsrepräsentanz를 어떻게 번역할 것인가 하는 문제와 관련해 자신의 두 제자와 벌였던 논쟁을 소개하면서 논의를 시작한다. 라캉은 원래 이 용어를 "le représentant de la représentation"(표상의 대표자)라고 번역했지만 그의 두 제자는 이것이 오역이라고 반대하면서 "le représentant représentatif"(표상적 대표자)라는 새로운 번역을 제안한다. 이 논쟁이 무엇에 관한 것인지를 알기 위해서는 문제의 그 용어에 대해 장 라플랑슈와 장-베르트랑 퐁탈리스가『정신분석 사전』에서 제시하는 설명을 읽어볼 필요가 있다(라플랑슈는 바로 문제의 두 제자 중 한 사람이고, 또 다른 한 사람은 세르주 르클레르였다).19)

['표상적 대표자'는] 주체의 역사의 과정에서 충동이 고착되는 하나의 관념 또는 일군의 관념이다. 충동이 정신에 어떤 표시를 남기는 것은 표상적 대표자의 매개를 통해서이다. …… Vorstellungs repräsentanz **는 표상들의 영역에 〔충동이 파견하는〕 대표**를 뜻한다. …… 프로이트

---

19) 장 라플랑슈와 세르주 르클레르는 본느발 학술 대회(1960년)에서 '무의식'에 대해 논문을 발표하며 "무의식은 언어처럼 구조화되어 있다"라는 라캉의 근본 테제를 의문에 붙인 바 있다. Jean Laplanche and Serge Leclaire, "The Unconscious: A Psychoanalytic Study," trans. Patrick Coleman, Yale French Studies, no.48, 1972. 이런 면에서 라플랑슈와의 대담을 읽는 것도 도움이 된다. "Jean Laplanche Talks to Martin Stanton," Jean Laplanche: Seduction, Translation, Drives, ed. John Fletcher and Martin Stanton, London: Institute of Contemporary Art, 1992.

의 인식에 따르면 **충동을 대표하는 것이 표상이지, 어떤 다른 것에 의
해 대표되는 것이 표상 자체가 아니라는 점**을 강조해야 한다. 프로이
트는 이 점에 관해 상당히 명확하다.[20]

그러므로 Vorstellungsrepräsentanz는 프로이트가 육체^{soma}와 정신
psyche 사이의 신비한 연결에 대한 가설을 세우고자 고안한 개념이다.
라캉이 여기에서 주체의 장("살아 있는 존재")과 대타자의 장(언어)
사이의 결합이라는 질문과 씨름하면서 이 개념을 논하고 있는 것도
정확히 이 때문이다. 이런 관점에서 볼 때, 논쟁의 실제 쟁점은 단순
히 독일어로 된 그 용어를 어떤 프랑스어 표현으로 번역하는 것이 더
적합한가 하는 것이 아니라 오히려 프로이트가 그 용어로 포착하려
고 했던 육체와 정신 사이의 교량 또는 경계 지대를 어떻게 이론적
으로 성격 지을 수 있는가 하는 것으로 보인다.

Vorstellungsrepräsentanz를 '표상의 대표자'라고 번역함으로써 라
캉은 정신 안에서 대-표$^{re-present}$되는 것이 여전히 하나의 **표상**이라고
주장한다. 반면 라캉의 두 제자는 정신 안에서 표상에 의해 대-표되
는 것이 **충동**이라는 점을 강조하기 위해 '표상적 대표자'라고 옮긴다.
그리하여 전체 논쟁은 이런 질문으로 귀착한다. "무의식의 중핵에 놓
인 것은 표상인가, (비-표상적) 충동인가?" 만일 그것이 라캉의 말처
럼 표상이라면, 무의식의 중핵을 어떤 언어학적이거나 의사-언어학

---

20) Jean Laplanche and Jean-Bertrand Pontalis, *The Language of Psychoanalysis*,
trans. Donald Nicholson-Smith, New York: W. W. Norton, 1973, pp.203~
204. [임진수 옮김, 『정신분석 사전』, 열린책들, 2005, 112~113쪽.] 강조는 인용자.

적인 본성을 가지는 것이라고 생각하는 것이 여전히 가능할 것이다. 그러나 만일 그것이 비-표상적 충동(곧 성적 충동)이라면, 무의식의 중핵은 더 이상 언어학적인 어떤 것이 아닐 것이다. 두 제자는 라캉이 무의식을 언어로 환원하고 있다고 비판하고,21) 라캉은 "그들이 욕망을 욕구의 표상적 대표자로 만들고 있다"고, 곧 생물학적 **필요**의 대표자로 만들고 있다고 주장함으로써 그들을 반박한다.22)

이 중요한 논쟁에서 누가 우위를 차지했는가를 결정하는 것은 나의 논의 범위를 벗어난다. 내가 관심 있는 것은 주체와 언어의 결합이라는 문제에 접근하는 라캉의 방식이다. Vorstellungsrepräsentanz를 이른바 '이항적 기표'와 동일시하면서, 라캉은 이렇게 주장한다.

> 우리는 Vorstellungsrepräsentanz를 소외의 본원적 메커니즘에 대한 제 도식 속에, 즉 주체가 무엇보다 대타자 속에서 등장한다고 생각할 수 있게 해주는 기표의 첫 번째 짝짓기 속에 위치시킬 수 있습니다. 이는 최초의 기표, 즉 단항적 기표가 대타자의 장에 출현하며 그 기표가 다른 기표에게 주체를 대표하는 한에서 그렇습니다. 이때 이 다른 기표는 주체의 '아파니시스'라는 효과를 갖습니다. 바로 거기서 주체의 분열이라는 사태가 발생합니다. 즉 주체가 한쪽에서 의미로 나타

---

21) 라플랑슈와 퐁탈리스는 이렇게 쓴다. "전의식적-의식적 체계의 특징은 그 안에 있는 사물-표상들이 그에 상응하는 단어-표상들에 묶여 있다는 사실에 있다. 그러나 대조적으로 이 상황은 무의식적 체계 안에서는 존재하지 않는다. 거기에서는 오직 사물-표상들만이 발견된다." Laplanche and Pontalis, *The Language of Psychoanalysis*, pp.447~448. [『정신분석 사전』, 183쪽.]

22) Lacan, *Four Fundamental Concepts*, p.218. [『네 가지 근본 개념』, 330쪽.]

난다면 다른 쪽에서는 '페이딩,' 즉 사라짐으로서 모습을 드러낸다는 겁니다. 따라서 단항적 기표와, 주체 자신의 사라짐의 원인인 이항적 기표로서의 주체 사이에는 삶과 죽음의 문제가 걸려 있죠. Vorstellungsrepräsentanz란 바로 이 이항적 기표를 말하는 것입니다.[23]

이 구절을 유의해서 읽어보면 라캉이 여기에서 단항적 기표(S_1)와 이항적 기표(S_2)라고 부르는 것은 단순히 주체가 대타자로부터 시간 차를 두고 듣게 되는 연속된 두 기표가 아니라는 점을 알 수 있다. 예컨대 핑크가 제시한 이 구절에 대한 표준적 독해는 "S_2가 S_1에게 회고적으로 의미를 부여한다는 뜻에서, 처음에는 갖지 않았던 의미를 부여한다는 뜻에서, S_2가 S_1에게 주체를 대표한다"이다.[24] 그러나 이

---

23) Lacan, *Four Fundamental Concepts*, p.218. [『네 가지 근본 개념』, 330쪽.]

24) Fink, *The Lacanian Subject*, pp.75~76. [『라캉의 주체』, 148쪽.] 에릭 로랑 또한 (아마도 자크-알랭 밀레를 좇아서) S_1을 존재와 의미의 원환이 서로 결합되어 있는 바로 그 사이-영역에 위치시킴으로써 핑크와 얼마간 유사하게 소외를 해석한다. 로랑은 $\mathbb{S}$을 존재의 원환 왼쪽 부분에 위치시키고 S_2를 의미의 원환 오른쪽 부분에 위치시킨다. Laurent, "Alienation and Separation(I)," pp.24~25. 그러나 곧 보게 될 것처럼, 소외 과정이 완료됐을 때 사이-영역에 위치되어야 하는 것은 S_2이고, 반면 S_1은 의미의 원환 오른쪽 부분에 위치되어야 한다. (존재의 최초의 온전한 원환에 조응하는 원초적인 생물학적 주체와 혼동되어서는 안 되는) $\mathbb{S}$는 의미와 비의미 사이에서 주체가 분열된 결과이며, 이런 분열은 의미 또는 언어의 온전한 원환 **안에서** 일어나는 것인데, 왜냐하면 주체는 이미 언어의 장 안으로 들어갔기 때문이다(그림 7). 주체는 언어의 원환의 오른쪽 부분(빗금 부분)에서 의미로 나타나고 동일한 그 원환 내의 왼쪽 부분(체크 부분)에서 비의미로 나타난다. 라캉은 '비의미'는 사이-영역에 의해 표현되고 있다고 분명하게 말한다. 곧 존재의 원환에 의해 한입 베어 물려 있는, 의미의 원환의 그 왼쪽 부분이 '비의미'이다. 존재의 원환 중 의미와의 교집합(사이-영역)을 배제한 나머지 왼쪽 부분(무늬 없는 부분)은 오히려

것이 정말 라캉이 여기에서 뜻하는 바일까? 한 가지만 지적하자면, 라캉은 S_2가 S_1에게 주체를 대표한다고 말하지 않고 반대로 S_1(단항적 기표)이 S_2에게 주체를 대표한다고 말하고 있다.

내가 여기에서 제안하고자 하는 대안적 해석은 다음과 같다. 단항적 기표는 실로 대타자의 기표, 곧 주인이 말하는 것이다(따라서 단항적 기표의 또 다른 이름은 '주인기표'이다). 그러나 이항적 기표는, 비록 그것이 어떤 간격을 두고 도착하는 것이라고 할지라도, 주인이 말하는 두 번째 기표를 일컫는 것이 아니라 오히려 **주체 자신**(아이)**이 말하는 기표**(또는 주체가 대타자의 장에서 포착해 자신의 것으로 만드는 기표)를 가리킨다. 이렇게 이해했을 때에만 라캉의 말이 이해될 수 있다. "단항적 기표와, 주체 자신의 사라짐의 원인인 **이항적 기표로서의 주체** 사이에는 삶과 죽음의 문제가 걸려 있죠"(강조는 인용자).

사실 라캉은 이보다 앞서 이미 이항적 기표를 이런 방식으로 논한 바 있다. S_1, S_2, $\cancel{S}$ 간의 관계를 설명하기 위해서 라캉은 『세미나 11』의 15번째 세션 끝에서 '그림 8' 같은 도해를 제시한다.[25] 먼저 S_1과 S_2가 중간에 그어진 점선에 의해 구분되는 두 개의 상이한 장(대타자의 장과 주체의 장)에 각각 속한다는 사실에 주목하자. 또한 주체가 분열되어 형성되는 것은 바로 S_2가 S_1에 화답해 주체의 장 안에서 출현할 때라는 점에도 주목하자. 바로 이 도해의 의미를 설명하면서 라캉은

주체가 언어에 진입할 때 주체에 의해 순수하고 단순한 방식으로 포기되는 것(따라서 주체의 정신[psyche]과는 상관없는 것이 되는 것)을 대표하고, 반면 사이-영역 그 자체는 주체가 언어 안으로 진입할 것을 분명한 방식으로 선택한 뒤에도 여전히 잔존하는 존재의 쪼가리를 표상한다.

25) Lacan, *Four Fundamental Concepts*, p.198. [『네 가지 근본 개념』, 300쪽.]

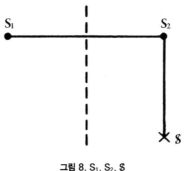

그림 8. S_1, S_2, $

기표가 주체를 또 다른 주체에게 대표하는 것이 **아니라** 오직 또 다른 기표에게 대표하는 것이라는 점을 곧바로 강조한다. 주체를 또 다른 주체에게 대표하는 것은 기호이다. 예컨대 당신이 표류해 무인도처럼 보이는 곳에 도착했는데, 어느 날 갑자기 멀리서 연기가 피어오르는 것을 봤다면, 당신은 곧바로 그 섬에 또 다른 주체가 있다는 것을 깨닫게 될 것이다. 이 경우 연기가 그런 기호이다.[26] 그것은 주체를 또 다른 주체에게 대표한다. 반면 기표의 기능은 이렇게 인식될 수 없다. 예컨대 당신이 사막에서 당신이 모르는 고대 상형문자로 뒤덮인 바위를 발견했다고 한다면, 당신은 곧 섬에서 연기를 봤을 때처럼 그 뒤에는 그것을 쓴 어떤 주체가 있음을 알 수 있을 것이다. 그러나 거기에 기록되어 있는 기표들은 당신에게 보내진 것이 전혀 아니다. 당신이 그 글자들을 조금도 이해하지 못한다는 것이 이를 증명한다.

---

26) 이 예는 『세미나 20』에 나온다. Jacques Lacan, *On Feminine Sexuality, The Limits of Love and Knowledge, 1972-73(Encore): The Seminar of Jacques Lacan, Book XX*, trans. Bruce Fink, New York: W. W. Norton, 1998, p.49.

라캉은 여기에서 "이런 기표 각각은 다른 기표 각각과 관계를 맺는다"[27]고 말한다. 바꿔 말해서, 기표들(상형문자)은 당신과 관계를 맺는 것이 아니라 오직 서로에게만 관계를 맺는다. 기표들은 확실히 주체(곧 그것들을 쓴 사람)를 대표한다. 하지만 그 주체를 자신들에게만, 서로서로에 대해서만 대표할 뿐이다. 라캉은 "주체와 대타자의 장 사이의 관계에서 쟁점이 되는 것이 바로 이것"이라고 말한다.

실로, 이는 아이가 처음 언어를 배울 때의 상황과 꽤 흡사하다. 아이는 기표들(곧 대타자가 말하는 모든 기표를 **집합적으로** 지시하는 단항적 기표 S_1)을 마주치지만 (고대 상형문자의 사례에서처럼) 그 중 어떤 것도 이해하지 못하는데, 왜냐하면 그 기표들 각각은 주체로서의 대타자를 다른 기표들 각각에게만 대표할 뿐이지 그 아이에게는 대표하지 않기 때문이다. 그런데 이때 근본적으로 사태가 변한다. "주체는 기표가 대타자의 장에 출현하는 한에서 탄생합니다. 하지만 이런 사실로 인해 그것, 앞으로 도래하게 될 주체가 아니라면 그 전에는 아무것도 아니었던 것은 기표로 굳어버립니다."[28] 주체가 그 속에 응결되어버리고 마는 이 기표가 바로 라캉이 '그림 8'에서 S_2라고 표시하는 **이항적 기표**이다. 몇 문단 뒤에서 라캉은 이런 생각을 주체의 분할 ($) 및 무의식의 형성과 밀접히 관련시킨다. "동시에 제가 무의식을 열리고 닫히는 것으로 제시한 것은 무의식의 본질이 주체가 기표와 더불어 분열된 채로 탄생된 순간을 각인하는 것에 있기 때문이라는 사실을 이해하실 수 있을 겁니다. 주체는 다음과 같은 식으로 출현합

---

27) Lacan, *Four Fundamental Concepts*, p.199. [『네 가지 근본 개념』, 301쪽.]

28) Lacan, *Four Fundamental Concepts*, p.199. [『네 가지 근본 개념』, 301쪽.]

니다. 즉 방금 전에는 주체로서 아무것도 아니었지만, 나타나자마자 바로 그 순간 기표로 응결되어버리는 식으로 말입니다."29)

이 응결이 왜 근본적인가? 왜냐하면 이 기표로의 응결이야말로 주체가 언어로 진입할 수 있는 **유일한 통로**이기 때문이다. 주체는 자신을 하나의 기표로 변화시키는 한에서만 언어에 진입할 수 있다. 주인기표(S₁)는 단순하고 무자비하게 스스로에게만 관계하는 사물^{das} ^{Ding}이다. 주인(대타자로서의 어머니)의 기표들 각각은 그녀의 다른 기표들 각각에게만 관계를 맺지, 주체(아이)와는 관계를 맺지 **않는다.** 결과적으로, 주체는 **하나의 기표로서가 아니라면** 그 기표들과 어떤 관계도 결코 가질 수 없다. 주체 자신은 주인의 기표와 모종의 접촉 지점을 만들기 위해서 스스로 기표가 되어야만 한다. 이 상황을 맑스가 설명하는 바의 시장에서 일어나는 일과 비교하는 것이 이해에 도움이 될 것 같다. 사용가치로서의 하나의 상품은 결코 다른 상품과 관계를 형성할 수 없다. 오직 교환가치로서만, 곧 자신의 가치가 다른 상품의 가치와 통약 가능하게 되는 하나의 교환되는 상품으로 변화되는 한에서만 하나의 상품은 다른 상품과 관계를 형성할 수 있다. 마찬가지로 주체는 주체로서 언어의 장에 들어갈 수 없으며 오직 하나의 기표로서만 들어갈 수 있을 뿐이다.

여기에서 라캉이 주체의 기표로의 응결이라는 말로 무엇을 함축하는지가 여전히 조금 모호하게 남아 있다는 것은 사실이다. 그러나 소외에 대한 그 다음 세션(16번째 세션)에서 라캉은 자신의 의도를 아주 구체적인 방식으로 보여준다.

---

29) Lacan, *Four Fundamental Concepts*, p.199. [『네 가지 근본 개념』, 302쪽.]

대타자의 장에서 생겨나는 기표는 그것의 의미작용에 의해 주체를 출현시킵니다. 하지만 그 기표가 진정한 기표로서 기능하는 것은 그 자신이 이런 과정 중에 있는 주체를 그저 하나의 기표로 환원시킴으로써, 즉 오로지 **주체에게 주체로서 말하고 기능하도록 부르는/요구하는** 바로 그 운동을 통해 주체를 돌처럼 굳어버리게 함으로써입니다. 바로 여기에 말 그대로 시간적 박동이 있는데, 이런 박동 속에서 무의식 그 자체의 출발을 특징짓는 것, 즉 닫힘이 설정됩니다.[30]

상기 인용문에 처음 등장하는 '기표'(라캉이 대타자의 장에서 스스로를 생산한다고 말하는 기표)가 단항적 기표이다. 이 기표가 바로 주체를 하나의 기표에 지나지 않은 존재, 곧 이항적 기표로 환원시키는 것이다. 단항적 기표는 주체를 이항적 기표로 화석화하는데, 주체에게 "말하고 기능하도록" 부르는/요구하는^{appelle} 바로 그 운동을 통해서 그렇게 한다. 따라서 주체의 기표로의 응결/화석화는 주체가 대타자에 의해, 말하는 존재들의 공동체에 참여하도록, 정확히 **스스로 말을 함으로써** 참여하도록 요구받게 되는 경험에 다름 아니다.[31] 일단

---

30) Lacan, *Four Fundamental Concepts*, p.207. [『네 가지 근본 개념』, 314쪽.] 강조는 인용자.

31) 우리는 여기에서 정확히 동일한 상황에 대해 라캉이 동일한 시기에 쓴 또 다른 에세이, 「무의식의 위치」에서 묘사하는 것에 준거할 수 있다. "동일한 구조가 주체의 기원적 분할을 설명한다. 아직-자리-잡지-못한 대타자의 장소에서 생산되면서, 기표는 아직 말할 수 없는 존재로부터 주체를 가지고 나오지만 그 주체를 얼어붙게 만드는 것을 대가로 그렇게 한다. 프랑스어의 완료형인 'il y avait'가 가지는 두 가지 의미에서, 곧 말할-준비가-된-자를 잠깐 전에 위치시킬 뿐만 아니라(그것은 거기에 있었지만 더 이상 거기에 없다), 또한 잠깐 뒤에 위치시킨다(몇 순간 더 뒤에, 그리고 그것은 거기에 있었을 수 있기

이렇게 해서 자신의 기표를 생산하기만 하면, 생물적 전-주체는 하나의 기표에 의해 또 다른 기표에 대해 대표되는 주체가 되는 것이다. 주체는 언어에 진입하면서 분열된다. 그것은 한쪽에서는 의미로 나타나고 다른 쪽에서는 아파니시스, 사라짐으로 나타나는데, 이 사라짐이 바로 여기에서 라캉이 "닫힘"이라고 부르는 것이다.[32]

이 때문에 라캉은 이 구절에 이어 처음으로 아파니시스라는 개념을 소개하며 부분적으로 존스에게 공로를 돌리는 것이다. 더 나아가 라캉은 이런 초보적 단계에서 주체는 (자기를 위해서든 타인을 위해서든) 타인들**에게** 말하는 것이 아니라는 점을 분명히 한다. 오히려 주체는 타인들의 **곁에서**, 마치 자동인형처럼 말하며, 무대의 뒤나 무대의 옆쪽을 향해 말하면서 그 어떤 특정한 사람에게도 말하지 않는다.[33] 다시 말해서 주체는 '나' 또는 '너' 같은 문법적 '전치'轉置/shifter

---

때문에 거기에 있었을 것이라고 가정된다)는 두 가지 의미에서, 거기에 **있었을** 말할-준비가-된-자는 더 이상 기표에 지나지 않은 것이 되며 사라진다." Jacques Lacan, "Position of the Unconscious"(1960), *Écrits: The Complete Edition*, trans. Bruce Fink, New York: W. W. Norton, 2006, p.713. 따라서 주체의 기표로의 응결은 정확히 주체의 말하기의 개시와 관련된다.

32) 혹자는 주체가 그 안에 응결되는 기표가 단순히 주체의 이름(고유명)을 지시하는 것이라 생각하고 싶을지도 모른다. 아니카 르메르가 그런 해석을 제공한다. Anika Lemaire, *Jacques Lacan*, trans. David Macey, London: Routledge, 1979, pp.69~71. [이미선 옮김, 『자크 라캉』, 문예출판사, 1994, 117~120쪽.] 르메르에 따르면, 이항적 기표(S_2)는 전-언어적인 '실재' 주체를 억압하는 기표로서 나타난다(여기에서 주체의 분할은 주체의 이름과 '실재' 주체 사이의 분할로 이해된다). 그러나 곧 보게 될 것처럼 라캉에게 이항적 기표는 그 자신이 소외의 과정 안에서 원-억압되는 기표이다. 게다가 주체의 이름(고유명)이 원-억압된다는 것이라고 거꾸로 이해해도 여전히 그것은 말이 되지 않는다. 비록 이항적 기표란 주체의 이름이 발음될 때마다 무대 뒤에서 작동하고 있는 것이라고 말할 수야 있겠지만, 여전히 그것은 주체의 이름이 아니다.

기능을 적절히 사용함으로써 타자에게 말하는 능력을 아직 보여주지 못하는 것이다. 사실 이와 같은 모습은 말하기를 갓 배운 아주 어린 아이들의 화법에 전형적인 것으로, 아이들은 종종 어른들이 말하는 '나'라는 말을 자기들의 말에서 반복하며, 그 말이 어른들의 말 안에서는 어른들 자신을 지시하고 있으며 아이 자신은 '너'라는 말로 지시되고 있었다는 사실을 깨닫지 못한다.

그리하여 우리는 라캉의 기본 세포(그림 9)[34] 중 작은 삼각형에서 빗금 쳐진 주체를 향해, 기표는 S와 S′ 사이에 그어진 선을 두 번 교차하면서 움직이고 있는 포물선이 단지 대타자의 기표 사슬에 대

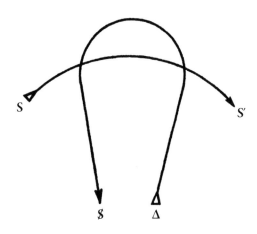

그림 9. [욕망 그래프의] 기본 세포

---

33) Lacan, *Four Fundamental Concepts*, p.208. [『네 가지 근본 개념』, 315쪽.]

34) Jacques Lacan, "The Subversion of the Subject and the Dialectic of Desire in the Freudian Unconscious"(1960), *Écrits: The Complete Edition*, trans. Bruce Fink, New York: W. W. Norton, 2006, p.681.

한 주체의 해석을 표상하고 있는 선일 뿐만 아니라, 그런 해석 자체와 동근원적으로 관련된, **주체 자신의 말하기의 개시**와 관련된 선이기도 하다는 것을 깨닫게 된다. 여기에서 주인기표의 운동을 묘사하고 있는 S → S′의 선이야말로 주체에게 "주체로서 말하고 기능하도록" 부르는/요구하는 것이다. 사실 이 단계에서 의미 없는 주인기표의 명령은 "이해하라!"라기보다는 "입을 열어 말하라!"이다. 대타자야말로 앞서 우리가 논한 강도이며, 그 대타자는 주체(아이)에게 이렇게 위협하고 있는 것이다. "너의 기표를 내놓든지, 또는 너의 목숨을 내놓아라!" 주체가 말을 개시함으로써 대타자에게 굴복하자마자, 대타자는 그 기표를 주체에게서 **빼앗아간다**.

그러므로 이는 우리가 이미 앞선 제1장에서 길게 논한 매우 익숙한 상황 중 하나라고 말할 수 있다. 대타자로서의-어머니가 하는 말을 들으면서(단항적 기표의 출현), 아이는 자기 자신의 기표를 생산함으로써 자신의 요구를 표출하기 시작한다.[35] 이때의 기표가 진짜 단어(또는 일련의 단어)일 필요는 없다. 상황에 따라, 아기의 옹알이나 심지어 존재하지도 않는 단어처럼 의미 없는 것이 기표로서의 자격을 (심지어는 더 훌륭하게) 갖게 된다.[36] 어머니는 아이를 위해 이 기표를 받아서 **해석**한다. "아, 네 말은 이런 뜻이지?" 또는 "네가 원하는

---

35) 모든 기표는 항상 이미 하나의 요구이다. 심지어 기표를 구성한다고 보기 힘든 유아의 울음조차 이미 일종의 요구이다.

36) 딜런 에반스는 다음과 같이 말한다. "비록 기표에 대해 말할 때 라캉이 종종 준거하는 것은 다른 사람들이 단순히 '단어'라고 부르는 것이지만, 그 두 용어는 등가적이지 않다." Dylan Evans, *An Introductory Dictionary of Lacanian Psychoanalysis*, London: Routledge, 1996, p.190. [김종주 옮김, 『라깡 정신분석 사전』, 인간사랑, 1998, 97쪽.]

것이 이것이지?" 주인의 단항적 기표는 이렇게 해서 또 다른 기표(이항적 기표)를 통해 표현된 주체의 요구를 **대-표**re-present한다.

어머니의 해석/대표는 물론 주체의 요구를 궁극적으로 왜곡하게 된다. 이런 왜곡은 겉보기에는 순진무구해 보이는 어머니의 해석/대표에 구조적으로 본래적인 것인데, 왜냐하면 어머니는 (설사 아이가 아직 인지하고 있지 못한다고 할지라도) 자기 자신의 욕망을 가지고 있는 존재이기 때문에 그렇다. 결과적으로, 라캉에 따르면, 단항적 기표로서의 주인과 이항적 기표로서의 주체 사이에 생사를 건 투쟁이 일어나게 된다. 얼마 안 있어 이들 가운데 하나는 다른 하나에게 굴복하게 되는데, 이항적 기표가 단항적 기표에게 패배하게 될 때(다시 말해서 단항적 기표에 의한 해석에 의해 대체되거나 전위될 때), 바로 이 패배를 통해 이항적 기표는 정신의 지하 영역으로 가라앉게 되는 것이다. 라캉은 다음과 같이 말한다.

Vorstellungsrepräsentanz란 바로 이와 같은 이항적 기표를 말합니다. 이 이항적 기표가 Urverdrängung(원-억압)의 중심점을 구성하는 것입니다. 프로이트가 자신의 이론에서 지적한 것처럼 무의식 속으로 이동해 Anziehung[매력/유혹]의 점, 인력점이 되는 것이죠. 이 때문에 다른 모든 억압들이 가능해집니다. Unterdrückt(억압된 것)의 장소로, 요컨대 기표로서 아래로 이동한 어떤 것의 장소로의 유사한 다른 이동들이 가능해지는 것입니다. 바로 이것이 Vorstellungsrepräsentanz라는 용어의 핵심입니다.[37]

---

37) Lacan, *Four Fundamental Concepts*, p.207. [『네 가지 근본 개념』, 330~331쪽.]

따라서 **원-억압**되는 것은 주체가 자신의 최초의 요구를 행하며 말하는 이항적 기표이다. 이항적 기표는 진정으로 대타자의 전체 장 안에서 자신의 고유한 의미를 확보하는 데 실패한 첫 번째 독특한 기표이다. 이항적 기표는 파문당한 기표, 주체에게 의미를 생성해주는 네트워크를 함께 형성하는 나머지 기표들로부터 완전히 고립되어 있는 **비-의미적** 단위로서 어떤 '연옥'에 내던져진 기표이다. 이항적 기표는 마치 언어의 고유한 몸체 **안에서** 발견되는 "이질적 몸체, 이질적 대상"과도 같다. 이항적 기표는 이런 방식으로 무의식의 중핵을 구성한다. 이항적 기표는 다른 모든 미래의 억압(곧 프로이트가 '고유한 의미의 억압'이라고 부르는 것)을 위한 인력점으로 작동한다. 따라서 바로 이항적 기표**야말로** 자신이 생산하는 왜곡이나 균열(예컨대 말실수)의 형태 아래에서가 아니라면 언표의 수준에서는 자신을 드러내지 않는 '무의식의 주체'**이다**. 이항적 기표의 존재, 그것의 물질성, 그것의 순수-기표성, 다시 말해서 육체와 정신의 영역 모두에 모호하게 속해 있는 '물질로서의 기표'야말로 라캉에게는 육체와 정신이라고 알려진 두 집합이 결합할 때 아래로 침전하는 것이다.

2.2. 분리

소외에 대해 논한 뒤 라캉은 '분리'라는 두 번째 개념을 도입한다. 이 개념은 일반인들의 심리학적 상식인 '분리 불안'(어머니로부터 떨어지는 것에 대해 아이가 보이는 공포)이라는 관념에서 사용된 '분리'가 가리키는 것에 대략 조응한다. 프랑스어 동사 séparer와 라틴어 동사 separare의 어원적 연관을 검토하면서, 라캉은 분리가 옷을 입거나 스스로를 보호하는 일(이 의미는 프랑스어 표현인 se parer에서 유래하는

데, 거기서 parer는 옷을 입힌다는 뜻과 보호한다는 뜻을 모두 가지고 있다)뿐만 아니라 태어나 세상으로 나오게 되는 일(이것은 라틴어 표현인 se parere의 뜻과 조응한다)도 가리킨다고 주장한다. 요컨대 분리는 '어머니의 욕망'에 대한 주체의 방어이자, 이 방어를 통해 마침내 주체가 어머니의 손아귀에서 자신을 구하고 세상으로 나올 수 있게 되는 작업이다. 분리는 주체가 스스로를 낳는 활동, 그 활동 없이는 주체가 어떤 의미에서도 '자율적'이 될 수 없는 활동이다.

그러나 좀 더 전문적 용어들로 말하자면, 분리는 "소외의 벨로부터 되돌아오는 길을 찾게 해주는 것"[38]이라고 규정될 수 있다. 분리는 (전형적으로 포르트-다 게임에서 나타나는) 벨의 마비시키고 진동하게 만드는 운동을 이어받아 원환을 완성하기 위해서 역으로 구부리는, 환상 공식의 마름모 윗부분(∧)에 의해 지시되는 오뒷세우스의 운동이다. 또 다른 텍스트에서 라캉은 이 원환적 운동을 '벨레'velle라고 부르는데,[39] 이것은 라틴어에서 의지 또는 욕망을 뜻한다. 라캉이 거기에 이런 이름을 주는 이유는 소외의 벨로부터 빠져나올 수 있는 "단 하나의 출구"는 "욕망의 길"에서 발견될 수 있다고 믿기 때문이다.[40] 자신의 세미나에 분리라는 개념을 처음 도입할 때 라캉은 분리가 '전이'라는 현상과 특별히 관련되어 있다는 것을 곧바로 지적하는데, 왜냐하면 전이는 필요의 차원으로 환원될 수 없는 욕망의 차원을 포함하고 있기 때문이다. 라캉은 분리가 두 개의 욕망(대타자의 욕망

---

38) Lacan, *Four Fundamental Concepts*, p.218. [『네 가지 근본 개념』, 331쪽.]

39) Lacan, "Position of the Unconscious," p.715.

40) Lacan, *Four Fundamental Concepts*, p.224. [『네 가지 근본 개념』, 339쪽.]

과 주체의 욕망)이 교차되거나 중첩되는 전이적 상황에서 귀결되는 것이라고 주장한다. 라캉이 어떤 의미에서 이런 말을 하는지를 파악하기 위해서는 소외의 상황으로 다시 돌아갈 필요가 있다.

자신의 기표인 이항적 기표가 억압되는 원-억압의 과정을 경험할 때, 주체는 대타자로서의-어머니의 단항적 기표에 의해 생산된 의미를 받아들이고 그것과 동일시한다. 하지만 시간이 지남에 따라 주체는 어머니가 자신과의 이런 이원적 관계에 온전히 빠져 있는 것이 아니라는 점을 알아채기 시작한다. 심지어 주체가 어머니의 기표(곧 어머니가 말한 바의 것)에 의해 제공되는 의미를 따라 충실하게 살아간다고 할지라도, 주체는 자신의 눈앞에서 은밀하게 상상적 팔루스(φ)를 체현하고 있는 또 다른 대상을 향해 항상적으로 미끄러지는 어머니의 욕망(대타자의 욕망)을 실제로 붙잡을 수 없다. 주인기표 안에 이렇게 도입되는 간격은 소외 구조의 약점을 형성하며, 이것이 반대로 주체에게 자기 자신의 욕망을 구성할 수 있는 기회를 제공한다. 왜냐하면 "인간의 욕망은 대타자의 욕망"[41]이며, 인간은 대타자의 욕망을 욕망하기 때문이다. 라캉은 이렇게 말한다.

분리를 통해 주체는 소외시키는 것을 본질로 하는 기표 분절의 첫 번째 쌍에서 취약한 지점을 발견하게 됩니다. 주체가 자신과 관련된 첫 번째 대타자의 담화를 경험하면서 탐지해낸 욕망이 기거하게 되는 것은 바로 이 두 기표 사이의 벌어진 틈입니다. 가령 최초의 대타자가 엄마라고 생각해봅시다. 주체의 욕망이 구성되는 것은 바로 엄

---

41) Lacan, *Four Fundamental Concepts*, p.235. [『네 가지 근본 개념』, 357쪽.]

마가 말하고 명령하고 의미화하는 것 저편에 혹은 이편에 엄마의 욕망이 존재하는 한에서입니다. 즉, 엄마의 욕망이 미지의 것으로 남아 있는 한에서입니다. 주체의 욕망이 구성되는 것은 바로 이런 결여의 지점에서입니다.[42]

어머니의 욕망이 "주체의 지도그리기에 제공되는" 이 간격은 본성상 **환유적**이다.[43] 이와 같은 간격 안에서 수평적-통시적 누빔점들이 만들어지고 해체되길 반복한다. 주체는 필사적으로 주인기표의 의미를 고정시키려고 시도하지만 실패한다. 주체가 어머니의 욕망의 이런 끝없는 추격전 안에서 느끼는 좌절이 주체를 궁지로 몰아넣고, 마침내 주체로 하여금 "케 보이?," 곧 "어머니가 나에게 이것을 말하지만, 어머니가 원하는 것은 무엇인가?"라고 울부짖게 만든다.

이것이 바로 "전이의 장의 출현"[44]의 순간이다. 왜냐하면 라캉에게 전이는 "주체가 확실성을 추구"[45]하는 상황, 곧 대타자의 수수께끼 같은 욕망 앞에서 자신이 경험하는 의문과 좌절을 종식시킬 수 있는 어떤 분명한 해답(지식)을 추구하는 상황이기 때문이다. 비록 전통적인 정신분석학 이론들은 전이를 사랑과 증오라는 상상적 감정의 측면에서 바라보는 데 만족할 뿐이지만, 라캉은 전이를 상상적 감정의 기반 위에서만 이론화하지 않고 더욱 중요하게 **상징적 지식**savoir의

---

42) Lacan, *Four Fundamental Concepts*, pp.218~219. [『네 가지 근본 개념』, 331쪽.]

43) Lacan, *Four Fundamental Concepts*, p.214. [『네 가지 근본 개념』, 324쪽.]

44) Lacan, *Four Fundamental Concepts*, p.213. [『네 가지 근본 개념』, 323쪽.]

45) Lacan, *Four Fundamental Concepts*, p.129. [『네 가지 근본 개념』, 196쪽.]

기반 위에서 이론화한다.[46] 이 때문에 전이적 관계가 효과를 발휘하기 위해서는 '안다고 가정된 주체'(분석의 상황에서 분석가가 행하는 역할)가 절대적으로 필요하다. 전이는 주체의 무의식적 지식(곧 과거의 외상이 주체의 행위를 통해 반복될 때 스쳐지나가는 방식으로 폭로되는 이항적 기표에 대한 지식)과 그 지식에 대한 주체의 상상적 저항의 **불순한 혼합물**을 포함하고 있는 하나의 '고르디우스의 매듭'으로 나타난다. 전이는 분석의 해석적 힘이 가해지는 지점이면서 **동시에** 바로 그 해석적 힘에 의해 하나의 닫힘이 촉발되는 지점이다. 그리하여 전이 안에서는 "어떤 시간적 박동 속에서 오직 다시 닫히기 위해 열리는 주체의 운동"[47]이 일어난다. 라캉은 이렇게 말한다.

프로이트가 초기부터 우리에게 지적한 것은 전이가 본질적으로 저항적이라는 점입니다. Übertragungswiderstand(전이저항)라는 것이죠. 전이는 무의식의 소통이 중단되도록 만드는 수단입니다. 전이에 의해 무의식은 다시 닫혀버립니다. 전이는 무의식에 권력을 이양하기는커녕 오히려 무의식을 닫아버립니다.[48]

대타자의 욕망 및 그것이 자신에게 가지는 지배적 힘과 마주해 처음에 주체는, "대타자 안에서 감지해낸 결여의 지점에 자신이 위치

---

46) 라캉에게 '사부아르'(savoir)는 상징적 지식을, '코네상스'(connaissance)는 상상적 지식을 가리킨다. Evans, *An Introductory Dictionary of Lacanian Psycho-analysis*, p.96. [『라캉 정신분석 사전』, 308쪽.]

47) Lacan, *Four Fundamental Concepts*, p.125. [『네 가지 근본 개념』, 191쪽.]

48) Lacan, *Four Fundamental Concepts*, p.130. [『네 가지 근본 개념』, 197쪽.]

시키는 예전의 결여, 자기 자신의 사라짐이라는 해법"[49]을 통해 맞서려고 한다. 주체는 "과연 대타자가 나를 잃어버릴 수 있을까?"라고 자문한다. 바꿔 말해서, 주체는 자신의 죽음을 통해 자신을 대타자의 수수께끼 같은 욕망의 유일한 대상으로 영원히 고정시키려고 시도한다. 주체는 "대타자가 욕망하는 것은 오로지 나이며, 따라서 어떤 경우에도 나를 잃을 수는 없을 것"이라고 생각함으로써 "대타자가 나에게 원하는 것은 무엇인가?"라는 수수께끼를 풀려고 한다. 이로 인해 "자신의 죽음에 대한 환상"이 생겨나는데, 이 환상은 단지 거식증 같은 임상적 사례에서만 나타나는 것이 아니라 라캉이 자신의 세미나에서 논하는 일련의 유사한 사례들에서도 나타난다. 먼저 '여성 동성애자'라고 불리는 프로이트의 환자가 그런 경우인데, 이 환자는 매춘부와 함께 공개적으로 마을을 걸어 다님으로써 '정상적' 딸에 대한 아버지의 소망에 경멸을 표하려고 하지만, 막상 길에서 마주친 아버지가 자신에게 완전히 무관심하자 자신에 대한 아버지의 욕망을 다시 불러일으키고 유지시키기 위해서 철교 위로 달려가 투신자살한다.[50] 두 번째는 프로이트의 『꿈의 해석』(1900) 마지막 부분에서 묘사되는 죽은 아들의 사례인데, 이 아들은 아버지의 꿈에 나타나 "아버지, 제가 불타고 있는 게 안 보이세요?"라고 묻는다.[51] 마지막으로 세 번째는 예수 그리스도의 경우인데, 예수는 스스로 십자가에 못 박혀 죽음으로써 오히려 성공적으로 아버지인 신을 '무의식적'으로 만

---

49) Lacan, *Four Fundamental Concepts*, p.214. [『네 가지 근본 개념』, 325쪽.]

50) Lacan, *Four Fundamental Concepts*, pp.38~39. [『네 가지 근본 개념』, 66쪽.]

51) Lacan, *Four Fundamental Concepts*, p.34. [『네 가지 근본 개념』, 59쪽.]

들고, 계속 아들이 죽었던 그 순간으로 돌아가고자 하는 일종의 반복 강박에 의해 지배되도록 만든다.[52]

따라서 분리는 대타자의 결여와 주체의 결여라는 두 결여를 '교차'시키는 작업으로 나타난다. 하지만 주체의 상실(자살)에의 시도가 그 자체로 주체가 바라는 자기-해방의 효과를 가져다주기를 기대하기는 어렵다. 자기 자신의 상실에 대한 주체의 바람, 곧 **죽음충동**은 분리를 위해서 필요한 핵심 요소의 하나임이 분명하지만, 그 바람이 자기 자신의 죽음에 대한 '환상' 속에 정박되고 주체의 또 다른 **아파니시스**로 귀결되는 한, 그것은 오히려 전이의 과정에서 무의식이 '닫히는' 순간과 일치한다.[53] '박동'의 시간적 운동 안에서 분명 '무의식의 주체'는 열리지만 단지 곧바로 닫히기 위해서 그럴 뿐이다.

더 나아가 라캉은 주체와 대타자가 차지하는 자리의 단순한 전도는 주체를 그리 멀리 데려다주지 못한다고 경고한다. 왜냐하면 애초에 대타자의 위치가 주체의 위치보다 훨씬 나은 것이 아니기 때문이다. 이 점을 분명히 하고자 라캉은 두 개의 자기의식이 서로로부터 인정을 쟁취하기 위해 생사를 건 싸움에 나서는 헤겔의 주인-노예 변증법의 전개를 의문에 붙인다. "너의 자유를 내놓던지 또는 너의 목숨을 내놓아라!"라는 선택에 맞닥뜨릴 때, 주체(노예)는 목숨을 잃는다면 자유를 가지는 것이 무의미하다고 생각하며, 따라서 자유 없는 삶을 선택함으로써 소외된다. 다른 한편 대타자(주인)는 확실히 자유를

---

52) Lacan, *Four Fundamental Concepts*, p.59. [『네 가지 근본 개념』, 96쪽.]

53) "그 대상이 무엇인지 알려져 있지 않은 이런 부모의 욕망에 대해 [주체가] 제안하는 **첫 번째** 대상은 바로 그 자신의 상실[죽음]이다." Lacan, *Four Fundamental Concepts*, p.214. [『네 가지 근본 개념』, 325쪽.]

선택하지만, 오직 자기의 죽음의 가능성을 통해서만, 자기 목숨을 치명적 위험에 노출시킴으로써만 그렇게 한다. 이런 의미에서 대타자의 자유란 가장 심오한 수준에서 '죽음을 선택할 자유' 이상을 의미하지 않는다. 따라서 대타자는 자신이 주체(노예)와 형성하는 **이원적 관계**(곧 상상적 관계)의 소외 효과들에 마찬가지로 노출된다.

라캉에 따르면 프랑스 혁명에서 인민은 "자유가 아니면 죽음을!"이라는 슬로건을 내걸고 투쟁했지만, 전투에서 그들이 쟁취한 자유란 죽음을 선택할 자유에 불과했다는 것, "굶어 죽을 자유"[54]에 불과했다는 것을 나중에(실은 19세기 내내) 깨닫게 됐을 뿐이다. 마찬가지로 동일한 치명적 요소가 공포정치 기간 동안 주인의 편에서도 나타났으며, 주인의 자유가 어떤 본질을 가지는지가 극적으로 폭로됐다. 인민이 주인에게 "자유냐 죽음이냐?"라고 선택을 요구했을 때, 주인은 자유를 갖기 위해서 오직 죽음을 선택할 수밖에 없었다.[55] 라캉의 다음과 같은 말이 의미심장해지는 것은 이런 맥락에서이다.

소외는 본질적으로 한 쌍으로 이뤄진 기표들의 기능과 연결되어 있습니다. 실제로 기표가 **두 개인지 세 개인지에 따라** 다른 결과가 나오죠. 이런 기표의 분절에서 주체의 기능이 어디에 있는지를 파악하고자 한다면, 두 개의 기표를 가지고 작업해야 합니다. 왜냐하면 주체가 소외에 걸려드는 것은 그 두 개를 통해서이기 때문이죠. 기표가 세 개가 되는 순간부터 **미끄러짐은 원환적인 것이 됩니다.**[56]

---

54) Lacan, *Four Fundamental Concepts*, p.213. [『네 가지 근본 개념』, 322쪽.]

55) Lacan, *Four Fundamental Concepts*, pp.219~220. [『네 가지 근본 개념』, 333쪽.]

협소하게 해석하면, 이 구절은 주체 쪽에서 분리의 어떤 운동이 시작되기 위해서는 아이-어머니의 이원적 관계 안에 상상적 팔루스의 기입이 요구된다는 점을 지시할 수도 있다. 그러나 이 구절은 좀 더 일반적 수준에서 그런 분리의 운동이 항상 **삼원적 구조**를 가진다는 것, 따라서 (라캉은 그렇게 부르지 않지만) 우리에게는 여기에서 임시로 '삼항적 기표'(S_3)라고 부를 수 있는 것이 필요하다는 뜻일 수도 있다. 사실 라캉이 여기에서 '미끄러짐'이라고 부르는 것은 대타자의 욕망이 예상 불가능한 방식으로 전위되는 환유적 운동을 가리키는데, 그런 한에서 삼항적 기표의 도입을 통해 개시된다고 하는 '원환적' 운동(환상 공식의 마름모 윗부분이 지시하는 벨레의 운동)은 환유적 질서 **너머에서** 출현하는 어떤 것이 틀림없다고 할 수 있다.

실로 자신의 세미나에서 라캉은, **은유적 대체**를 수단으로 해서 주체가 자기를 낳는 온전한 분리를 달성할 수 있는 것이라고 시사한다. 여전히 자신의 두 제자, 곧 라플랑슈와 르클레르와 논쟁하면서, 라캉은 이들이 몇 년 전 본느발 학술 대회에서 소개한 은유의 '변형된 공식'을 비판한다. 이 변형된 공식은 다음과 같다.

$$\frac{S'}{S} \times \frac{S}{s} \rightarrow \frac{\frac{S'}{s}}{\frac{S}{S}}$$

보다시피 이 새로운 공식이 보여주려는 변화의 핵심은 최종 생산물의 4층 구조 안에 있다. 이 공식은 더 이상 분자 S를 분모 S에 의

---

56) Lacan, *Four Fundamental Concepts*, p.236. [『네 가지 근본 개념』, 358쪽.] 강조는 인용자.

해 상쇄하지 않고 기표 S의 흔적을 S/S라는 형태로 최종 생산물 안에 그대로 보존한다. 이는 기본적으로 무의식의 중핵에는 자기 자신을 의미하거나 자기 자신을 기의로 가지는 예외적 기표가 현존함을 뜻한다. 그런 기표가 있을 수 있는가? 모든 언어적 기표는 기표 자신과 구별되는 기의를 가진다고 가정된다. 따라서 라플랑슈와 르클레르는, 만일 자기 자신을 기의로 가지는 기표가 있다면, 그것은 언어적 기표가 아니라 하나의 이미지('사물-표상')임이 틀림없다고 추론한다. 왜냐하면 이미지로서의 기표의 기의는 이미지 자신에 다름 아니기 때문이다. 라플랑슈와 르클레르는 위 공식에서 기표 S가 자신 외에는 어떤 기의에 의해서도 구속받지 않기 때문에, 다른 이미지들 또는 다른 기표들과 자의적으로 접속함으로써 길을 만들고 그 위를 자유롭게 움직여 다니는 경향이 있다고 주장한다(이들에게는 이것이야말로 1차 과정 또는 무의식의 극단적 가소성可塑性을 설명해준다).

라캉은 이 변형된 공식을 두 가지 점에서 비판한다. 첫째, S와 s 사이의 가로선은 수학적 분수의 가로선처럼 마구 조작될 수 없는데, 왜냐하면 여기에서 특별히 문제가 되는 것은 '의미의 효과'를 생산하는 은유이기 때문이다. 따라서 S와 s 사이의 가로선은 무엇보다 먼저 소쉬르적 기호 공식의 가로선으로 이해되어야 한다. 둘째, 기표는 자기 자신을 의미할 수 없는 무능력에 의해 특징지어지는 것이다. 이 점을 보여주기 위해서 라캉은 "자기 이름을 수록하지 않은 목록들의 목록은 명백히 자기 이름을 수록하지 않은 목록과 똑같은 것이 아니다"[57]라고 말한다. 다시 말해서, 만일 그런 목록들의 목록이 실존한

---

57) Lacan, *Four Fundamental Concepts*, p.249. [『네 가지 근본 개념』, 378쪽.]

다면, "그 목록은 자기 이름을 수록해야 하는가, 아니면 제외해야 하는가?"라는 역설적 질문에 맞닥뜨릴 것이다. 그 목록이 자기 이름을 수록하지 않는다면, 그것은 역설적으로 자신의 조건(자기 이름을 수록하지 않은 목록의 집합이라는 조건)을 만족시키기 때문에 스스로를 목록에 수록하도록 강제된다. 그렇다고 거꾸로 만일 자기 이름을 수록한다면, 그 목록은 이제 자신의 조건을 만족시키지 못하기 때문에 오히려 목록에서 스스로를 제거하도록 강제된다. 자기 자신을 기의로 가지는 기표라는 것도 동일한 모순적 구조를 가지고 있다. 그것은 자기 안에 자기를 포함하려고 시도하지만 그 자신이 포함하는 것인지, 아니면 포함되는 것인지에 대한 역설적 질문을 미해결인 채로 놔둔다. 이런 관점에서 라캉은 이렇게 주장한다. "어떤 기표가 어떤 다른 기표를 대체함으로써 은유 효과가 창출된다는 사실을 이해하는 것은 이보다 훨씬 더 쉬운 일입니다. 그 첫 번째 기표는 자신이 쫓아낸 기표를 다른 곳으로 보냅니다. 만일 이를 계속해서 분수 형태로 다루고 싶다면, 사라진 기표, 억압된 기표를 중간의 가로선 아래, 분모, unterdrückt, [즉] 억압된 것의 자리에 두면 될 겁니다."[58]

따라서 라캉의 주장은 무의식의 형성 과정을 적절하게 이해하기 위해서는 두 개의 구분되는 국면을 상정해야만 한다는 것이다. 첫 번째 국면은 소외의 국면으로, 앞에서 봤듯이 그 안에서는 '이항적'이라고 부르는 기표가 원-억압된다. 이항적 기표의 그런 원-억압이 달성된 뒤에야 두 번째 국면인 분리가 효과적으로 도래할 수 있는데, 그 속에서는 하나의 기표에 의한 또 다른 기표의 대체가 달성된다.

---

58) Lacan, *Four Fundamental Concepts*, p.249. [『네 가지 근본 개념』, 378~379쪽.]

첫 번째 국면이 두 기표 사이의 이원적 관계를 가지고 있다면, 두 번째 국면은 세 기표 사이의 삼원적 관계를 가지고 있다. 반면 은유에 대한 두 제자의 변형된 공식은 원-억압을 은유적 대체의 메커니즘을 통해 설명함으로써 이 두 국면을 단락短絡시키려고 한다(이렇게 하기를 완강하게 주장하는 것은 특히 라플랑슈이다. 반면에 르클레르는 이 점에 대해 유보를 표명하면서 은유적 대체는 실제로 원-억압을 설명하지는 않는 것 같다고 말한다. 이 때문에 라캉은 르클레르의 정신분석적 해석에 대한 생각을 승인하면서 곧 르클레르를 부분적으로 구해주지만, 라플랑슈와는 완전히 결별한다).

이제 라캉은 은유적 대체의 작동을 원-억압이 아니라, 반대로 그것의 역전(또는 전복), 곧 분석적 해석의 의미화 효과에 연결시킨다.

제가 해석의 효과는 주체에게서, 프로이트의 표현대로 하자면, '비-의미'의 중핵을 분별해내는 것이라고 말했던 것은 해석이 그 자체로 무의미하다는 뜻이 아닙니다. 해석은 하나의 의미화이지만 그렇다고 아무 의미화나 다 되는 것은 아닙니다. 해석은 s[기의]의 자리로 와서, **언어 속에서 기표가 기의의 효과를 갖게 만드는 관계를 역전시킵니다.** 해석은 **어떤 환원 불가능한 기표를 솟아오르게 만드는 효과**를 갖습니다. 해석은 s의 수준에서 이뤄져야 하는데, 그 s는 모든 의미[방향]로 열려 있지 않고 아무 의미[방향]나 될 수 있는 것도 아닙니다. 비록 분명 근사치에 불과한 의미화이긴 하지만 말입니다. 주체의 무의식에 관해 말하자면, 거기에 있는 것은 풍부하고 복잡한 것입니다. 주체의 무의식은 무의미로 이뤄진 환원 불가능하고 '비-의미적'인 의미화하는 요소들을 솟아오르게 만들도록 되어 있습니다.[59]

따라서 해석은 일종의 의미화, 의미를 부여하는 활동이다. 해석은 피분석자의 무의식 안에서 기의(s)로서 작동하고 있는 비-의미적 기표인 Vorstellungsrepräsentanz를 꺼내와 의미를 부여하려는 분석가와 피분석자 공동의 노력이다. 왜 그런가? 라캉에게 기호의 공식인 S/s 안에서 나타나는 가로선은 억압의 선을 의미하며, 어떤 기표(S)가 억압된다는 것은 바로 그 기표가 그 가로선 아래의 기의(s)의 영역으로 억눌려 내려간다는 것을 의미한다. 따라서 원-억압된 기표인 이항적 기표(즉, Vorstellungsrepräsentanz)는 정상적 기표들의 영역에서 쫓겨나 기의의 영역에 가 있던 기표라고 말할 수 있으며, 정신분석학적 해석은 바로 이 이항적 기표를 기의의 영역에서 꺼내와 다른 기표들과 연결시킴으로써 거기에 의미를 부여하는 작업이기 때문이다.

라캉에 따르면 이와 같은 비-의미적 기표야말로 사실 대타자 쪽에서 주체를 바라보는 **응시**로서 자신을 드러내는 것이다. 비-의미적 기표가 주체를 바라본다. 주체가 대타자 안에서 자신(자신의 이상적 이미지, 곧 이상적 자아)을 볼 때, 그 기표는 주체의 반대편에서, 대타자 쪽에서 주체를 응시한다. 자신의 세미나에서 라캉은 이런 응시의 몇몇 두드러진 예를 제공한다. 먼저 「대사들」(1533)이라는 한스 홀바인의 그림 아래쪽에서 감상자를 삐딱하게 바라보는 해골이 감상자들 자신의 죽음을 상기시킨다.[60] 또 다른 예는 장자의 꿈에 나오는 나비이다. 이 나비는 장자 자신이지만 깨어난 장자처럼 자신의 동일성에

---

59) Lacan, *Four Fundamental Concepts*, p.250. [『네 가지 근본 개념』, 379쪽.] 강조는 인용자.

60) Lacan, *Four Fundamental Concepts*, p.85. [『네 가지 근본 개념』, 138쪽.]

대해 질문하지 않는데, 왜냐하면 이 나비는 사회의 상징적 거미줄에 붙잡혀 있지 않고, 그 거미줄에서 완전히 떨어져 나와 있기 때문이다.[61] 마지막으로 늑대 인간의 꿈속에서 침실 창밖의 나무에 올라가 주체를 바라보고 있는 일곱 마리의 늑대들이 있다. "그 늑대들의 매혹된 응시가 바로 주체 자신"이라고 라캉은 말한다.[62] 다시 말해서 주체가 대타자 안에서 자신의 이미지를 볼 때마다 역으로 대타자 쪽에서 주체를 응시하는 것(해골, 나비, 늑대들)은 주체 자신**에 다름 아닌** 원-억압된 이항적 기표이다. 해석이 하는 일은 기호 공식의 가로선을 **가로질러** 기의의 영역으로 들어가 그곳에서 비-의미적 기표를 가지고 나와 다른 기표들의 네트워크에 다시 연결시키는 것이다. 이런 의미에서 해석은 주체가 소외의 벨로부터 고향으로 돌아오는 길을 마침내 발견하게 되는 오뒷세우스의 운동이라고 할 수 있다.

라캉은 이렇게 덧붙인다. "동일한 논문에서 르클레르가 행한 작업은 비-의미적 기표 쪽으로 향하여 의미를 드러내는 해석의 **가로지름**을 특별히 잘 묘사합니다."[63] 우리가 잘못 본 것이 아니라면, 여기가 바로 라캉이 『세미나 11』에서 '가로지름'('횡단' 또는 '넘어감')이라는 용어를 처음으로 언급하는 곳이다. 전체 세미나의 결론 부분에서 라캉은 가로지름의 개념을 동일시의 개념과 대립시키면서 가로지름이란 "동일시 평면의 가로지름"을 뜻한다고 말한다.[64] 이 때문

---

61) Lacan, *Four Fundamental Concepts*, p.76. [『네 가지 근본 개념』, 120쪽.]

62) Lacan, *Four Fundamental Concepts*, p.251. [『네 가지 근본 개념』, 381쪽.]

63) Lacan, *Four Fundamental Concepts*, p.250. [『네 가지 근본 개념』, 379쪽.] 강조는 인용자.

에 주석가들은 여기에서 라캉이 말하는 가로지름은 동일시의 논리를 넘어가는 것이거나 **실재**와의 동일시로 간주되어야 한다고 주장해 왔다. 그러나 보다시피 라캉이 여기에서 논하고 있는 가로지름은 아버지-의-이름의 은유적 작동에 밀접하게 연결되어 있다. 이 가로지름이 확보되는 것이 오직 이런 은유적 작동을 통해서라고 한다면, 여기에서 가로지름이 동일시 평면 일반의 가로지름을 의미하는 것이 아니라 단지 **특수한 상상적 종류의 동일시 평면의 가로지름**을 의미한다고 말하는 것은 꽤 정당화될 수 있는 것이다.

이 점은 라캉이 자신의 제자이기도 한 이론적 적수(특히 라플랑슈)를 논박하기 위해서 자신의 은유 공식이 소외의 상상적 과정 안에서 달성되는 것으로 여겨지는 원-억압을 설명하는 것이 아니라, 오히려 무의식의 주체, 이항적 기표가 아버지-의-이름의 기능에 의해 규정된 조건 아래에서 다소간 회복되거나 재-의미화되는 분리의 상징적 과정을 설명하는 것이라는 점을 지적하고 있다는 사실을 고려한다면 더욱 더 확증될 수 있다. 라캉의 설명에 따르면, 두 제자가 제시한 변형된 공식은 상상적 질서와 상징적 질서를 구분하는 데, 또는 환유적 질서와 은유적 질서를 구분하는 데 실패했다. 그리고 라캉이 여기에서 자기 적수의 입장을 상상과 상징의 구분을 통해 반박하려고 시도하고 있는 한에서, 라캉이 말하는 '가로지름'(곧 환상의 횡단)이 상징적인 것 그 자체를 넘어가는 것이며 실재와의 모종의 동일시를 불러오는 어떤 것이라고 해석되기는 어렵다. 『세미나 11』의 19번째 세션에서 라캉은 다음과 같이 말한다.

---

64) Lacan, *Four Fundamental Concepts*, p.273. [『네 가지 근본 개념』, 411쪽.]

하지만 이와는 다른 기능이 하나 더 있는데, 이는 **전혀 다른 성질의 동일시**를 설정하는 것으로, 분리 과정에 의해 도입됩니다. 여기에서 문제의 핵심은 분석을 통해 발견된 특권화된 대상, 순수하게 위상학적인 현실을 가지고 있는 대상, 충동이 그 주위를 맴도는 대상, 여러분이 분석을 통해 깁고 있는 천 속에서 수선용 나무달걀처럼 불쑥 튀어나온 대상, 바로 대상 a입니다.[65]

모든 것은 라캉이 여기에서 분리의 과정을 통해 달성되는 "전혀 다른 성질의 동일시"라고 부르는 것을 어떻게 해석할 것인지에 달려 있는 것 같다. 그것은 상징적 동일시를 말하는가? 아니면 대상 a와의 '실재적' 동일시를 말하는가? 라캉에겐 상징적 분리를 넘어서는 '또 다른 분리'가 있다고 주장하면서, 핑크는 근본적 환상의 횡단을 환상 공식의 마름모를 가로질러 가 원인의 자리(곧 대상 a의 자리)를 차지하는 주체의 행위라고 해석했다. 핑크에 따르면, 주체가 자기 자신의 행동에 책임을 질 수 있게 되는 것은 실재로서의 대상 a와의 이런 동일시를 통해서이다. 이제 주체는 자기 자신의 윤리적 '원인'의 자리를 차지함으로써 더 이상 "그것이 나에게 일어났다"고 말하지 않고 마침내 "내가 그것을 했다"고 말할 수 있게 된다는 것이다.[66] 그러나 대상 a와의 동일시는, 곧 보게 될 것처럼, 정확히 **사드적 도착**의 구조를 규정하는 것이다. 세미나의 결론에서 라캉이 도덕 법칙에 대한 칸

---

65) Lacan, *Four Fundamental Concepts*, p.257. [『네 가지 근본 개념』, 390쪽.] 강조는 인용자.

66) Fink, *The Lacanian Subject*, p.62. [『라캉의 주체』, 126쪽.]

트적 관념을 자신의 진정한 노선으로 옹호하고 있는 한에서 우리는 칸트와 사드 후작 사이에 드러난 친화성에도 불구하고 여전히 그들을 구분하는 것이 무엇인지를 물어야 한다.[67]

2.3. 사드에 대항해 칸트를

라캉이 『세미나 11』에서 칸트와 사드에 대해 깊이 논의하지 않는다는 것은 사실이다. 그러나 이 세미나의 결론에서 라캉은 2년 전에 쓴 자신의 에세이 「사드와 함께 칸트를」을 청중들에게 상기시키며, '부성적 은유'에 대해 짧지만 의미심장한 발언을 한다.[68] 이 대목에서

---

67) 핑크는 자신의 해석을 근거 짓기 위해 라캉의 또 다른 세미나에서 가져온 주장을 증거로 제시한다. "분석가는, 주체로서의 자아가 대타자의 욕망과 관련해 자신이 그것이었던 a 안에 이렇게 다시 자리 잡고 싶어 하는 욕망을 통과해야만 하며, 이런 대상 a를 다시-지나감 없이는 내 욕망의 수수께끼에 대한 어떤 분석도 가능하지 않습니다"(『세미나 12: 정신분석학의 핵심 문제들』 [1964~65], 1965년 6월 16일 세션); Fink, *The Lacanian Subject*, p.186, n.15. [『라캉의 주체』, 339쪽.] 곧 주체는 대상 a의 자리에 다시 자리 잡고 싶어 하며 이것을 통과하지 않고는 분석이 불가능하다는 말인데, 따라서 이 구절은 핑크의 주장을 지지해주는 것으로 보일 수 있다. 그러나 핑크는 라캉이 즉시 이렇게 덧붙임으로써 청중들에게 경고했다는 사실을 언급하지 않는다. "실제로 자신의 진실을 대상 a 안에서 마주치는 이 사실 위에 주체가 **위험하게 유예되어** 남아 있는 곳에 분석의 전환점이 있습니다. 주체는 거기에 남아 있을 수 있고, 우리는 그것을 봅니다"(강조는 인용자). 곧 보게 될 것처럼, 이런 '위험한 유예(정지)'는 정확히 사드가 자신의 도착적 환상 안에서 경험하는 것이다. 다시 말해서, 분석의 진정한 **전환점**을 만들어내기 위해 분석가는 이런 대상 a의 자리에 남아 있으려는 주체의 욕망을 **해체**해야 한다. 한편, 지젝도 핑크와 마찬가지로 생각한다는 점을 지나가는 길에 지적해두자. 지젝은 예컨대 예수 그리스도가 "대상 a의 자리, 순수 대상의 자리, 주체의 황폐화를 경험하는 자의 자리를 차지"함으로써 '성인'이 된다고 말한다. Žižek, *The Sublime Object of Ideology*, p.116. [『이데올로기의 숭고한 대상』, 194쪽.]

라캉이 강조하고 있는 것은 칸트와 사드 사이의 친화성이라기보다는 환원 불가능한 차이이다.

역사상 가장 엄격한 도덕철학자로 알려진 칸트와 도덕적으로 가장 일탈적인 인물 가운데 하나로 알려진 사드 사이에 평행선을 긋는 것처럼 보이는 라캉의 「사드와 함께 칸트를」을 읽는 것은 확실히 놀라운 경험이다. 그러나 이런 최초의 눈부심은 계몽적인 만큼 우리의 눈을 멀게 만들 수 있다. 아마도 사드와 칸트 사이의 은밀한 친화성은 과대평가되어온 것 같고, 라캉이 자신의 글에서 추적하는 그들 간의 결정적 차이는 주석가들이 종종 놓쳐온 것 같다. 그러나 처음부터 라캉은 칸트와 사드의 친화성과 함께 차이를 단순명료하게 포착하는 자신의 테제를 전면에 내세운다. "여기에서 사드는 칸트가 ⋯⋯ 그 **전환점**을 대표하는 전복의 **첫 걸음**을 대표한다."[69]

라캉이 가장 주목하는 것은, 칸트에게 도덕 법칙이 출현하는 순간은 역설적으로 그 법칙의 대상이 사라지는 순간과 일치한다는 것이다. 칸트는 쾌[복]^das Wohl와 선^das Gute을 날카롭게 구분하며 도덕 법칙의 대상을 규정한다.[70] 쾌가 '잘-지냄'^Wohlbefinden을 의미하며 욕구

---

68) Lacan, *Four Fundamental Concepts*, pp.275~276. [『네 가지 근본 개념』, 415 쪽.] 『에크리』에 따르면, 라캉은 「사드와 함께 칸트를」을 1962년 9월에 썼고 그 이듬해에 출판했다. Jacques Lacan, "Kant avec Sade," *Critique*, no.191, avril 1963. 이 논문은 또한 사드의 『규방 철학』(1795)[세르클 출판사에서 발행된 1966년 판본]의 후기로 사용된 바 있다.

69) Jacques Lacan, "Kant avec Sade"(1963), *Écrits: The Complete Edition*, trans. Bruce Fink, New York: W. W. Norton, 2006, p.645. 강조는 인용자.

70) Immanuel Kant, *Critique of Practical Reason*, 3rd ed., trans. Lewis W. Beck, Upper Saddle River: Prentice Hall, 1993, p.62. [백종현 옮김, 『실천이성비판』 (개정판), 아카넷, 2009, 133쪽.]

[경향성]Neigung의 대상에 관련되어 있다면, 유일하게 도덕 법칙의 순수 대상을 이루는 선(도덕적 선)은 주체에 의해 현상적 대상으로 경험될 수 없다. 이 차이는 결정적이다. 전-칸트적 도덕철학들은 모두 쾌의 자의적 성격으로 인해 당혹스러워 했다. 주체는 모든 다른 현상적 대상들을 지배하는, 원인과 결과의 동일한 논리에 따라 쾌를 생각하려고 시도하지만 법칙이라고 부를 만한 쾌의 법칙을 성공적으로 수립할 수 없다. 왜냐하면 어떤 현상도 쾌락에 대한 항상적 관계를 주장할 수 없기 때문이다. 경우에 따라 동일한 하나의 대상이 (상이한 주체들에게는 물론이고) 동일한 주체에게 꽤 다른 방식으로 쾌와 불쾌의 영향을 미치는 것이 가능하다. 칸트는 도덕적 선을 정념적 쾌 Pathologischen wohl와 구분함으로써 도덕철학의 이런 당혹을 종식시키려고 한다. 칸트에게 도덕 법칙이 필연적인 보편 법칙으로 수립될 수 있는 것은 그 대상인 선이 그 어떤 현상적 대상에 의해서도 조건 지어져 있지 않은 것으로 상정되기 때문이다. 도덕적 선에 대한 판단은 모든 대상에서 분리되어야만 한다. 이 때문에 도덕 법칙은 정언 명령, 곧 **무조건적** 명령이라는 형식으로 제시되어야만 하는 것이다.71)

그러나 라캉에 따르면 바로 이 때문에 하나의 역설이 출현한다. "주체가 이미 의미화하는 어떤 것 외에 다른 현상을 갖지 않는 법칙과 마주치는 것은 주체가 자신 앞에 더 이상 어떤 대상도 갖지 않게 되는 바로 그 순간이다. 이 의미화하는 어떤 것이란 양심 안에서 준

---

71) 물론 칸트는 자신의 도덕철학에서 여전히 주체가 어떤 적절한 정념적 쾌에 접근할 수 있게 허락한다. 그러나 이는 단지 도덕적 선이 그 자체의 순수성 안에서, 그 어떤 정념적 쾌에 대한 준거 없이 규정된 **이후에만** 가능한 것이다. 정념적 쾌는 도덕적 선의 보편적 준칙을 위배하지 않는 한에서만 허용된다.

칙의 형식으로 말하며, 순수한 실천이성이나 의지의 질서를 제안하는 양심의 목소리로부터 확보된다."[72] 즉, 도덕적 선을 정념적 쾌로부터 분리하면서 칸트는 도덕 법칙의 대상인 선을 "물 자체의 사고 불가능성"[73]의 영역으로 밀쳐내도록 강제된다는 것이다. 우리는 단지 양심의 "의미화하는" 목소리를 들을 수 있을 뿐인데, 그 목소리의 논리는 도덕 법칙의 보편적 준칙 안에서 형식적으로 분절되지만 우리는 그 목소리의 기원을 알 길이 없다. 비록 그 목소리가 우리 마음의 가장 깊은 내면에서 울려 퍼질지라도 말이다. 이런 대상의 사라짐 때문에 칸트는 왜 우리가 애초에 도덕적 선에 이끌리는지, 왜 우리가 도덕 법칙을 '경외'하며, 도덕 법칙을 단순히 어떤 제안된 준칙 안에서 논리적 흠이나 모순을 제거하는 단순한 "기계체조"[74]로 간주하지 않는지를 설명할 수 없게 된다(주지하다시피 칸트는 이런 도덕 법칙에 대한 '경외'를 하나의 '사실,' '이성의 사실'이라고 단언할 뿐이다).

라캉은 바로 이런 맥락에서 사드를 도입한다. 왜냐하면 칸트에게서와 정반대되는 효과가 사드에게서 달성되기 때문이다. 칸트의 도덕 법칙의 대상은 물 자체의 미지의 영역으로 사라진다. 반대로 사드에게서 이 대상은 "고문자의 세계-내-존재, 현존재"로서 분명하게 등장하는데, 이 고문자의 준칙은 주이상스에 대한 보편적 권리의 주장 안에 놓여 있다. 라캉은 사드의 준칙을 이렇게 요약한다.

---

72) Lacan, "Kant with Sade," p.647.

73) Lacan, "Kant with Sade," p.651.

74) Jacques Lacan, *The Ethics of Psychoanalysis, 1959–60: The Seminar of Jacques Lacan, Book VII*, trans. Dennis Porter, New York: W. W. Norton, 1992, p.79.

누구든 나에게 이렇게 말할 수 있다. "나는 네 몸을 즐길 권리가 있으며, 나는 네 몸을 가지고 내가 실컷 해보고자 하는 변덕스러운 강제에 그 어떤 제한도 두지 않고 이 권리를 행사할 것이다."[75]

라캉에 따르면, 많은 이들의 눈에 단지 블랙 유머에 불과한 것으로 비칠 이런 사드의 준칙은 두 가지 이유에서 '정언명령'이라고 부를 만하다. 첫째, 그것은 준칙의 보편적인 적용 가능성이라는 교리를 따르는 데 실패하지 않는다. 예외 없이 모든 사람은 타인의 몸을 즐길 수 있는 권리를 가진다. 비록 상호적 권리는 아니지만, 그것은 분명히 모든 주체들이 교대로 행사할 수 있는 권리이다. 따라서 이 준칙 뒤에 있는 논리는 서로 즐긴다는 논리가 아니라 "다음은 내 차례!"[76]라는 논리이다(라캉이 사드의 준칙을 "누구든 나에게 이렇게 말할 수 있다"의 형태로 기술하는 것은 이 때문이다). 라캉은, 이렇게 보편적으로 적용 가능한 사드의 준칙은 칸트의 도덕적 정언명령의 주요 기준을 만족시킨다고 말한다. 둘째, 사드의 준칙은 어떤 정념적 쾌도 발본적으로 거부한다. 왜냐하면 그 준칙은 쾌락을 얻으려고 하는 것이 아니라 오히려 고통을 얻으려고 하는 것이기 때문이다. 이 또한 칸트와 사드의 수렴점을 이룬다. 실천 법칙을 위한 각자의 탐색 안에서 칸트와 사드는 모두 "쾌락원칙을 넘어서" 간다. 고통은 단지 사드가 욕망의 지평이라고 우리에게 제시하는 것일 뿐만 아니라, 칸트가 도덕 법칙의 상관물로 인정하는 유일한 예외적 감정이기도 하다.[77]

---

75) Lacan, "Kant with Sade," p.648.

76) Lacan, "Kant with Sade," p.649.

그리하여 라캉이 왜 "사드와 함께 칸트를" 읽고 싶어 하는지가 분명해진다. 사드는 칸트의 도덕 법칙의 실종된 대상을 현실에서 복구함으로써 칸트 자신으로부터 가려진 진실을 폭로하기 때문이다. 이 진실이란 바로 도덕 법칙이 여전히 주이상스에 대한 의지로서의 욕망에 근거해 있다는 것이다. 도덕 법칙에게 물질적 지지를 제공하고 있는 충동은 확실히 쾌락을 위한 정념적 충동이 아니지만 여전히 그것은 **종류가 다른** 충동, 우리가 프로이트를 따라 '죽음 충동'이라고 부를 수 있는 것이다. 이 충동의 만족이야말로 우리가 도덕 법칙을 따르고 싶게 만드는 근본적 이유이다.[78] 라캉은 이렇게 쓴다.

[사드적 주체가] 오직 주이상스의 도구가 된다는 것을 대가로 소외를 통해 구성된 주체라고 설명한다면, 주이상스에 대한 의지라고밖에는

---

77) Lacan, *The Ethics of Psychoanalysis*, p.80; Kant, *Critique of Practical Reason*, p.76. [『실천이성비판』(개정판), 153쪽.] 그러나 여기에서 '완전한 의무'와 '불완전한 의무'라는, 칸트가 구분하는 두 가지 범주를 라캉이 뒤섞어 놓고 있는 것은 아닌가 하고 의심해볼 수는 있다. 곧 곤란을 겪고 있는 모든 사람을 빠짐없이 다 도와야 한다는 도덕적 의무는 비록 그 자체로는 모순 없는 의무이지만 그것을 실제로 행할 것을 '의지'할 수 있는 것은 아니기 때문에 완전한 의무가 아니라 불완전한 의무로만 여겨진다. 이 구분에 따르면 사드의 준칙은 "[그] 준칙이 모순 없이는 결코 보편적 자연 법칙으로 생각될 수가 없[는 그런 성질의 것이]"기 때문에 보편화될 수 없는 것이 아니라, "[그] 준칙이 자연 법칙의 보편성으로 승격되기를 **의지**한다는 것은 불가능"하기 때문에 보편화될 수 없다고 말할 수도 있다. Immanuel Kant, *Groundwork of the Metaphysic of Morals*, trans. H. J. Paton, New York: Harper & Row, 1956, p.91. [백종현 옮김, 『윤리형이상학 정초』, 아카넷, 2005, 137~138쪽.] 곧 사드의 준칙은 기껏해야 '불완전한 의무'에 불과하다고 볼 수도 있다.

78) 이 점을 이해하는 데에는 앤드류 커트로펠로의 논의가 도움이 된다. Andrew Cutrofello, *Continental Philosophy: A Contemporary Introduction*, London: Routledge, 2005, pp.172~173.

달리 말할 수 없는 이런 의지의 자리에서 만나게 되는 것은 칸트의 의지이다. 그리하여 "사드와 함께" 칸트를 심문했을 때(곧 여기에서 사드는 그 자신의 사디즘 안에서처럼 우리의 사유 안에서도 하나의 도구 역할을 한다), 칸트는 모든 사람에게 떠오르는 질문, 곧 "그[칸트]가 원하는 것은 무엇인가?"라는 질문에서 명백한 것을 자백한다.[79]

그럼에도 불구하고 우리는 여기에서 라캉이, 칸트는 사드와 **똑같다**거나 또는 사드가 칸트의 이론적 곤란에 어떤 해결책을 줌으로써 도덕적 경험의 본성을 규정함에 있어 칸트보다 훨씬 더 멀리 전진한다고 주장하고 있는 것으로 오해해서는 안 된다. 만일 사드가 도덕 법칙의 실종된 대상을 현실 안에 복원하기로 선택함으로써 칸트의 진실을 진정 드러내 보여줄 수 있다면, 역으로 사드는 이런 자신의 선택이 그 자신에게 초래하는 곤란한 결과를 겪어야 한다. 곧 분열된 주체로서의 그 자신이 사라지는 것 말이다. 만일 칸트에게서 사라지는 것이 대상이라고 말할 수 있다면, 반대로 사드에게서 사라지는 것은 **주체**라고 말할 수 있다.

사드가 자신의 도착적 환상 안에서 차지하는 위치는 더 이상 분열된 주체의 위치가 아니라 반대로 대상-원인 a의 위치이다. 그리하여 사드의 환상 공식은 보통 우리가 보는 환상 공식의 **역전**으로, 곧 a◇$ 로 나타난다. 이 역전된 환상 공식 안에서 사드(또는 사디스트)는 a의 위치에 서서, 고통을 '즐기는' 빗금 쳐진 주체의 위치에 세워 놓은 자신의 희생자를 고문한다. 사드는 그리하여 (희생자인) 대타자의

---

79) Lacan, "Kant with Sade," p.654.

주이상스를 위한 하나의 단순한 '수단'으로, 하나의 고문 도구로 전락한다. "사디스트는 실존의 고통을 대타자에게로 방출하면서 이를 통해 그 자신이 하나의 '영원한 대상'이 된다는 것을 보지 못한다."[80] 따라서 사드적 도착의 구조는 본질적으로 주체가 원인의 자리를 차지하는 것으로, 또는 대상 a와의 '실재적' 동일시를 하는 것으로 특징지어진다. 주체의 분할을 상관물로 가지는 **아파니시스**의 효과는 이렇게 해서 대타자 쪽으로 전위된다. 사드적 주체는 사라짐으로 나타나지 않는다. 정반대로, "환상 속에서 대상 a가 됨으로써, 그리고 [스스로를] 실재 안에 위치시킴으로써,"[81] 사드적 주체는 자기 자신의 아파니시스의 순간을 **무한정** 연기한다.

사드는 확실히 두 죽음 사이의 '숭고한' 공간(곧 쾌락 또는 쾌락적 의미의 죽음과 실제 죽음 사이의 공간)으로 진입한다. 그러나 사드의 진짜 목적은 그 공간 안에 무한정 머무는 것이다. 사드는 대타자로부터 주이상스의 경험을 훔치면서 자기 자신은 폭력의 파괴적 효과들로부터 안전하게 남아 있으려고 한다. 이런 미학적 경험의 양식은 묘하게도 칸트가 자신의 『판단력 비판』(1790)에서 제시한 '숭고'(특히 역동적 숭고)의 정의와 맞아 떨어진다.[82] 사드의 모든 노력은 이와 같은 미학적 경험을 가능한 한 무한정 연장하는 데 투여된다. 라캉은 다음과 같이 주장한다.

---

80) Lacan, "Kant with Sade," p.656.

81) Lacan, "Kant with Sade," p.654.

82) Immanuel Kant, *Critique of Judgment*, trans. J. H. Bernard, New York: Hafner, 1951, pp.82~106. [백종현 옮김, 『판단력 비판』, 아카넷, 2009, 248~296쪽.]

우리는 거기에 **환상의 정태 이론**이 있으며, 이로 인해 $ 안에 있다고 가정되는 아파니시스의 지점이 사드의 상상 속에서 무한정 연기되어야 한다는 사실을 볼 것입니다. 이런 사실은 사드가, 자신의 이야기 속에서 자신이 가하는 학대와 시련의 희생자에게 허락하는 믿기 힘든 생존력을 설명해줍니다.[83]

그러나 라캉은 이것이야말로 정확히 사드가 주이상스의 경험 또는 진실에 관한 우리의 안내자 역할을 하는 데 **실패**하게 만든다고 지적한다. 대타자에게 무한한 학대와 시련을 가하면서도 사드는 여전히 대타자를 **희생시키거나 살해하길** 원하지 않는다. 고문 과정은 너무나 길어져 "희생자가 죽도록 지루해 할"[84] 정도가 된다. 이 모든 것이 함축하는 바는 바로 사드에게 있어서는 대타자(곧 어머니인 대타자)와의 환상적 관계를 유지하는 것이 근본적으로 중요하다는 것이다. 대타자로서의-어머니를 소멸시키지 않고, 사드는 계속해서 그녀의 욕망의 대상 a가 되길 원한다. 라캉은 이렇게 결론 내린다. "강간당하고 다시 꿰매어진 채로, 어머니는 금지된 것으로 남아 있다."[85]

주이상스에 대한 보편적 권리에 대한 사드의 준칙의 힘이 "이제 내 차례야!"라고 선언하는 다른 사람을 통해 되돌아와 사드를 내려칠 때, 사드는 자기 자신의 죽음도 받아들이고 싶어 하지 않는다. 이 다른 사람이 바로 (몽트뢰유 가의 '소장'所長이기도 했던) 사드의 장모

83) Lacan, "Kant with Sade," p.654.

84) Lacan, "Kant with Sade," p.664.

85) Lacan, "Kant with Sade," p.667.

였는데, 그녀는 도덕적 힘 속에 등장해, 법정에서 항소될 수 없는 체포와 구금에 대한 국왕 자신의 명령을 담은 체포영장을 받아낸다. 사드는 몇 년 동안 용케 도망 다닐 수 있었지만 1777년에 마침내 운이 다하고 만다. 1778년에 사드는 자신에게 내려진 사형선고에 항소하는 데에는 성공하지만 (법정에서 항소될 수 없는) 국왕의 체포영장 탓에 감옥에서 빠져나오는 데에는 실패한다. 사드는 생애의 거의 절반에 해당하는 32년 동안 감옥에 갇혀 있게 된다. 사형선고의 거부는 사드가 석방되어 썼던 텍스트 중 하나에서도 반복되고 이론적으로 가공되는 테마이다.[86] 라캉은 사드가 비록 "네 이웃을 네 몸 같이 사랑하라"라는 그리스도교의 명령은 거부했지만 여전히 그리스도교 윤리의 한계 내에 남아 있었다고 말하면서, 이는 "자비의 상관물 가운데 하나"인, 사형선고에 대한 사드의 거부에서 명시적으로 드러난다고 주장한다. 라캉은 이렇게 쓴다. "그리하여 사드는 욕망과 법이 서로 묶이는 지점에 이르렀을 때 멈춰버린다."[87]

『세미나 11』의 결론에 등장하는 라캉의 말은 바로 이런 배경에서 이해되어야 한다.

경험은 칸트가 [스피노자보다] 좀 더 진실하다는 것을 보여줍니다. 제가 이미 증명한 바 있듯이, 칸트가 실천이성에 대해 쓴 것 같은 양심

---

86) 사드의 「프랑스인들이여, 공화국의 시민이 되기 위해서 조금만 더 노력을!」을 참조하라. Marquis de Sade, *Justine, Philosophy in the Bedroom and Other Writings*, trans. Richard Seaver and Austryn Wainhouse, New York: Grove Weidenfeld, 1965, p.310. [이충훈 옮김, 『규방철학』, 도서출판b, 2005, 216쪽.]

87) Lacan, "Kant with Sade," p.667.

이론은 도덕 법칙에 대한 어떤 규정을 통해서만 지탱되는데, 면밀히 검토해보면 그 도덕 법칙은 순수 상태의 욕망에 다름 아님을 알 수 있습니다. 순수 상태의 욕망이란 사랑의 대상을 그것에 담긴 인간적 애정과 더불어 완전히 희생시켜버리는 것으로 귀착되는 욕망이죠. 이런 욕망은 정념의 대상에 대한 폐기일 뿐만 아니라 **그 대상의 희생이자 살해**라고 할 수 있습니다. 바로 이런 이유에서 저는 「사드와 함께 칸트를」을 썼던 것이죠.[88]

그러므로 칸트와 사드의 궁극적 차이(곧 라캉으로 하여금 사드가 단지 전복의 "첫 걸음"을 대표한다면 칸트야말로 전복의 진정한 "전환점"을 이룬다고 말하게 하는 차이)는 다음과 같은 사실에 놓여 있다. 곧 그 존엄이 반드시 가장 외경되어야 하는 잉여로서의 대상 a, 대타자 안에서 대타자 이상의 것을 구성하는 대상 a를 꺼내오기 위해서 그 대타자를 찢어버리길 주저하지 않음으로써 욕망과 법을 한데 묶을 수 있었던 것은 사드가 아니라 칸트였다는 것 말이다. "나는 너를 사랑하지만, 불가해하게도 내가 사랑하는 것은 네 안에 있는 너 이상의 것(대상 a)이기 때문에, 나는 너를 잘라낸다."[89]

대타자로부터의 대상 a의 이런 칸트적 분리야말로 라캉이 궁극적으로 자신의 진정한 교리로 옹호하고 있는 것이다. 왜냐하면 라캉에 따르면 "분석 작업의 근본적인 원동력은 바로 I와 a 사이의 거리를

---

88) Lacan, *Four Fundamental Concepts*, pp.275~276. [『네 가지 근본 개념』, 414~415쪽.] 강조는 인용자.

89) Lacan, *Four Fundamental Concepts*, p.263. [『네 가지 근본 개념』, 397쪽.]

유지"하는 데 있기 때문이다.[90] 여기에서 라캉이 I라고 부르는 것은 '나'(프랑스어로는 je 또는 moi)를 의미하는 것이 아니라 "동일시에서 이상화를 행하는 대문자 I," 곧 자아-이상을 의미한다.[91] 또한 라캉은 "대상 a는 응시와 똑같은 것"이라고 각별히 말하는데, 이 응시는 우리가 이미 논의했듯이 대타자(I, 대타자로서의-어머니) 쪽에서 주체를 마주 바라보는 이항적 기표에 다름 아니다.[92] I와 a 사이의 거리를 유지하는 것은 오직 아버지의 이름^{nom} 또는 아버지의 '안 된다'^{non}의 개입을 통해서만 가능하다. 왜냐하면 아버지의 금지는 순수한 상징적 기원을 가지는 법을 대표하기 때문이다. 상징적 법이 이 I, 곧 자의적인 주인기표를 대체해야 하며, 그 주인기표를 정신의 지하 영역(곧 기호 공식 내의 가로선 아래 기의 s의 영역)으로 억압해야 한다. 칸트와 달리, 사드가 "법에 대한 삐딱한 인정"[93] 때문에 하지 않

---

90) Lacan, *Four Fundamental Concepts*, p.272. [『네 가지 근본 개념』, 411쪽.]

91) Lacan, *Four Fundamental Concepts*, p.272. [『네 가지 근본 개념』, 409쪽.]

92) 엄밀히 말해서 대상 a가 이항적 기표와 정확히 동일한 것은 아니다. 왜냐하면 대상 a는 이항적 기표가 사라진 그 빈 장소를 가리키기 때문이다. 이런 의미에서 이항적 기표(S_2)는 대상 a 자체가 아니라 대상 a의 진실이라고 말할 수 있을 것이다. 이런 해석은 『세미나 17: 정신분석학의 이면』(1969~70)에 제시된 '분석적 담론'에 대한 라캉의 공식에 의해서도 확증될 수 있는데, 그 공식의 왼편에 있는 분자식상에서 S_2는 a 바로 아래에 위치해 있다.

$$\frac{a}{S_2} \longrightarrow \frac{\$}{S_1}$$

주지하다시피, 위 왼편 분자식의 아래(분모의 자리)에 위치해 있는 것은 구조적으로 바로 그 위(분자의 자리)에 있는 것의 '진실'을 표상한다. Jacques Lacan, *The Other Side of Psychoanalysis: The Seminar of Jacques Lacan, Book XVII*, trans. Russell Grigg, New York: W. W. Norton, 2007, p.29.

았거나 하지 못한 것이 바로 이런 I의 희생이다. 아이러니하게도 사드의 비상한 잔혹함은 **대타자(어머니)의 궁극적 희생과 살해를 회피한 결과**였던 것이다. 그녀를 잃지 않기 위해서 사드는 그녀의 몸을 수없이 많은 조각들로 나누고, 무한하게 '지루한' 고문 과정 속에서 한 조각, 한 조각씩 공격한다.[94] 라캉은 계속해서 이렇게 말한다.

만일 전이가 요구를 충동으로부터 떨어뜨려 놓는다면, 분석가의 욕망은 요구를 다시 충동으로 데려온다는 겁니다. 이런 길을 따라 분석가는 a를 분리해내고, 자신이 구현하도록 주체에게 요구받은 I로부터 그 a를 최대한 떨어뜨립니다. 분석가의 욕망이 역방향의 최면 속에서 분석가 자신을 최면에 빠뜨릴 수 있는 한, a라는 분리자의 지지대가 되기 위해 **분석가는 바로 그런 이상화로부터 추락해야 합니다.** 동일시의 평면의 이런 가로지름은 가능합니다.[95]

---

93) Lacan, "Kant with Sade," p.667.

94) 이 언급은 어머니에 대한 아이의 (상상적) 공격에도 불구하고 손상되지 않은 채 지속적으로 되돌아오는 '살아남는 어머니'(surviving mother)라는 테마와 밀접하게 연관되어 있는 것으로 보인다. 아마도 여기에서 라캉은 도널드 위니콧을 비판하고 있는 것 같다. 위니콧은 이런 '살아남는 어머니'가 아이의 안정적인 정신 발전을 위한 주요 토대를 제공한다고 주장한 바 있다. 그렇지만 이와 달리 라캉은 '살아남는 어머니'야말로 사드적 도착의 핵심적인 환상이라고 말하고 있다. 위니콧에 주장에 대해서는 특히 다음을 참조하라. Donald Winnicott, *The Maturational Processes and the Facilitating Environ-ment: Studies in the Theory of Emotional Development*, New York: International Universities Press, 1985, pp.102~103.

95) Lacan, *Four Fundamental Concepts*, p.273. [『네 가지 근본 개념』, 411쪽.] 강조는 인용자.

사태를 좀 더 구체적으로 이해하기 위해서, 우리는 이렇게 말할 수 있을 것이다. 분석가가 맡은 역할은 대타자로서의-어머니의 역할과 등가적이다. 왜냐하면 라캉이 곧 말하게 될 것처럼, "분석가의 욕망은 순수한 욕망이 아니"라 상상과 상징의 불순한 혼합물이기 때문이다.[96] 분석 과정 속에서, 어머니를 체현하는 분석가는 반드시 I의 자리로부터 **추락해야** 하고, 분리되는 (이항적 기표이자 무의식의 주체 자신인) a의 지지물이 되어야만 한다. 그리하여 만일 분리라고 부르는 전체 작업이 오직 '부성적 은유'의 형성을 통해서만 긍정적 결과를 산출할 수 있다면, 라캉 이론의 근본 구조가『세미나 11』에서 바뀌지 않고 그대로 남아 있다고 시사하는 것은 의심할 바 없이 정당한 것이다. 라캉의 분리 개념은 자신의 과거 이론으로부터의 단절이 아니라 오히려 그 과거 이론의 지속적인 전개와 발전을 구성한다.

3.『세미나 20: 앙코르』에서의 단절과 그 결과들

『세미나 20』의 도입부에서, 라캉은 자신이 13년 전에 "정신분석학의 윤리"라는 제목으로 행한 세미나(『세미나 7』)에 대해 조금 더 덧붙일 것이 있다고 짧게 언급한다. "시간이 지남에 따라 저는 그 세미나에 대해 조금 더 말할 수 있다는 것을 알게 됐습니다."[97] 이 말을 처음 접하고 우리는 이 "조금 더"가 라캉이 말하듯이 단지 "조금 더"에 불과한 것인 한, 그렇게까지 중요한 일은 아니겠거니 생각할 수 있다.

---

96) Lacan, *Four Fundamental Concepts*, p.276. [『네 가지 근본 개념』, 415쪽.]

97) Lacan, *Encore*, p.1.

라캉은 단지 "조금 더" 덧붙이길 원하는 것이니 말이다. 그게 전부이다. 그게 전부여야만 한다. 그러나 이 "조금 더"는 우리가 앞으로 보게 될 것처럼 분명한 방식으로 우리가 추가하고 손을 털 수 있는 어떤 것이 아니다. 그것은 "조금 더"로서, 여전히 더해질 필요가 있는 어떤 것으로서, 다시 그리고 또 다시$^{encore and encore}$, 우리에게 돌아온다. 우리는 그것을 더하는 일을 최종적으로 끝낼 수 없는데, 왜냐하면 우리가 더하는 것은 또한 '전부가-아닌 것'$^{pas-tout}$이기 때문이며, 우리는 전부가-아닌 것, 나머지가 있는 것을 더하고 있기 때문이다.

대략 세미나가 절반 정도 진행된 뒤 발견되는 또 다른 구절에서 라캉은 다시, 그러나 이번에는 좀 더 대담하게 이렇게 말한다. "오늘, 다른 누군가가 [저술의 형태로] 출판할 그 모든 세미나 중에서『세미나 7』이 아마도 제가 다시 쓰고, 저술된 텍스트로 만들 유일한 세미나일 것입니다."[98] 따라서 라캉이 그 오래된 세미나에 추가하려는 것은 단지 "조금 더"가 아니다. 오히려 라캉은 그 세미나 전체를 다시 쓰고 싶어 한다. 그러나 동시에 라캉은 여전히 여기에서 이런 다시-쓰기가『세미나 7』에 한정된 것이라고 말한다. 라캉이 다시 쓰고 싶은 것은 특별히 이 세미나일 뿐 다른 세미나는 아닌 것이다.

하지만 다시『세미나 20』의 마지막 세션(11번째 세션)에 가면, 라캉은 자신의 수많은 '다시'와 함께 그렇게 망설인 끝에 결국 속마음을 털어놓는다. "저는 인정해야만 합니다. '앙코르'라는 이 제목과 함께, 제가 지난 20년 동안 명료하게 만들어온 그 장 안에 여전히 제가 [속해] 있는지 확신이 서지 않았다는 점을 말입니다. 왜냐하면 그것

---

98) Lacan, *Encore*, p.53.

[『세미나 20』]이 말한 것은 그것이 여전히^{encore} 오랫동안 지속될 수 있다는 것이었기 때문입니다."[99] 따라서『세미나 20』에서 심오한 변화를 겪게 된 것은 단지『세미나 7』이 아니라, 오히려 **라캉이 20년간 작업해온 이론적 장 전체**라고 볼 수 있다. 비록『세미나 7』이 '여자'라는 질문을 심도 깊게 논의했던 세미나였던 한에서 라캉이 주고자 하는 변화의 초점을 이룬다는 것이 사실이라고 할지라도 말이다.

라캉이 이렇게까지 말하고 있기에, 우리는 이 세미나에서 일어나는 일이 무엇이든 간에 그것을 단절^{rupture}이라고, 라캉 사상의 발전선상에서 우리가 찾아낼 수 있는 그 어떤 다른 변화와도 비교할 수 없는 진정한 단절이라고 부르는 것이 마땅하지 않은가 생각해봄직하다. 사실 나는 이 단절이 그 이름에 값하는 라캉의 **유일한** 단절이라고 주장하고자 한다. 그렇다면 이 단절의 내용은 무엇인가? 이 단절은 어디에서 일어나는가? 무엇이 이 단절을 야기하는가? 정확히 이 세미나 안에서 무슨 일이 일어나고 있기에, 71세의 라캉, (비록 자신은 모르고 있었다고 해도) 이제 살날이 10년도 채 남지 않은 라캉이 그 모든 것을 바꾸기로 결심하게 만들었는가?

『세미나 20』전체에 걸쳐 라캉이 함께 엮어나가는 두 가지 중요한 주제는 사랑^{amour}과 쓰기^{écrit}이다. 먼저 나는 사랑에 대해 논할 것이고, 그 다음에 쓰기를 논할 것이다. 그러고 나서 사랑과 쓰기라는 이 양자의 관계를 검토함으로써, 라캉이『세미나 20』에서 감행한 단절의 본질에 접근해 들어가고자 한다.

'앙코르'라는 제목은 사랑이라는 질문과 긴밀히 관계되어 있다.

---

99) Lacan, *Encore*, p.137.

주이상스, 대타자의 신체의 주이상스는 질문으로 남아 있는데, 왜냐하면 사랑이 구성할 수 있는 답변은 필연적이지 않기 때문입니다. 더 말할 수도 있습니다. 그것은 충분한 답변도 아니라고. 왜냐하면 사랑은 사랑을 요구하기 때문입니다. 사랑은 사랑을 요구하기를 결코 멈추지 않습니다ne cesse pas. 사랑은 사랑을 요구합니다 …… 다시. '다시'는 사랑에 대한 요구가 그로부터 자라나오는 대타자 내의 틈/간격의 고유한 이름입니다.[100]

왜 사랑은 사랑을 요구하기를 멈추지 않을까? 왜냐하면 우리는 대타자(다른 성the Other sex) 안에 있는 욕망의 틈, 간격을 닫을 수 없기 때문이다. 사랑은 이런 근본적 무능력에 의해 특징지어지는 어떤 것이다. 라캉은, "사랑은 무기력합니다"[101]라고 말한다. 비록 이 무기력이야말로 사랑이 자신을 존속시키고 재생산하면서 계속 갈 수 있도록(다시 말해서, 계속 사랑을 요구할 수 있도록) 도와주는 것이라고 할지라도 말이다. "사랑은 무기력"한데, 왜냐하면 사랑은 다른 성과 하나가 되고자 하는 욕망에 주어진 이름인 반면, 다른 성과 그 어떤 관계를 수립하는 것은 라캉에 따르면 불가능하기 때문이다. 라캉은 "성적 관계란 없다"고 잘라 말한다.[102]

정말 성적 관계 같은 것은 없을까? 우리는 사람들이 서로 성적 관계를 맺는 것을 보지 않는가? 어찌 됐든, 사람들은 늘 사랑하고 성관

---

100) Lacan, *Encore*, p.4.

101) Lacan, *Encore*, p.6.

102) Lacan, *Encore*, p.12.

계를 맺는다. 그렇다면 라캉은 왜 두 성 사이에 어떤 관계를 수립하는 것이 불가능하다고 말하는 것일까? 핑크는 이와 같은 라캉의 테제가 단지 두 성 사이에 '직접적'인 관계는 없다는 것을 뜻한다고 해석한다. 남자는 여성에 대해 단지 '자위행위적인' 욕망만을, 자기-관계적이며, 따라서 (타자에 대해서는) 비-관계적인 욕망만을 가진다는 것이다. 남자는 여성을 하나의 대상으로서만, 하나의 기표로서만 상대할 뿐, 하나의 주체로서 상대하지 않는다.103) 이렇게 희석된 라캉의 테제 안에서는(내가 희석됐다고 말하는 까닭은 라캉의 원래 테제는 단지 직접적인 성적 관계가 없다고 말하는 것이 아니라 성적 관계 같은 것은 **전혀** 없다고 말하고 있기 때문이다), 남자의 욕망의 자위행위적 양태야말로 성적 관계의 부재에 궁극적으로 책임이 있는 것으로 나타난다. 핑크가 말하듯이, 라캉에게 남자와 여자란 담론-이전적인 현실이 아니라 기표들일 뿐이라는 점은 사실이다.104) 그들은 서로에 대해 기표로서만 관계한다. 그러나 이런 관계 방식은 단지 남자의 것이기만 한 게 아니다. 여자 또한 남자에 대해 기표로서만 관계한다. 라캉은 이렇게 말한다. "남자는 기표에 불과합니다. 여자는 남자를 기표로서 추구합니다."105) 사실 나는, 두 성이 모두 서로에 대해 오로지, 엄격하게 기표로서만 관계한다면, 라캉은 확실히 성적 관계 같은 것이 **있다**고, 그것이 아무리 간접적인 관계라고 할지라도, 있다고 주장할 것이라 생각한다(나는 조만간 그 이유를 설명할 것이다).

---

103) Fink, *The Lacanian Subject*, pp.104~107. [『라캉의 주체』, 194~201쪽.]

104) Lacan, *Encore*, p.33.

105) Lacan, *Encore*, p.33.

성적 관계를 수립하는 것이 불가능한 근본적 이유는 오히려 다른 성(여자) 안에, 팔루스적 주이상스의 한계를 근본적으로 넘어가는 여분의 어떤 것이 있다는 사실에서 찾아질 수 있다. "여자는 팔루스적 주이상스와 관련해 …… '전부가-아닌 것'으로 규정됩니다. …… 말하자면 팔루스적 주이상스는 남자가 여자의 신체를 즐기지 못하는 장애물을 이루는데, 왜냐하면 정확히 남자가 즐기는 것은 [여자의] 기관organ의 주이상스이기 때문입니다."106) 라캉은 팔루스적 주이상스의 이런 한계를 묘사하기 위해서 아킬레우스와 거북이의 경주에 대한 제논의 역설에 준거한다. 라캉은, 남자는 아킬레우스처럼 여자를 결코 따라잡을 수 없는데, 왜냐하면 여자는 거북이처럼, 남자가 그녀를 한 발자국 쫓아갈 때마다 조금 더 전진하기 때문이라고 지적한다. "그녀는 '전부가 아닙'니다, [그녀의] 전부가 그의 것이 아닙니다. 어떤 것이 남습니다."107) 남자는 단순하게 이 남아 있는 '어떤 것'을 자신의 쪽에 더하고 그리하여 마침내 그녀를 따라잡을 수 없다. 그는 확실히 그녀를 앞지를dépasser 수 있다. 왜냐하면 그가 더 빠르기 때문이다. 그러나 이는, 그가 그녀를 **따라잡을**rejoindre **수 있다**는 말은 아니다. 만일 그가 그녀를 따라잡으려고 하면, 그는 단지 (결코 최종적으로 성공하지는 못하면서) 따라잡기를 무한하게 시도할 수 있을 뿐이다. 남자와 그의 대타자(여자) 사이의 간격은 결코 제거할 수 없는데, 왜냐하면 그 간격은 남자와 여자 사이에 있을 뿐만 아니라 또한 근본적으로 대타자 안에 있기 때문이다("'앙코르'는 대타자 **내의** 간격

---

106) Lacan, *Encore*, p.7.

107) Lacan, *Encore*, p.8.

의 고유한 이름입니다").108) 여자는 자신 안에 있는 팔루스적 주이상스와 또 다른 '여성적' 주이상스 사이의 이런 간격에 의해 규정되거나 또는 오히려 **비**규정된다.

질문은 여전히 남는다. 심지어 그렇다고 해도, 왜 두 성 간에 성적 관계가 있다고 말할 수 없는가? 오직 여자와만 관련된 어떤 다른 것이 있다고 해서, 그것이 필연적으로 성적 관계 같은 것은 없음을 의미하는 것은 아니지 않은가? 왜 성적 관계가 있고, **그리고** 또 다른 어떤 것도 있다고 말할 수 없는가? 왜 라캉은 성적 관계란 없다고 그렇게 단도직입적으로 주장해야 했을까? 그것은 너무 강한 테제가 아닐까? 라캉은 분명 이렇게 말한 바 있다. "성적인 것으로서의 주이상스는 팔루스적입니다."109) 따라서 만일 '다른 여성적 주이상스' 같은 것이 있다면, 그것은 본성상 '성적이지 않은 것,' 기본적으로 성과 아무 상관 없는 것이라는 점을 함축한다. 왜 팔루스적 관계의 실존에만 준거해 성적 관계가 있다고 말할 수 없는가? 여자는 섹스에 관심 없는가? 확실히 그렇지는 않은데, 왜냐하면 라캉은 비록 남자와는 다른 방식이지만 여자 또한 그런 팔루스적 기능에 온전히 관계하고 있다고 주장하기 때문이다. "그녀는 저 팔루스에 접근하고 자신을 위해서 팔루스를 보존하는 상이한 방식들을 가지고 있습니다. 그녀가 거기에 전혀 없는 것은 그녀가 팔루스적 기능 안에 온전히 있지 않기 때문이 아닙니다. 그녀는 거기에 전혀 있지 않은 것이 아닙니다. 그녀는 거기에 온전히 있습니다. 그러나 무엇인가가 더 있는 거죠."110)

---

108) Lacan, *Encore*, p.4. 강조는 인용자.

109) Lacan, *Encore*, p.9.

이 수수께끼에 대한 해답을 찾으려면 이 세미나의 또 다른 주요 주제인 '쓰기'의 문제를 검토해봐야만 한다. 말하기와 쓰기는 상이한 것이다. 말한 것은 기표인 반면, 쓴 것은 문자이다. 그러나 라캉에 따르면 문자는 말해진 것, 즉 기표를 단순히 받아 적기 위해서 발명된 것이 아니다. 그렇다면 무엇을 위해서 문자는 발명됐는가? "플린더스 페트리 경이라는 인물"에 준거해 라캉은 이렇게 주장한다.

> 페니키아 알파벳 문자들은 페니키아 시대 훨씬 이전에, 작은 이집트의 항아리 위에 실존했는데, 그 문자들은 그 항아리에서 제조자들의 표식으로 사용됐습니다. 이는 문자가 처음에 전형적으로 **담론**의 효과인 **시장**으로부터 출현했음을 의미합니다. 문자들을 다른 것을 하는 데 사용하기를 누구나 꿈꾸기 이전에 말입니다. 어떤 다른 것을 하기 이전이라는 말일까요? 기표의 의미와는 아무 상관이 없지만 기표를 정교하게 하고 완전하게 만드는 일이 그것입니다.[111]

따라서 쓰여진 것으로서의 문자는 기표를 받아 적는 것으로 사용되기 훨씬 이전에 일차적으로 시장에서 다른 상품들과 교환되기 위해 나가고 들어오는 상품들을 **기록**하기 위해 발명됐다.[112] 문자는 교

---

110) Lacan, *Encore*, p.74.

111) Lacan, *Encore*, p.36. 강조는 인용자. 플린더스 페트리 경(Sir Flinders Petrie, 1853~1942)은 영국의 유명한 이집트학자이다.

112) 이는 고대 희랍의 역사가들이 확인시켜주는 바이기도 하다. 알파벳의 기원을 이루는 선형적 B라고 부르는 문자 시스템뿐만 아니라 선형적 A라는 문자 시스템도 모두 경제적 거래들을 기록하기 위해서 사용됐다. Thomas R.

환되는 사물들을 **셈하고 측량하기 위해서** 사용됐다. 이 때문에 문자는 본질적으로 수학적이거나 과학적인 공식 안에 배열되고, 형식화되고, 구조화될 수 있는 것으로서 특징지어진다. 예컨대 시장에서 책상 하나당 양복 두 벌이 교환된다고 해보자. 그러면 책상을 T로, 양복을 S로 표기할 때, 그 비율을 나타내는 공식은 $T=2S$가 될 것이다. 또 물리학에서 예를 찾는다면 $F=ma$ 또는 $E=mc^2$을 생각해볼 수도 있다. 이런 공식들은 모두 문자들(변수들) 사이의 어떤 형식적 관계를 표현한다. 라캉은, 비록 '쓰기'는 메타언어가 아니지만 메타언어에 거의 근접하는 것이라고 말한다. "[쓰기]로 하여금 [메타언어]를 닮은 기능을 수행하도록 만들 수 있습니다."[113] 다시 말해서, 쓰기는 순수하게 상징적 본성을 가지고 있다. 상징적인 것이 사회의 구성원 사이에서 일어나는 상품과 메시지들의 그 모든 순환을 공식화·구조화하는 것으로 이해될 수 있는 한에서 말이다. 엄밀하게 말해서, 상징적인 것은 단지 언어에 관련되는 것이 아니라 **교환되고 있는 언어**에 관련되는 것이다. 곧 상징적인 것은 언어라기보다는 오히려 **담론**에 관련되어 있다는 것이다. 라캉은 이렇게 주장한다. "담론이라는 의념은 언어에 기초한 사회적 연결이라고 간주되어야 합니다."[114] "말하는 사람들 사이의 연결."[115] 물론, 이는 쓰여진 것 자체, 문자 그 자체가

Martin, *Ancient Greece: From Prehistoric to Hellenistic Times*, New Haven: Yale University Press, 2000, p.24ff. [이종인 옮김, 『고대 그리스사: 선사 시대에서 헬레니즘 시대까지』, 책과함께, 2015, 47쪽 이하.]

113) Lacan, *Encore*, p.122.

114) Lacan, *Encore*, p.17.

115) Lacan, *Encore*, p.30.

상징적인 어떤 것이라는 말은 아니다. 정반대로 문자는 **실재적인 것**인데, 그것은 문자가 기표의 비-의미적인 물질적 음소 구조, 기의로부터 완전히 분리된 기표의 기표성을 분절적으로 표현하는 것인 한에서 그런 것이다. 그러나 라캉이 마찬가지로 강조하는 것은 문자란 또한 **담론이 언어로부터 "빌려 와서" 상징적인 것과 결합시키는 것**이라는 점이다. 그리하여 라캉은 이렇게 주장한다. "문자는, 근본적으로 말해서, 담론의 효과입니다."[116]

로렌초 키에자는 문자가 기표의 '실재'라는 점을 올바르게 강조한다. "문자란 기표의 (의식적인) 의미작용의 효과와는 독립적으로, 무의식 안에 진정으로 물질적으로 실존하는 것으로서의 기표에 다름 아니다. …… 다시 말해서 문자는 의미 없는 기표, 언어의 실재 구조이다."[117] 우리는 라캉의 초기 에세이인 「무의식에서의 문자의 심급」에서 키에자의 관점과 마찬가지의 관점을 발견할 수 있다.

언어학의 결정적 발견인 이런 요소들은 **음소들**이다. 우리는 이 용어가 적용되는 변조적 가변성 내의 음성적 항상성을 추구해서는 안 되며, 오히려 주어진 언어 안에서 음들을 구분하는 데 필요한 미분적 짝짓기들의 공시적 체계를 추구해야 한다. 이것이 우리로 하여금, 말하기 자체 안에서 본질적인 요소[음소들]는 움직일 수 있는 활자 속으로 흘러들어갈 운명이었다는 점을 볼 수 있게 해주는데, 그런 움직일

---

116) Lacan, *Encore*, p.36.

117) Lorenzo Chiesa, *Subjectivity and Otherness: A Philosophical Reading of Lacan*, Cambridge, MA: The MIT Press, 2007, p.57. [이성민 옮김, 『주체성과 타자성: 철학적으로 읽은 자크 라캉』, 도서출판 난장, 2012, 125쪽.]

수 있는 활자는 내가 '문자'라고 부르는 것(**곧 기표의 본질적으로 국지화된 구조**)을, 디도 활자체나 가라몽 활자체의 소문자로 빡빡하게 인쇄해놓은 식으로, 유효하게 존재토록 만드는 것이다.[118]

그렇지만 키에자는 문자의 또 다른 결정적 측면, 사실 라캉이 동일한 에세이의 도입부에서 제시한 문자의 정의의 또 다른 절반을 이루는 측면에 주목하지 않는다. 라캉은 이렇게 말한다. "나는 '문자'라는 말을 통해 구체적인 담론이 언어에서 빌려오는 물질적 지지물을 지시한다."[119] 곧 라캉에게 있어서 문자란 단지 음소로서만 정의될 수 있는 것이 아니라, **담론 안에서 상징적 법칙과 결합되는 음소**로 정의된다. 문자가 무의식 안에서 **수학적이거나 과학적인 필연성**을 대표하는 심급이 되는 것은 바로 이런 법칙과의 결합을 통해서이다. 물론 라캉이 이 결합을 예시하기 위해 찾아내는 독특한 사례는 은유에 대한 우리의 경험 이외의 다른 곳에서 주어지지 않는다.

이미 제1장에서 논한 바 있듯이, 은유의 효과는 음소의 수준에서 발발하는 대체 작업을 통해 달성된다. 완전히 이질적인 두 용어(예컨대 "육지에 도착하다"라는 뜻의 atterrir와 '공포'라는 뜻의 terreur)에 의해 공유되는 하나 또는 그 이상의 음소들(ter)의 실존이야말로 주체가 그 두 용어 사이에서 번개처럼 새로운 길을 만들어내며 시적인 응축을 행하도록 허락하는 것이며, 이 시적인 응축은 응축의 결과로

---

118) Jacques Lacan, "The Instance of the Letter in the Unconscious or Reason Since Freud"(1957), *Écrits: The Complete Edition*, trans. Bruce Fink, New York: W. W. Norton, 2006, p.418. 강조는 인용자.

119) Lacan, "The Instance of the Letter in the Unconscious," p.413.

서 만들어지는 신조어(atterré)에 부착된 새로운 의미("공포에 질린")를 생성시킨다. 부성적 상징 법칙이, 대타자로서의-어머니의 자의적인 환유적 법칙에 의해 흔들리지 않는 **하나의 필연적 법칙으로** 확립되는 것은 바로 이와 같은 은유적 작업을 수단으로 해서이다. (어머니의 욕망을 대체하는) '아버지-의-이름'이라고 불리는 은유야말로 여기에서 이런 필연성의 보증자로 작동하는 것이다. 부성적 은유에 의존함으로써 주체는 대타자로서의-어머니의 전제적 의지despotic will로부터 자신을 성공적으로 분리할 수 있어야 하며, 그렇게 해서 어떤 개인적 자율성을 확보할 수 있어야 한다.

이제 우리는 왜 라캉이 자신의 에세이 제목을 "무의식에서의 문자의 심급"이라고만 하지 않고, 거기에 "또는 프로이트 이후의 이성"이라는 부제를 달았는지 이해할 수 있다. 문자가 법칙을 발효시키는 일에 봉사하는 한에서, 곧 **다른 어떤 과학 법칙만큼이나 필연적인 하나의 법칙**(주체가 즐길 수 있는 의미를 생성하는 데 결코 실패하지 않고, 따라서 주체를 결코 배신하지 않는 법칙)을 발효시키는 일에 봉사하는 한에서, 문자는 '이성'을 대표한다. 만일 프로이트가 실재(문자의 주이상스)를 상징적인 것(법칙)과 결합하는 은유의 이런 근본적 작동을 이론화하지 못했다면 정신분석학은 오늘날 우리가 알고 있는 과학이 되지 못했을 것이라는 점을 이 에세이 제목은 시사하고 있다.

그런데 라캉이 '여성적 주이상스'의 존재를 인정함으로써 『세미나 20』에서 의문시하고 있는 것이 정확히 '아버지-의-이름'이라고 불리는 은유의 이와 같은 필연성이다. 주체가 부성적 상징 법칙의 지배 아래에서 접근을 허락받는 유일한 주이상스는 팔루스적 주이상스이다. 따라서 여성적 주이상스를 인정한다는 것은 사실상 그런 부성적 상징 법칙을 더 이상 필연적인 것으로 간주하지 않는다는 말이 된다. 이것이 궁극적으로 라캉이 "성적 관계란 없다"는 자신의 공식을 가지고 말하고자 하는 바이다. 라캉은 다음과 같이 말한다.

> 저는 여러분에게 꽤 한참 동안 ["성적 관계란 없다"는 공식을] 들려드 렸습니다. 하지만 그것을 여러분에게 들려드렸지만, 그럼에도 불구하고 저는 그것을 **설명**해야 합니다. **그 공식은 오직 쓰여진 것에 기초해 있는데, 성적 관계는 쓰여질 수 없다는 의미에서 그렇습니다.** 쓰여진 모든 것은, 성적 관계를 그처럼 쓰는 것이 영원히 불가능할 것이라 는 사실로부터 나옵니다.[120]

그러므로 라캉이 성적 관계란 없다고 말할 때 그것은 두 성 간에 어떤 성행위가 불가능하다는 것을 의미하지 않는다. 그런 성행위는 가능할 뿐만 아니라, 그들이 함께 특정한 종류의 주이상스를 달성하는 것도 가능하다(확실히 사람들은 때때로 오르가즘을 경험하지 않는가). 심지어 라캉은, 하나의 성(가정되기로는 남자)이 또 다른 성을 단지 기표로서만 상대하는 간접적인 성적 관계가 있을 뿐이며 직접적인 성적 관계란 없다고 말하는 것조차 아니다. 직접적이든 간접적이든 간에, 그것은 전혀 문제가 되지 않는다. 왜냐하면 여기에서 문제가 되는 것은 성적 관계가 **쓰여질 수 없다는 사실**이기 때문이다. 왜 쓰여질 수 없는가? 라캉은 이렇게 답한다. "이제 여러분은 결코 성적 관계를 쓸 수 없습니다. 진정한 쓰기를 가지고 그것을 쓸 수는 없다

---

120) Lacan, *Encore*, p.35. 강조는 인용자.

는 말인데, 쓰여진 것이 어떤 **담론**에 의해 조건 지어진 언어의 측면 인 한에서 그렇습니다."121) 그런데 앞에서 언급했듯이, 담론의 기능 은 문자를 **필연적인 상징 법칙과 결합시키는 것**이다. 그러므로 여기에 서 "성적 관계란 없다"는 공식을 통해, "성적 관계는 쓰여질 수 없다" 는 말을 통해 라캉이 의미하는 것은 바로 다음과 같은 것이며, 오직 다음과 같은 것일 수밖에 없다. 즉, 성적 관계란 없는데, **왜냐하면 그 것의 필연적인 작동이 보장되는 방식으로, 그 관계가 (유사)수학적 공식 안에서 하나의 법칙적 관계로서 결코 쓰여질 수 없기 때문이다.**

여기에서 문제의 공식의 통상적 영어 번역("There is no such thing as sexual relationship")은 부지불식간에 그 공식에 담긴 라캉의 의도를 모호하게 만드는 면이 있다. 그 공식의 프랑스어 원본은 "Il n'y a pas de rapport sexuel"이라고 말하고 있다. 라캉은 여기에서 'être'(to be) 나 'exister'(to exist)가 아니라 'avoir'(to have) 동사를 사용하며, 그렇 게 함으로써 성적 관계가 실종되는 것은 오직 상징 법칙의 관점에서 라는 점을 암시한다(제1장에서 논했듯이 'avoir'는 항상 상징에 속하는 반면, 'être'와 'exister'는 각각 상상과 실재에 속한다). 아마도 여기에서 우리는 앞에서 제기했던 질문으로 돌아갈 수 있을 것이다. 곧, "왜 우 리는 성적 관계가 있고, **그리고** 여자만 관련된 또 다른 어떤 것이 있 다고 말할 수 없는가?"라는 질문 말이다. 우리가 이렇게 말할 수 없 는 것은 이 "또 다른 어떤 것"이 무관심하게 성적 관계 옆에 그냥 놓 여 있는 것이 아니라, 반대로 성적 관계에 대한 그 상징 법칙의 **하나 의 예외**를 구성하는 것으로서 거기에 있기 때문이다. 이 "또 다른 어

---

121) Lacan, *Encore*, pp.35~36. 강조는 인용자.

떤 것"은 궁극적으로 법칙을 **법칙으로서** 실패하게 만드는 것이다. 때로는 작동하고 때로는 작동하지 않는 법칙은 보편적인 법칙이라고 할 수 없다. 기껏해야 그것은 특수한 법칙에 불과하며, 따라서 그것의 지위는 대타자로서의-어머니의 자의적인 법칙이 가지는 지위와 전혀 구별되지 않는다. 성적 관계란 없는데, 왜냐하면 그 관계가 **과학적 필연성**을 가지는 상징 법칙으로서 쓰여질 수 없기 때문이다.

따라서 우리는 또한 핑크의 해석에 반대해, 만일 남자와 여자가 서로에게 엄격하게 **기표로서만** 관계할 수 있다면, 성적 관계는 확실히 있다고 확언할 수 있을 것이다. 이 경우라면, 성적 관계의 법칙은, 그것이 아무리 간접적인 법칙이라고 해도, 석판 위에 쓰여진 법칙처럼, 마술처럼, 매번 틀림없이 작동할 수 있을 것이다. 왜냐하면 남성이든 여성이든 간에 모든 주체가 예외 없이 그 법칙을 따를 것이기 때문이다. 성적 관계가 붕괴되는 것은 "대문자 여자^Woman 같은 것은 없는" 한에서,[122] "대문자 여자가 실존하지 않는" 한에서이다.[123] 성적 관계는 '그녀'와의 관계를 필연적인 것으로 만들어준다고 가정되는 상징 법칙(성별과 상관없이 모든 주체는 오직 팔루스적 주이상스만을 허락받는다고 전제하는 상징 법칙)이 작동하지 않게 되기 때문에 붕괴되는 것이다. 이런 관점에서 봤을 때, 성적 관계의 부재에 대해 책임이 있는 쪽은 사실 남자가 아니다. 다른 성에 대해 관계를 맺는 남자의 자위행위적인 양태가 얼마나 문제가 많은 것이든 간에, 남자

---

122) Lacan, *Encore*, p.71.

123) Jacques Lacan, *Television*, trans. Denis Hollier, Rosalind Krauss, and Annette Michelson, New York: W. W. Norton, 1990, p.134.

는 끝까지 상징 법칙을 맹목적으로 쫓아가는 자이다. 상징 법칙에 의해 제공되는 팔루스적 주이상스를 때때로 거부하고 그리하여 '불감증이 되는/쌀쌀맞아지는'frigide 쪽은 여자**들**이다(우리가 종종 히스테리들의 사례에서 확인하듯이 말이다).124) 물론 이는 여자들이 그런 실패에 대해서 비난받아야 한다는 뜻은 전혀 아니다(그리고 이들 여자들 가운데에는 간혹 생물학적 남자들도 섞여 있다). 라캉에 따르면, 그런 실패는 단지 두 성이 서로와 관계하지 않는 방식, 다시 말해서 필연적인 성적 관계 같은 것이 없는 방식일 따름이다.

필연성이라는 쟁점을 논하면서 라캉은 필연적인 것, 우연적인 것, 불가능한 것이라는 세 가지 논리적 범주를 구분한다. 라캉은 필연적인 것의 반대는 우연적인 것이 아니라 불가능한 것이라고 주장한다. 라캉은 필연적인 것을 "쓰여지기를 멈추지 않는 것"이라고 정의하고, 반면 불가능한 것을 "쓰여지지 않기를 멈추지 않는 것"이라고 정의한다.125) 라캉은 필연적인 것을, 앞에서 봤듯이, 상징적인 것과 동일시한다(적어도 『세미나 20』 이전에는 그랬다). 왜냐하면 상징적인 것은 주체들 사이의 담론적 교통의 구조(사회적 연결)를 표상하는, 쓰여지기를 멈추지 않는 과학적 공식이라고 이해되기 때문이다. 다른 한편, 불가능한 것은 실재와 동일시된다. 불가능한 것은 어떤 상황에서도 결코 쓰여질 수 없는 것이다. 이런 의미에서 '쓰기'와 '실재'는 서로 완전히 대립된 두 가지 범주라고 할 수 있다.126) 그러나 라캉이 여

---

124) Lacan, *Encore*, pp.75, 85.

125) Lacan, *Encore*, p.59.

126) 어떤 이론가들은 라캉에 준거한다고 공언하면서 실재를 필연적이면서 동시

기에서 분명히 하고자 하듯이, 쓰여질 수 있는 것은 다시 두 가지 하위범주로 나뉜다. 먼저 필연적으로 쓰여지는 것(곧 쓰여지기를 멈추지 않는 것)이 있는 반면, 우연히 쓰여졌지만 바로 그렇기 때문에 **언제든 쓰여지기를 멈출 수 있는 것**이 있다. 라캉의 설명을 들어보자.

제가 이 '우연성'이라는 용어를 무엇에 기초시키는지에 대해 여러분이 상기하는 것을 돕도록 허락해주십시오. 분석적 경험은 팔루스 — 분석이, 욕망의 원인으로서 언표되는 것의 중심축 내지 극단적 지점으로서 받아들이는 것으로서의 팔루스 — 를 쓰지 않기를 멈춥니다. 제가 우연성이라고 불렀던 것의 정점은, 바로 이런 '쓰여지지 않기를 멈춘다는 것' 안에 거주합니다. …… 필연적인 것은 '멈추지 않는다는 것'을 통해 우리에게 도입됩니다. 필연적인 것의 그 '멈추지 않는다는 것'은 '쓰여지기를 멈추지 않는다는 것'입니다. **팔루스에 준거하는 분석은 이런 필연성으로 우리를 이끕니다.** 반대로 '쓰여지지 않기를 멈추지 않는 것'은 불가능한 것입니다. 어떤 경우에도 쓰여질 수 없다는 사실에 기초해 제가 그것[불가능한 것]을 정의하듯이 말입니다. 그리고 제가 성적 관계를 성격 짓고자 하는 것은 바로 이 점을 가지고서입니다. 성적 관계는 쓰여지지 않기를 멈추지 않습니다. **이**

에 불가능한 것으로 정의하려고 해왔다. 가령 다음의 책에 수록된 에르네스토 라클라우의 글들을 보라. Judith Butler, Ernesto Laclau and Slavoj Žižek, *Contingency, Hegemony, Universality: Contemporary Dialogues on the Left*, London: Verso, 2000. [박미선·박대진 옮김, 『우연성, 헤게모니, 보편성: 좌파에 대한 현재적 대화들』, 도서출판b, 2009.] 그러나 라캉이 볼 때 실재가 둘 다라고 말하는 것은 단지 형용모순에 불과할 뿐이다. 라캉은 명시적으로 "필연적인 것은 실재가 아니다"라고 말한다. Lacan, *Encore*, p.144.

때문에, 팔루스적 기능의 외양상의 필연성은 단지 우연성에 불과했다는 것이 드러납니다. 팔루스적 기능이 쓰여지지 않기를 멈추는 것은 우연적인 것의 양태로서입니다.[127]

따라서 필연적인 것이 "쓰여지기를 멈추지 않는 것"이라면, 우연적인 것은 단지 "쓰여지지 않기를 멈추는 것"이다. 두 범주는 모두 팔루스의 기능에 대한 그것들의 관계라는 측면에서 설명되고 구분된다. 라캉은 과거(『세미나 20』 이전)에 팔루스적 기능을 필연적인 것으로 간주했으나 이제는 우연적인 것으로 간주한다. 여기에서 결정적인 것은 라캉이 필연적인 것을 단순히 "일어나기를 멈추지 않는 것"이라고 정의하지 않는다는 사실이다. 라캉은 의도적으로 필연적인 것을 "쓰여지기를 멈추지 않는 것"이라고 정의한다. 물론, 쓰여지는 것은 문자lettre이다. 그러나 이제는 그것을 이중의 의미에서 고려해야 한다. 그것은 종이 위에 기표의 구조로서 쓰여질 수 있는 '문자'일 뿐만 아니라, **우편으로 부쳐지고 그 목적지에 배달될 것이 기대되는 '편지'**lettre이기도 하다. 왜냐하면 우리가 강조했듯이 문자란 주체들 사이의 **사회적 연결**로서의 담론이 언어로부터 빌려오는 것이자, 단적으로 "담론의 효과"이기 때문이다. 만일 그것이 필연적이라면, "편지는 항상 자신의 목적지에 도착한다." 라캉이 자신의 초기 에세이, 「〈도난당한 편지〉에 대한 세미나」(1955)에서 주장했듯이 말이다.[128]

---

127) Lacan, *Encore*, p.94. 강조는 인용자.

128) Jacques Lacan, "Seminar on 'The Purloined Letter'"(1955), *Écrits: The Com-plete Edition*, trans. Bruce Fink, New York: W. W. Norton, 2006, p.30. [민

그러나 만일 그것이 우연적이라면(라캉은 이제 그것이 우연적이라고 말한다), 편지가 자신의 목적지에 항상 도착하는 것은 아니다. 때로는 도착할 테지만, 항상 도착한다고 말할 수는 없다.[129]

그러므로 라캉이 "편지는 항상 자신의 목적지에 도착한다"는 자신의 **구조주의적** 테제를 뒤집은 것은 『세미나 20』에서이며 **결코 그보다 앞서가 아니라고 말하는 것**은 절대적으로 정당하다. 초기 라캉에게서는 상징적 구조가 편지의 필연적 도착을 보장했다. 기표의 비-의미적인 음소적 '실재'로서의 문자는, 그것이 주체들 간의 사회적 연결들(우편배달 경로들)을 규제하는 필연적인 상징적 구조와 성공적으로 결합되는 한에서, 자신의 목적지에 항상 도착하는 편지라고 간주될 수 있었다. 이런 의미에서 문자/편지는 '아버지-의-이름'이라고 불리는 은유, 주체를 위해 결코 실패함 없이 작동하는 팔루스적 기능을 그 안에 응축하고 있는 은유에 다름 아니었다. 이것은 라캉의 가장 근본적이고 결코 역전될 수 없는 테제였다. 하지만 이제 라캉은 팔루스

승기 옮김, 「〈도난당한 편지〉에 관한 세미나」, 『욕망 이론』, 권택영 엮음, 문예출판사, 1994, 134쪽.]

129) 사실 『세미나 20』의 1번째 세션에 대한 '보론'에서 라캉은 자신이 문제 삼고 있는 것이 「〈도난당한 편지〉에 대한 세미나」라는 점을 이미 상기시킨 바 있다. "그 해의 첫 번째 '세미나'(그렇게 불리우는바)에서 라캉은 …… 사랑에 대해 말한 것이나 다름없다. 이런 소식이 돌아다니다가 …… 나에게 돌아왔다. [그러나] 나는 연서/사랑의 문자(la lettre d'amour)에 대해서, 사랑의 선언에 대해서 말했다. 이는 사랑의 말(la parole d'amour)과 똑같은 것이 아니다." Lacan, *Encore*, pp.11~12. 명백히 라캉이 여기에서 말하고 있는 "첫 번째 '세미나'"는 1953~54년 세미나(『세미나 1: 프로이트의 기법에 관한 글들』)가 아니라, 세미나의 실제 시리즈에는 포함되어 있지 않은 「〈도난당한 편지〉에 대한 세미나」임에 틀림없다.

적 기능이 작동하길 멈출 수 있다고, 좀 더 정확히 말해서 (우연적이기에) 다시 쓰여지기를 멈출 수 있다고 인정하고 있는 것이다.

자크 데리다가 「진리의 배달부」에서 라캉의 「〈도난당한 편지〉에 대한 세미나」를 팔루스-로고스중심주의라고 비판했다는 것은 잘 알려져 있다.[130] 데리다의 주장은 단적으로 편지가 자신의 목적지에 항상 도착하지는 않는다는 것이었다. 데리다의 이 텍스트가 출판된 것은 1975년이지만, 베누아 피테르에 따르면, 그것의 원형이라고 볼 수 있는 강의는 존스홉킨스대학교에서 1971년에 행해진 바 있다.[131] 약 1년 뒤에 라캉의 자기비판이 나왔지만 라캉이 데리다에 의해 영향 받는지는 불분명하다(라캉에게 오히려 문제가 됐던 것은 『세미나 20』에 그 흔적이 나타나 있듯이 자신의 학파 안에서 활동하던 페미니스트 정신분석가들의 내부 비판이 아니었을까 한다). 그러나 1960년대에

---

130) Jacques Derrida, "Le Facteur de la vérité"(1975), *The Post Card: From Socra-tes to Freud and Beyond*, trans. Alan Bass, Chicago: The University of Chicago Press, 1987, pp.411~496.

131) Benoît Peeter, *Derrida: A Biography*, Cambridge: Polity, 2013, p.224. 그러나 우리는 데리다가 편지/문자에 관한 라캉의 테제를 이미 1966년에 비판하기 시작했다고 주장할 수도 있는데, 이때 데리다는 미국의 볼티모어에서 열린 학술대회에서 라캉을 처음으로 직접 만났다. Jacques Derrida, "For the Love of Lacan," *Resistances of Psychoanalysis*, trans. Peggy Kamuf, et al., Stanford: Stanford University Press, 1998, pp.50, 55ff. 지젝은 훗날 데리다의 비판에 대해 라캉을 방어하려고 하지만, 이는 라캉이 『세미나 20』에서 편지/문자에 관한 자신의 기존 테제를 철회했음을 이해하지 못하고 있다는 것을 증명할 뿐이다. Slavoj Žižek, "Why Does a Letter Always Arrive at Its Destination?" *Enjoy Your Symptom!: Jacques Lacan in Hollywood and Out*, London: Routledge, 1992. [주은우 옮김, 「왜 편지는 항상 그 목적지에 도착하는가?」, 『당신의 징후를 즐겨라: 할리우드의 정신분석』, 한나래, 1997.]

이미 알튀세르는 조금 다른 관점에서 편지/문자에 관한 라캉의 테제를 비판한 바 있었다. 알튀세르는 자서전 『미래는 오래 지속된다』에서 알튀세르 자신과 라캉, 그리고 힌두교 신자인 어느 젊은 의사를 포함한 일화 하나를 기억에 떠올리면서 이렇게 쓴다.

나는 비록 발송은 됐지만 여전히 수신자를 찾지 못하고 있는 '편지들'을 생각했다. 그런데 어느 날 라캉이 쓴 "편지는 항상 자신의 목적지에 도착한다"라는 구절을 읽었다. 그 놀라움! 그런데 그 일은 한 젊은 인도인 의사 때문에 복잡해졌다. 그 의사는 라캉한테서 잠시 정신분석을 받았는데 결국 이런 질문을 던졌던 것이다. "당신은 편지가 언제나 수신자에게 도달한다고 하셨어요. 그런데 알튀세르는 반대로 말하더군요. 편지가 수신자에게 도달하지 않는 일이 일어난다고요. 알튀세르가 유물론적이라고 한 그 명제에 대해 어떻게 생각하십니까?" 라캉은 족히 10분은 생각에 잠겼다(라캉에게 10분이라면 엄청난 것이다!). 그러더니 간단히 "알튀세르는 이론가이지 실천가[임상분석가]가 아닙니다"라고 대답했다는 것이다.132)

앞에서 말했듯이, 알튀세르는 라캉의 상징이라는 범주를 의문시했는데, 왜냐하면 상상적 질서로부터 상징적 질서로의 완전한 이행 같은 것은 결코 일어나지 않으며, 상상으로부터 상징을 완전히 분리·추출하는 것은 불가능하다고 여겼기 때문이다. 다른 한편, 「〈도난당한 편지〉에 대한 세미나」에서 "편지는 항상 자신의 목적지에 도착한

---

132) Althusser, *The Future Lasts Forever*, p.187. [『미래는 오래 지속된다』, 250쪽.]

다"고 말했을 때 라캉이 그렇게 말할 수 있었던 것은, 상상의 간섭적 효과에 의해 방해받지 않고 매끄럽게 작동하는 순수하고 보편적인 상징 법칙을 확보할 가능성을 믿었기 때문이었다. 그런데 이제 라캉이 『세미나 20』에서 포기하려는 것이 바로 이런 믿음이다. 즉, 라캉이야말로 나중에 자신의 입장을 근본적으로 바꿨으며, 그리하여 어떤 의미에서는 **알튀세르와 수렴하게 됐다**고 말할 수 있는 것이다.

왜 라캉은 입장을 바꿨을까? 물론 그 이유는 '여성적 주이상스'의 존재를 인정했기 때문이었다. 만일 상징 법칙이 허락하지 않는 종류의 주이상스에 여전히 접근할 수 있는 일군의 주체들이 있다면, 그런 상징 법칙은 더 이상 보편적인 것으로 간주될 수 없다. 반대로 그것은 특수한 것이자 자의적인 것일 수 있을 따름이다. 이 때문에 라캉은 『세미나 20』에서 팔루스적 주이상스를 "이디옷들의 주이상스"[133)라고 부른다. 여기에서 '이디옷들'l'idiot은 단순히 '멍청이들'the stupid이라는 뜻을 가지는 것이 아니라 더 중요하게는 '**특수한 자들**'the particular이라는 뜻을 가진다. 라캉은 다음과 같이 주장한다.

분석 경험은 여기에서 자신의 끝과 마주칩니다. 왜냐하면 분석 경험이 생산할 수 있는 유일한 것은, 제 글쓰기에 따르면, S_1이기 때문입니다. 제 생각에, 여러분은 제가 S_1이라는 이 기표를 심지어 가장 이디옷스러운idiote 주이상스의 기표라고 지적함으로써 지난번에 용케도 불러일으켰던 소란을 여전히 기억하실 겁니다. 그것[S_1이라는 기표]은, 여기에서 확실히 하나의 준거로 기능하고 있는바, 멍청이들의

<hr />

133) Lacan, *Encore*, p.81.

주이상스이자, 또한 가장 특이한^{singulière} 주이상스라는 그 용어의 두 가지 의미에서 [이해되어야 합니다].134)

『세미나 20』의 영어판 번역자인 핑크는 이 구절에 각주를 달아서 추가적인 정보를 제공해주는데, 이는 매우 유용한 정보이다. "'이디옷'의 희랍어 어원(ιδιότης)은 '특수한'^{particular} 또는 '특이한'^{peculiar}을 의미한다."135) 다시 말해서 팔루스적 주이상스에 의해 지지되는 상징 법칙은 보편적인 적용 가능성을 가지지 않는다. 라캉이 고집하듯이, 팔루스적 주이상스는 여전히 남자와 여자 모두에 관련된다. 그러나 여자는 또한 팔루스적 주이상스를 넘어가는 다른 어떤 것을 가지고 있으며,136) 바로 이 때문에 상징 법칙을 통한 주이상스의 매듭^{binding}은 때때로 풀어지게 되고, 그리하여 편지('사랑의 편지'/'연서')가 배달 도중에 분실되는 사태가 야기되는 것이다.

따라서, 만일 라캉이 『세미나 7』에서 특별히 다시 쓰고 싶어 하는 구절이 있다면, 그것은 필시 다음의 구절일 것이다.

코미디의 공간은 그 중심에 감춰진 기표 …… 팔루스의 현존에 의해 창출됩니다. 그것이 나중에 옆으로 밀어젖혀 놓아진들 무슨 문제가

---

134) Lacan, *Encore*, p.94.

135) Lacan, *Encore*, p.94, n.14.

136) 라캉에 따르면 팔루스적 기능에 종속되지 않는 여자는 없다. 그러나 동시에 여자의 모든 것이 팔루스적 기능에 종속되는 것은 아니다. 오직 전체-아님만이 종속될 뿐이다. 여자의 일부(어떤 특이한 몇몇 여자들이라는 의미가 아니라 모든 개별적 여자의 일부라는 의미에서)는 팔루스적 기능을 피해간다.

있겠습니까? 단지 다음과 같은 것을 기억해야만 합니다. 코미디 안에서 우리를 만족시키는 요소, 우리를 웃게 만들고 그것의 온전한 인간적 차원 안에서 그것에 감사하게 만드는 요소는 삶의 승리라기보다는 삶의 도주라는 점, 곧 삶이 미끄러져 빠져나가며, 달아나고, 자신을 막아서는 저 모든 장벽들을 빠져나간다는 사실이라는 점입니다. 정확히 가장 본질적인 장벽들, 기표의 작인에 의해 구성되는 장벽들을 포함해서 말이죠. **팔루스는 하나의 기표, 이런 도주의 기표에 다름 아닙니다.** 삶은 계속됩니다, 삶은 승리합니다, 어떤 일이 일어난다 해도 말이죠. 만일 코미디의 주인공이 넘어져 스프에 빠진다고 할지라도, 그 작은 친구는 살아남습니다.137)

알다시피 대타자로서의-어머니의 상상적 질서 대신에 아버지의 순수한 상징적 질서가 확립되는 것은 하나의 기표가 또 다른 기표에 의해 대체됨으로써 생산되는 농담의 희극적 효과를 통해서이다. 일단 한 번 팔루스가 이런 방식으로 상징 법칙의 유일한 지지물로 확립되면, 팔루스는 무소불위의 것이 된다. 너무나 무소불위의 것이 되어, 코미디의 주인공이 결코 실패하지 않듯이 팔루스도 결코 실패하지 않는 것이다. 무엇에서 실패하지 않는다는 말인가? 욕망을 불러일으키는 일에서 결코 실패하지 않는다는 것이다. 왜냐하면 팔루스는 주체의 눈앞에서 도망가는 일에 결코 실패하지 않기 때문이다. 이런 의미에서 팔루스는 **욕망의 필연적 원인**이 된다. 적어도, 이것이 라캉이 과거에, 곧 여자는 때때로 아무 이유 없이 갑자기 불감증이 된

---

137) Lacan, *The Ethics of Psychoanalysis*, p.324. 강조는 인용자.

다는 것/쌀쌀맞아진다는 것을 깨닫게 될 때까지, 믿었던 것이다. 여자는 때때로 팔루스가 마치 자기에게는 아무 의미도 없다는 듯이, 섹스에 관심이 없다는 듯이, 섹스 아닌 다른 어떤 것에 관심이 있다는 듯이, 곧 비-성적인 것에, 신비하고 신성한 그 어떤 것에 관심이 있다는 듯이 변한다. 남녀 간 사랑이나 결혼에는 아무 관심도 없고, 오직 라캉이 '영혼사랑'soulove이라고 부르는 것에만, 신에 대한 정신적 사랑에만 관심이 있는 것처럼 행동하는 안티고네나 성녀 테레사에게서 우리가 볼 수 있듯이 말이다. 그리하여 프로이트의 오래된 질문인 "Was will das Weib?"(여자는 무엇을 원하는가?), 또는 라캉 자신의 질문인 "Chè Vuoi?"(대타자 또는 대타자로서의-어머니는 무엇을 원하는가?)가 궁극적인 수수께끼로 다시 복원되며, 그 질문 앞에서 정신분석학은, 다시 한 번, 필연적인 답변(곧 과학적인 답변)을 제공하는 데 무능력하다는 사실이 증명된다.

혹자는 이렇게 물을지도 모른다. 그렇다면 이는 『세미나 20』이전에 라캉은 성적 차이의 불가사의를 정신분석학이 풀 수 있다고 믿었다는 말인가? 라캉의 텍스트는 그가 실제로 그렇게 믿었다는 것을 증언한다. 『세미나 11』의 결론에서 라캉은 다음과 같이 주장한다.

혹자들의 눈에는 우리가 사랑을 깎아내린 것처럼 보일 테지만, 사랑은 무엇보다 사랑의 대상을 기각하는 저 너머에만 자리 잡을 수 있습니다. 바로 이 점을 통해 우리는 또한 **하나의 성의 다른 성에 대한 지속 가능한, 온화한 관계가 자리 잡을 수 있는** 안식처는 **부성적 은유**라는 매개물의 개입을 반드시 필요로 한다는 것을 이해할 수 있습니다. 그것이 바로 정신분석의 가르침이죠.[138]

여기에서 라캉은 **성적 관계가 있다**고, 게다가 지속 가능하고 온화한 성적 관계가 있다고 주장하고 있을 뿐만 아니라, 그런 성적 관계란 오직 부성적 은유의 개입을 통해서만 확립될 수 있다고 주장하면서, 이것이야말로 정신분석학이 우리에게 가르쳐주는 핵심적인 가르침이라고 지적하고 있다. 여기에서 라캉의 입장은 정확히 『세미나 20』에서의 그것과 정반대이다. 라캉은, 비록 자신이 어떤 종류의 사랑을 폄하했던 것은 사실일지라도 결코 사랑 전체를 거부한 것은 아니었다고 주장한다. 확실히 가능하고 주체에 의해 학습되어야만 하는 특별한 종류의 사랑, 그것은 바로 그 또는 그녀가 상징 법칙의 한계 내에서 실천해야 하는 사랑, 상징적 사랑인 것이다.

그러나 상징적 사랑의 이런 지속 가능성이야말로 라캉이 『세미나 20』에서 의문에 붙이는 것이다. 라캉은 이렇게 주장한다. "'쓰여지지 않기를 멈추는 것'의 기초 위에서만 연명하는 모든 사랑은 그 부정[곧 성적 관계의 불가능성의 부정으로서의 사랑]을 '쓰여지기를 멈추지 않는 것,' '멈추지 않는 것,' '멈추지 않을 것'으로 움직이게 만드는 경향이 있습니다. 이런 것이 사랑의 드라마뿐만 아니라 그것의 운명을 구성하는 …… 대체물입니다."[139] 바꿔 말해서, 모든 사랑은 자신을 하나의 필연성으로, 곧 온갖 악조건에도 불구하고 결코 "자신의 목적지에 도착하는" 일에 실패하지 않는 영원한 사랑으로 전환시키려고 한다. 그러나 사랑은 필연적인 것에 기초해 있는 것이 아니라 단지 우연적인 것('쓰여지지 않기를 멈추는 것')에 기초해 있기 때문에, 심

---

138) Lacan, *Four Fundamental Concepts*, p.276. [『네 가지 근본 개념』, 415쪽.]
139) Lacan, *Encore*, p.145.

지어 가장 진실한 종류의 사랑조차 그것의 로맨틱 드라마를 끝까지 보존할 수 없다. 조만간 모든 사랑은 증오로 퇴행한다. 라캉은 이렇게 결론짓는다. "사랑, 진실한 사랑의 극단은 존재에로의 접근 안에 머물지 않습니까? 그리고 진실한 사랑 — 사랑에 대한 주제들의 영원한 변조에 의해 목격된 바 있는 이 발견은 확실히 분석적 경험이 발견하지 않았습니다 — **진실한 사랑은 증오에 길을 내줍니다.**"[140]

알튀세르는 라캉이 『세미나 20』에서 이와 같은 단절을 경험했다는 것을 필시 알지 못했던 것 같고, 그리하여 「프로이트 박사의 발견」(1976)에서 다음과 같이 썼다.

> 나는 …… 앞에서 말했던 것, 곧 프로이트는 자신이 무의식에 대한 **과학적** 이론을 생산했다고 주장할 수는 없었다는 사실(왜냐하면 자신은 그것을 할 수 없다는 것을 **알았기 때문에**)로 돌아가고자 한다. 그런 시인은 프로이트의 작품 모든 곳에 기입되어 있고, 이렇게 말할 수 있다면 명백히 쓰여져 있는데, 이는 **그렇게 명백히 쓰여진 편지들이 자신들의 목적지인 수신자들에게 도달하지 않았다**는 것을 충분히 증명한다. 특히 편지들과 수신자들의 문제에서 어떤 전문성을 가지고 있다고 주장하는 라캉이 자신의 편지를 눈앞에 두고도 받아보지 못했으며, 그것이 전달 과정에서 분실됐다는 것을 충분히 증명한다.[141]

---

140) Lacan, *Encore*, p.146. 강조는 인용자.

141) Louis Althusser, "The Discovery of Dr. Freud"(1976), *Writings on Psychoanalysis*, trans. Jeffrey Mehlman, New York: Columbia University Press, 1996, p.102. [윤소영 옮김, 「프로이트 박사의 발견」, 『알튀세르와 라캉: '프로이트-마르크스주의'를 넘어서』, 공감, 1996, 63쪽.]

그러나, 공정하게 말해서, 라캉은 편지가 자신의 목적지에 항상 도착하는 것은 아니라는 프로이트의 이 편지를 결국 수신했다. 실제로 라캉은 알튀세르에 동의하게 됐으며 정신분석학이 과학이 아니라는 것을 인정하게 됐다. 라캉은 단지 상징 법칙의 필연성에 대한 자신의 신념을 포기했던 것만이 아니라, 그 신념과 함께, **과학으로서의 정신분석학의 지위에 관련된 확신**도 마찬가지로 포기했다. 이 때문에 라캉은 그때부터 정신분석학을 하기 위한, 또는 오히려 우리가 **포스트-정신분석학**이라고 부를 만한 것을 하기 위한 또 다른 길을 찾기 시작했던 것이다. "생톰"이라는 제목이 붙어 있는 『세미나 23』(1975~76)에서 라캉은 자신의 관심을 문학(더 정확히 말하면 제임스 조이스의 문학 작품들) 쪽으로 돌리는데, 이는 정신분석학의 과학적 진리를 예시하는 사례들을 문학 작품에서 찾기 위해서가 아니라 정반대로 정신분석학이 그 자체의 과학적 법칙을 가지고서는 도달할 수 없는 **독특한/특이한** 진실들과 마주치기 위해서였다.[142]

생톰이란 무엇인가? 주지하다시피, 생톰sinthome은 증상symptôme이라는 말의 고어이다. 라캉 주석자들은 보통 생톰을 분석에 의해 궁극적으로 제거될 수 없으며, 따라서 주체가 근본 환상을 횡단한 뒤에

---

142) 『세미나 24: 우연한 사랑의 실수에 대해 알고 있는 알려지지 않은 것/무의식의 실패, 그것이 사랑이다』(1976~77)에서 라캉은 이렇게 말한다. "정신분석학은 과학이 아닙니다. 정신분석학은 어떤 과학적 지위도 가지지 않습니다. 정신분석학은 단지 그런 과학적 지위를 기다리고 희망할 뿐입니다. 정신분석학은 망상, 과학을 생산하리라고 기대되는 망상입니다. …… 정신분석학은 과학적 망상이지만, 이는 분석적 실천이 언젠가는 과학을 생산하리라는 것을 의미하지 않습니다." Evans, *An Introductory Dictionary of Lacanian Psychoanalysis*, pp.177~178. 재인용. [『라깡 정신분석 사전』, 65쪽.]

분석의 끝에서 자신과 동일시해야 하는 실재의 잔여물이라고 생각한다.[143] 그러나 『세미나 23』에서 우리는 생톰을 각별히 주체의 환상 횡단 이후의 전개와 연결시키는 이와 같은 설명을 찾을 수 없다.[144] 비록 라캉이 생톰을 분석 불가능한 것으로 간주하는 것은 사실이지만,[145] 이런 면만 가지고 생톰이 무엇인지를 설명하거나, 왜 라캉이 증상이라는 과거의 개념에 대해 생톰이라는 개념을 새로 추가할 필요가 생겨났는지를 설명하기는 힘들다.[146]

---

143) 예컨대 다음을 보라. Žižek, *The Sublime Object of Ideology*, pp.74~75. [『이데올로기의 숭고한 대상』, 130~131쪽.]

144) 로베르토 아라리의 해석은 얼마간 다른데, 아라리는 생톰과의 동일시를 환상 횡단과 구분하면서 생톰과의 동일시는 환상 횡단을 대체하는 분석 종결의 새로운 방법이라는 해석을 제안한다. Roberto Harrari, *How James Joyce Made His Name: A Reading of the Final Lacan*, trans. Luke Thurston, New York: Other Press, 2002, pp.119~120. 아라리의 설명은 분명히 생톰을 환상 횡단과 혼동하지 않는다는 장점을 가지고 있지만, 나는 『세미나 23』이나 그 무렵의 텍스트에서 생톰과의 동일시를 분석의 끝으로 특별히 정의하는 그런 설명을 찾아낼 수 없었다. 라캉의 미간행 텍스트들을 모두 살펴본 것은 아니기 때문에 라캉이 그런 말을 했을 수도 있다. 그러나 나는 여전히 생톰이라는 질문에 관한 라캉의 초점은 우리가 보게 될 것처럼 분석의 끝을 규정하는 것과 다른 데 놓여 있다고 생각한다.

145) Jacques Lacan, *Le sinthome: Le séminaire, livre XXIII*, éd. Jacques-Alain Miller, Paris: Seuil, 2005, p.125.

146) 에반스 또한 생톰을 주로 그것의 분석 불가능성을 통해 특징짓는다. 하지만 그와 동시에 에반스는 1960년대 라캉의 증상 개념이 이미 그런 분석 불가능성의 성질을 가지고 있었다는 점을 지적한다. Evans, *An Introductory Dictionary of Lacanian Psychoanalysis*, pp.191~192. 재인용. [『라깡 정신분석 사전』, 146~149쪽.] 따라서 나의 관점에서는 이런 분석 불가능성이라는 성질만 가지고는 생톰이라는 개념의 필요성이나 종별성을 실제로 설명하지는 못한다고 여겨진다.

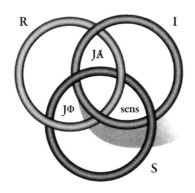

그림 10. RSI 도식의 보로메오 매듭[147)]

라캉의 정의에 따르면, 생톰은 오히려 상징적인 것이 작동하길(또는 쓰여지길) 멈춰 보로메오 매듭 전체가 풀어질 위험이 생겨났을 때 그 매듭을 수리[réparer]하는 데 봉사할 수 있는 것이다.[148)] 라캉은 이렇게 말한다. "올해 제가 생톰이라고 불렀던 것은 보로메오의 사슬을 수리하도록 허락하는 것입니다. …… 상징적인 것이 [매듭에서] 분리된다면 우리는 그것을 수리할 수단을 가지고 있습니다. 바로 제가 생톰이라고 처음으로 정의했던 것을 만듦으로써 말입니다."[149)]

따라서 생톰이라는 이 새로운 개념에서 여전히 가장 문제가 되는 것은, 『세미나 20』 이전에 라캉이 필연적이라고 간주했던 상징 법칙이 단지 우연적인 것에 불과한 것으로 드러났다는 사실인 듯하다. 상

---

147) Lacan, *Le sinthome*, p.48.
148) 라캉에게 보로메오 매듭은 실재-상징-상상(RSI)의 매듭이며, 그 매듭의 본질적 특성은 세 개의 고리 중 하나가 매듭에서 분리되면 나머지 두 고리도 역시 분리된다는 사실에 있다(그림 10).
149) Lacan, *Le sinthome*, pp.93~94.

징 법칙은 때로는 작동하지만 때로는 작동하지 않는다. 상징 법칙은 어떤 때는 보로메오 매듭 안에 있는 다른 고리들(상상, 실재)을 한데 묶어주는 역할을 하지만 다른 때는 그렇게 하지 못한다. 왜 상징 법칙은 이렇게 자의적인 방식으로 작동하는가? 왜 상징 법칙은 갑자기 작동하기를 멈추는가? 상징 법칙은 다시 작동하기 시작할 수 있도록 고쳐지거나 '치료/처리'traiter될 수 있는가? 어떻게 그렇게 될 수 있는가? 이런 질문들이야말로 의사 라캉이 생톰이라는 개념을 개발하면서 마음에 품었던 질문들이다. 추론은 다음과 같이 진행된다. 만일 상징 법칙이 항상 작동하진 않더라도 적어도 어떤 때에 작동하는 것이 사실이라면, 그것이 작동하도록 비밀스럽게 도와주고 있는 어떤 알려지지 않은 요소 또는 은폐된 특별한 사항이 있는 것이 틀림없으며, 따라서 우리는 상징의 적절한 작동에 요구되는 이와 같은 감춰진 요소가 무엇인지 더 상세하게 조사해야만 한다.

보로메오 매듭에 대한 기존의 생각에 결정적인 수정을 가하면서, 라캉은 매듭을 성공적으로 묶기 위해 단지 세 개의 고리(RSI)만 있으면 된다고 가정했던 것이 자신의 실수였다고 지적한다.

바로 여기에, 매듭을 만듦으로써 스스로를 인간이라고 믿는 존재에게만 해당하는, 그것들의 작업 속에서 서로서로에 대해 존재하는 세 가지 기능들의 관계를 위해 이 [보로메오의] 매듭이 규범이 된다고 생각하는 오류의 원천이 있습니다. 도착倒錯을 규정하는 것은 상징, 상상, 실재가 단절되어 있다는 사실이 아닙니다. 왜냐하면 그것들은 이미 구분되는 것들이기 때문입니다. 따라서 **네 번째 고리**를 가정하는 것이 필요한데, **그것이 이 경우에 생톰인 것입니다.**[150]

보로메오 매듭을 생산하는 데 가용한 고리가 단지 그리고 엄격하게 말해서 세 개만 있다면 우리는 그 고리들을 위상학적으로 구분할 수 없을 것이며, 그 고리들을 모두 혼동하고 말 것이라고 라캉은 주장한다. 라캉은 자신이 세미나 청중들에게 보로메오 매듭을 묘사하려고 할 때면 언제나, 어떤 고리가 RSI 중 어떤 '계'registre를 대표하는지 지시하기 위해 그 매듭 자체의 구조 안에서 식별해낼 수 있는 어떤 위상학적 차이에 준거하는 것이 아니라, 그 매듭과 실제로 어떤 관련도 없는 '색깔의 차이'에 준거해왔다는 사실에 주목한다(전형적으로, 실재는 초록색, 상징은 빨간색, 상상은 파란색으로 표시된다). 이는 세 개의 고리의 위상학적 차이가 세 개의 고리로 이뤄진 통상적인 보로메오 매듭의 구조에 내적인 방식으로 기입되어 있는 것이 아니라는 것을 의미한다. 따라서 그런 위상학적 차이는 **외부로부터** 도입되어야만 하는 것이다. 라캉은 이렇게 주장한다.

> 주목할 만한 사실은, 고리들의 방향성이 매듭의 구분을 수리 가능하게 만드는 데 효과적인 것은 오직 이 고리들의 차이가 색깔에 의해 표시된다는 조건 아래에서라는 점입니다. 그렇게 색깔에 의해 표시되는 것은 그 고리들이 서로에 대해 가지는 차이가 아니라, 이렇게 말할 수 있다면, 그 고리들의 절대적 차이입니다. 그 세 고리에 공통된 차이라는 의미에서 말이죠. 결국 보로메오 매듭의 두 구조가 구분되는 것은 이 세 고리 중 어떤 두 고리 사이의 차이가 아니라 오직 세 고리 [모두]의 차이를 표시하기 위해서 무엇인가가 도입될 때입니다.151)

---

150) Lacan, *Le sinthome*, p.19. 강조는 인용자.

그렇다면 다음과 같은 질문이 제기된다. 이와 같은 위상학적 차이가 외부로부터 도입되지 **않는다면**, 그땐 무슨 일이 벌어지게 되는가? 그렇게 된다면, 세 개의 고리로 이뤄진 보로메오 매듭은 하나의 단일한 고리로 환원되며, 그 안에서 R과 S와 I는 진정으로 서로 구분될 수 없게 될 것이다. 이 때문에 라캉은 우리가 이제껏 보로메오 매듭이라고 믿어왔던 것이 사실은 세 개의 고리로 이뤄진 매듭이 아니라 단지 하나의 '사슬'에 불과하다고 주장한다. 보로메오 매듭은 이제 **단 하나의 고리로 이뤄진** '삼중 매듭'le noeud à trois으로 간주되는 것이다.

이런 삼중 매듭은 여전히 RSI의 위상학적 구조를 잘 묘사할 수 있는 것으로 보인다(그림 11). 그러나 그것이 통상적인 보로메오 매듭과 다른 점은, 바로 그것이 잘못 묶여 있을 때, 그리하여 풀어질 때, 이 매듭은 더 이상 R, S, I라는 세 개의 고리로 분리되는 것이 아니라 하나의 단일한 고리로 변한다는 사실이다.

그림 11. 삼중 매듭(순환적 형태)[152]

그림 12. 오류가 있는 삼중 매듭[153]

151) Lacan, *Le sinthome*, pp.52~53.

152) Lacan, *Le sinthome*, p.45.

153) Lacan, *Le sinthome*, p.92.

라캉에 따르면, 이것이야말로 사실 정신증(특히 편집증)적 상황에 특징적인 것인데, 정신증을 가진 주체는 실재와 상상, 상상과 상징, 상징과 실재를 구분하지 못한다.[154] 사실 '정상적인' 상징적 동일시를 통해 생성된 보로메오 매듭은 그것이 편집증적 구조로 돌변할 수 있는 이런 내적 가능성을 그 자체로 가지고 있다. 매듭을 묶을 때 범하는 단순한 잘못 하나만으로도 이와 같은 정신증적 반응을 유발할 수 있는 것이다(그림 12). 성공적으로 잘 묶여진 삼중 매듭과 잘못 묶여진 고리(또는 풀어진 고리) 사이의 차이를 표시하는 것이 무엇인지를 설명하기 위해서 라캉은 RSI에 추가되는 네 번째 고리라는 추가적 고리의 기능을 도입하고, 그것을 생톰이라고 명명한다. 상징적 동일시의 효과를 얼마간 고정/수리^{fix}할 수 있는 것은 오직 이 네 번째 고리를 가지고서이다(그림 13). (곧 보게 될 것처럼) 상징적 동일시 그 자체가 다소간 성공적으로 작동하기 위해서는 이 네 번째 고리가 필요할 뿐만 아니라, 상징 법칙이 실패할 경우에도 그 매듭은 여전히

그림 13. 잘못된 삼중 매듭을 수리하는 고리[155]

---

154) Lacan, *Le sinthome*, p.53.

155) Lacan, *Le sinthome*, p.88.

어떤 대체적 고리(라캉은 이것을 '보충물'supléance이라고 부른다)를 도입함으로써 수리될 수 있다. 어쨌든 라캉의 목표는 분명하다. 그것은 주체가 정신증적 병리 상태로 퇴행하지 않도록 돕는 것이다.

보로메오 매듭이 단지 세 개의 고리만이 아니라 숨겨진 네 번째 고리를 가지고 있다는 생각은 풍부한 결과를 가져다준다. 주지하다시피, '정상적' 주체의 도래를 위해서 요구되는 가장 본질적인 조건은 오이디푸스 콤플렉스의 극복에 있다고 할 수 있다. 상징적 아버지와의 동일시를 수행함으로써 주체는 (실재) 아버지와 상상적 팔루스를 놓고 이전에 벌였던 경쟁의 게임에서 스스로 거리를 취할 수 있게 된다. 물론 상징적 동일시의 실효성은 '아버지-의-이름'이라는 은유의 형성을 통해서 보장되는 것으로 가정된다. 그러나 라캉은 이제 부성적 은유의 형성 그 자체가 도착의 구조를 가지고 있다고 폭로하는데, 왜냐하면 주체가 "아버지를 향해 돌아서는 것"version vers le père은 또한 보로메오 매듭 전체의 **부성적-도착**père-version을 암시하기 때문이다. 라캉은 이렇게 말한다. "저는 보로메오의 고리를 만들어내는 것이 4원적이라고 가정할 필요가 있다고 말하겠습니다. 도착은 단지 아버지를 향해 돌아서는 것을 의미할 뿐입니다. 요컨대 아버지는 증상이고, 또는 여러분이 원한다면 생톰입니다."156)

왜 "아버지를 향해 돌아서는 것"이 도착으로 간주되는가? 라캉에 따르면 이는 아버지-의-이름이 동시에 이름-의-아버지père-du-nom이기도 하기 때문이다. "모든 것이 지탱되는 것은 아버지-의-이름이 또한 이름의 아버지인 한에서이며, 이는 증상을 덜 필요하게 만들지 않

---

156) Lacan, *Le sinthome*, p.19.

습니다."157) 바꿔 말해서, '이름'으로서의 상징적 아버지가 그처럼 확립되기 위해서는 **실재** 아버지의 개입이 있어야만 하며, 이 실재 아버지의 중요한 기능은 대타자로서의-어머니의 상상적 질서로부터 떨어져 나오도록 주체를 강제하는 데 있다. 주체가 정신증자가 되는 것을 피할 수 있는 길을 찾는 것은 **생톰으로서의 실재 아버지**를 통해서이다. 그러나 **동시에** 주체가 특정한 판본의 아버지une version du père 쪽으로 도착되는 것 또한 바로 이런 실재 아버지가 요구되기 때문이다. 이제 다음과 같은 질문이 제기된다. 도착적 주체가 되지 않으면서 정신증을 피할 수 있는 길은 없는가? 즉, 주체의 부성적-도착을 반드시 의미하는 것은 아닌 어떤 다른 종류의 생톰은 있을 수 없는가?

이렇게 해서 우리는 라캉이 조이스의 사례에 가지는 관심을 자연스럽게 이해하게 되는데, 왜냐하면 조이스는 외양상 자신을 위한 생톰의 역할을 해줄 실재 아버지를 결여하고 있음에도 불구하고 정신증자가 되는 것을 피하는 데 성공한 드문 개인들 가운데 하나이기 때문이다. 라캉이 지적하듯이, 조이스의 아버지는 자신의 아들에게 어떤 가치 있는 것도 줄 수 없었던 경멸스러운 알코올 중독자였다.158) 이 때문에 조이스는 스스로가 자기 자신의 아버지가 되는 것 외에는 다른 선택을 할 여지가 없었다. "그는 아버지를 책임지고 있[었]다"고 라캉은 말하면서,159) 조이스의 예술 작품이야말로 이와 같은 스스

---

157) Lacan, *Le sinthome*, p.23.

158) 사실 라캉 자신의 아버지도 그렇게 다르지 않았다. 라캉의 아버지는 무서운 아버지(라캉의 할아버지)의 규칙 아래에서 자라야 했기 때문에 너무나 유약한 성격을 가지고 있었다. 사실 라캉이 자기 자신을 조이스와 동일시하는 것은 바로 이 때문이다.

로의 아버지-되기를 가능하게 만든 것이었다고 주장한다. "모든 사람을 사로잡을 예술가가 되고자 하는 그의 욕망 …… 정확히 이는, 요컨대 자신의 아버지가 그에게는 결코 아버지였던 적이 없었다는 사실에 대한 보상이 아닐까요? 그의 아버지는 아무것도 가르쳐줄 것이 없었을 뿐만 아니라 거의 모든 것에 대해 소홀했습니다."160)

좀 더 추상적으로 말하자면, 부성적 은유의 형성을 통해서 상징적 질서로 주체가 진입하는 시나리오는 여전히 그 성공 여부가 어떤 실재 아버지의 현존에 달려 있다. 라캉에 따르면, 이런 실재 아버지가 통상적인 사례들 안에서 "증상 또는 생톰"을 형성하는 것이다.161) 상징적 질서가 주체를 '정상적' 주체성의 양식 안으로 효과적으로 인도할 수 있는가 없는가 하는 것은 생톰으로서의 실재 아버지가 현존하는가, 이용 가능한가 하는 **우발적 사실에 의존**해 있다(이것은 상징 법칙이 우연적이라고 말할 수 있는 또 다른 이유이다). 만일 주체가 생톰이라고 불리는 추가적인 고리의 도입을 통해서만 RSI를 구분할 수 있다면, 상관적으로 우리는 생톰의 결여는 삼중적인 보로메오 매듭이 풀려버리고 그리하여 그 매듭이 무차별적인 본래의 단일한 고리로 돌아가버리고 마는 정신증으로 귀결**될 수 있다**고 말할 수 있다. 나는 그럴 "수 있다"고 말했는데, 왜냐하면 정신분석학이 보로메오 매듭 안에 있는 오류에 접근해 그 오류를 수리할 수 있는 장소 또한 보로메오 매듭 안이기 때문이다. 이제 더 이상 과학이 아니라 하나의

---

159) Lacan, *Le sinthome*, p.22.

160) Lacan, *Le sinthome*, p.88.

161) Lacan, *Le sinthome*, p.19.

기예(기술 또는 '노-하우')로 이해되는 정신분석학은 이와 같은 독특한 상황에 임상적으로 개입해 오류를 바로잡으려고 시도할 수 있다. 라캉에 따르면, 미칠 만한 그 모든 이유를 가지고 있었음에도 불구하고 조이스가 자신의 온전한 정신을 유지할 수 있었다는 사실은 조이스의 예술(또는 예술 작품)이 그 자신에게 어떤 생톰의 역할을 해줬다는 것을 웅변적으로 보여준다.

더 나아가, 조이스의 생톰은 앞에서 말한 실재 아버지 같은 통상적인 의미의 생톰이 아니라, 주체가 또한 **부성적**-도착을 향한 길에서 벗어날 수 있게 해주는 생톰이었다. 조이스는 부성적 은유 없이 살아갈 수 있었는데, 왜냐하면 자신의 언어(영어)를 무수히 많은 기표들(그 가운데 어떤 것들은 심지어 영어적 기원을 가지고 있지 않았다)을 가지고 효과적으로 범람시키거나 '채워' 넣을 수 있는 길을 찾아낸 놀라운 예술적 실천을 성공적으로 벌여냈기 때문이다. 조이스가 보여준 바 있는, 매우 세련되고 풍부한 말의 유희와 장난은 후기 라캉이 라랑그(어린아이들의 말하기 안에서 우리가 가장 일상적으로 마주치게 되는 것으로, 다수의 무관하거나 거리가 먼 기표들 사이에서 그것들의 음소 구조상의 유사성을 통해 예상하지 못한 연결들이 생산되는 언어의 음악적 차원)라고 불렀던 것의 진정한 폭발을 보여줬다. 라랑그의 열려 있으면서 동시에 닫혀 있는 문으로 재입장하기를 결코 멈추지 않음으로써 조이스는 자신에게 강제됐던 언어 안에서 작동하고 있던 셰익스피어적인 부성적 권위의 기반을 침식할 수 있었다. 조이스는 이런 방식으로 언어를 상실했던 것이 아니라, 정반대로 더 이상 단순하게 '영어'라고 간주될 수 없는 자신의 언어에 새로운 생명과 새로운 기원을 부여할 수 있었다.[162]

그러나 우리는, 라캉이 상징 법칙의 필연성에 대한 확신을 포기한 이유는 "성적 관계란 없다"는 자신의 새로운 테제 때문이었다는 사실을 알고 있다. 따라서 이 테제가 생톰에 대한 라캉의 논의와 어떻게 관련될 수 있는지에 대해 궁금해 하는 것은 자연스러운 일이다.

---

162) 이런 면에서 조이스의 탁월함을 가장 잘 보여주는 예 가운데 하나는 조이스가 『맥베스』에 나오는 윌리엄 셰익스피어의 문구, "두려워 말라, 버냄 숲이 던시네인 성으로 오기 전까지는"(Fear not, till Birnam wood/ Do come to Dunsinane)[5막 5장]을 다음과 같은 문구로 둔갑시켰을 때 발견된다. "아직이란 지금, 지금, 지금이기 위한 시간이다. 왜냐하면 불타는 그럴지도 모른다가 무(의)미하게 춤추게 될 것이니"(Yet's the time for being now, now, now. For a burning would has come to dance inane). James Joyce, *Finnegans Wake*, New York: Penguin Books, 1990, 250: 15-16. 여기에서 조이스는 '버냄 숲'에 해당하는 'Birnam wood'를 유사한 음소 구조를 가지고 있는 'burning would'로 바꿔 놓으면서 맥베스의 몰락이 '가정법의 would'의 실현을 통해서 다가오고 있음을 눈부시게 표현하고, 이를 다시 맥베스의 성이 위치해 있는 '던시네인'(Dunsinane)과 '무(의)미한/어리석은 춤'(dance inane) 사이의 음소 구조적 유사성을 통해 형상화하고 있다. 조이스의 이런 개입에 대한 논의로는 다음을 참조하라. Luke Thurston, "How Am I to Sign Myself?" *James Joyce and the Problem of Psychoanalysis*, Cambridge: Cambridge University Press, 2004; 김종건, 『피네간의 경야 주해』, 고려대학교출판부, 2012, 418~419쪽. 그러나 생톰이라는 라캉의 새로운 전략은, 비록 상징적 동일시라는 라캉 자신의 과거 전략에 대한 대안이 될 수 있는 잠재력을 확실히 보여주고 있다고 할지라도, 그 자체로서는 **너무 개인주의적이고 엘리트주의적인 것으로** 남아 있다. 생톰을 '정신분석학'을 할 수 있는 새로운 방법이라고 인정한다고 할지라도 그것이 너무나 제한된 적용 가능성만 가지고 있을 뿐이며, 상징적인 것의 바깥 또는 바로 그 경계에서 살아갈 수 있거나 진정 살아가기로 감히 작정하는 예외적 개인들을 위해서만 배타적으로 작동할 것이라는 사실은 여전히 남는다. 뛰어난 아버지와는 달리 결국 미치게 된, 조이스 자신의 딸 루시아(Lucia Joyce, 1907~1982)의 비극적 사례에서 명백히 볼 수 있듯이, 생톰에 기초한 전략은 아직은 대부분의 피분석자에게 그럴듯한 해결책으로 받아들여지기 힘들다.

바로 이 대목에서 라캉은, 이미 내가 앞에서 논했던 사실, 곧 라캉 자신이 "성적 관계란 없다"라는 정식 안에서 '있다'être 대신 '가지고 있다'avoir라는 동사를 사용했음을 우리에게 상기시켜준다. 성적 관계가 있지avoir 않다고 해서 그것이 성적 관계가 있지être 않다는 것을 의미하는 것은 아니다. 라캉은 상징적인 것이 오른쪽과 왼쪽 같은 방향을 구분할 수 없다는 사실에 초점을 맞춘다. 오른쪽과 왼쪽은 본성상 상상적인 것이고, 따라서 그것들은 상징적인 것의 구조적 관점에서는 **등가적인 것**으로 간주된다. 남자와 여자 간의 성적 관계도 기본적으로 똑같다. 남자와 여자 간의 관계는 그 양자가 등가적인 것으로 간주되는 한에서 존재하지 않는다. 라캉은 자신의 논점을 '그림 14'163) 에 나오는 두 그림을 통해 예시한다.

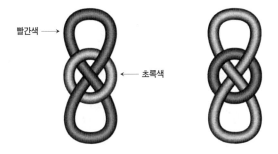

그림 14. 빨간색과 초록색의 뒤집힘에 의한 등가성

구조적 관점에서 이 두 그림은 등가적이다. 다시 말해서 이 두 그림은 서로서로 쉽게 뒤집어질 수 있다. 빨간색과 초록색은 각각 남자

---

163) Lacan, *Le sinthome*, p.99.

와 여자를 대표하며, 그런 한에서 두 성별 사이에는 차이가 아닌 오직 등가성만이 발견된다. 그리고 만일 차이가 없다면 관계도 있지 않게 되는데, 왜냐하면 관계란 오직 두 가지 구별되는 것들 사이에서만 형성된다고 가정되기 때문이다. 그러나 라캉은 이런 등가성의 구조가 차이를 생산하도록 변형되거나 '수리'될 수 있다고 주장한다.

그림 15. '8자형' 매듭[164]

그림 16. 빨간색과 초록색의 뒤집힘에 의한 비등가성[165]

---

164) Lacan, *Le sinthome*, p.99.

165) Lacan, *Le sinthome*, p.100.

즉, 라캉은 이런 두 형상 사이의 위상학적 차이에 기초해서 다음과 같이 주장한다. "따라서 생톰의 수준에서는, 이런 단순한 지시를 가지고 우리를 만족시킬 수 있는 초록색과 빨간색의 관계의 등가성은 없습니다. 생톰이 있는 한, 성적 등가성이란 없습니다. 곧, **관계가 있습니다**."[166] 다시 말해서, 생톰이 있는 한 **성적 관계가 있다**는 것이다. 저 두 고리 가운데 하나가 다른 고리를 위한 생톰의 역할을 해줄 수 있다. 하나의 고리가 다른 고리에 어떻게 묶여 있는가에 따라, 곧 그 고리가 어떻게 다른 고리를 보충하는가에 따라, 전체 매듭의 방향성 상의 차이가 생산될 수 있는 것이다. 이 말은 곧 **여자**가 남자에게 생톰이 되어줄 수 있음을 의미하는가? 그렇지는 않다. 왜냐하면 생톰은 정의상 매우 독특하고 개별적인 어떤 것이기 때문이다. 생톰은 보편적인 방식으로 규정될 수 없다. 따라서 남자를 위한 생톰이 되어줄 수 있는 것은 여자가 아니라 **어떤 하나의 여자**une femme일 뿐이다. 이 때문에 라캉은 프로이트가 원래 제기했던 "Was will das Weib?"(여자는 무엇을 원하는가?)라는 질문을 변형시켜 "Was will ein Weib?"(어떤 하나의 여자는 무엇을 원하는가?)라는 새로운 질문을 던진다.[167] 라캉은 프로이트가 성적 차이를 자연적이고 일반적인 어떤 것으로 환원시킨 것을 비판하면서, 성적 차이는 오직 매우 개인적인/개별적인 인공물인 생톰의 수준에서만 출현할 수 있다고 주장한 것이다.

여기에서 성적 차이에 대한 라캉의 논의를 더 이상 따라가지는 않을 것이다. 대신 이 장을 결론짓기 위해서 편지와 관련된 라캉의

---

166) Lacan, *Le sinthome*, p.101. 강조는 인용자.

167) Lacan, *Le sinthome*, p.67.

생각에 알튀세르가 가한 비판으로 잠시 돌아가볼까 한다. 앞에서 말했듯이, 알튀세르의 비판은 라캉 자신의 자기비판과 완전히 동일한 것은 아니었다. 그것은 단지 유사한 것이었는데, 알튀세르가 관심을 가졌던 것은 라캉의 팔루스-로고스중심주의가 아니라, 다양한 사회적 심급들 간의 관계(또는 똑같은 말이지만, 정신분석학과 다른 '분과 학문의 장들' 간의 관계)에 대해 라캉이 생각했던 방식에서 비롯되는 목적론의 쟁점이었다. 알튀세르는 자기 자신, 라캉, 힌두교도인 어느 젊은 의사를 포함하고 있는 앞의 에피소드를 소개한 뒤에 계속해서 과거의 일을 회상한다.

> [편지라는 문제에 대해] 라캉은 족히 10분은 생각에 잠겼다……. 그러더니 간단히 "알튀세르는 이론가이지 실천가[임상분석가]가 아닙니다"라고 대답했다는 것이다. 나는 라캉이 옳았다는 것을 깨달았다. 사실상 정신과 치료의 전이 관계 속에서 감정적 공간은 완전 밀착된 구조를 띠고 있기 때문에 거기에는 어떤 틈도 있을 수 없으며, 따라서 다른 사람의 무의식에 제대로 보내진 모든 무의식적 메시지는 반드시 그 사람에게 도달하는 것이다. 하지만 나는 이런 내 설명에 완전히 만족하지는 않았다. 왜냐하면 라캉이 옳았지만 나도 옳았기 때문이다. 그리고 라캉은 어떤 점에서도 관념론으로 비난받지는 않는다는 것을 나는 알고 있었다. 기표의 물질성에 대한 라캉의 이해가 그것을 증명하고 있었다. 바로 거기서 나는 해결책을 보게 됐다. 즉 라캉은 정신분석적 실천의 관점에서 말했고 나는 철학적 실천의 관점에서 말했던 것인데, 서로 다른 이 두 영역은, 비록 내가 당시에 고전적인 변증법적 유물론에 대한 내 비판을 견지하고 있었다 하더라도 이

양자에 대해, 즉 정신분석적 영역에 대해 철학적 영역을 우위에 놓는다거나 그 반대로 하는 것, 즉 과학적 실천 위에 철학적 실천을 놓는다거나 그 반대로 하는 것 등, 상대방에 대해 내가 그 우위를 결정할 수 없는 두 영역이었다. **그래서 우리 둘 다 옳기는 했지만, 아무도 우리 사이의 의견 대립의 근원을 명료하게 간파하지는 못했다.**[168]

여기에서 알튀세르는 자신과 라캉 사이에 차이가 있음을 꽤나 확신했지만 그 차이의 기초가 무엇인지는 자신도, 그리고 라캉도 알지 못했다고 언급한다. 알튀세르가 이런 라캉과의 차이를 심각하게 검토하기 시작한 것은 「담론 이론에 대한 세 편의 노트」에서부터였는데, 이 에세이는 알튀세르 사후에 유고작으로 출판됐지만 실제로는 1966년에 저술됐다. 다음 장에서 나는 라캉에 대한 알튀세르의 비판을 재구성하고, 그 양자 간 논쟁의 드러난 표면 밑에 묻혀 있는 또 다른 쟁점을 발굴해내려고 시도할 것이다. 문제가 되는 것은 다시 한 번 구조주의이다. 그러나 이 논쟁 안에서 구조주의를 옹호하고 상대방의 구조주의에 대한 비판을 반박하는 것은 바로 라캉이다.

---

168) Althusser, *The Future Lasts Forever*, pp.187~188. [『미래는 오래 지속된다』, 250쪽.] 강조는 인용자.

제3장

알튀세르의 '실재'와 토픽이라는 질문

1. 정신분석학에 대한 알튀세르의 두 강의

1963~64년 학기에 루이 알튀세르는 파리 고등사범학교에서 자신의 학생들과 정신분석학 세미나를 조직하고 거기서 두 번 강의했는데, 이 강의는 『정신분석학과 인문과학: 두 번의 강의』라는 제목으로 사후 출판됐다. 알튀세르의 초청으로 자크 라캉이 파리 고등사범학교에 와서 연속 세미나를 재개했던 것은 바로 알튀세르의 이 세미나 도중이었고(더 정확하게는 1964년 1월), 파리 고등사범학교에서 라캉이 한 첫 번째 세미나가 『정신분석학의 네 가지 근본 개념』(세미나 11)이었다. 알튀세르는 라캉의 세미나에 모습을 드러낸 적은 없지만, 그세미나에 참석했던 몇몇 제자들로부터 확보한 노트들을 주의 깊게검토했다. 곧 보게 될 것처럼, 1970년에 알튀세르가 행한 이데올로기적 호명에 대한 개념화 안에는 라캉 이론에 대한 이와 같은 연구의 흔적들이 구체적으로 담겨 있다. 그러나 알튀세르가 자신의 세미나에서 했던 두 번의 강의가 특히 흥미로운 것은 다음과 같은 질문에 모종의 힌트를 주기 때문이다. 곧 알튀세르에게는 라캉 이론의 어떤 측면이 가장 매혹적이었고, 또 어떤 측면이 부족해 보였는가?

알튀세르에 따르면 지크문트 프로이트는 자신의 이론적 경력이 쌓여갈수록 점점 더 **이중적인** 과제에 사로잡히게 됐다. 먼저 정신분석학과 외양상 가장 가까워 보이는 분과학문, 곧 심리학으로부터 정신분석학을 발본적으로 분리하는 과제, 그리고 두 번째로 정신분석학과 외양상 꽤 거리가 있어 보이는 다른 기존의 분과학문들, 곧 사회학, 인류학, 민속학 등에 정신분석학을 접근시키는 과제가 그것이었다.[1] 프로이트가 이런 이중적인 과제에 사로잡히게 된 것은 과학들의 장 안에서 자신의 것이라고 주장할 수 있는 정신분석학 고유의 자리를 발견해야 할 이론적 필요 때문이었다. 일단 '인식론적 절단'을 생산하고 그리하여 무의식을 자신의 종별적인 대상으로 수립하자, 정신분석학은 곧바로 자신의 과학적 발견들이 기존 과학들의 장에 의해 "도전받고 취소되는" 곤란한 상황에 처하게 됐다. 이미 다른 분과학문들이 모든 자리들을 장악하고 있었기 때문에 정신분석학은 자신이 균열을 만들고 솟아오른 그 기존의 장 안으로 다시 흡수될 위험에 빠졌고, 결과적으로 프로이트는 정신에 대한 정의를 발본적으로 변화시킨 뒤에조차 여전히 심리학의 낡은 언어(심리학의 낡은 의념들과 패러다임들)로 말하게끔 강제됐다.[2] 이런 이론적 봉쇄를 극복하기 위해 프로이트는 단지 기존 과학들의 장 안에서 정신분석

---

1) Louis Althusser, *Psychanalyse et sciences humaines: Deux conférences*, Paris: Livre de Poche, 1996, p.77.

2) 이런 낡은 언어의 사례는 가령 (정신적인 것과 생물학적인 것의 경계를 혼동하는 경향이 있는) '본능,' (정신을 기본적으로 주어진 사회적 규범에 순응하기 위해 생물학적 존재가 행하는 일련의 적응의 결과로서 이해하는) '현실 원칙' 같은 의념들, 그리고 (정신적 현상들을 본질적으로 연대기적인 발전의 선을 따라 분석하려고 시도하는) 발전 단계의 패러다임 따위에서 발견된다.

학의 자리를 찾는 일에 만족할 수 없었고, 그 장 자체를 변화시킴으로써 정신분석학 자신의 자리를 **만들려고** 시도하는 데까지 나아가야 했다. 이 때문에 정신분석학은 자신의 가까운 형제처럼 보이는 심리학과 가장 공격적인 방식으로 싸워야 했고, 또 정확히 자신과 다른 과학들의 경계에 대한 지도를 그림으로써 자신의 대상을 다른 과학들의 대상과 연관시킬 수 있는 길을 찾아내야 했다.

알튀세르는, 이런 면에서 봤을 때 라캉의 핵심적인 기여는 **필요의 심리학적 주체**에 대한 발본적 비판, 곧 작은 생물학적 존재인 아기가 인간이 되는 과정을 심리학이 설명하려고 시도할 때 상정하게 되는 주체에 대한 비판에서 찾아질 수 있다고 주장한다. 알튀세르에 따르면 심리학의 문제설정 전체를 지휘하는 것은 언어에 대한 에티엔 보노 드 콩디악의 관념인데,3) 이 관념은 특히 18세기 말과 19세기 초

---

3) 에티엔 보노 드 콩디악은 『인간 지식의 기원에 대한 에세이』(1746)에서 '언어의 기원'에 대해 논의하며(제2부 1절) 서로의 필요를 표현하고 소통하기 위해 언어를 발명하는 두 명의 원시인 어린아이에 대한 가설적 이야기를 꾸며낸다. Étienne Bonnot de Condillac, *Essay on the Origin of Human Knowledge*, trans. Hans Aarsleff, Cambridge: Cambridge University Press, 2001, pp.114~115. 그 이야기는 다음과 같이 진행된다.

"§1. 내가 논하는 아이들이 서로 떨어져 살았던 한에서, 그들이 자신의 영혼을 가지고 하는 작업들의 실천은 깨어 있는 한 멈추지 않는 지각과 의식의 실천에 국한되어 있었을 테고, 어떤 지각이 그들에게 특수한 방식으로 영향을 미칠 때면 늘 생겨나는 주목의 실천에 국한되어 있었을 테고, 그들이 처한 상황은 그들이 형성했던 연결들이 파괴되기 전 그들의 마음 앞에 존속할 때 생겨나는 기억의 실천에 국한되어 있었을 테고, 상상의 매우 제한된 실천에 국한되어 있었을 것이다. 가령 필요의 지각은 그 필요를 채워주는 데 봉사했던 대상과 연결되어 있었을 것이다. 그러나 이런 연결은 우연히 형성됐고 성찰의 지속적인 지지물을 결여하고 있었기에 오래 지속되지 못했을 것이다. 어느 날 배고픔의 감각이 그들로 하여금 자신들이 전날 봤던 열매로 가득 찬 나무를 마음에 떠올리게 만들었다. 다음날 그들은 이 나무를 잊었고, 동일한 배고픔의

감각은 다른 대상을 마음에 떠올리게 했다. 그리하여 상상의 실천은 그들의 역량을 넘어선 일이었다. 그것은 단지 그들이 처한 상황의 효과일 뿐이었다.

§2. 함께 살게 됐을 때, 그들은 이런 첫 번째 작업들을 한층 폭넓게 실천할 기회를 갖게 됐는데, 왜냐하면 그들 서로가 마주하는 것이 각각의 정념의 울부짖음을, 그 울부짖음이 자연적인 기호가 되어주는 지각에 연결하도록 만들었기 때문이다. 보통 그들은 그 울부짖음과 함께, 그 표현을 좀 더 두드러지게 만드는 어떤 동작, 제스처, 행동을 했다. 예컨대 자신에게 필요한 대상을 가지지 못해 고통 받는 아이는 단지 울부짖기만 한 것이 아니라 그 대상을 얻고자 노력이라도 하는 듯이 자신의 머리와 팔과 신체의 모든 부분을 움직였다. 이런 장면을 보면서 다른 아이는 자신의 눈을 동일한 대상에 고정시켰고, 자신이 아직 설명할 수 없는 감정들이 자신의 영혼에 퍼지는 것을 느끼면서 다른 아이가 너무나 비참하게 고통 받는 것을 보며 자신도 고통스러워졌다. 이 순간부터 그 아이는 다른 아이의 고통을 덜어주고 싶다고 느끼고 능력이 되는 한 이런 인상에 대해 행동하게 된다. 그렇게 해서 본능에만 의존해 그들은 도움을 청하고 도움을 주었다. 나는 '본능에만 의존해'라고 말하는데, 왜냐하면 성찰은 아직 어떤 역할도 할 수 없기 때문이다. 아이 중 하나가, '나는 내가 필요한 것이 무엇인지 다른 아이에게 이해시켜 그 아이가 나를 돕도록 만들기 위해서 나 자신을 특수한 방식으로 움직여야만 한다'고 말한 것은 아니다. 또 다른 아이도 '저 아이의 움직임을 통해서 나는 저 아이가 무엇인가 갖기를 원하고 있음을 알게 됐고 저 아이에게 그것을 주고자 한다'라고 말한 것이 아니다. 그러나 양자는 모두 그들에게 가장 다급한 필요의 결과로서 행동했다.

§3. 하지만 동일한 상황의 잦은 반복은 정념의 울부짖음 및 상이한 신체 동작들을, 그들이 그토록 현저한 방식으로 감지할 수 있게 표현하는 지각들과 연결하는 것을 습관화하는 데 실패할 수 없었다. 기호들과 더 익숙해질수록 그들은 의지를 통해 그 기호들을 더욱 쉽게 마음에 떠올릴 수 있었다. 그들의 기억이 움직이기 시작했다. 그들은 자신의 상상을 마음대로 쓸 수 있게 됐고, 전에는 단지 본능에 의해서만 했던 일들을 점점 더 성찰을 통해 하는 데 성공했다. 처음에는 그 기호들을 통해 다른 아이가 그 순간 느끼는 감정을 알아보는 습관이 생겼지만, 나중에 그들은 그 기호들을 자신이 경험하는 감정을 소통하기 위해서 사용했다. 예컨대 자신이 두려워하는 장소에 도착했을 때 한 아이는 다른 아이가 위험에 노출되지 않도록 경고하기 위해서 공포의 기호들인 울부짖음과 동작들을 모방했다."

이보다 더 자세한 내용으로는 다음의 책을 참조하라. George Albert Wells, *The Origin of Language: Aspects of the Discussion from Condillac to Wundt*, La Salle, IL: Open Court, 1987, p.8ff.

에 인간 세계와 어떤 접촉도 하지 못한 채 숲에서 동물들과 함께 살다가 발견된 늑대 소년, 송아지 소년, 두더지 소년 따위의 이른바 '야생의 아이들'의 현상에 접근하기 위해서 동원됐다. 의사들과 심리학자들은 콩디악의 교육법을 채택해 이들에게 말을 가르치려고 시도했는데, 그 교육법의 기본 생각은 야생의 아이들 안에 이미 존재하고 있는 생물학적인 필요(갈증, 허기 등)와 그 필요에 조응하는 말이나 기호 사이에 어떤 언어적 연결을 생산하는 것이 가능하리라는 것이었다. 바꿔 말해서, 그 의사들과 심리학자들은 본질적으로 언어를, 주체들이 내적으로 느끼고 서로 소통하고 싶어 하는 필요를 외적으로 **표현**하는 수단으로 파악했다. 알튀세르는 다음과 같이 주장한다.

생물학적 주체의 이런 인간-되기는 모두 필요에 의해 규정되는 심리학적 주체라는 이데올로기에 따라 해석됩니다. 그리고 단순하게 기호는 사물과 관계가 있고 필요는 그 자체가 사물과 관계가 있다는 이론, 곧 필요는 아기에게 그것을 줄 또 다른 사람과의 소통 수단으로서의 언어에 의해 확보되기 이전의 그 사물과 관계가 있다는 이론에 따라 언어가 개입합니다. 필요는 자기 자신을 결정하고, 필요는 사물을 제공하는 또 다른 사람에게 보내질 기호 안에서 자신을 표현하며, 사물은 필요와 직접적 관계를 가지고 있습니다. 회로는 그렇게 해서 닫히게 되지만 두 주체의 현존, 곧 말하는 주체와 언어를 이해하는 주체의 현존을 출현시키고, 언어의 특수한 지위를 출현시킵니다. 그 [회로] 안에 기호와 의미된 사물 간의, 기표와 의미된 사물 간의 모호한 관계가 실존하는 것이죠. 여러분은 거기에서 상상적 기계를 작동시키는 이데올로기적 배경을 발견합니다.[4)]

알튀세르는 라캉이 현대 언어학, 특히 페르디낭 드 소쉬르의 언어학이 만들어낸 단절을 활용함으로써 언어 또는 언어 획득에 대한 이 심리학적 관점을 비판했다고 주장한다. 언어에 대한 콩디악적 인식 안에서 우리는 생물학적인 것으로부터 문화적인 것으로 시간 순서대로 진행한다고 가정된다. 곧 우리는 먼저 생물학적 필요를 가지고 있으며, 그 다음에 그 필요를 재-현$^{re-present}$할 단어로 그 필요를 표현한다는 것이다. 우리가 스스로 말을 만들어내든 타인들로부터 말을 배우든 간에 그것은 크게 상관이 없는데, 그 말이 모두 선재하는 어떤 인간의 필요에서 기원한 것으로 간주될 수 있는 한 그렇다. 이런 의미에서 필요는 언어의 궁극적 기원으로 나타난다. 심리학은 필요(또는 필요한 사물)로부터 그 필요에 다소간 조응하는 단어들로 진행하는 언어의 이런 시간적이고 선형적인 발전에 준거함으로써 생물학적 주체와 문화적 주체 사이의 연속성을 수립하려고 시도한다.[5]

그러나 소쉬르는, 만일 기표들 간의 차이의 네트워크로서의 언어를 가지고 있지 않다면 우리는 애초에 언어적으로 서로 구분되는 개념들로서 사물들에 접근할 수 없을 것이라는 사실을 발견했다. 오히

---

4) Althusser, *Psychanalyse et sciences humaines*, pp.88~89.

5) 비록 알튀세르는 여기에서 콩디악의 심리학에 대한 비판에 초점을 맞추지만, 장 피아제의 심리학이나 행동주의 심리학 같이 훨씬 더 최근의 심리학들도 그 비판의 사정거리에서 벗어나지 못한다. 왜냐하면 그것들도 모두 인간 정신의 기원을 생물학적인 것 안에서 발견하려고 추적하는 발생론의 어떤 판본을 구축하려고 시도하기 때문이다. 행동주의 심리학은 명확하게 자신의 이론적 모델을 동물들의 행동 패턴에 대한 연구로서의 동물학으로부터 가지고 온다. 마찬가지로 피아제는 구조주의와의 친화성에도 불구하고 자신이 '발생론적 인식론'이라고 부르는 것을 발전시키는데, 이것은 근본적으로 인식 구조들 또는 단계들을 생물학적 조절의 변이들과 관련시킨다.

려 우리는 사물들의 연속체 같은 어떤 것(유사-칸트적 의미에서 일종의 '물자체')을 가질 것이며, 그 연속체 안에서 모든 의미들은 극단적으로 불안정화되고 혼동될 것이다. 왜냐하면 어떤 기의도 기표 없이는, 더 정확히 말해서 기표들의 차이 없이는, 생산될 수 없기 때문이다. 우리가 사물들 자체에 언어적으로 접근할 수 있는 것은 오로지 기표들의 전체 매트릭스가 작동해서일 뿐이다. 이렇게 언어학적 인과성의 방향에 대한 우리의 관념은 뒤집어진다. 사물들에 작용하는 것이 언어이지, 그 반대가 아닌 것이다(사물들이 있고 그것에 대한 필요가 언어를 만들어내는 것이 아니라, 언어가 있고 그 언어가 사물들의 연속체를 구분되는 개념들로 분할하면서 각각의 사물들로 만든다).[6]

---

6) 『일반 언어학 강의』에서 소쉬르는 다음과 같이 주장한다. "이 모든 사례에서 보듯이 미리 주어진 **관념**이 체계에서 발생하는 **가치**를 포착하는 것입니다. 이 가치가 개념에 대응하는 것이라고 말할 때, 이는 개념이 순전히 미분적이라는 것, 즉 그 내용으로 적극적으로 정의되는 것이 아니라 언어 체계의 다른 사항들과 맺는 관계에 의해 소극적으로 정의된다는 것을 의미합니다. 개념의 가장 정확한 특징은 다른 개념이 아닌 바로 그 자신이라는 점입니다." 그 뒤에 소쉬르는 계속해서 이렇게 말한다. "앞에서 말한 모든 것은 결국 **언어에는 차이만이 있다**는 사실을 천명하는 것입니다. 뿐만 아니라 차이는 일반적으로 적극적 사항을 전제하며, 이 적극적 사항들 사이에서 성립됩니다. 그러나 언어에는 **적극적 사항이 없이** 차이만이 있습니다. 우리가 기의를 취하든 기표를 취하든 언어에는 언어 체계에 선재하는 관념이나 음성이 포함된 것이 아니라, 단지 언어 체계에서 나오는 개념 차이와 음성 차이만이 포함되어 있을 뿐입니다. 기호 내의 관념이나 음성 질료보다는 그 기호의 주위에 있는 다른 기호의 관념이나 음성 질료가 더 중요합니다. 그 증거는 한 언어 사항의 의미와 음성이 손상을 입지 않았는데도 그 언어 사항의 가치가 변할 수 있다는 것[입니다]." Ferdinand de Saussure, *Course in General Linguistics*, trans. Roy Harris, Chicago: Open Court, 1986, pp.115, 118. [김현권 옮김, 『일반 언어학 강의』, 지식을만드는지식, 2012, 238~239, 245쪽.]

마찬가지로 아기가 처음 문화적인 것 안에 '삽입'될 때, 생물학적인 것이 문화적인 것을 야기하는 것이 아니라 문화적인 것이 생물학적인 것에 대해 작용하는 것이라고 알튀세르는 주장한다.

가장 중요한 것은, 이는 라캉이 고집하는 것이자 라캉의 위대한 발견인데, 우리에게 "생물학적인 것으로부터 문화적인 것으로의 이행"이라는 벡터를 따라 나타나게 될 이런 인간-되기가 사실은 생물학적인 것에 대한 문화적인 것의 작용의 효과라는 점입니다. …… '생물 → 문화'라는 벡터를 상대해야 하는 것이 아니라, 그런 결정을 거꾸로 뒤집어서 상대해야 합니다. 문화 속으로의 삽입이 생산되는 것은 그 작은 생물학적 인간 존재에 대한 문화의 작용에 의해서입니다.[7]

---

7) Althusser, *Psychanalyse et sciences humaines*, p.91. 구조주의 언어학이 언어의 자연적 기원이라는 문제를 기각함으로써 18~19세기 언어학과 결정적으로 단절했다는 점과 관련해, 우리는 또 다른 구조주의 언어학자인 에밀 벵베니스트의 논의에 준거할 수도 있다. 한 대담에서 피에르 덱스는 벵베니스트에게 이렇게 말을 건넨다. "선생께서 인간은 자연이 아니라 문화 내에서 태어난다고 말하면서 강조한 중요한 개념이 하나 있는데요. 선생께서 연구하시는 언어학과 18세기 언어학의 기원 사이에 가로놓인 단절 가운데 하나로서, 초창기 언어학자들은 언어가 자연에서 유래한다는 생각을 가지고 인간에게서 언어가 창조된 자연적 과정을 찾으려고 노력했다는 것인데요." 그러자 벵베니스트는 다음과 같이 대답한다. "그렇습니다. 19세기 초엽에 특히 비교 문법이 밝혀낸 제1단계의 언어학적 발견에서, 특히 인간 정신의 기원으로 거슬러 올라가면 인간의 언어 능력의 탄생을 포착할 수 있다는 생각을 엿볼 수 있지요. 이때 먼저 생겨난 것이 동사인지 아니면 명사인지에 대한 문제였지요. 언어의 절대적 기원 문제에도 질문을 제기했지요. 오늘날 이런 문제가 과학적 현실성이 전혀 없다는 점을 언어학자들은 깨닫고 있지요. …… 우리가 확신하는 바는 가장 과감한 재구성으로도 언어 기원에 대한 아주 기본적인 사실에는 도무지 이를 수 없다는 것입니다. 언어 연구가 자연의 산물인 인간 언어의 비밀을 드러내줄

이런 발견의 심층적 함의는 물론 **기원적 주체 같은 것은 없다**는 것, 심리학적 경향의 형태로도 순수한 생물학적 충동의 형태로도 기원적 주체 같은 것은 없다는 것이다. 아기의 인간-되기 과정의 최초 지점에 놓여 있다고 심리학이 가정하는 필요의 주체는 오히려 생물학적인 것에 대해 작용하는 문화적인 것의 효과에 불과하다. 물론 이는 인간 존재에 귀속될 만한 생물학적 차원 같은 것이 없다는 뜻은 아니다. 오히려 통상적 의미의 생물학적인 것은 **결코 주체의 형태로 존재하지 않는다**는 뜻이다. 심리학이 생물학적이라고 가정하는 최초의 주체는 사실 **문화적 주체**이며, 문화적인 것에 의해 이미 구성되어 생물학적인 것 쪽으로, 생물학적인 것**으로서**, 목적론적인 방식으로 거꾸로 투사된 주체이다. 알튀세르는 이렇게 말한다. "작은 인간 존재의 인간-되기에 앞서 일어나는 것은 심리학, [필요의] 심리학적 주체가 아니라, 라캉이 '상징적인 것의 질서'라고 부르는 것 또는 여러분이 바란다면 제가 문화의 법칙이라고 부르고자 하는 것입니다."[8] 따라서 문

것이라는 생각은 오늘날 더 이상 지지받을 수 없습니다. 우리는 항상 사회 내에서 문화 내에 있는 인간 언어를 봅니다. 제가 인간은 자연이 아니라 문화 내에서 탄생한다고 말한 것은 오늘날이나 가장 오래된 선사 시대나 어느 시대나 어린아이는 누구든지 반드시 언어와 더불어 문화의 기초를 배우기 때문입니다. 어떤 언어도 문화적 기능과 떼려야 뗄 수 없지요. 인간이 혼자서 언어를 창조할 능력이 있다고 상상할 만한 표현 기제란 없습니다. 인간이 습득하지 않고도 창조되고, 자연발생적으로 생긴 인간 언어의 역사는 우화일 뿐입니다. 인간 언어는 언제나 어린아이들에게 주입됐는데, 그것은 항상 우리가 현실이라고 부르는 것, 즉 필연적으로 문화 요소로 정의되는 현실과 관련해서 주입됐던 것입니다." 에밀 벵베니스트, 김현권 옮김, 「구조주의와 언어학」(1968), 『일반 언어학의 여러 문제 2』, 지식을만드는지식, 2013, 26~28쪽.

8) Althusser, *Psychanalyse et sciences humaines*, pp.91~92.

화적 주체에 선행하고 그것을 전진적인 방식으로 만들어내는 것은 필요에 의해 규정되는 심리학적 주체가 아니다. 반대로 생물학적인 것에 대해 작용하고 그리하여 주체의 효과, 또는 단적으로 **주체-효과**를 생산하는 것이 문화적인 것(제1장에서 살펴본, 항상 이미 미리 도착해 있는 상징적 질서)이다. 인과성의 시간 순서대로의 방향을 이렇게 거꾸로 뒤집음으로써('생물 → 문화'를 '문화 → 생물'로), 라캉은 주체에게서 그 어떤 구성하는 기능 또는 기원적 기능도 박탈하고, 주체를 문화적인 것 또는 상징적인 것과의 관계에 있어서의 그 **수동성**에 의해 근본적으로 특징지어지는 위치로 명확하게 좌천시킨다.[9]

만일 심리학과 심리학적 주체에 대한 이런 라캉의 비판이 알튀세르를 가장 매혹했던 점이었다면, 반대로 알튀세르에게 가장 취약해 보였던 것은 라캉의 다음과 같은 믿음, 곧 정신분석학이 다른 과학이나 분과학문의 도움 없이도 혼자만의 힘으로 기존 과학들의 장을 변화시키는 과제에 성공할 수 있으리라는 믿음이었다. 이 쟁점에 대한 논의로 직접 들어가진 않으면서도 알튀세르는 매우 짧지만 의미심장한 언급을 해둔다. "정신분석학이 혼자서 이 장의 위상학을 변형시키는 데, 곧 그 장의 본성과 내적인 분할들을 변화시키는 데 충분할까요? 이 질문은 열려 있습니다. 라캉은 실로 정신분석학이 자신이 침입한 그 장을 재구조화할 수 있다고 생각합니다. 아마도 이는 정신분

---

9) 이런 면에서 라캉뿐만 아니라 알튀세르는, 성적 동일성이 결코 자연적으로 주어지는 것이 아니라 항상 **문화적 구성의 자연화된 결과**로서 주어진다고 믿는 주디스 버틀러 같은 좀 더 최근의 젠더 연구 이론가와 친화적인 입장을 가진다. 차이점이 있다면, 알튀세르는 버틀러만큼 수행적 차원을 강조하려고 하지는 않는다는 것이다. 우리는 곧 이데올로기적 호명에 대한 그들의 논쟁이라는 맥락에서 이 쟁점으로 돌아올 것이다.

석학의 역량을 넘어서는 일일 것입니다."[10] 따라서 알튀세르가 라캉의 이론적 절단의 온전함과 관련해 제기하는 문제는 '인문과학'의 상이한 대상들의 접합이라는 질문인데, 이는 결국 상이한 사회적 심급들 또는 수준들의 접합이라는 문제에 다름 아니다. 요컨대 이는 **토픽**이라는 질문, 즉 (정치적, 이데올로기적, 경제적 수준뿐만 아니라 개인적이고 집단적인 수준, 실천적이고 이론적인 수준, 담론적이고 비담론적인 수준 따위의) 사회 전체의 다양한 심급들 또는 수준들 사이에 형성되는 서로를 구속하면서도 동시에 미분적인(심지어 갈등적인) 접합의 관계를 재현하는 공간적 은유로서의 토픽이라는 질문이다.

제3장에서 제시할 나의 테제는 다음과 같다. 알튀세르가 유보 없이 동의하는 것은 심리학(특히 자아-심리학)에 대한 라캉의 비판이며, 이를 위해서 인과성의 벡터를 ('생물 → 문화'에서 '문화 → 생물'로) 역전시키기로 한 라캉의 이론적 결정인데, 이런 결정의 놓칠 수 없는 함의는, 주체의 범주를 능동적 위치에서 수동적 위치로 옮겨놓기 위해서는 주체의 원인이나 맹아를 **주체 그 자체 안에서 주체를 선행하는 것**이라는 형태로 포착하려는 그 모든 시도를 비판하는 것이 필수불가결하다는 점이다. 반면 알튀세르가 가지는 라캉과의 근본적인 이견은 라캉이 주체를 오직 언어 또는 기표라는 **단 하나의** 심급과의 관계 속에서만 구성되는 것으로 이론화하려는 경향이 있다는 점과 관련된다. 알튀세르는 주체의 형성이라는 질문을 오히려 **사회적 관계들 자체의 복잡성** 안에서, 주어진 특정한 사회구성체를 구성하는 복수의 이질적인 심급들의 과잉결정 안에서 인식하고자 한다.

---

10) Althusser, *Psychanalyse et sciences humaines*, p.81.

이어지는 두 번째 절에서 나는 알튀세르와 라캉의 수렴을 논하고, 슬로베니아 학파(특히 플라덴 돌라르)와 주디스 버틀러가 1990년대에 벌였던 이데올로기적 호명에 대한 논쟁이 알튀세르와 라캉의 이런 이론적 수렴의 완전한 의미를 파악하는 데 둘 다 실패했기 때문에 벌어졌다고 주장할 것이다. 슬로베니아 학파와 버틀러는 서로의 입장 차이에도 불구하고 공히 회고^{retroaction}라는 알튀세르–라캉적 논리에서 인셉션^{inception}이라는 심리학적 논리로 퇴행한다. 세 번째 절에서 나는 논의 방향을 달리해 알튀세르와 라캉의 발산이라는 쟁점에 접근해가면서, 라캉적 '실재'와 대조할 때 알튀세르적 '실재'가 가진 독특성이란 무엇인가 하는 문제에 초점을 맞출 것이다.

2. 인셉션인가 호명인가?: 슬로베니아 학파, 버틀러, 알튀세르

지난 2010년 여름, 비평가들의 호평을 받으며 상영된 크리스토퍼 놀런 감독의 영화 『인셉션』의 한 장면에서, 극중 인물 아서(조지프 고든 레빗 분)는 자신을 뒤쫓는 적을 피해 황급히 나선형의 계단을 뛰어 내려가다가 갑자기 계단을 360도 돌아와 적의 등 뒤에서 적을 거꾸로 공격한다. 감독은 이 불가능한 일이 꿈속에서는 가능하다는 말을 미리 흘려뒀고, 관객들은 당혹감 없이 이 장면을 즐길 수 있다. 하지만 이 장면을 보면서 나에게는 약간 엉뚱한 질문이 하나 떠올랐다. '과연 아서 자신은 이렇게 적을 물리친 뒤, 무한히 돌아가는 그 계단을 어떻게 빠져나올 수 있었을까?' 사실 이 '무한 계단'은 화가 마우리츠 코르넬리스 에셔의 잘 알려진 그림 「올라가기와 내려가기」(1960)를 모방한 것인데, 그림 안에서 계단은 올라가거나 내려가는 것처럼 보이

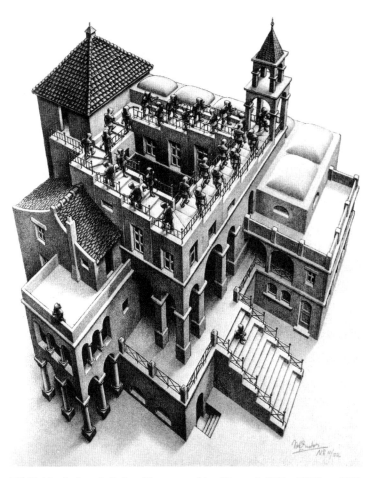

그림 17. Maurits Cornelis Escher, *Klimmen en dalen*, lithograph, 35.5cm×28.5cm, 1960. 1958년 영국의 수학자이자 심리학자 라이오넬 펜로즈와 그의 아들 로저는 에셔의 작품에서 영감을 얻어 '불가능한 계단'(혹은 '펜로즈 계단')이라는 착상을 담은 논문을 발표한다. 펜로즈 부자는 이 논문을 에셔에게 헌정했고, 에셔는 그들의 착상에 영감을 얻어 위 작품을 완성했다. 1961년 에셔는 이 착상을 더 발전시켜 물리적으로 불가능한 '영원의 운동'을 시각화한 작품, 「폭포」(Waterval)를 발표하기도 했다.

지만 실상은 빠져나갈 수 없는, 무한히 돌아가기만 하는 '순환'의 구조를 가지고 있다. 영화의 마지막 장면에서 쓰러질 듯 말 듯 계속 돌고 있는 '팽이'를 보여줄 때도, 감독은 사실 관객들에게 똑같은 질문을 던지고 있는 듯하다. 이 팽이는 주인공 코브(레오나르도 디카프리오 분)가 자신이 다른 사람의 꿈속에 있는지 아니면 자기 자신의 현실 속에 있는지를 가늠하기 위해서 혼자서 돌려보곤 하는 것인데, 팽이가 쓰러진다면 현실에 있는 것이지만, 팽이가 무한히 계속 돈다면 다른 이의 꿈속에 있는 것이다. 그렇다면 이 돌아가고 있는 팽이야말로 무한 계단이 아닌가? 당신은 이 계단에서 빠져나올 수 있는가? 우리는 코브가 결국 빠져나온 것이라고 말해야 하는가? 아니면 쓰러질 줄 모르는 팽이처럼 계단 돌기를 영원히 반복하고 있을 뿐이라고 말해야 하는가? 감독은 관객들에게 결론을 내려주지 않는다.

주로 '시작'이나 '개시'라는 의미를 가지고 있지만, 필시 "유기체가 무엇인가를 들이마시는 행동"[11]이라는 부차적 의미에 착안해, 영화에서 다른 사람의 두뇌 또는 정신 안에 어떤 관념을 심어 놓는다는 중의적인 의미로 사용된 '인셉션'은 일견 알튀세르가 논한 '호명'이라는 개념과도 어떤 면에서는 닮아 있는 듯하다. 어떤 개인의 정신 안으로 이데올로기적 관념을 이식한다는 것, 또는 이데올로기적 관념 안으로 어떤 개인을 이식한다는 것, 이런 이식을 '호명'으로 이론화함으로써 알튀세르는 혹시 자신도 모르는 사이에 스스로 어떤 무한 계단 안으로 걸어 들어갔던 것은 아닐까? 무한 계단 위에서 알

---

11) "Inception," *The Oxford English Dictionary*, 2nd ed., Oxford: Oxford University Press, 1989; OED Online[www.oed.com], 2010년 10월 20일 접속.

튀세르가 쫓던 적은 어느새 그 계단을 돌아와 알튀세르를 등 뒤에서 공격하고, 또 다시 그 적을 알튀세르가 한 바퀴 더 돌아와 재차 공격하지만, 우리는 이 두 번째 알튀세르가 첫 번째 알튀세르와 동일인인지 확신할 수 없다. 혹시 알튀세르는 여전히 계단 밖에 서 있는 것이 아닐까? 알튀세르는 도대체 어디에 있는 것일까? 슬라보예 지젝이 『이데올로기의 숭고한 대상』(1989)에서 알튀세르의 '이데올로기적 호명' 테제를 뒤쪽으로부터 비판하면서 '호명 너머'에 놓인 차원(곧 상징화 과정이 자신의 '등 뒤'에 남긴 나머지 또는 잉여로서의 실재)을 부각시킨 뒤에, 버틀러는 알튀세르를 옹호하면서 지젝과 슬로베니아 학파의 입장을 재빨리 뒤로 돌아와 다시 비판하지만, 우리는 여전히 무한 계단에 갇혀 있을 뿐, 아무도 그 계단을 빠져나오지는 못했을지도 모른다는 느낌을 갖게 된다.

논란의 핵심을 테리 이글턴이 알기 쉽게 정리해준다. 이글턴은 알튀세르의 호명 테제를 논하면서 그 논리적 허점을 다음과 같이 지적한다. "만일 어떤 개인이 이미 주체가 아니라면, 그 개인은 어떻게 자신을 주체로 만드는 '부름'을 인지하고 대답하게 되는 것일까? 대답, 인지, 이해는 주체의 능력이 아닌가? 따라서 주체가 되기 위해서 그 개인은 이미 주체였어야 하지 않을까? 그런 한에서 부조리하게도 주체는 자신의 실존에 앞서 있어야 할 것 같다."[12] 따라서 문제가 되는 것은 정확히 알튀세르의 호명 테제가 열어 놓은 일종의 '무한 계단'이다. 알튀세르는 "이데올로기가 개인을 주체로 호명한다"고 말했지

---

12) Terry Eagleton, "Ideology and Its Vicissitudes in Western Marxism," *Mapping Ideology*, ed. Slavoj Žižek, London: Verso, 1994, p.215.

만, 개인이 이 호명을 자신에게 행해진 것으로 인지하고 주체로 구성되기 위해서는 그 자신이 **이미 그 인지를 행하는 모종의 주체**여야만 한다. 따라서 주체는 무한 계단을 360도 돌아와 어느새 (아직 주체가 아니라고 가정됐던) 개인의 등 뒤에 서 있다. 이글턴은 계속해서 이렇게 말한다. "이런 수수께끼를 의식하고 있던 알튀세르는, 진정 우리가 '항상-이미' 주체들이며, 심지어 어머니의 자궁 안에서조차 주체들이라고 주장했다. 우리가 실존하게 되는 것은 말하자면 항상 이미 준비된 일이라는 것이다. 그러나 이것이 사실이라면, 알튀세르가 호명의 '순간'에 대해 강조하는 것을 어떻게 봐야 할지 알기 힘들다. 단순히 호명이라는 것이 어떤 편리한 허구가 아니라면 말이다."13)

알튀세르에 대한 지젝의 비판을 옹호하고 그 논점을 좀 더 분명히 드러내기 위해 작성한 글에서 돌라르가 문제로 삼는 것도 결국 이점이다. 돌라르는 이렇게 말한다.

> 대타자 안에서 [자신을] 인지하기 전이라고 해서, 주체가 단지 개인에 지나지 않은 것은 아니다. (실제) 개인에서 (상상적) 주체로 이행함에 있어 어떤 '중간' 단계가 있는데, 이 단계 안에서 상징화 과정은 아직 상상적 주체성에 의해 채워지지 않은 빈 공간, 존재의 연속성 내의 균열, 하나의 공백을 열어 놓는다. 이 빈 공간은 내가 앞에서 언급한 강제된 선택의 메커니즘에 의해 묘사될 수 있다.14)

---

13) Eagleton, "Ideology and Its Vicissitudes in Western Marxism," p.215.
14) Mladen Dolar, "Beyond Interpellation," *Qui parle*, vol.6, no.2, Spring-Summer 1993, p.88.

여기에서 '강제된 선택'이 무엇을 말하는지는 나중에 살펴보기로 하자. 돌라르는, 지젝이 『이데올로기의 숭고한 대상』에서 "믿음 이전의 믿음"이라는 관념을 도입함으로써 보여주고자 했던 것이 바로 이런 중간 단계 설정의 필연성이라고 말한다.

"무릎을 꿇어라, 기도의 말을 읊조리려, 그러면 믿게 될 것이다"라는 블레즈 파스칼의 아포리즘을 원용하면서 실천의 물질성에 의한 이데올로기적 믿음의 생산에 대해 논할 때 알튀세르는 여기에서 부지불식간에 두 가지 불연속적이고 상이한 물질성을 다루고 있다고 돌라르는 지적한다. 아직 개인이 무엇을 믿어야 할지조차 모르는 상태에서 경험하는 무의미한 의례로서의 첫 번째 물질성이 있다면, 동일한 의례이지만 이번에는 주체의 내적 믿음에 의해 지지되는 의례로서의 두 번째 물질성이 있다. 결정적인 질문은 무엇이 이 개인으로 하여금 첫 번째 물질성으로서의 무의미한 절차(무릎을 꿇고 기도문을 암송하는 따위)를 순순히 따르도록 만드는가 하는 것이다. 이 개인이 두 번째 물질성을 지탱하고 있는 내적 믿음에 의해 추동되고 있는 것이 아니라는 점은 분명하다. 왜냐하면 그런 내적 믿음은 개인이 '상상적 주체'로 구성된 뒤에야 갖게 되는 믿음이기 때문이다. 하지만 단순히 이 무의미하게 보이는 의례를 따라 하기 위해서라도 이미 그 개인은 어떤 최소한의 믿음, "무엇인가 믿을 만한 것이 거기에 있으리라는 믿음"을 가지고 있어야 하는 것이 아닌가?

따라서 무의미한 의례에 따르기로 '동의'하는 최소한의 형식적 제스처로서의 "첫 번째 텅 빈 제스처"가 있다면, 그런 의례를 반복적으로 따라 함으로써 결국 도달하게 되는 상상적 인지의 제스처로서의 "두 번째 텅 빈 제스처"가 있다.[15] 돌라르는 알튀세르가 이 가운데 후자는 이론화했지만, 전자를 이론화하는 데 실패했다고 주장한다. 말하자면 돌라르는 『인셉션』의 주인공 코브처럼 알튀세르에게 이렇게 말하고 있는 셈이다. "꿈속에는 또 다른 꿈이 있다. 당신이 어떤 관념을 다른 사람에게 심어주고 싶다면 단 한 번만 꿈속으로 들어가서는 안 된다. 더 깊은 무의식, 더 깊은 꿈속의 꿈으로 들어가 그 관념 또는 믿음을 심어 넣어야 한다." 이렇게 해서 돌라르는 알튀세르가 성급하게 이데올로기의 주변을 단 한 바퀴만 돌고 만족했다고 비판하면서, 재빨리 한 번 더 무한 계단을 돌아와 알튀세르를 뒤쪽에서 걷어차려고 한다. 그리고 돌라르는 이것을 다름 아닌 "믿음 이전의 믿음," "주체 이전의 주체"라는 이름으로 행하려고 하는 것이다.

그러나 사실 알튀세르는 「이데올로기와 이데올로기적 국가장치들」(1970)을 발표하기 전에 실제로 이런 문제제기를 이미 마주친 적이 있고, 자신의 입장을 명쾌히 정리한 바 있다. 나중에 자신의 정신분석가가 되기도 하는 르네 디아트킨 박사에게 쓴, 「D에게 보낸 두 통의 편지」(1966)에 등장하는 논의가 그것이다. 이 가운데 첫 번째 편지는 디아트킨에게 라캉의 이론을 심각하게 고려할 것을 강한 어조로 권하고 있는 편지이고, 두 번째 편지는 디아트킨이 답장에서 제기한 몇몇 반론에 대해 자신의 생각을 밝히고 있는 편지인데, 두 편지 모두를 관통하는 핵심 주제는 바로 **발생론 비판**이다.

알튀세르에 따르면, 디아트킨은 정신분석학을 생물학이나 동물학과 마구 섞어 놓으려는 시도에 대해서는 매우 정당하게 비판적 거리를 취한다. 하지만 그러면서도 어린아이의 발달 과정 속에서 생물

---

15) Dolar, "Beyond Interpellation," p.90.

학에만 관련되는 첫 번째 시기와 정신분석학에 종별적으로 관련되는 '무의식'이 시작되는 두 번째 시기(대략 생후 8개월부터의 시기)를 구분하고 그 '경계'를 경험적으로 찾아내려고 시도하는데, 이와 같은 시도는 디아트킨이 '발생론'이라는 이데올로기적 문제설정에 여전히 갇혀 있음을 보여준다. 알튀세르가 보기에, '이론가'로서 라캉의 최대 강점은 반대로 이런 발생론적 문제설정을 철저히 거부하고, 무의식이 출발하는 '시점,' 생물학의 영역과 정신분석학의 영역 사이의 '경계'를 찾으려고 하지 않는다는 점에 있다.[16] 만일 발생론의 문제설정을 취하게 되면, 우리는 무의식 발생 '이전'과 '이후'를 나눠야 하고, 도대체 언제 어떻게 이런 '이전'으로부터 '이후'로의 이행이 발생하게 되는지를 보여줘야 할 뿐만 아니라, '이전'에 속한 어떤 요소가 결국 이런 '이후'로의 이행을 근거 짓는지를 밝혀내야 한다. 한마디로, **"왜** 이행하는가?"라는 질문을 피할 수 없는 것이다. 결국 발생론은 필연적으로 ('이후'라는 목적에 도달하기 위한 '이전'의 맹아를 찾아내는 식의) **목적론적 추론의 방식**을 취할 수밖에 없다는 것이 알튀세르의 주장이다. 특히 이런 연대기적 설명에는 프로이트가 강조하는 **무의식의 비시간성**atemporality을 설명할 수 없다는 치명적 약점이 있다.

이런 비판에 대해서 디아트킨은, '무의식의 비시간성'이라는 것이 있다고 해서 무의식이 "시간 안에서" 시작되지 않는다는 뜻은 아니라고 말하면서, 여전히 우리는 무의식의 출현 '이전'과 '이후'를 나눠야 한다고 주장한다. 디아트킨은 자신이 '발생론'이라는 용어를 사용

---

16) Louis Althusser, "Letters to D"(1966), *Writings on Psychoanalysis*, trans. Jeffrey Mehlman, New York: Columbia University Press, 1996, pp.40~41.

한 것은 다소 문제가 있을 수 있다고 인정한다. 그러나 동시에 디아트킨는 알튀세르도 이런 발생론의 어법을 완전히 피하지는 못한다고 지적하면서, 실제로 알튀세르가 첫 번째 편지에서 "어떤 새로운 것이 자율적인 방식으로 기능하기 시작한다"고 썼다는 사실을 상기시킨다. 이런 반론에 대해 두 번째 편지에서 알튀세르는 '돌발'surgissement과 '탄생'naissance을 개념적으로 구분하고, 돌발을 탄생의 형태로만 인식하도록 강제하는 것이야말로 발생론적 목적론의 핵심이라고 주장한다.17) 어떤 것의 '발생 과정'을 추적한다는 것은 무엇보다도 "오직 하나의 개체"의 흔적, 다시 말해서 "하나의 동일성을 보유하고 있는, 식별될 수 있는 어떤 개체"의 흔적을 추적한다는 것을 의미한다.18) 이런 동일성은 발생의 전체 과정을 통해 보존된다고 가정되는 동일성이며, 발생론은 이 동일성을 추적하기 위해서 심지어 그 개체의 발생 '이전'과 '이후'의 연속성까지 설정하는 데로 필연적으로 나아간다. 알튀세르는 다음과 같이 말한다.

> 모든 발생론적 사고는 말 그대로 '탄생'을 찾는 일에, 그 단어의 모호함이 초래할 모든 것과 함께 찾는 일에 집착하는데, 이는 여타 이데올로기적 유혹 가운데서도 (가장 종종 암묵적이거나 착각되곤 하는) 다음과 같은 관념을 전제합니다. 곧 [어떤 것의] 탄생의 시점에서 관찰될 수 있는 것이 **이미 그 자신의 이름을 지니고 있고**, 이미 자신의 동일성을 보유하고 있으며, 어느 정도까지는 이미 식별 가능하고, 탄

17) Althusser, "Letters to D," p.58.
18) Althusser, "Letters to D," p.56.

생하기 위해서 그것이 **자신의 탄생 이전에** 모종의 방식으로 이미 실존하고 있다는 관념 말입니다![19]

  이런 방식으로 발생론적 사고는 어떤 주어진 개체나 개인의 '발생'에 대해 논하기 위해서 역설적으로 항상 과정의 **끝**에서 출발해 실제의 과거에는 존재하지 않았던 그 개체의 **기원**을 (재)구성함으로써 항상 거꾸로, **목적론적으로** 작업한다. 어떤 동일성이 돌발할 때, 다시 말해서 어떤 개인이 동일성을 부여받는 사건이 돌발할 때, 발생론적 사고는 이 동일성을 과거로, **회고적인 방식으로** 투사하고 그 개인의 선형적 발전의 전체 과정을 허구적으로 구축한다.

  알튀세르는 이미 『《자본》을 읽자』에서 '사회 효과'effet de société라는 개념을 논하며 이런 발생론의 목적론적 오류를 비판한 바 있다.[20] 사회 효과는 『자본』에서 칼 맑스의 고유한 질문이 무엇인가를 규명하기 위해 알튀세르가 도입한 개념인데, 알튀세르에 따르면, 맑스는 근대 부르주아 사회가 역사적으로 어떻게 생성·발전해왔는지를 질문한 것이 아니라, 근대 부르주아 사회는 어떤 메커니즘을 통해 **하나의 사회로서** 존재할 수 있게 되는가를 질문했다. 이런 질문상의 차이가 자본주의에 대한 모든 전前-과학적 연구들로부터 맑스의 연구를 영원히 구분해줬다. 물론 이렇게 말한다고 해서 자본주의 사회가 역사적으로 생산된 하나의 '결과물'이라는 사실을 맑스가 부정했다

---

19) Althusser, "Letters to D," p.57.

20) Louis Althusser and Étienne Balibar, *Reading Capital*(1965), trans. Ben Brewster, London: Verso, 1979, pp.64~69. [김진엽 옮김, 『자본론을 읽는다』, 두레, 1991, 80~87쪽.]

는 말은 아니다. 그러나 이렇게 역사적으로 생산된 결과물이 하나의 '사회'로 존재할 수 있게 되는 메커니즘 자체는 발생론의 논리를 통해 해명될 수 있는 것이 아니라, 다양한 요소들이 근대 부르주아 사회에서 서로 **결합**되는 종별적인 방식이 무엇인가에 관한 연구를 통해서만 해명될 수 있다. 종종 전前-자본주의적 사회 안에서 서로로부터 고립되어 있는 것으로 발견되는 이런 요소들은 의심할 바 없이 자본주의에 필수적인 요소들이다. 그러나 그 요소들이 그 자체로 진정 자본주의적인 것은 아니다. 이런 요소들이 자본주의적 논리에 따라 기능하기 시작하는 것은 오로지 그 요소들이 자본주의적인 결합의 구조적 메커니즘 안으로 진입함으로써일 뿐이다. '돌발'과 '탄생'을 구분하기 위해 예전에 자신이 행한 이런 주장의 요점을 디아트킨에게 다시 한 번 설명하면서, 알튀세르는 특히 자본주의를 돌발하게 만드는 이런 요소들의 결합의 **우발성**을 강조한다. 반면 '탄생'이 추구하는 목적론의 논리는 항상 이런 요소들의 우연적인 마주침(결합)의 결과를 거꾸로 과거를 향해 투사함으로써 어떤 전-자본주의 사회의 맹아로부터 자본주의가 필연적으로 또는 변증법적으로 발전해왔다는 식의 설명을 제시한다는 점에서 관념론적이다.

그런데 이런 "회고적 환상"[21]은 단지 발생론에 기대는 이론가들만 빠져드는 환상이 아니다. 그것은 훨씬 더 일반적인 사정을 가지고 있으며, 심지어 우리는 그것이 **주체-효과**effet-sujet를 생산하는 모든 이데올로기의 근본 환상이라고까지 말할 수 있다. 우리는 종종 어린아이들이 "엄마, 아빠, 내가 태어나기 전에 도대체 나는 어디 있었어?"

---

21) Althusser, "Letters to D," p.57.

하고 물으며 부모를 당황시키는 것을 본다. 이런 질문을 듣고 실제로 그 아이들이 어떻게 생겨났는지를 설명하기 곤란한 부모는 궁리 끝에, "얘야, 물론 너는 태어나기 전에 하늘나라에 있었단다. 그곳은 모든 아이들이 태어나려고 기다리고 있는 아주 아름다운 곳이야"라고 말함으로써 그런 아이들의 환상에 동참한다. 혹자는 부모가 이런 거짓말을 정말로 믿는 것은 아니라고 반문할지도 모른다. 그렇지만 솔직하게 정말 그것이 단지 유년기의 환상에 불과하다고 말할 수 있을까? 알튀세르는 디아트킨에게 이렇게 쓴다. "나는 특히 각각의 개인이 자신의 탄생 이전에는 자신이 존재하지 않았다는 것을 상상하기 힘들어 할 때, 바꿔 말해서 자신이 태어날 권리, 자기 자신의 실존에 대한 권리, 자기 자신의 탄생에 대한 권리를 영원하게 부여받아온 것은 아니라고 상상하기 힘들어 할 때 그 개인이 가지는 환상에 대해 생각하고 있습니다."[22] 이런 주체의 **영원성**이라는 환상을 알튀세르는 바로 이데올로기적 호명의 핵심적인 효과라고 이해했다.

경찰이 지나가는 행인을 등 뒤에서 부른다. "이봐, 거기!" 행인이 그 소리를 듣고 돌아서면서, 그렇게 돌아서는 순간, 알튀세르는 그 행인이 주체로 구성된다고 말한다. 그리고 이글턴, 돌라르, 지젝이 질문을 제기하는 것이 정확히 여기이다. "**왜** 그가 돌아서는가?" 돌아섬의 '이전,' 호명의 '이전'에 놓여 있는 그 개인(행인)의 어떤 요소가 이렇게 그를 필연적으로 돌아서게 만드는가? 이미 주체가 아니라면, 그 개인이 등 뒤에서 들려오는 호명을 어떻게 인지하고 돌아서서 그 부름에 화답하게 되는가? 또는 무릎을 꿇고 기도문을 암송해 믿

---

22) Althusser, "Letters to D," p.58.

음을 갖게 되는 개인의 경우라면, 어떻게 그 개인은 이 무의미한 의례를 따르는 데 '동의'하게 되는가? 그 개인이 이미 모종의 주체로서 최소한의 믿음을 가지고 있지 않다면 말이다. 이를 설명하기 위해서는 "주체에 앞선 주체," "믿음에 앞선 믿음"이라는 중간 단계를 설정해야 하는 것이 아닌가?

그러나 "x에 앞선 x"라는 이런 무한 계단의 순환성은 호명의 원인이 아니라 단지 호명의 **효과**일 뿐이라는 것이 알튀세르의 입장이다. 일단 호명이 하나의 사건으로 '돌발'하게 되면, 호명된 개인은 그렇게 자신에게 부여된 동일성을 결코 현전한 적 없는 과거를 향해 회고적으로 투사함으로써 자신의 **영원한 전사**前事를 주체의 필연적인 변증법적 드라마로 (재)구성한다. 따라서 어떤 이데올로기의 이론가가 이 주체의 탄생 근거를 탄생 '이전'에서 찾으려고 든다면, 그 순간 그 이론가도 정확히 동일한 이데올로기적 호명의 효과 속으로 빠져들게 되고, 그렇게 스스로가 이데올로기적 주체가 된다. 그런 발생론의 이론가가 묻는 질문은 사실 앞에서 언급한 천진한 어린아이가 묻는 질문과 동일한 질문이다. 곧 "주체가 태어나기 전에 주체는 어디 있었는가?" 그리고 일단 한 번 이렇게 이데올로기의 무한 계단 속으로 발을 들여놓게 되면, 그 계단을 계속 도는 것만으로는 그곳을 빠져나올 수 없다. 왜냐하면 알튀세르가 분명히 말하듯이, 이데올로기는 '바깥'이 없기 때문이다.[23] 이데올로기의 무한 계단 안에서는, '거

23) Louis Althusser, "Ideology and Ideological State Apparatuses"(1970), *Lenin and Philosophy and Other Essays*, trans. Ben Brewster, New York: Monthly Review Press, 1971, p.175. [김웅권 옮김, 「이데올로기와 이데올로기적 국가장치」, 『재생산에 대하여』, 동문선, 2007, 399쪽.]

울 속의 거울'처럼 **무한히 이어지는 욕망의 원환들**이 눈앞에 열리게 된다. 마치 거울 문 두 개를 마주보게 만들어 무한 거울의 환상을 창조하는 『인셉션』의 한 장면에서처럼, 또는 알튀세르 자신이 논하는 이탈리아 화가 레오나르도 크레모니니의 (제목도 의미심장한) 「욕망의 등 뒤에서」(1966) 같은 작품에서처럼 말이다.24) 그 무한 계단 위에서는 주체와 주체 이전의 주체, 그리고 다시 주체 이전의 주체 이전의 주체 등등이 쫓고 쫓기는 꿈속의 끝없는 추격전이 벌어질 뿐이다. 요컨대 알튀세르는 이렇게 말하고 있는 것이다. "미안하지만, 호명 당하는 개인의 등 뒤에 당신이 찾고 있는 '주체 이전의 주체'는 없습니다. 그 개인의 등 뒤에는 주체가 아니라 단지 경찰, 다시 말해서 **장치**가 있으며, 이 이데올로기적 장치와의 **마주침**을 통해 개인은 주체로 구성됩니다. 당신이 말하는 '주체 이전의 주체'라는 것은 이런 마주침의 원인이 아니라 효과일 뿐입니다."

이로써 우리는, "만일 우리가 **항상 이미** 주체라면, 알튀세르는 왜 호명의 **순간**을 그토록 강조하는가?"라는 이글턴의 궁금증에도 쉽게 답할 수 있게 된다. 이글턴의 궁금증은 '돌발'과 '탄생'을 구분하지 못하는 디아트킨의 궁금증과도 같다. 알튀세르는 호명의 순간을 돌발의 순간이라고 여겼지, 탄생의 순간이라고 여기지 않았다. 즉, "우리는 항상 이미 주체"라고 말할 때, 알튀세르는 우리가 말 그대로 주체로 태어난다거나, 어머니의 자궁 안에서까지 주체로서 사고하고 자

---

24) Louis Althusser, "Cremonini, Painter of the Abstract" (1966), *Lenin and Philo-sophy and Other Essays*, trans. Ben Brewster, New York: Monthly Review Press, 1971. [이진수 옮김, 「추상 화가 크레모니니」, 『레닌과 철학』, 백의, 1991.]

그림 18. Leonardo Cremonini, *Alle spalle del desiderio*, oil on canvas, 132cm×97cm, 1966. 알튀세르는 레오나르도 크레모니니의 후기 작품들 중 '거울 반영의 무한 연쇄'가 테마로 다뤄진 그림들에 주목한다. 거울 또는 반사적 반영의 이미지를 통해 이데올로기의 작동 방식(혹은 구조)을 사유하려고 했기 때문이다(더 자세한 내용으로는 알튀세르의 크레모니니론을 다루는 다음 절[3절]을 참조하라).

라고 있다고 말하는 것이 아니다. 정말 그런 말이었다면, 그것은 하나의 부조리한 말에 지나지 않았을 것이다. 반대로 우리는 **돌발한다.** 우리는 **우리가 주체인 것을 아직 모르는 채로** 이데올로기적 장치들 안으로, 그렇게 항상 이미 작동하고 있는 장치들의 한복판으로 **돌발한다.** 그리고 거기에서 우리는 우리의 신체를 둘러싸고 때로는 폭력적으로 때로는 좀 더 부드럽게 작용해오는 또 다른 신체들, 또 다른 사물들로서의 장치들의 효과를 '의식'하게 된다. 왜냐하면 베네딕투스 데 스피노자가 말하듯이 우리를 둘러싼 다른 신체들이 우리 신체에 대해 가지는 '효과'와 그 효과에 대한 '관념'은 **하나의 동일한 사태를** 지시할 뿐이기 때문이다(그 효과를 사후적으로 의식하거나 의식하지 않을 자유를 우리는 갖지 않으며, 이 둘 사이에 모종의 간격을 도입하려는 그 어떤 시도도 관념론으로 귀결될 뿐이다). 그러나 우리가 이렇게 해서 장치들의 작용을 '의식'하는 순간(이것이 바로 '호명'의 순간이다), 우리는 그 효과를 중심으로 자신의 **영원한 과거**(또는 무한한 과거)를 거꾸로 재구성해냄으로써, **마치** 자신이 '항상 이미' 지금과 같은 동일성을 갖고 살아온 주체**인 양** 생각하고 행동하기 시작한다.[25]

---

25) 이것은 단지 개인적 수준에서만 일어나는 일이 아니다. 에티엔 발리바르의 말처럼, '민족 형태'는 정확히 이런 회고적 투사를 통해 "결코 현전한 적 없는 과거"를 만들어냄으로써 작동한다. Étienne Balibar and Immanuel Waller-stein, "The Nation Form: History and Ideology"(1988), *Race, Nation, Class: Ambiguous Identities*, trans. Chris Turner, London: Verso, 1991. [서관모 옮김, 「민족 형태: 그 역사와 이데올로기」, 『이론』(통권6호/가을), 이론, 1993.] 발리바르는 자신의 논문을 자크 데리다의 "결코 현전한 적 없고 결코 현전하지 않을 과거"라는 구절을 인용하면서 시작한다. Jacques Derrida, "Différance," *Margins of Philosophy*, trans. Alan Bass, Chicago: The University of Chicago Press, 1982, p.21. [김보현 옮김, 「차연」, 『해체』, 문예출판사, 1996, 148쪽.]

이것이 바로 호명이 자신의 '무한 계단'을 생산하는 방식이다. 개인은 장치에 의해 자기와 무관하게 결정되어 일방적으로 강제된 동일성(결과)을 자기의 기원(원인)으로 만드는 **목적론적 전도**를 통해 스스로를 영원한 주체로 **오인**하게 된다. 알튀세르의 제자인 미셸 페쇠는 나중에 『라 팔리스의 신사 식의 진실들』(1975)이라는 저서에서 이것을 재치 있게 '뮌히하우젠 효과'effet Münchhausen라고 명명한 바 있는데,26) 뮌히하우젠은 한국에서도 『허풍선이 남작의 모험』이라는 제목으로 번역되어 아이들에게 널리 읽히고 있는 (역사적으로 실존했던 인물에 대한) 독일 민담의 주인공을 일컫는다. 이 이야기 안에서 뮌히하우젠 남작은 광활한 늪을 공중도약으로 건너기 위해 자기가 늪으로 떨어지려고 할 때마다 허공에서 반복적으로 자신의 머리채를 잡아 끌어올려 떨어지지 않고 무사히 반대편에까지 도달하는 것 같은 믿을 수 없는 일을 함으로써 위기를 모면했다고 사람들 앞에서 떠벌

---

26) Michel Pêcheux, *Language, Semantics and Ideology*, trans. Harbans Nagpal, New York: St. Martin's Press, 1982, pp.103~109. 이 책의 원제 "Les vérités de La Palice"는 국내에서 간혹 "궁전의 진실들"로 오역되곤 하는데, 여기에서 "La Palice"는 '궁전'(le palais)이 아니라 "라 팔리스의 신사"(monsieur de La Palice[Palisse])라 불리던 자크 드 샤방느(Jacques de Chabannes, 1470~1525)라는 어떤 실존 인물을 가리키는 말이다. 이 사람은 나중에 프랑스 민요의 주인공이 됐는데, 그 가사에는 "죽기 15분 전에 그는 여전히 살아 있었다네"라는 구절이 나온다고 한다(아마도 샤방느가 죽기 전에 실제로 남긴 말인 듯하다). "Les vérités de La Palice"라는 표현은 여기에서 유래한 것으로 "구태여 말할 필요 없는 자명한 말을 늘어놓는 것"을 가리킨다('자명한 이치'를 뜻하는 truisme의 또 다른 프랑스어 표현이 lapalissade인데, 후자는 바로 이 인물로부터 유래된 것이다). 따라서 제목을 의역하자면 "자명한 진실들" 정도로 번역할 수 있겠지만, 표현의 유래를 보존하기 위해서 "라 팔리스의 신사 식의 진실들" 정도로 옮기는 것이 어떨까 한다.

인다. 페쇠는 호명의 효과 속에서 주체가 자기에게 강제된 동일성을 거꾸로 자신의 과거를 향해 투사함으로써 주체가 스스로의 기원, 곧 **자기 원인**^{causa sui}으로 나타나게 되는 현상, 따라서 주체가 또한 자신의 **자유로운 원인**으로 나타나게 되는 현상이야말로 자기 몸을 허공에서 자기 손으로 잡아 끌어올리는 뮌히하우젠 남작의 불가능한 논리와 그대로 닮아 있다고 말한다("x에 앞선 x," "x를 야기하는 x"). 우리는 여기에서 '무한 계단'을 그린 화가 에셔의 또 다른 유명한 그림, 즉 서로가 서로를 그리는 두 손을 묘사한 「그리다」(1948)도 떠올릴 수 있는데, 무한성의 환상을 창조하는 이런 모든 사례들 안에서 주체는 스스로의 모순, 불일치, 탈구를 이데올로기적으로 봉합함으로써 장치들의 강제적 인과작용의 흔적들을 지우고, 자신의 동일성을 하나의 영원한 '자명한 진리'로 창조한다.[27]

---

27) 하지만 혹자는 이런 의문을 가질 수도 있다. 즉 개인들과 이데올로기적 장치들 간의 '마주침'에 포함되어 있는 우발성의 정확한 본성과 기능은 무엇인가? 이 질문에 대한 가능한 답을 생각해보면서 나는 (특히 미국에 있는 중국 식당에서 식사 뒤 행운의 점괘를 안에 담아 후식으로 제공하는) 중국식 포춘 쿠키의 사례를 떠올리게 됐다. 우리는 왜 이런 바보스러운 문화적 관례에 매력을 느끼는 것일까? 중국 식당에 가서 식사하고 나면 언제나 우리는 포춘 쿠키를 받아 깨고 그 안에 들어 있는 메시지를 읽게 되기를 약간의 흥분과 함께 기다린다. 하지만 우리는 포춘 쿠키의 실제 목적이 우리의 운(포춘)과는 아무 상관이 없다는 것을 잘 알고 있지 않은가? 포춘 쿠키는 모두 중국 식당들과 과자업체의 상업적 이윤에 관련되어 있을 뿐이다. 하지만 여전히 포춘 쿠키에는 그것이 우리의 운에 대해서 말하는 바를 읽고 싶도록 우리를 유혹하는 거부하기 힘든 무엇인가가 있다. 이 무엇인가가 어떤 것일 수 있을까? 그것은 바로 '나'에게 찾아온 포춘 쿠키가 이 포춘 쿠키이지 다른 포춘 쿠키가 아니라는 사실이 아닐까? 포춘 쿠키 안에 들어 있는 이 메시지를 받은 사람은 그 누구도 아닌 나라는 사실 말이다. 이런 순수한 우발성이야말로 '나'와 중국 음식의 소비자라는 추상적 기능(다시 한 번 말하거니와, 나 또는 나의

그러나 사실 이런 알튀세르와 페쇠의 생각은 라캉의 생각과 크게 다른 것이 아니다. 이 때문에 알튀세르는 편지에서 디아트킨에게 왜 라캉을 인정하지 않느냐고 질타하면서, 라캉의 부인할 수 없는 이론적 기여를 바로 '발생론'에 대한 거부에서 찾고 있는 것이다. 돌라르나 지젝이 이런 회고적 주체 구성의 논리를 모를 리 만무하다. 실제로 돌라르는 자신의 글에서 라캉의 '강제된 선택'이라는 것을 정확히 이

운이 아니라 상업적 이윤 시스템에 의해 결정되는 기능) 사이에 마술적 연결을 만들어내는 데 기여하는 것으로 보인다. 우리는 이런 우발적 결과를 우리 운명의 원인인 양 목적론적으로 전도시키고, 마치 그 메시지가 운명의 신이 우리에게 보내온 특별한 메시지라도 되는 양 느끼며 메시지가 마음에 들 경우 지갑에 보관하기까지 하는 것이다. 「담론 이론에 대한 세 편의 노트」에서 알튀세르는 이렇게 말한다. "모든 사회구성체 안에서 토대는 맡겨져야 하는 기능으로서, 노동의 기술적이고 사회적인 분할 안에서 점해져야 하는 장소로서 담지자 기능을 요청한다. 이런 요청은 추상적인 것으로 남아 있다. 토대는 담지자-기능을 규정하지만(경제적 토대, 그리고 **또한** 정치적 또는 이데올로기적 상부구조), **누가** 이 기능을 맡아야 하고 수행해야 하는지, 어떻게 [누군가가] 그 기능을 맡는 일이 벌어질 수 있는지 하는 질문은 이런 기능들을 규정하는 그 구조(토대 또는 상부구조)에게는 **완전히 무관심한** 문제이다. 이 기능을 맡을 주체(일반)를 지정하는 기능을 수행하는 것은 바로 이데올로기이다. 이 목적을 위해서 이데올로기는 **그를 주체로 호명해야만 한다.**" Louis Althusser, "Three Notes on the Theory of Discourses"(1966), *The Humanist Controversy and Other Writings*, trans. G. M. Goshgarian, London: Verso, 2003, p.51. 그 뒤에 알튀세르는 유사한 맥락에서 이렇게 주장한다. "구조는 담지자를 **요구**한다. 이데올로기적 담론이 개인들로 하여금 담지자의 기능들을 떠맡도록 **주체들로** 호명함으로써 그들[담지자]을 모집한다. 구조에 의해 수행되는 **징집**은 비어 있고, 추상적이고, 익명적이다. 구조는 **누가** 담지자의 기능을 맡게 될 것인지 **알아내는 데** 관심이 없다. 이데올로기적 담론이 그 누가를 제공해 준다. 이데올로기적 담론은 개인들을 **주체들**에 대한 호명의 일반적 형태 안에서 호명한다. 그리하여 그 주체는 개인적이고 '구체적'이 된다. 그 주체는 비어 있지 않고, '대중' 산업의 이데올로기가 명시적으로 말하듯이 개인화된다." Althusser, ibid., pp.55~56.

런 논리를 통해 설명하고 있다. '강제된 선택'이란 (우리가 앞 장에서 이미 살펴봤듯이) 어린아이가 언어로 진입하는 순간에 벌어지는 소외의 구조를 설명하기 위해 라캉이 『세미나 11』에서 고안한 우화이다('강제된 선택'이라는 명칭 자체는 라캉이 나중에 따로 붙인 것이다). 강도가 다가와서 당신에게 총을 들이밀고 협박한다. "돈을 내놓든지, 또는 목숨을 내놓아라!" 물론 이것은 형식적으로 당신에게 선택권을 주는 것처럼 보이지만, 이 선택권이라는 것은 **이미 사전에** 강도가 내린 결정을 당신에게 단순히 강제하는 절차에 불과하다.

그렇다면 왜 라캉은 이것을 여전히 '선택'이라고 부르는 것일까? 돌라르의 설명에 따르면, 여기에서 '선택'이라는 라캉의 말은 당신이 처음에 실제로 어떤 선택지를 가지고 있었다는 뜻으로 오해되어서는 안 된다. 반대로 이 말은, 당신에게 처음에 주어졌던 것은 '선택'이 아니라 강제된 결정에 대한 굴복일 따름이지만, 당신은 그것을 **회고적으로** 당신의 '선택'인 양 받아들이고 또 그렇게 인지할 수 있다는 말이다. 마찬가지로, 주체가 언어의 장에 진입할 때 처음에 주어지는 선택의 **형식성**이 요구되는 것은 그것이야말로 주체가 자기 자신을 **사후적으로** 자율적인 주체로서 구성할 수 있게 해주는 것이기 때문이다. 이런 방식으로 대타자에 의한 최초의 강제는 그것이 마치 언제나 주체의 선택이었던 것인 양 은폐된다.

그렇다면 이와 동일한 회고적 작동의 논리를 왜 알튀세르의 호명에는 적용할 수 없다는 것일까? 이것은 정확히 알튀세르가 (예속된 '신민'과 '완전히 혼자서 활동하는' 자율적 '주체'를 모두 지시하는) 'sujet'라는 용어의 모호함에 대해 논하면서 제안하는 바로 그것이 아닌가? 알튀세르는 이렇게 말한다.

개인은 (자유로운) 주체로 호명되는데, 이는 그 개인이 대문자 주체의
명령들에 자유롭게 예속되기 위해서, 따라서 자신의 예속을 (자유롭게)
받아들이기 위해서, 따라서 자신의 예속의 제스처와 행동을 '완전히
혼자서 달성하기' 위해서이다. 오직 예속에 의해서, 그리고 예속을 위
해서만 주체들은 존재한다. 그것이 바로 주체들이 '완전히 혼자서 활
동'하는 이유이다.[28]

따라서, 돌라르가 말하는 것과 달리, 알튀세르의 개인도 '강제된
선택'을 했을 뿐이다. 알튀세르의 개인은 **자유로운** 주체로 호명됐는
데(다시 말해서, '선택'이라는 **형식성**을 허락받았는데) 이는 단지 그 개
인이 자신의 예속을 자유롭게 받아들이게 만들기 위해서인 것이다.
그 개인이 돌아서야 하는가, 그렇지 않은가는 사전에 미리 결정되어
있다. 왜냐하면, 알튀세르가 말하듯이, 그 개인이 도망친다고 해도,
이데올로기적 국가장치인 경찰은 곧 억압적 국가장치가 되어 그 개
인을 맹렬히 뒤쫓을 것이기 때문이다.[29] 하지만 (엄밀하게 장치의 **구
조**라는 견지에서 이해되는) 선택의 형식성이 여전히 필요한 까닭은 이
것이야말로 이데올로기적 국가장치를 억압적 국가장치와 구분해주

---

28) Althusser, "Ideology and Ideological State Apparatuses," p.182. [「이데올로기
와 이데올로기적 국가장치」, 406~407쪽.] 강조는 인용자.

29) 이런 논점에 대한 알튀세르의 논의는 「담론 이론에 대한 세 편의 노트」에서
도 발견되는데, 거기에서 알튀세르는 이렇게 말한다. "이데올로기 안에서 모
든 질문들은 그리하여 사물들의 본성에서 **미리** 해결된다. 왜냐하면 이데올로
기적 담론은 호명이 포함하고 있는 가장된 질문에 대한 대답을 미리 제공함
으로써 자신의 호명의 주체들을 호명-구성하기 때문이다." Althusser, "Three
Notes on the Theory of Discourses," pp.54~55.

는 것이기 때문이다. 알튀세르는 경찰의 형상 안에서 이 두 가지 유형의 국가장치를 결합하는 동시에 구분한다. 결국 대문자 주체에게 스스로를 종속시키기로 한 알튀세르적 개인의 '동의'는 라캉적 주체가 행하는 선택과 정확히 마찬가지로 하나의 **회고적 범주**일 따름이다. 알튀세르의 개인은 먼저 무릎을 꿇고 기도문을 암송하도록 **강요**되며, 이미 그렇게 일어난 자신의 예속을 자유롭게 받아들이는 **회고적** '제스처'를 통해서만 그 의례들에 대한 믿음을 갖기 시작하는 것이다. 다시 말해서 그 개인은 자기에게 외부로부터 강제된 동일성을 본래 자신의 '내적 본질'이라는 듯이 **사후적으로** 인지함으로써만(따라서 대문자 주체에 의한 강제의 계기를 자기 자신에게서 '은폐'함으로써만) 자율적 주체가 될 수 있을 뿐이다.

그러나 돌라르의 관점에서, 적어도 두 가지 추가적인 문제가 제기되는 것 같다. 첫째, 라캉의 경우 강제된 선택은 단순히 최초의 강제를 사후적으로 자유로운 선택인 양 만들어 주체에게 자율성의 환상을 심어주는 데서 멈추는 것이 아니라, 더 나아가 하나의 **근본적 상실**을 주체에게 안겨줌으로써 어떤 '공백'을 창출한다. 라캉에게서 '주체'란 사실 살아남은 그 사람(강도에게서 마침내 풀려나 스스로를 자율적 주체라고 오인하게 된 그 사람)을 가리키는 것이 아니라, 그 사람이 상실한 '돈'이 그에게 남긴 공백 자체이다. 하지만 이것이 결정적인가? 알튀세르 자신의 관점에서 보면, 이런 '공백'이란 바로 '욕망'을 불러일으키는 것인데, 이 욕망은 이데올로기의 무한하게 이어지는 '거울 속의 거울' 구조 그 자체에 이미 하나의 **소실점**으로 구현되어 있는 것이다. 물론 돌라르는 이런 공백이 라캉에게서는 이데올로기의 폭발을 촉발하며 상징적 구조에 대한 주체의 '전복적' 운동으로

이어질 수 있는 한에서 근본적으로 다르게 이론화된다고 말하고 싶을 것이다.[30] 그러나 이미 앞에서 봤듯이, 최종 분석에서 라캉이 '거세'와 '아버지-의-이름'의 수립을 통해 욕망의 변증법적 운동의 **구조적 한계**를 확정하는 것을 자기 이론의 주된 목표로 삼았던 한에서, 나는 라캉이 그런 길을 추구했던 것은 아니라고 생각한다. 라캉에게 있어서 욕망의 주체가 행하는 '전복'과 '분리'라는 것은 항상 **어머니**에 대한 전복, **어머니**로부터의 분리일 뿐이며, 그 자체 **아버지의 은유**(곧 아버지의 **상징적 팔루스**)에 의존함으로써만 달성 가능한 것으로 이론화된다. 다시 말해서 라캉이 말하는 주체의 공백(그리고 '실재'를 향한 주체의 열정)이란 그것이 상징적인 것의 내부로 (재)통합될 수 있는 길을 찾지 못하는 한 실패할 수밖에 없는 운명을 지닌 것이다(다양한 종류의 신경증과 정신병은 이런 실패의 그만큼의 결과들이다).

'소외'와 대립되는 저 유명한 '분리' 개념을 도입한 『세미나 11』을 진행하던 바로 그 1964년에 라캉은 「무의식의 위치」라는 글을 썼는데, 그 결론 부분에서 이렇게 주장한다.

> 대타자의 편(곧, 기표들의 교환, 그 기표들이 지지하는 이상들, 친족의 기본 구조, **분리의 원리로서의 아버지의 은유**, 주체의 최초의 소외 덕분에 항상 다시금 열리는 분열을 마주침에 따라 말하기가 확증되는 장소를 이루는 대타자), 오직 이런 대타자의 편에서만, 그리고 지금 내가 열거한 경로를 통해서만, **질서와 규범이 틀림없이 확립되어 주체에게 남자 또는 여자가 해야 할 일이 무엇인지를 말해준다.**[31]

---

30) Dolar, "Beyond Interpellation," p.92.

돌라르가 지적하는 두 번째 문제는, 알튀세르가 주체를 상상적 동일시의 결과인 자아와 똑같은 것으로 간주하는 반면, 라캉이 말하는 주체는 그런 자아로 환원되는 것이 아니라 오히려 그에 앞서 **상징적인 것**이 (물질적) 존재의 연속성 내에 만들어내는 어떤 구멍, 공백이라는 점이다. 따라서 라캉의 상징적인 것은 알튀세르가 가정하듯이 물질적인 것이 아니라 **비물질적인 것**이며, 이것이 존재의 한복판에 텅 빈 공백으로서의 '정신'을 만들어낸 뒤에야, 비로소 어떤 실정적이고 물질적인 동일성이 사후적으로 그 자리를 메우려 시도할 수 있게 된다. 돌라르는 이런 텅 빈 주체야말로 실상 정신분석학이 진정한 주체로 간주하는 것이며, 이는 알튀세르의 상상적 주체와는 구별될 수 있어야만 한다고 주장한다. 즉, 라캉의 주체는 "인지에 기초한 것이 아니라 라캉이 $라고 표시하는 빈 공간"[32]을 가리킨다는 것이다. 이런 비판에 대해 나는 **삼중의** 알튀세르적 답변을 제안하겠다.

우선, 라캉의 상징적인 것이 물질적인 것이 아니라 비물질적인 것이라는 돌라르의 주장은 라캉 자신의 주장과는 아무 상관도 없는 것이다. 돌라르에 따르면, 라캉에게 결정적인 것은 실천들, 제도들

---

31) Jacques Lacan, "Position of the Unconscious"(1960), *Écrits: The Complete Edition*, trans. Bruce Fink, New York: W. W. Norton, 2006, p.720. 강조는 인용자. 『에크리』의 영어판 번역자 브루스 핑크는 "분리의 원리로서의 아버지의 은유"(la métaphore du père comme principe de la séparation)를 "분리의 하나의 원리로서 간주되는 아버지의 은유"(the metaphor of the father considered as a principle of separation)라고 옮겼는데, 프랑스어 원문에는 "간주된"(considered)이라는 말도 없고 영어의 "a"에 해당하는 말("un")도 없다. 즉, 라캉은 여기에서 "아버지의 은유가 분리의 가능한 여러 원리들 가운데 하나로 간주될 수 있다"고 말한 것이 아니라 분리의 원리 그 자체라고 말한 것이다.

32) Dolar, "Beyond Interpellation," p.90.

의 물질성이 아니라 상징적 자동성의 비물질적 논리인데, 알튀세르는 이것을 물질성으로 덮어버리려고 들었다는 것이다. 그러나 라캉은 「〈도난당한 편지〉에 대한 세미나」에서 반복 자동성을 순수 기표의 운동으로 정의하며 이렇게 말한다. "주체들의 자리바꿈이란 순수 기표(곧 도난당한 편지)가 그 주체들의 삼중주 안에서 차지하는 자리의 운동에 의해 결정된다는 것을 우리는 앞으로 보게 될 것이다. 이것이야말로 그것이 **반복 자동성**이라는 것을 우리에게 확인해주는 것이다."[33) 그리고 나서 몇 페이지 뒤에 이렇게 덧붙인다. "이제 여러분이 깨닫는 것처럼, 나의 목표는 편지[lettre, 문자, 순수 기표]를 **정신**spirit**과 혼동**하는 것이 아니다. …… 내가 강조하는 것은 무엇보다도 **기표의 물질성**이다. …… 편지를 조각조각 잘라 본다 한들, 여전히 편지는 편지로 남을 뿐이다."[34) 여기에서 라캉이 말하는 순수 기표란 일상적인 대상들die Sache이 아니라 라캉 자신이 프로이트를 따라 '사물'das Ding이라고 부르는 바로 그것(기의 없는 기표)을 가리키는 것은 사실이지만, 여전히 라캉의 주장은 오해될 수 없다. 순수한 기표는 **그것이 물질적인 한에서** 반복 자동성을 만들어낸다.[35)

---

33) Jacques Lacan, "Seminar on 'The Purloined Letter'"(1955), *Écrits: The Complete Edition*, trans. Bruce Fink, New York: W. W. Norton, 2006, p.10. [민승기 옮김, 「〈도난당한 편지〉에 관한 세미나」, 『욕망 이론』, 권택영 엮음, 문예출판사, 1994, 103쪽.]

34) Lacan, "Seminar on 'The Purloined Letter'," p.16. [「〈도난당한 편지〉에 관한 세미나」, 112쪽.] 강조는 인용자.

35) 알튀세르 자신도 라캉 이론의 유물론적 성격을 '기표의 물질성'에 대한 라캉의 강조에서 찾은 바 있다. Louis Althusser, *The Future Lasts Forever: A Memoir*, trans. Richard Veasey, New York: The New Press, 1993, p.187. [권은미 옮김, 『미래는 오래 지속된다』(증보판), 이매진, 2008, 250쪽.] 반면 데리다는

둘째, 돌라르는 상징화 과정이 만들어내는 공백으로서의 주체란 바로 라캉이 빗금 쳐진 주체($)로 표시하는 것이라고 말하면서, 이 공백을 사후적으로 채우는 것이 상상적 동일시라고 주장한다. 그러나 이것 또한 라캉의 주장과는 전혀 거리가 먼 주장이다. 왜냐하면 라캉에게서 빗금 쳐진 주체란 오직 **상상적 자아와 무의식의 주체 사이의 분열**을 통해서 출현하는 것이기 때문이다. 다시 말해서 주체(S) 위에 쳐 있는 빗금이 보여주는 분열이 바로 의식과 무의식, 의미와 비의미, 자아와 '무의식의 주체' 사이의 분열을 뜻하는 한에서, $가 먼

이런 '기표의 물질성'이 라캉에게서는 '분할 불가능성'으로 간주된다는 사실에 주목하면서, 그것은 물질성이라기보다는 물질성의 '이데아'에 불과하다고 비판하고, 이로부터 라캉의 관념론적 혐의를 찾아낸다. Jacques Derrida, "Le Facteur de la vérité"(1975), *The Post Card: From Socrates to Freud and Beyond*, trans. Alan Bass, Chicago: The University of Chicago Press, 1987, p.464. 어떤 의미에서 돌라르는 여기에서 부지불식간에 라캉의 입장을 배반하고, 라캉에 대한 데리다의 비판적 해석을 받아들이고 있는 셈인데, 이는 알튀세르를 무리하게 비판하려는 슬로베니아 학파가 처한 궁지를 드러낸다. 사실 지젝이 『이데올로기의 숭고한 대상』에서부터 이런 주장을 펼쳤던 것은 아니다. 비록 지젝이 "믿음 이전의 믿음"을 말했지만, 이것은 장치들이 우리를 대신해서 믿어주는 믿음이라는 의미를 가지고 있었을 뿐이며, 따라서 (본인의 주장과는 달리) 알튀세르의 입장과 별다른 차이가 없는 것이었다. 그러나 지젝은 『그들은 자기가 하는 일을 알지 못하나이다』(1991)에서부터 실재를 달팽이가 자신의 등 뒤에 지고 다니는 거대하고 단단한 껍질(곧 상징적 기계들의 무의미한 연쇄)이라기보다는 그 속에 들어 있는 물컹물컹한 살과 같은 유령적인 어떤 것으로 봐야 한다는 식의 '자기 정정'을 하면서, 그나마 가지고 있던 유물론적 경향을 스스로 포기하게 된다. 돌라르는 바로 이렇게 관념론적으로 정정된 지젝의 입장을 여기에서 반복하고 있다고 볼 수 있다. Slavoj Žižek, "Foreword to the Second Edition: Enjoyment within the Limits of Reason Alone," *For They Know Not What They Do: Enjoyment as a Political Factor*, 2nd ed., London: Verso, 2002. [박정수 옮김, 「오직 이성의 한계 내에서의 향락」, 『그들은 자기가 하는 일을 알지 못하나이다』, 인간사랑, 2004.]

저 형성되고 나중에 그 공백을 자아의 상상적 동일성이 메우게 된다는 주장은 어불성설이다.

마지막으로, 돌라르는 상징화 과정에 의해 열리는 주체는 단순한 '공백'이며, 상상적 동일성의 실정적 '내용'이 나중에 그것을 메우게 된다고 할지라도, 그 자체로는 어떤 동일성도 가지고 있지 않기에 동일성의 논리를 발본적으로 벗어나며 오히려 그 논리의 실패를 표시하거나 그 논리를 실패하게 만든다고 주장한다.[36] 곧 라캉의 '무의식의 주체'는 여전히 탁월한 의미에서의 주체이지만, (알튀세르의 주체와는 정반대로) 동일성에 의해 특징지어지는 주체가 아니라 근본적으로 동일성의 '결여'에 의해 특징지어지는 주체라는 것이다. 앞에서 이미 말했듯이 상상적 동일성이 무의식의 주체가 형성된 이후에나 도래한다는 돌라르의 주장에는 동의할 수 없지만, 알튀세르에게서는 볼 수 없는 '무의식의 주체'라는 의념이 라캉에게 있다는 것은 사실이다. 그러나 과연 이것이 라캉 이론의 강점일 수 있을까? 오히려 돌라르의 주장 전체는, '동일성'이라는 것이 본래 어떤 개인에게 관련된 실정적·경험적 내용의 다양한 변화들**에도 불구하고** 지속적으로 유지되는 어떤 것을 가리킨다는 매우 기초적인 논점을 사실상 완전히 놓치는 것이 아닌가? **공백**으로서의 동일성, 또는 더 정확하게 말하자면 주체의 다양한 (과거와 현재의) 정신적 활동들에 '동반되는' 의식이 행하는 텅 빈 초월적 반성의 제스처가 가지는 동일성으로서의 개

---

36) 지젝의 주장도 돌라르의 주장과 크게 다를 바 없다. Slavoj Žižek, *The Ticklish Subject: The Absent Centre of Political Ontology*, London: Verso, 1999, p.258ff. [이성민 옮김, 『까다로운 주체: 정치적 존재론의 부재하는 중심』, 도서출판b, 2005, 414쪽 이하.]

인적 동일성이라는 것은 근대 경험주의 철학자 존 로크가 발전시킨 개인적 동일성에 대한 고전적 정의인데, 로크는 바로 의식이라는 의념을 발명한 장본인이다. 의식으로부터 그 모든 실체성을 비워냄으로써 로크는 의식을, 개인이 경험하는 그 모든 변화에도 불구하고 존속할 수 있는 개인적 동일성의 원천으로 정의했다.[37] 변화를 수용할 수 있는 개인적 동일성의 비상한 역량에 대해 설명하면서 알튀세르는 디아트킨에게 쓴 두 번째 편지에서 이렇게 말한다.

지금껏 말한 것들에도 불구하고, 결국 발생론의 사유는 변화들 또는 심지어 불연속들이라는 관념을 상당히 잘 견뎌낸다고 말할 수 있습니다. 하지만 여기에는 **절대적 조건**이 있는데, 바로 이런 변화들과 불

---

37) 이런 로크의 의식은 르네 데카르트의 코기토와는 현저하게 다른데, 데카르트의 코기토는 주지하다시피 추론 과정의 출발점에서 스스로를 '생각하는 **실체**' 또는 '생각하는 **사물**'로 정의할 수 있는 능력에 의해 근본적으로 특징지어지는 것이다. 이 때문에 코기토의 자기-반성성은 그것이 또 다른 정신적 활동을 시작하자마자 사라져버리고 마는 것이다. 코기토의 연속성, 코기토의 **동일성**은 오히려 외적인 방식으로 신의 선한 의지에 의해 보증된다. 반면, 로크가 개인적 동일성을 규정하기 위해 의식이 자신의 과거 및 현재의 정신적 활동들을 기억하기/다시-모으기(re-member) 함으로써 거기에 가닿을 수 있는 능력에 준거할 수 있었던 것은 의식을 실체성으로부터 완전히 분리시켰기 때문이었다. 의식이라는 '공백' 또는 '공집합'이 주체의 동일성을 구성하는 것이다. John Locke, "Of Identity and Diversity," *An Essay Concerning Human Understanding: Volume One*(1690), New York: Dover Publications, Inc., 1959, pp.439~470. [정병훈·이재영·양선숙 옮김, 「동일성과 상이성」, 『인간지성론 1』, 한길사, 2014, 477~505쪽]; Étienne Balibar, "Le traité de l'identité," in John Locke, *Identité et différence: L'invention de la conscience*, présenté, trad. et commenté par Étienne Balibar, Paris: Seuil, 1998, pp.9~101.

연속들을 하나의 미리 식별된 자기-동일적 개인의 발전 **안에서** 지시할 수 있어야 한다는 것입니다. 여기에서 자기-동일적 개인이란 그런(또는 그 개인의) **변화들과 불연속들의 항상적 지지물**로서 식별[동일화]될 수 있는 것입니다. 이것이야말로 모든 발생론의 숙련자들이 자신이 변증론자라고 믿도록 허용하는 것입니다. 그들이 최소한의 비용을 지불하고 변증법의 자격증을 따냈다고 믿기 위해서 그들은 단계들 또는 변화들에 대해서 논하는 것으로 충분합니다.[38]

요컨대 '동일성'은 변화들과 불연속들이 그 위에서 벌어지지만 그 자신은 변하지 않는 일종의 토대 같은 것이다. 이렇게 봤을 때, 라캉의 '무의식의 주체'는 공백이기 **때문에** 동일성과 상관없다는 돌라르의 주장은 근거가 없는 것으로 드러난다. 다양한 불연속적인 내용들이 들어오거나 통과하는 '공백'으로서의 주체야말로 그 모든 복잡한 변화들을 한 개인의 발전 도정 속으로 끌어 모아 하나의 '역사/이야기'로 재구성하는 명백한 **로고스적 중심**을 이루고 있다는 점에서 탁월한 의미에서의 동일성이라고 볼 수 있으며, 그것은 이데올로기적 발생론의 논리를 저버리는 것이 아니라 도리어 완벽하게 실현하고 있는 것이다. 알튀세르가 '무의식의 주체'라는 라캉의 의념을 끝내 거부한 것은 바로 이런 문제점 때문이었다. 「담론 이론에 대한 세 편의 노트」에서 알튀세르는 자아가 이데올로기적 주체로서 형성될 때 자아 곁에 어떤 '공백' 또는 어떤 '심연'이 열린다는 점을 인정하면서도, 거기에 '무의식의 주체'라는 이름을 주는 것을 거부했다.[39]

---

38) Althusser, "Letters to D," p.56. 강조는 인용자.

알튀세르가 주체의 "두 번째 텅 빈 제스처"(상상적 동일화)만 이론화했을 뿐 "첫 번째 텅 빈 제스처"를 이론화하는 데에는 실패했다고 말하면서, 돌라르는 우리가 좀 더 근본적이고 좀 더 심원한 어떤 "호명의 너머"로(호명의 '이전'으로) 나아가야 한다고 주장한다. 그러나 정확히 이때 돌라르는 (라캉의 주체 구성이 '회고적' 논리를 통해 작동한다는 점을 스스로 설파했음에도 불구하고) 다시 '인셉션'의 논리로 어느덧 퇴행하고 있는 것 같다. 꿈속에서 다시 꿈속으로 들어가 더 깊은 기원에 심어져 있는 믿음, "믿음 이전의 믿음"을 찾아내야 한다고 말할 때, 돌라르는 마치 무한 계단 안에서 길을 잃고 헤매는 『인셉션』의 주인공 코브와도 같다. 반면 알튀세르는 주체의 구성을 '인셉션'의 논리가 아닌 '호명'의 논리에 입각해 사고하면서, 개인을 주체로 구성하기 위해서는 호명이라는 사건으로 충분하지 이데올로기적 믿음을 생산하기 위해 우리가 믿음의 더 깊은 기원을 향해 들어가 거기에 곧 탄생할 믿음이나 주체를 미리 인식/임신conceive시킬 필요는 없다고 역설한다. 오히려 알튀세르는 이렇게 말한다.

그리하여 오직 어떤 식별된/동일화된 개인의 흔적만이 추적될 수 있

---

39) Althusser, "Three Notes on the Theory of Discourses," pp.77~78. 로버트 팔러 또한 나름의 방식으로 나와 동일한 결론에 도달한다. "알튀세르적 입장에서 볼 때 이데올로기 안에서 우리는 단지 ('진정한 주체성'의 공백을 채우는) 어떤 환상적이거나 상상적인 내용과만 상대해야 하는 것이 아니다. 이데올로기는 어떤 이데올로기적 내용과도 완전히 다른 어떤 것으로 보이는 공백의 출현이기도 하다." Robert Pfaller, "Negation and Its Reliabilities: An Empty Subject for Ideology?" *Cogito and the Unconscious*, ed. Slavoj Žižek, Durham: Duke University Press, 1998, pp.240~241. [이만우 옮김, 「부정과 그 확실성: 이데올로기를 위한 텅 빈 주체」, 『코기토와 무의식』, 인간사랑, 2013, 379쪽.]

는 것이라고 한다면, 그 개인은 **기원에서부터** 식별/동일화 가능하다는 말이 됩니다. 그렇지 않다면, "그 개인의 발생론을 세공"하겠다는 바로 그 기획이 수포로 돌아가게 되겠죠. …… 이것은 발생론이라는 개념의 함축적 체계 내에 암시되어 있는 바와 상응합니다. 모든 발생론에서, 종말의 개인[곧 과정의 끝에서 발견되는 개인]은 생성 과정의 **기원에서부터 맹아 속에** 담겨져 있습니다.[40]

여기에서 알튀세르가 "dés origine"(기원에서부터)라고 쓴 것을 영어 번역자인 제프리 멜먼은 흥미롭게도 "from the inception"(시작부터/인셉션으로부터)이라고 번역했는데, 우연히도 여기에서 우리는 본래 '인셉션'이라는 것이 '기원'을 일컫는 말이라는 것을 상기하게 된다. 인셉션인가, 호명인가? 기원인가, 호명인가? 이것이 바로 알튀세르의 질문이었으며, 여기에 대한 알튀세르의 답변은 보다시피 단호했다. 알튀세르는 철저한 반反-인셉션주의자였으며, 자신의 '이데올로기적 호명' 개념을 바로 목적론에 대한 이런 타협 없는 반대의 입장에서 가공해낸 이론가였던 것이다.

그런데 여기에서 돌라르의 주장에 대해 우리가 행한 반박의 요점은 버틀러에 의해 얼마간 유사한 방식으로 주장된 것이다. 버틀러는 『권력의 정신적 생명: 예속 안의 이론들』의 「양심이 우리 모두를 주체로 만든다: 알튀세르의 예속」이라는 장에서 알튀세르와 라캉이 **모두** 동일한 회고의 논리를 통해 주체의 예속 및 주체화를 사고하고 있다고 주장하면서, 돌라르의 비판에 대해 알튀세르를 옹호한 바 있다.[41]

---

40) Althusser, "Letters to D," p.56.

여기에 대해 지젝이 다시 돌라르를 옹호하면서 몇 편의 글을 썼지만, 지젝은 돌라르의 오류를 그대로 반복하고 있을 뿐 별다른 새로운 논점을 추가하지 않는다. 문제는 오히려 버틀러의 주장 자체에서 생겨나는데, 왜냐하면 버틀러는 돌라르의 비판으로부터 알튀세르를 방어하지만, 동시에 알튀세르에 대한 별도의 비판을 제출하고 있기 때문이다. 심지어 한 구절에서 버틀러는 돌라르의 "호명 너머"라는 생각(특히 "호명 너머"의 '사랑'에 대한 논의)을 부분적으로 승인하기까지 한다. 돌라르와는 확실히 다른 방식이지만, 버틀러 또한 다시 한 번, **"왜** 개인이 호명을 당했을 때 돌아서는가?"를 물음으로써 스스로 그 이데올로기의 무한 계단 속으로 걸어 들어가는 것 같다.

> 호명(사회적 주체의 담론적 생산)은 말을 걸고 그 말을 받아들이는 인식의 교환 속에서 일어난다. [그러나] 의미심장하게도 알튀세르는 **왜** 개인이 돌아서는가, 곧 그 [호명의] 목소리를 그/녀에게 보내진 것으로 받아들이고, 그 목소리가 야기하는 종속과 정상화[규준화]를 받아들이면서 왜 그 개인이 돌아서는가에 대한 실마리를 제공하지 않는다. 왜 이 주체는 법의 목소리를 향해 돌아서는가? 사회적 주체를 개시함에 있어서 이런 돌아섬의 효과란 무엇인가? 이 주체는 죄책감을 느끼는 주체인가? 만일 그렇다면 어떻게 그 주체는 유죄가 됐는가? 호명의 이론은 **양심의 이론**을 요구하는 것인가?[42]

---

41) Judith Butler, "Conscience Doth Make Subjects of Us All: Althusser's Subjection," *The Psychic Life of Power: Theories in Subjection*, Stanford: Stanford University Press, 1997. 특히 124쪽 이하를 참조하라.

42) Butler, "Conscience Doth Make Subjects of Us All," p.5. 강조는 인용자

돌라르나 지젝과 달리, 버틀러는 '주체 이전의 주체'라는 범주를 명시적으로 거부한다. 그러나 동시에 버틀러는, 보다시피 주체 이전의 '개인' 안에 있는 어떤 것이 주체로 하여금 호명하는 목소리를 향해, 이데올로기와 권력을 향해, 그렇게 자신의 예속을 향해 돌아서게 만드는가 하는 질문을 보존하고 싶어 한다. 여기에서 버틀러는 권력을 향한 '돌아섬'이라는 이런 형태 또는 형상 자체가 주체의 '수사학적 개시'tropological inauguration와 깊은 연관이 있다고 말한다. 수사학은 영어로 '레토릭'rhetoric 또는 '트로폴로지'tropology인데, 특히 '트로폴로지'라는 말의 희랍어 어원 '트로프'trope에는 '돌아섬'이라는 의미가 있다. 버틀러는 우리가 주체의 형성을 설명하기 위해서는 아직 실존하지 않는 어떤 것을 가정하지 않은 채 논의를 진행하기가 곤란하다는 역설을 지적하면서, 여기에는 따라서 존재론으로 환원될 수 없는 어떤 '수사학적 가정'이 요구된다고 주장한다.

그렇다면 미묘하지만 중요한 차이가 알튀세르와 버틀러 사이에 감지될 수 있다. 알튀세르는 '탄생'과 '돌발'을 구분하고, 우리가 탄생의 문제설정을 택하게 되면 앞으로 탄생할 어떤 것을 탄생 이전부터 이미 하나의 개체로서 지시하고 설명해야 하는 목적론의 환상에 빠지게 된다고 말하면서, 주체의 우연적 돌발 및 그것의 회고적 투사라는 문제설정으로 나아갈 것을 주장한다. 반면 버틀러는 오히려 탄생 또는 발생이라는 문제설정 안에 일정하게 머물되, 그 문제설정을 **존재론**이 아닌 **수사학**의 차원에서 바라보자고 역으로 제안하고 있다. 따라서 버틀러에 따르면 '주체 이전의 주체'는 '실존'하지 않지만, 우리는 '아직 없는' 이런 주체를 개인 안에서 **수사학적으로** 지시할 수 있고, 따라서 주체 형성의 내적 논리를 연구할 수 있게 된다.[43] 버틀러는 이렇게 말한다. "예속의 역설은 준거/참조의 역설을 함축하며, 아직 실존하지 않는 것에 우리가 반드시 준거해야 한다는 역설을 함축한다. 우리의 존재론적 책임의 유예를 표시하는 형상figure[곧 '돌아섬'이라는 수사학적 형상]을 통해서 우리는 주체가 어떻게 존재하게 되는지를 설명하고자 한다."[44]

버틀러는 호명을 향한 이런 필연적 돌아섬을 설명하고자 '열정적 애착'이라는 새로운 의념을 도입한다. 여기에서 버틀러가 준거하는 것은 조금 놀랍게도 스피노자의 '코나투스'conatus 개념이다. 코나투스는 주지하다시피 개체가 자신의 존재를 지속하려는 노력을 일컫는데, 버틀러는 이것이 인간에게 있어서는 가장 근본적인 욕망으로서의 "살고 싶은 욕망," "목숨에 대한 애착"으로 나타나게 된다고 말하면서, 최종 분석에서 개인은 이런 애착 때문에 권력의 부름(호명)을 향해 돌아서도록 강제되는 것이라고 설명한다. "나는 예속되더라도 죽기보다는 살아남기를 원한다!" 이렇게 말하면서 개인은 스스로 권력에 복종하게 될 뿐만 아니라, 더 나아가 그런 **예속의 상태를 강렬하게 욕망하는 주체**가 된다.[45] 왜냐하면 예속이 바로 삶이고 비非예속은 오히려 죽음을 뜻하기 때문이다. 어린아이의 경우를 생각해보면 버틀러의 논점이 훨씬 더 뚜렷하게 이해될 수 있다. 어린아이는

---

43) 내가 아는 한, 버틀러는 '탄생'이라는 용어를 사용하지 않지만, '발생' 또는 '발생론'이라는 용어는 사용한다. 예컨대 다음을 보라. Butler, "Conscience Doth Make Subjects of Us All," p.11. 곧 버틀러는 발생론의 '모순'을 수사학적 차원에서 해결하려고 하는 것이다.

44) Butler, "Conscience Doth Make Subjects of Us All," p.4.

45) Butler, "Conscience Doth Make Subjects of Us All," p.19.

심지어 부모가 자신을 학대할 때조차 그런 권력자로서의 부모를 '사랑'할 수밖에 없는데, 왜냐하면 자기 목숨을 보존하기 위해서 아이는 전적으로 부모에게 모든 것을 의존해 있는 상황이기 때문이다. 살고 싶은 욕망과 뒤엉킨 (따라서 쉽게 거부할 수 없는) 사랑으로서의 '열정적 애착'이 어린아이로 하여금, 그리고 더 나아가 개인으로 하여금 권력에의 예속을 욕망하도록 만드는 것이다.[46]

버틀러에 따르면, 이 열정적 애착은 무엇보다도 권력이 확립하려는 법의 구체적 내용을 주체가 채 알기도 전에 법에 대한 복종을 주체 안에서 미리 생산하는 것이라는 점에서, 개인을 법 앞에 **선험적 죄인**으로 위치시키는 '양심의 운동'으로 나타난다. 원래 알튀세르에 대한 장의 제목으로 버틀러가 사용한 "양심이 우리 모두를 주체로 만든다"라는 표현은 "양심이 우리 모두를 겁쟁이로 만든다"는 햄릿의 말을 패러디한 것이다. 이런 제목을 통해 버틀러가 말하고자 하는 바는, 죽음의 위협 및 목숨에 대한 애착에서 생겨나는 '겁'이야말로 양심의 본질이며, 이런 '겁'이야말로 우리를 주체로 만드는 것인데, 알튀세르는 호명에 앞선 이런 양심의 계기를 제대로 포착하지 못했다는 것이다. "호명 이론은 거기에 앞선, 가공되지 않은 양심의 이론을 가정하고 있는 것 같다"[47]고 지적하고 나서, 버틀러는 이렇게 말한다.

알튀세르에 따르면, [지나가던 행인이 등 뒤에서 경찰이 부르는 소리에 돌아서는 순간 달성되는] 이런 주체화는 하나의 **오인**, 잘못된 잠정적

---

46) 이런 강제된 사랑의 또 다른 흥미로운 예는 납치범의 희생자가 납치범에 대한 애정을 발전시키는 경우이다.

47) Butler, "Conscience Doth Make Subjects of Us All," p.109.

총체화이다. 무엇이 법에 대한 이런 욕망을 촉진하고, 예속을 주체화의 대가로 확립하는 질책 안에 제공되는 이런 오인의 매력을 촉진하는가? 이런 설명은 사회적 실존, 주체로서의 실존은 오직 죄책감을 가지고 법을 수용함으로써만 획득될 수 있다고 암시하는 것 같은데, 이런 수용 안에서 죄는 법의 개입을 보장하고, 따라서 주체의 실존의 지속을 보장한다. 만일 주체가 법의 견지에서만 그/녀의 실존을 보장할 수 있다면, 그리고 법이 주체화를 위한 예속을 요구한다면, 그렇다면 도착적으로 그/녀는 자신의 실존을 보장하길 지속하기 위해서 (항상 이미) 법에 묵종할 수 있다. 법에 대한 묵종은 이제 자신의 지속적 실존에 대한 자기애적 애착의 강제된 결과라고 읽힐 수 있다.[48]

여기에서 버틀러가 던지는 질문은 사실 아주 소박한 질문이다. 거리를 걷고 있을 때 누군가가 등 뒤에서 우리를 부른다면, 우리는 어떻게 그것이 우리를 부르는 것이라고 확신할 수 있는가? 우리를 부른 것은 경찰이 아닐 수도 있으며, 옆에 지나가던 또 다른 행인을 부르는 것일 수도 있고, 또는 심지어 누굴 부르는 것도 아닌 고함소리나 우리와는 아무 상관도 없는 소음을 착각한 것에 불과할 수도 있다.[49] 그럼에도 불구하고, 우리는 성급하게 경찰이 우리를 부른 것이라고 '오인'하면서 돌아서거나 또는 적어도 그것이 '오인'인지를 확인하기 위해서 돌아선다. 이런 **성급한** 동일화를 촉진하는 것은 무엇인가? 이는 호명이 실제로 행해지기 이전에 이미 우리 스스로가 권

---

48) Butler, "Conscience Doth Make Subjects of Us All," pp.112~113.

49) Butler, "Conscience Doth Make Subjects of Us All," p.95ff.

력을 향해, 법을 향해 돌아설 만반의 준비가 되어 있다는 것을 의미하지 않는가? 다시 말해서 이미 우리가 스스로 죄를 저지른 죄인이라고 느끼고 있다는 말 아닌가? 그렇다면 동일화를 촉진하는 이런 양심의 운동은 호명의 결과가 아니라 호명의 성공 조건이 아닌가? 버틀러는 자신의 논점을 충격적인 방식으로 드러내기 위해서, 알튀세르가 부인 엘렌느를 살해하고 자기 발로 경찰에 찾아가 자수를 한 그 비극적 에피소드를 사례로 인용한다. 버틀러에 따르면, 이 에피소드에서 벌어진 일은 알튀세르가 묘사한 거리에서의 호명 상황과는 정반대의 상황이다. 경찰은 알튀세르를 '아직' 호명하지 않았으나 알튀세르 자신이 법 앞에 찾아가 스스로 복종한 셈이기 때문이다. 버틀러의 관점에서 봤을 때, 이 사건은 자기 자신에 반해 스스로 돌아서는 양심의 운동이 호명의 사건에 앞서 있고 그것을 조건 짓고 있다는 것을 폭로해준다.

물론 버틀러가 지적하듯이, 알튀세르가 생전에 '양심'에 대한 이론을 충분히 가공했다고 말하기는 힘들다. 그러나 앞에서 살펴본 알튀세르의 관점을 고려했을 때, 알튀세르가 버틀러의 이론화 방향(호명 가능성의 조건으로서의 열정적 애착 및 선험적 양심의 형성)을 지지했을 것이라고 여기기는 힘들다. 왜냐하면 버틀러가 설사 '존재론'이 아닌 '수사학'의 차원에서 이런 이론화를 행한다는 전제를 단다고 할지라도, 이는 단지 호명 이전의 '주체'의 실존만을 기각할 뿐, 그렇게 '도착할 주체'를 미리 준비하기 위해 여전히 문제를 발생론적인 목적론(그리고 심리학)의 관점에서 사고하고 있다는 혐의를 벗기 힘들기 때문이다(제기되는 또 다른 중요한 문제는 바로 '수사학' 자체에 연관되어 있는데, 나는 뒤에서 이 문제를 다룰 것이다). 우리는 이렇게 물어야 한다. 개인이 현재 죽음의 위험을 느끼고 있다고 할지라도, 이데올로기적 호명에 대한 자신의 화답과 이에 따른 예속이 자신이 그토록 바라는 삶과 안전을 가져다주리라는 것을 어떻게 알 수 있단 말인가? 또는, 똑같은 말이지만, 삶과 안전에 대한 대타자의 '약속'을 그 개인은 어떻게 믿을 수 있단 말인가? 이런 '믿음'의 문제가 제기될 때, 버틀러는 어느새 돌라르와 지젝의 문제설정으로 후퇴하거나 그들의 비판에 취약해질 수밖에 없는 것이 아닐까? 오히려 우리는 알튀세르가 강조하는 회고적 주체 구성의 논리를 철저히 고수하면서 이렇게 말해야 하는 것이 아닐까? 그 개인이 예속의 결과로서 주어지는 삶과 안전을 최소한의 수준으로나마 **이미** 경험하지 않았다면(다시 말해서 그것을 경험하도록 이미 **강제**되지 않았다면), 그런 '기대'와 '예상'은 사실상 불가능하다고 말이다. 이런 관점에서 보면, 버틀러가 말하는 양심의 형성이라는 것도 호명의 사전 조건이 아니라 (회고적 구성을 통해 도착하는) **호명의 지연 효과** 또는 **사후 효과**일 뿐이다.

사실 버틀러가 '열정적 애착'이라는 의념을 고안하기 위해 준거하는 스피노자에게서도 '양심의 운동'을 설명해주는 것은 이런 회고적 구성의 논리이다. 에티엔 발리바르에 따르면, 스피노자는 근대 철학에서 사용되는 라틴어 단어 '콘스키엔치아'conscientia가 의미의 발본적 변화를 겪은 시대를 살아간 인물이었다.[50] 원래 콘스키엔치아는 배타적으로 '양심'이라는 도덕적 의미만을 가지고 있었지만, '컨시어스니스'consciousness라는 영어 신조어가 17세기에 발명되어 결정적으

---

50) Étienne Balibar, "A Note on 'Consciousness/Conscience' in the *Ethics*," *Studia Spinozana*, vol.8, Würzburg: Königshausen und Neumann, 1992, pp.37~53.

로 로크에 의해 '의식'이라는 의미를 부여받게 되자 '양심'과 '의식'이라는 두 가지 뜻을 모두 아우르기 시작한 것이다(프랑스어 '콩시앙스'conscience가 가지는 이중적 의미를 생각해보면 쉽게 이해할 수 있다). 이런 의미 변화의 이행점에 위치해 있는 스피노자의 콘스키엔치아 용법은 그 단어가 의식과 양심을 정확히 **동일한 것**으로 취급한다는 데 특징이 있다. 스피노자에게 의식은 **욕구**appetitus**와** (욕구에 대한 의식으로서의) **욕망**cupiditas**의 미분**으로 기능하는데, 소박하게 말해서 다른 동물은 욕구만을 가지고 있으나 인간은 욕구를 또한 의식하기 때문에 욕망을 갖게 된다는 것이다(이 때문에 스피노자에게 있어서 '욕망'은 인간의 본질 자체로 이해된다). 하지만 동시에 인간은 인과 연쇄의 '끝'end으로서 자기 안에 있는 욕구의 현존만을 '의식'할 뿐, 자기가 어떻게 해서 그런 욕구를 갖도록 **결정됐는지**는 알지 못한다. 이렇게 인간은 인과 연쇄 자체에 대해 '무지'하기 때문에, 이 인과 연쇄를 목적론적으로 전도해 자신을 모든 것의 목적end으로 만들고, 주변의 사물들을 자기에게 **좋거나 나쁜 가치들을 지닌 것들**로 분류해 하나의 '세계'를 구성한다. 도덕적 선악 관념은 바로 여기에서 유래하는데, 그런 한에서 **의식은 곧 양심**인 것이다. 결국 스피노자에게 양심은 인간이 자신에게 좋은 것과 나쁜 것을 이미 경험하고 의식한 뒤에 그것을 '세계'의 목적 및 기원으로서 **회고적으로** 투사한 결과로 형성되는 것일 뿐이다. 물론 자신이 좋아하는 것을 주체가 자의적으로 도덕적 '선'으로 규정할 수 있다는 뜻은 아니다. 그런 과정은 도덕적 가치 체계의 **동일성**을 '보장'하기 위한 이데올로기적 구조의 동시적 확립을 요구하며, 이 때문에 세계의 기원에 주체의 거울 역할을 하는 자기-동일적인 신의 존재("나는 나다")가 가정되는 것이다. 이제부터

'나' 또는 '우리'에게 생기는 불행한 일은 바로 이런 신의 도덕적 명령을 위반한 대가라고 오인되기 시작한다.[51]

그러나 이런 설명이 버틀러를 만족시킬 수 있을까? 내가 보기에 버틀러는 알튀세르의 호명 이론의 근본적 아포리아가 생겨나는 지점이 바로 여기라고 보는 것 같다. 만일 우리가 주체의 회고적 구성의 논리를 이렇게 철저한 방식으로 **존재론의 차원에서** 이해함으로써, 주체를 호명의 효과**이기만 한 것**으로 규정한다면, 우리는 어떻게 그런 이데올로기적 예속에 저항할 수 있는 길을 이론적으로 찾아낼 수 있는가? 이렇게 해서, 사실상 버틀러가 제기하는 문제는 슬로베니아 학파의 문제제기, 곧 알튀세르의 이데올로기론이란 '소외의 윤리학'에 지나지 않으며, 상징적인 것으로부터의 주체의 '분리,' 상징적인 것에 대한 주체의 '전복'을 사고하지 못하게 만드는 것이라고 비판한 슬로베니아 학파의 문제제기와 수렴된다. 버틀러는 이렇게 말한다.

비록 그 에세이[「이데올로기와 이데올로기적 국가장치들」]의 마지막 절이 종교적 권위의 사례를 설명하고 드러내려고 하지만, 이런 해명은 이데올로기의 위력을 약화시킬 힘을 결여하고 있다. 스스로 인정하다시피, 알튀세르 자신의 글은 그것이 주제로 삼는 것[이데올로기적 호명]을 예외 없이 활성화하며, 그리하여 이런 설명을 통해 **이데**

---

51) 욕구와 욕망의 스피노자적 구분에 대해서는 『윤리학』(1677) 제3부 정리 9의 주석을, 또한 목적론적 전도를 통한 죄의식의 생산에 관해서는 제1부의 부록을 보라. Baruch Spinoza, "Ethics," *Complete Works*, trans. Samuel Shirley, Indianapolis: Hackett, 2002, pp.284, 238~243. [강영계 옮김, 『에티카』(개정판), 서광사, 2007, 164~165, 67~77쪽.]

올로기로부터의 그 어떤 계몽된 탈출도 약속하지 않는다. 주체를 구성하는 이데올로기의 힘을 묘사하기 위해서 알튀세르는 신성한 목소리에, 곧 이름 짓고, 그런 이름 지음 속에서 주체들을 존재하게 만드는 신성한 목소리에 의존한다. 사회적 이데올로기가 이것[신성한 목소리]과 유사한 방식으로 작동한다고 주장하는 가운데, 알튀세르는 사회적 호명을 무심코 신의 수행문과 일치시킨다.52)

사실은 이 점이 버틀러가 처음부터 알튀세르에게 이론적으로 가장 불만스러워했던 부분이라는 것은, 알튀세르에 대해 쓴 (아마도) 첫 번째 글인 「젠더는 불타고 있다: 전유와 전복의 문제들」에서 버틀러가 제기한 문제가 바로 이 문제였다는 점을 상기하는 것만으로도 충분할 것이다. 곧 '나쁜 주체'가 행하는 저항의 정도를 극구 평가절하하는 알튀세르에 대한 불만 말이다.53) 버틀러가 수사학적 차원의 환원 불가능성을 강조함으로써 보존하고자 하는 것은, 권력의 존재론적 필연성에 의해 결코 소진될 수 없는 저항의 바로 그 원천으로서 **주체의 언표행위에 수반되는 수행적 우발성**을 이론화할 가능성이다. 좀 더 풀어 쓰자면, 주체가 권력에 의한 호명의 효과인 것은 사실이라고 할지라도, 이런 효과를 생산하기 위해서 권력은 역설적으로 권력에 '아직' 포섭되지 않은 것, 곧 권력의 어떤 '타자'를 늘 경유

---

52) Butler, "Conscience Doth Make Subjects of Us All," p.110. 강조는 인용자.

53) Judith Butler, "Gender Is Burning: Questions of Appropriation and Subversion," *Bodies That Matter: On the Discursive Limits of "Sex"*, London: Routledge, 1993, p.122. [김윤상 옮김, 「젠더는 불타고 있다: 전유와 전복의 문제들」, 『의미를 체현하는 육체』, 인간사랑, 2003, 229쪽.]

해야만 하며, 바로 여기에 저항의 가능성이 있다는 것이다. 왜냐하면 개인이 가지고 있는 '목숨에 대한 애착'은 그 개인이 효과적으로 권력의 호명에 답해 주체가 되는 과정을 '촉진'하지만, 이는 동시에 권력 자신이 언제나 호명의 효율성을 위해서 그런 개인의 삶 또는 생명 자체에 얼마간 의존하게 된다는 뜻이기도 하기 때문이다. 따라서 버틀러에 따르면 권력은 주체를 예속시키면서도, 동시에 모종의 역량을 그 주체에게 항상 이전하는 방식으로만 그런 예속을 실현할 수 있다. "권력은 단지 주체에 대해서 작용할 뿐만 아니라, 이행적 의미에서 주체를 존재 속으로 활성화한다. 조건으로서, 권력은 주체에 선행한다. 그러나 권력은, 주체에 의해 행사될 때, 그 선차성의 외양을 상실한다."[54] 버틀러의 관점에서 보자면, 사실 주체에 대한 권력의 선차성이라는 것은 단지 존재론적 차원에서 확인되는 선차성일 뿐, 그것 자체가 주체의 수행적 참여 없이는 작동할 수 없는 어떤 것인 한에서, 수사학의 차원 또는 주체의 '수행적 언표행위'의 차원에서 보자면 여전히 불완전한 선차성에 불과하다. 존재론을 수사학으로 환원하는 것은 불가능하지만, 수사학을 존재론으로 환원하는 것도 역시 불가능하며, 존재론이 수사학에 대해 항상 우위를 점한다는 생각도 버틀러가 보기엔 일종의 부당 전제인 것이다.

권력은 권력으로 존속하기 위해서 단지 개인을 주체로 구성하는 것만으로는 부족하며, 그런 주체의 예속을 **지속적으로 재생산**할 수도 있어야 한다. 하지만 이런 재생산은 권력의 한계를 초과하는 어떤 이타성異他性을 경유하는, **권력 그 자신에게도 위험스런 과정**이다. 주체

---

54) Butler, "Conscience Doth Make Subjects of Us All," p.13.

는 점점 이런 권력에 의한 호명의 효과를 전위시키거나 거기에 저항할 수 있는 역량을 확보(곧 권력을 스스로 분점하고 행사)하기 시작한다. 우리는 이런 예를 바로 '모욕적 호명'에 대한 주체의 대응 변화를 통해 확인할 수 있다. 성적, 인종적, 또는 다른 차원에서 모욕을 주기 위해 자신에게 가해진 호명("아줌마," "호모," "레즈보," "검둥이," "빨갱이" 따위)은 분명 처음에는 단지 수치심을 주는 것에 불과할 뿐이지만, 그것은 이후 그렇게 호명당한 사람들의 **집단적 저항의 호명적 중심**으로 '반복'됨으로써 그 용법이 완전히 역전될 수 있다. 동일한 것의 반복 안에 들어 있는 이타성의 흔적을 읽어내기 위해 '반복 (불)가능성'^{itérabilité}이라는 용어에 주목한 자크 데리다를 따라서,[55] 버틀러는 권력의 재생산 안에 필연적으로 포함될 수밖에 없는 하나의 이질적 계기로서의 주체의 수행적 차원에 주목하고, 이로부터 저항의 가능성을 이론적으로 도출해낸다. 이런 관점에서 보자면, 알튀세르가 폄하한 '나쁜 주체'(곧 호명으로부터 도망침으로써 억압적 국가장치가 직접 나서도록 만드는 주체)의 저항은 알튀세르가 생각했던 것보다 훨씬 더 급진적일 수 있다. 물론 나쁜 주체가 호명 그 자체의 '바깥'을 향해 나아가는 것은 아니며(왜냐하면 호명의 절대적 바깥은 버틀러가 강조하듯이 '죽음'에 불과하기 때문이다), 따라서 알튀세르가 말하듯이 나쁜 주체는 여전히 하나의 '주체'로 남아 있음이 분명하지만, 알튀세르가 생각했던 것보다 훨씬 더 발본적인 방식

---

55) '반복 (불)가능성'에 들어 있는 'itér'는 '타자'라는 뜻을 가지고 있다. 즉 반복은 단순한 동일자의 반복이 아니라 늘 타자를 경유하는 반복일 수 있을 뿐이다. Jacques Derrida, "Signature, Event, Context," *Margins of Philosophy*, trans. Alan Bass, Chicago: The University of Chicago Press, 1982.

으로 권력의 작용을 내적으로 교란시킬 수 있는 주체라는 점은 인정되어야 한다는 것이다.[56]

저항에 대한 이런 이론화가 하나의 가능한 방향이라는 것은 사실이다. 하지만 유일한 방향은 아니며, 더군다나 가장 효과적이거나 가장 유물론적인 방향은 아니다. 어쨌든 알튀세르가 선택했던 방향은 아니었다. 여기에서는 알튀세르 자신의 논의로 직접 들어가기보다는, 알튀세르의 논의를 좀 더 명료하고 풍부하게 발전시킨 페쇠의 이론화를 참조하는 것이 계발적이다. 페쇠는 『라 팔리스의 신사 식의 진실들』에서 1970년대 당시 언어학의 상황을 세 가지 입장이 갈등하는 상황으로 묘사한 바 있다. 첫 번째 경향을 형식주의(또는 구조주의)라고 한다면, 두 번째 경향은 역사주의, 그리고 세 번째 경향은 '파롤의 언어학'이라고 불리는 경향을 말한다. 첫 번째 경향이 **랑그**를 언어학의 대상으로 천명하면서, 랑그란 역사적인 것이 아니며 하나의 **시스템**, 하나의 **구조**라는 점을 강조한다면(따라서 랑그의 **필연성**을 강조한다면), 두 번째와 세 번째 경향은 랑그를 초과하는 차원에서 벌어지는 언어의 역사적 변화, 또는 주체의 언표행위가 언어에 대해서 가지는 차별적 영향에 초점을 맞춘다. 이 후자의 두 경향은 결국 랑그로

---

56) 프랑크 피쉬바흐는 버틀러가 호명의 실패나 (그 결과로 생겨나는) '나쁜 주체'의 문제에 대해서만 집착하고 있다는 문제를 제기하는데, 이것은 조금 부당한 문제제기이다. Franck Fischbach, "Les sujets marchent tout seuls……: Althusser et l'interpellation," *Althusser: Une lecture de Marx*, éd. Jean-Claude Bourdin, Paris: PUF, 2008. 버틀러에게는 보다시피 호명의 성공에 대한 적합한 설명을 찾는 일 또한 중요하기 때문이다. 나는 뒤에서 호명의 (부분적) 실패로 나타나는 '나쁜 주체'라는 문제를 다룰 것인데, 버틀러의 관점에서는 사실 호명의 성공과 실패가 모두 단일한 메커니즘을 통해 이해될 수 있다.

소진되지 않는 언어의 **나머지, 잉여**로서의 **비-체계적 결정**의 차원(따라서 **우연성**의 차원)에 관심을 두는 것이라고 말할 수 있다. 소쉬르가 언어학의 대상을 구체적 발화에 관련되어 있는 파롤이 아니라 기표들의 구조적 체계로서의 랑그로 확정했지만, 이런 구분 자체가 이후 위와 같은 세 가지 경향의 대립으로 발전하게 된 것이다.[57]

그러나 현대 언어학에서의 이런 대립은, 페쇠에 따르면, 훨씬 전인 17세기로까지 거슬러 올라가는 **관념론의 두 대표적 경향**, 곧 합리주의와 경험주의의 대립을 반복·재생산하는 것이다. 합리주의 경향에서는 외부 세계의 사물들이 지닌 본질의 존재론적 진실을 보여주는 '논리학'(또는 '지식 이론')이 우선시되며, 반면 '말하기의 기술' 또는 '수사학'은 그런 논리학의 규칙들에 따라 사태를 왜곡 없이 전달하는 것을 목표로 한다는 점에서 부차적·종속적 지위만을 가진다. 이 입장은 "현실 전체를 포괄하는 고정되고 모호함 없는 언표들의 우주를 달성하려는 관념론적 야망"에 의해 지배된다고 볼 수 있다.[58] 반면, 경험주의에서는 외부 세계의 인과 관계가 아닌 주체의 '경험'이 이론 구성의 중심으로 부상함에 따라(이런 경향의 정점을 이루는 것은

---

57) Pêcheux, *Language, Semantics and Ideology*, p.5ff.

58) Pêcheux, *Language, Semantics and Ideology*, p.44. 스피노자는 흔히 오해되는 것과 달리 오히려 이런 합리주의적 관념론의 예외이다. 모호함 없는 기계적-타동적 인과성 개념을 추구하는 합리주의의 입장과 달리 스피노자의 입장은 '내재적 인과성,' 또는 (알튀세르 식으로 말하면) 과잉결정과 비선형적 복잡성에 의해 특징지어지는 '구조적 인과성' 개념을 추구하기 때문이다. '질서'(ordo)라는 용어에 대해 스피노자가 취했던 비판적 거리가 보여주는 것이 바로 이런 입장의 독특성이다. 스피노자가 합리주의에 대해 취했던 거리는 알튀세르가 구조주의에 대해 취했던 비판적 거리와 유비될 만하다.

주지하다시피 외부 세계를 전면 부정한 조지 버클리이다), 주체가 담론의 진실에 종속되기는커녕 반대로 주체가 **담론의 원천**으로 이해되고, 이 때문에 '논리학'이 아닌 '수사학'이 제1학문으로 자리 잡게 된다 (진리의 객관성을 부정하고 주체에게 어떤 이익을 가져다주는 것을 진리로 여기는 실용주의는 바로 여기에서 파생하는 것이다).[59]

이런 관점에서 보면, 버틀러가 권력의 호명의 필연성이 소진시킬 수 없는 우연적 '나머지'이자, 그럼에도 불구하고 권력이 '항상 아직' 경유해야 하는 타자로서 규정되는 주체의 수행적 차원을 저항의 원천으로 사고하며 존재론이 아닌 수사학의 차원에서 이론화하고 있는 것도 결국 이런 관념론적 이원 대립의 틀(랑그-파롤, 필연성-우연성, 객관성-주관성, 대상-주체) 안에 갇혀 있기 때문이 아닌가 의심해볼 만하다. 흥미롭게도 캘리포니아대학교 버클리 캠퍼스에서 버틀러가 속해 있던 학과가 바로 '수사학과'였다. 사실 초기작『젠더 트러블: 페미니즘과 정체성의 전복』(1990)에서 버틀러가 취한 '구성주의'의 입장은 모든 것을 간단히 주체의 수행적 구성의 결과물이라고 치부함으로써 결국 실용주의, 주의주의로 빠지는 것이 아닌가 하는 의문을 불러일으킨 바 있다.[60] 그 뒤 발표한『물질화되는 육체들: '성'의 담론적 한계들에 대하여』(1993)에서 '구성'이라는 의념을 상대화하고 '물질화'라는 의념을 도입하면서 이런 위험한 경향이 상당히 정정된

---

59) Pêcheux, *Language, Semantics and Ideology*, Ch.1~2.

60) 발리바르도 이 점을 지적한 바 있다. Étienne Balibar, "Les universels"(1994), *La Crainte des masses: Politique et philosophie avant et après Marx*, Paris: Gal-ilée, 1997, p.431. [서관모·최원 옮김,「보편적인 것들」(5부),『대중들의 공포: 맑스 전과 후의 정치와 철학』, 도서출판b, 2007, 521쪽.]

것은 사실이지만,[61] 버틀러가 여전히 권력에 대한 저항을 구조의 필연성을 초과하거나 흘러넘치는 주체의 수행적 우발성에서 찾고 있다는 점에서 볼 수 있듯이(이런 점에서 버틀러는 '저항의 우연적 생성' 및 '자기의 기술들'을 말하는 미셸 푸코와 수렴된다), 위에서 말한 이원 대립의 틀을 충분히 벗어난 것은 아니지 않나 물어볼 수 있다.

폐쇠의 관점에서, 주체 구성의 '회고적 논리'를 철저히 따르는 동시에 '저항'의 문제를 사고하는 것은 **언어**와 **담론**의 구분을 도입함으로써 가능해진다. 사실 소쉬르적 언어학이 랑그를 벗어난 (주관적이고 우연적인) 파롤의 차원을 설정하게 된 것은 언어학으로 환원되지 않는 '담론'의 수준을 이론화하는 데 실패한 것을 언어학 내부에서 이데올로기적으로 봉합한 결과라고 볼 수 있다(따라서 랑그에 대립된 파롤이라는 문제설정 자체가 소쉬르 언어학의 인식론적 절단이 불완전한 것임을 표시해준다). 폐쇠는 언어에 접합되어 있지만 언어를 넘어서는 담론의 수준을 과학적 대상으로 식별해냄으로써, 언어학(앞에서 말한 두 번째와 세 번째 경향)이 랑그를 초과하는 차원이라고 본 것에 대한 연구를 역사주의나 주관주의에 맡겨버리는 것을 중단하고, 그 초과하는 차원을 **담론구성체의 물질성** 수준에서 유물론적으로 연구해야 한다는 주장을 펼친다. 이를 위해서 폐쇠는 "언어는 상부구조가 아니라 하부구조"라는 이오시프 스탈린의 테제를 지지하면서 **동시에** 비판하는데, 언어(단어들 또는 기표들 자체)는 계급적인 것이 아니라는 스탈린의 생각은 극좌적 기회주의를 피해간다는 점에서 정

---

61) 이 문제를 여기에서 깊이 다룰 수 있는 여유는 없다. Butler, *Bodies That Matter*, pp.4ff. [『의미를 체현하는 육체』, 26쪽 이하.]

당하지만, 그런 계급 중립적 단어들이 서로 접합 또는 결합되어 '사용'되는 방식으로서의 **담론 수준에서 벌어지는 계급투쟁**을 무시한다는 점에서는 우익적·사회학적 오류를 범한다는 것이다.[62]

이데올로기적 호명이 위치한 수준은 언어의 수준이 아니라 정확히 담론의 수준이며, 거기에서 호명은 하나의 단일한 담론에 의해 행해지는 것이 아니라 **"지배의 구조를 가지고 있는 복수의 담론구성체들의 복잡한 전체"**에 의해 행해지게 된다.[63] 이런 '복잡한 전체'는 종교적, 정치적, 예술적, 과학적 담론 따위의 다양한 이질적 담론구성체들을 그 안에 포함하고 있을 뿐만 아니라, 더 나아가 계급적 담론구성체들(지배 계급 및 피지배 계급의 담론들)의 위계화된 구조(곧 지배의 구조)를 그 안에 가지고 있다. 호명을 통해 (재)생산되는 이데올로기적 지배라는 것이 이런 위계의 (재)생산인 한에서, 그러므로 **피지배자의 담론이 그 안에 항상 이미 포함되어 있는** 지배-피지배의 (재)생산인 한에서, 이데올로기적 지배라는 것은 **그 자체가 항상 계급투쟁을 전제하고 있으며, 계급투쟁을 통해서만 확보될 수 있는 것**이지, 미리 만들어져 있는 지배 계급 또는 지배자의 순수한 담론을 일방적으로 피지배자 또는 모종의 '주체/신민'에게 강요하는 과정을 통해 확보되는 것이 아니다. 버틀러의 전복적인 '인용 가능성'citation-ability(권위자의 말을 역전시키거나 전위시키는 방식으로 인용할 수 있음)은 호명하는 지배 이데올로기의 목소리 자체 안에 피지배자들의 목소리가 이미 내적인 거리로서 기입되어 있지 않다면 불가능할 것이다. 지배

---

62) Pêcheux, *Language, Semantics and Ideology*, p.55ff.

63) Pêcheux, *Language, Semantics and Ideology*, p.101.

이데올로기는 정확히 담론적 계급투쟁뿐만 아니라 (종종 물리적이고 동시에 폭력적인) 비담론적 계급투쟁의 '결과'로서 생산된 지배를 사회의 '원인'으로서 회고적으로 전도시키는 과정을 통해 사회 내의 적대를 **은폐**하는 효과를 가져온다.

이상과 같은 페쇠의 이론화 작업이 알튀세르 자신이 추구한 방향이었다는 것이 알튀세르의 사후 출판물들을 통해 드러나고 있다(특히 『재생산에 대하여』[64]를 보라). 이런 알튀세르의 사고가 이론 정세 상의 이유 및 개인 신변상의 이유로 인해 제대로 발전되지 못했다는 것은 사실이며, 언제나 출판에 신중했던 알튀세르는 아직 채 완성되지 않은 자신의 논의를 공개하지 않았기 때문에 수많은 억측에 시달리기도 해야 했다. 하지만 몇몇 유고 텍스트들 안에서 우리는, 알튀세르가 '주체'라는 의념의 다양한 복귀로 특징지어지는 현재의 관념론적 시도들과는 판이한 방식으로 이데올로기와 이데올로기적 투쟁에 대해 사고하기 시작했다는 점을 감동적으로 확인할 수 있다. 물론 우리는 여전히 "알튀세르가 이데올로기적 투쟁의 이론화 작업에 있어서 완전히 성공적이었는가?"라는 질문을 던질 수 있으며, 나는 다음 장에서 이 질문으로 돌아올 것이다. 그러나 여기에서는 알튀세르가 라캉과 발산했던 바가 무엇인지를 먼저 살펴보도록 하자.

---

64) Louis Althusser, *Sur la reproduction*, Paris: PUF, 1995. [김웅권 옮김, 『재생산에 대하여』, 동문선, 2007.] 그동안 알려지지 않았던 알튀세르의 미발표 수고 두 개(하나는 1969년 3~4월에 작성됐고, 나머지 하나는 작성 연도 미상이다)에 근거한 이 편집서는 무엇보다 1970년에 발표된 「이데올로기와 이데올로기적 국가장치들」의 '원본'으로서 연구자들의 많은 주목을 받고 있다. 이 책은 2011년 에티엔 발리바르의 서문이 추가된 제2판이 출간됐는데, 2014년에 출간된 영어판은 이 제2판을 옮긴 것이다.

3. 알튀세르의 '실재'와 유물론적 담론 이론을 위한 프로젝트

앞에서 우리는 유고작으로 출판되어 나온 「담론 이론에 대한 세 편의 노트」에서 알튀세르가 자아 곁에 어떤 '공백' 또는 '심연'이 함께 열린다는 점을 명시적으로 인정했다고 말했다. 알튀세르가 거부했던 것은 공백 자체가 아니라 이런 공백을 '주체'로 봐야 한다는 라캉의 생각이었다.[65] 많은 이론적 수렴에도 불구하고 불거져 나왔던 알튀세르와 라캉의 차이를 파악하기 위해서는 라캉의 실재와 대조되는 알튀세르의 실재의 독특성을 명확히 이해할 필요가 있다. 조금 의외일 수 있지만, 이 문제를 고찰하는 데 필요한 실마리는 예술에 대해 쓴 알튀세르의 몇 편 안 되는 글 가운데 하나인 「추상 화가 크레모니니」(1966)에서 발견될 수 있는데, 이 글이 단순히 예술에 대한 알튀세르의 관점만을 제시하고 있다고 오해해서는 안 된다.

이 짧지만 비상한 글에서 알튀세르는 크레모니니의 그림이 어떻게 초기의 자연주의 시기로부터 후기의 반ⁿ인간주의 시기에 이르기까지 오랜 시간에 걸쳐 진화했는지를 묘사한다. 초기에 크레모니니는 인간들과 **그들의** 사물들 사이에서 발견되는 연속성에 초점을 맞췄으며, 이로부터 사물들과 **그것들의** 인간들 사이의 전도된 연속성을 발견하는 데까지 나아갔다. "섬들" 또는 "텅 빈 바다의 가장자리에 있는 바위들"[66] 같은 지형물에서 식물 및 동물로, 그리고 마지막

---

65) Althusser, "Three Notes on the Theory of Discourses," pp.77~78.

66) Althusser, "Cremonini, Painter of the Abstract," p.231. [「추상 화가 크레모니니」, 237쪽.]

그림 19. Leonardo Cremonini, *Donne addormentate al sole*, oil on canvas, 97cm×130cm, 1955.

그림 20. Leonardo Cremonini, *Corpo vegetali*, oil on canvas, 97cm×130cm, 1959.

에는 인간으로 대상을 바꾸면서, 크레모니니는 **유사성**의 다양한 관계들을 그렸다. 크레모니니가 그린 바위, 식물, 동물, 인간은 서로가 서로의 연장인 것처럼 보인다. "자신의 뼈가 가죽을 뚫고 나와 마비되며 부러져버리고 마는 움직이지 않는 양, 바위 위에서 풀을 뜯고 있는 바위를 닮은 양떼, 동판 속에 얼어붙어 있는 개, 뼈만 앙상한 동물의 시체를 모으고 있는 사람들 사이에 흩어져 있는 사지가 절단된 동물들, 자신의 앙상한 어깨 위에 짊어진 동물의 시체를 닮은 인간" 따위가 그것이다.[67] 크레모니니는 단지 인간과 사물 사이의 유사성 또는 주체와 대상 사이의 유사성을 그렸을 뿐만 아니라 화가와 예술 작품 사이, 예술 작품과 감상자 사이의 유사성 또한 그렸다. 화가로서 자신의 개인적 역사를 통해 크레모니니는 바위에서 식물로, 동물로, 인간으로, 그리고 다시 예술가로, 예술 작품으로, 예술 감상자로 나아가는 자연적 역사의 전체 순환을 재생산했다. 그리하여 크레모니니는 알튀세르가 **"발생론**의 질서(심지어 유물론적 발생론의 질서)"라고 부르는 것, "곧 사물들의 **진실한** 의미를 담고 있으며, 인간과 자연 및 그 '대상들' 간의 관계, 무엇보다도 공예가와 그의 재료, 그의 도구, 그의 생산물 사이의 진실된 관계를 담고 있는, 기원으로부터의 **전해 내려옴**의 질서"라고 부르는 것을 발견했다.[68]

어떻게 이런 발생론의 질서를 우리가, 예컨대 마르틴 하이데거의 「예술 작품의 기원」(1950)에 묘사된 바 있는 예술, 예술가, 예술 작

---

67) Althusser, "Cremonini, Painter of the Abstract," p.232. [「추상 화가 크레모니니」, 238쪽.]

68) Althusser, "Cremonini, Painter of the Abstract," p.233. [「추상 화가 크레모니니」, 239쪽.]

그림 21. Leonardo Cremonini, *L'uomo che porta la carne*, oil on canvas, 130cm×97cm, **1958.** 알튀세르는 크레모니니가 '추상화가'라고 단언한다. 바위를 그리든(그림 19. 「태양 속에서 자고 있는 여인들」), 식물을 그리든(그림 20. 「식물의 몸통」), 또는 동물을 그리든(그림 21. 「고기를 나르고 있는 사람」) 간에, 크레모니니가 진정으로 그리고자 하는 것은 인간들과 그들의 사물들 사이의 '관계,' 또는 반대로 사물들과 그들의 인간들 사이의 '관계,' 즉 '관계'이기에 추상적일 수밖에 없는 '관계'이기 때문이다. 후기에 들어와 오롯이 인간들 사이의 관계에 주목하기 시작한 크레모니니는, 이제 거울이라는 모티프를 통해서 인간들과 그들의 자기 이미지들 사이의 관계를 그리기 시작한다('그림 22'를 참조하라).

품의 **해석학적 원환**[69]과 관련시키고 싶은 유혹을 물리칠 수 있을까? 하지만 알튀세르에 따르면, 인간들과 그들의 사물들, 또는 사물들과 그것들의 인간들 간의 유사성을 그리는 동안 크레모니니는 또한 이런 인간-사물 또는 사물-인간이 그(것)들에 대한 **우리의 관념들**과 가지는 **차이들**, 더 정확히 말하자면 그(것)들이 "'인간'에 대한 우리의 '관념'과 가지는 차이들, 지배 이데올로기에 의해 고정된 그(것)들의 자연본성과 가지는" 차이들을 그리기 시작했다. 차이들을 그리는 이런 "소리 없는" 경향은 서서히 강화되어 마침내 후기 그림에서는 사물과 인간 사이에서 돌아가고 있는 원환의 동형적 논리로 환원될 수 없는, 차이의 독립적 논리로 등장하기에 이르렀다.

후기에 크레모니니는 인간들 자신의 관계를 그렸는데, 이는 둘 또는 그 이상의 인간 사이에 형성되는 간주체적 관계를 그렸다는 뜻이 아니라 인간들과 그들의 거울 이미지 사이의 이데올로기적인 **자기-주체적** 관계를 그렸다는 뜻이다. 크레모니니의 후기 그림에서 놀라운 것은 그림의 한복판에서, 인간들과 그들의 거울 반영(또는 거울 반영과 **그것들의** 인간들) 간의 부단히 뒤집히고 확장되는 동심원의 무한 연쇄 구조를 발견하게 된다는 점이 아니다. 놀라운 것은 오히려 이런 지배적 원환 구조 곁에 문, 창틀, 벽의 선 등에서 표현되고 있는 **수직 선들로 이뤄진 또 다른 구조**가 출현했다는 것이다. 알튀세르에 따르면, 이런 수직 구조는 중심의 원환이 망각하고 있는 듯 보이는 어떤 비가시적 **무게**를 그리고 있는데, 크레모니니는 이를 긍정적 방식이 아닌

---

69) Martin Heidegger, "The Origin of the Work of Art"(1950), *Poetry, Language, Thought*, trans. Albert Hofstadter, New York: Harper & Row, 1971. [신상희 옮김, 「예술 작품의 근원」, 『숲길』, 나남, 2008.]

부정적 방식으로, 중심에 있는 원환 구조 자체에 대해 생산되는 그 무게의 흔적과 구조적 효과들로서 그렸다. 즉, 크레모니니는 그 무게를 그것의 부재 속에서, 하나의 '부재 원인'으로서 그렸다.

인간들과 그들의 대상들은 부단히 우리를 대상들과 그것들의 인간 및 그 역의 것에 준거하게 만든다. 하지만 이런 원환의 의미는 **무대 뒤에서**, 그 **차이**에 의해 고정된다. 그 차이는 원환의 **곁에 있는** 거대한 무게의 **수직선들**의 현존에 다름 아닌데, 이는 무한히 이어지는 인간-개인들의 대상-개체들로의, 그리고 그 역의, 영속적인 준거**와는 다른 어떤 것**을, 이데올로기적 실존의 이런 원환과는 다른 어떤 것을 '그린다.' 상이한 **비-원환적** 구조에 의해, 매우 상이한 본질을 가지는 법칙에 의해, 어떤 발생론으로도 환원될 수 없으며 모든 후기 크레모니니의 화폭을 통해 자신의 규정적 부재 속에서 출몰하는 무게에 의해 그 다른 어떤 것을 '그린다.'[70]

알튀세르에 따르면, 인간들을 그들의 사물들에게로, 또 사물들을 그것들의 인간들에게로 반영하는 원환 구조는 욕망의 구조이다. "우리는 그녀가 들고 있는 거울의 뒷면에서 그녀의 벌거벗은 욕망을 본다. 그녀를 바라보고, 그녀의 시선의 원환을 바라보고 있는 것은 바로 그녀의 거울이다. 비록 그 거울은 눈이 없지만 말이다."[71] 주체와

---

70) Althusser, "Cremonini, Painter of the Abstract," pp.235~236. [「추상 화가 크레모니니」, 241쪽.]

71) Althusser, "Cremonini, Painter of the Abstract," p.235. [「추상 화가 크레모니니」, 240쪽.]

그림 22. Leonardo Cremonini, *Attraverso lo specchio*, oil on canvas, 104cm×73cm, 1963. (루이스 캐럴의 『이상한 나라의 앨리스』 속편을 연상시키는) 「거울을 통해서」라는 제목의 이 그림을 전후로, 더 정확하게는 1961~68년 사이에 집중적으로 크레모니니의 작품들 속에서는 거울(낡은 손거울, 혹은 1900년풍 옷장 거울, 그리고 나중에는 발코니의 창문 등)이 반복해 등장한다. 알튀세르는 크레모니니의 이런 변화된 화풍을 '거울에 대한 탐구'라고 부르며 그 의미를 탐구한다.

대상 간에 형성되는 이런 욕망의 원환적 구조는 라캉이 욕망하는 주체의 형성을 설명하면서 분석한 구조, 곧 라캉이 자신의 환상 공식($ \delta \diamond a $)에서 빗금 쳐진 주체와 대상 a 사이에 삽입하는 돌아가고 있는 사각형의 구조와 그렇게 다르지 않다.

하지만 결정적인 차이도 나타난다. 라캉의 경우, 이런 원환 구조는 그 자체만으로 **혼자서** 주체가 대상과 맺는 욕망의 관계를 충분히 설명할 수 있다. 주체가 욕망하는 것은 사실 주체 자신이 상실한 무엇이다. 주체는 자기 존재의 원-억압된 부분에 다름 아닌 '이항적 기표'를 욕망한다. 이런 상실물은 전前-주체가 언어 또는 상징적인 것에 자신을 종속시키기 때문에 생산되며, 주체가 욕망하는 모든 경험적 대상들에 출몰하거나 동반되는 유령 같은 잉여 대상이 된다. 주체가 그 대상들을 욕망하는 것은 그 대상들이 자기 안에 자기 이상의 무언가를 가지고 있는 한에서, 곧 그 대상들이 '대상 a'를 모종의 방식으로 체현하고, 그리하여 주체가 언어의 장 속으로 들어감으로 인해 생긴 **공백**을 그 대상들이 일시적으로 메워주는 한에서인 것이다. 이런 원환 운동이야말로 라캉이 '외밀함'이라는 신조어를 가지고 지시하려고 하는 것이다. 외부의 대상을 향한 충동은 그 대상을 낚아채서 주체의 가장 내밀한 공간으로 운반해오려고 시도하면서 항상 자기에게로 복귀한다. 왜냐하면 충동의 '목적'은 항상 충동의 '원천,' 곧 주체 자신과 일치하기 때문이다.[72]

---

72) Jacques Lacan, *The Four Fundamental Concepts of Psychoanalysis: The Seminar of Jacques Lacan, Book XI*, trans. Alan Sheridan, New York: W. W. Norton, 1998, pp.174~186. [맹정현·이수련 옮김, 『정신분석의 네 가지 근본 개념: 자크 라캉 세미나 11』, 새물결, 2008, 327~333쪽.]

반면 후기 크레모니니뿐만 아니라 알튀세르에게 중심에 위치한 원환 구조의 의미는 이 구조 뒤에서 구조 자체를 근본적으로 조건 짓고 있는 수직선들의 또 다른 구조가 나타나지 않는 한 고정될 수 없다. 이런 관점에서 보면, 주체의 원환 운동이 그 주위를 돌고 있는 중심에 위치한 공백 자체는 **하나의 주체**를 가리키는 것으로 간주될 수 없다(심지어 그 공백이 '무의식의 주체'라는 이름으로 정식화된다고 할지라도 말이다). 오히려 그 공백 자체는 **하나의 구조**, 더 정확히 말해서 **원환 구조 곁에 부재의 형태로 제시되는 또 다른 구조를 지시하는 것**으로 간주되어야만 한다. 이 수직선들의 구조는 무엇을 그리고 있는가? 알튀세르는 그것이 "[인간의] **삶의 조건**을 구성하는 관계들," 곧 "사회적 관계들," "생산관계들 또는 주어진 사회의 **계급투쟁**의 형태들"[73]로서의 실재를 그린다고 말한다.

우리는 여기에서 알튀세르의 말을 오해하지 않도록 조심할 필요가 있다. 알튀세르는 단순히 수직선들의 구조가 경제를 뜻한다고 말하지 않는다. 맑스의 변증법을 G. W. F. 헤겔의 변증법과 비교하면서, 알튀세르는 이미 맑스의 변증법은 헤겔에게서 전형적으로 나타나는 동심원의 도식을 갖지 않는다고 주장한 바 있다. 헤겔의 도식은 제아무리 복잡해 보여도 궁극적으로 (정신적) 중심의 자기 부정 및 복귀의 운동으로 환원될 수 있다. 반면 맑스의 변증법은 그 종류에서 구분되는 복잡한 것으로, 무거운 토대와 그 위에 놓인 상부구조로 이뤄진 **건축물**의 도식을 가지고 있다.[74] 이런 건축물 도식의 요점은 토대

---

73) Althusser, "Cremonini, Painter of the Abstract," pp.236~237. [「추상 화가 크레모니니」, 242쪽.] 강조는 인용자.

(곧 경제)가 상부구조를 결정한다는 것이 아니다. 알튀세르는 경제환원론을 부단히 비판하면서, 그런 생각은 기껏해야 건축물의 구조를 또 다른 원환 구조로 만들 뿐이며, 이 경우 원환의 중심은 경제에 의해 장악되어 있다는 점만이 다를 뿐이라고 말한다. 맑스의 도식에서 요점은 오히려 주어진 사회구성체의 상이한 심급들이 서로 관계 맺는 방식에는 어떤 근본적인 **불균등성**이 있다는 점이다. 이 때문에 우리가 크레모니니의 그림에서 마주치는 수직적 구조는 경제를 그리고 있는 것이 아니라 오히려 계급투쟁, 곧 **자신에게 속하는 모든 이질적 차원들**(경제, 정치, 이데올로기 등)**로 인하여 자기 자신에 대해 비동시적이 되는 계급투쟁**을 그리고 있는 것으로 간주되어야만 한다.

하지만 "삶의 조건들"로서의 계급투쟁의 이 비동시성과 복잡성은 우리가 이데올로기의 원환들 안에 이데올로기적 주체로 자리 잡는 순간, 시야에서 사라져버리고 만다. 우리는 단지 원환 또는 '지평' 위에 균등하게 배열된 것들로서의 대상들을 바라보게 되는데, 이런 마술적 조작이야말로, 이데올로기를 "개인들이 자기 실존의 실재 조건들과 맺는 상상적 관계에 대한 표상/상연/재현"이라고 규정했을 때 알튀세르가 염두에 둔 것이다. 알튀세르는 이데올로기가 실재에 대한 상상적 표상이라고 말하지 않기 위해서 각별히 주의한다. 개인들이 자기 실존의 실재 조건들에 대해 맺는 상상적 관계 그 자체가 이데올로기에 의해 재-현되는 것이다. 바꿔 말해서 이데올로기는 단

---

74) Louis Althusser, "Contradiction and Overdetermination"(1962), *For Marx*, trans. Ben Brewster, London: Verso, 1993, pp.101~102. [이종영 옮김, 「모순과 중층결정」, 『맑스를 위하여』, 백의, 1997, 117~118쪽.]

순히 인식적 오류나 환상이 아니라 그 자신의 물질적 실존을 가지는 사회적 실천이다. 따라서 이데올로기는 사회적 관계들의 일부이지만, 그럼에도 불구하고 전체에 대해 기이한 효과를 야기하는 일부라고 할 수 있다. 이데올로기는 그 자신이 복잡한 사회적 전체의 일부이면서, 동시에 자신의 이데올로기적 베일로 스스로가 속해 있는 전체의 바로 그 복잡성을 가리는 **이중의 운동** 안에 기입되어 있다. 이데올로기는 복잡한 전체^{whole}를 하나의 이데올로기적 총체^{totality}로, 명확한 중심을 갖지만 무게를 가지고 있지 않은 총체로 변화시킨다.

(크레모니니에 대한 글보다 1년 뒤에 쓴) 「포이어바흐에 대하여」에서 알튀세르는 이데올로기와 다른 사회적 심급들 사이의 장소론적 관계라는 쟁점을 명시적으로 논한다. 알튀세르에 따르면, 고전 맑스주의에 "이데올로기에 대한 유사 이론"[75]을 위한 토대를 마련해준 것은, 신을 유적 존재로서의 인간의 외화된 자기라고 인식한 루트비히 포이어바흐의 종교 이론이었다. 포이어바흐의 모든 프로젝트에서 중추를 이루는 관념은 다음의 정식으로 간단히 요약될 수 있다.

어떤 주체의 **본질적 대상** = 그 주체의 **대상화된 본질**.[76]

바꿔 말해서, 만일 주체에게 진정으로 본질적인 어떤 대상이 있다면, 바로 그 대상이야말로 주체의 고유한 본질이라는 것이다. 포

---

75) Louis Althusser, "On Feuerbach"(1967), *The Humanist Controversy and Other Writings*, trans. G. M. Goshgarian, London: Verso, 2003, p.127.

76) Althusser, "On Feuerbach," p.127.

이어바흐는 때때로 용어를 바꾸어 '주체'라는 말 대신 '존재'나 '류'라는 말을 쓰거나 '대상화된'이라는 말 대신 '외화된,' '소외된,' '발현된' 등의 말을 쓴다. 그러나 포이어바흐의 근본 논점은 변하지 않는데, 그것은 주체와 그 주체의 고유한 대상 사이에는 어떤 **거울 관계** 또는 **반사 관계**가 발견되며, 이 관계를 통해 대립된 두 극 사이에 현상학적 다리가 만들어진다는 것이다. 이 주체가 자신의 본질을 반영하는 하나 이상의 대상을 가질 수 있는 한에서, 포이어바흐에게는 원환 구조가 나타나고, 이때 이 구조의 "중심은 구성적 주체에 의해 구성되고, 이 중심에 대해 동심원적인 대상들의 공간이 뻗어 나오"거나, 반대로 "그 중심적 주체를 둘러싸면서 하나의 '지평'을 이루는 본질적 대상들의 원환"이 나타난다.[77]

알튀세르에 따르면, 맑스주의는 이런 포이어바흐의 이론을 이데올로기에 대한 관념의 기초로 별다른 비판 없이 재활용했다. 그 구조는 세 가지 계기로 이뤄져 있다. (1) 한쪽 극단에는 경제적 이익 같은 기원적 사실이나 경험적 조건이, 본질로서, 주어져 있다. (2) 반대 극단에는 국가, 종교, 문화, 예술 같이 그에 조응하는 이데올로기적 구성체가, 현상으로서, 놓여 있다. (3) 마지막으로, 이 두 극단 사이에서 '현상의 **발생론**'을 추적할 이론적 필요가 생겨난다. 요컨대 이데올로기에 대한 이런 맑스주의적 관념은 본질과 현상 사이, 중심과 주변 사이, 주체와 대상 사이의 **반영 구조**를 가지고 있다. 포이어바흐의 신이나 종교가 인간의 소외된 본질로 간주되는 것처럼, 이데올로기도 고전적 맑스주의에 의해 경제(또는 경제적 인간)의 소외된 본질

---

77) Althusser, "On Feuerbach," p.127.

로 간주된다. 알튀세르는 이런 "이데올로기에 대한 이데올로기적 이론"을 교정하기 위해서는, "다른 [사회적] 심급들과의 접합 안에 있는 이데올로기적인 것의 구조적-기능적 이론과는 별도로, **역사적 돌발에 대한 비발생론적 이론**"[78]을 가지고 그 발생론을 대체해야 한다고 주장한다. 물론 돌발에 대한 이런 이론은 알튀세르가 이보다 1년 앞서 쓴 「D에게 보낸 두 통의 편지」에서 그 내용을 확인할 수 있는 것으로, 주지하다시피 후기 알튀세르에 가서는 우발성의 유물론으로 상세히 가공되는 것이다.

그렇다고 포이어바흐의 반영 이론이 아무짝에도 쓸모없다는 뜻은 아니다. 왜냐하면 포이어바흐의 이론은 이데올로기의 몇몇 핵심 특징에 대한 주목할 만한 묘사를 제공해주고 있기 때문이다. 중요한 것은 포이어바흐 이론의 한계를 아는 것, 그 이론이 어디에 쓸모가 있는지, 또 그 이론이 묘사적 힘을 잃게 되는 경계를 어디에 그어야 하는지를 아는 것이다. 알튀세르는 다음과 같이 말한다.

거울 또는 반사적 반영이라는 범주는 …… **이데올로기와** 이데올로기에 대해 외적인 **그 실존의 실재 조건 간의 관계를 규정하는 것이 아니라, 이데올로기에 대해 내적인 관계**, 주체와 대상(본질과 현상)이라는 이데올로기적인 것의 두 구성적 범주 간의 관계를 **규정한다**. 우리는 주체=대상이라는 관계가 어떤 이데올로기, 어떤 이데올로기적 구성체든 그것의 구조에 전형적이라고 말할 수 있다. 고전 맑스주의 전통의 주장과는 반대로 …… 반영이라는 범주는 **객관적 지식의 이론에**

---

78) Althusser, "On Feuerbach," p.126. 강조는 인용자.

관련된 것이 아니라 필시 **이데올로기적인 것의 구조에 관련된 것**이다. …… 모든 이데올로기는 본질적으로 반사적이다.[79)]

알튀세르가 이데올로기를 실재에 대한 표상 또는 '반영'이라고 규정하는 고전적 정의를 비판하면서 처음으로 자기 고유의 정의를 발전시키기 시작한 것은 아마도 여기에서일 것이다. 앞에서 말했듯이, 이데올로기는 개인들이 자신들의 "실존의 실재 조건"과 맺는 **상상적 관계**에 대한 표상/상연/재현이다. 위 인용문에서 우리는 이 두 정의의 차이가 어떤 쟁점과 관련 있는지 알 수 있는데, 그것은 이데올로기가 자신의 외부(다른 유형의 사회적 심급)와 맺는 관계를 어떻게 생각할 것인가 하는 쟁점이다. 이 관계를 단순한 반영의 관계로 보는 것은 결국 내부와 외부(또는 외부**들**) 사이의 근본적 이질성을 억압하고 내부와 외부를 이데올로기에 내적인 단일 논리의 두 측면으로 환원하는 것에 불과하다. 왜냐하면 여기에서 외부는 궁극적으로 내부와 동일한 논리를 지닌 것으로 간주되기 때문이다. 내부와 외부가 서로 전도된 이미지를 구성하기 때문에 양자의 동일성은 쉽게 인지되지 않을 수도 있다. 심지어 외부를 특권화함으로써 '유물론적' 입장을 취하고 있다고 스스로를 기만하는 것도 가능하다. 물론 속임수는 외부를 특권화하는 이런 행위가 오직 내부의 복사된 이미지로 외부가 환원된 **이후에만** 일어난다는 점에 있다. 알튀세르는 이런 포이어바흐의 환원 속에서, 정확히 외부의 대상으로부터 그것의 실존을 벗겨내는 에드문트 후설의 '초월적 환원'의 원형을 발견한다.[80)]

---

79) Althusser, "On Feuerbach," pp.127~128. 강조는 인용자.

일단 이렇게 외부가 내부로 성공적으로 환원되면 곧 알튀세르가 '이중 복사'라고 부른 조작이 일어난다. 주체의 대상(또는 여러 대상들 가운데 특권화된 **하나의** 대상)은 주체의 주체로 이중 복사되어 대문자 주체(신, 주권자, 심판자)로 둔갑하고, (첫 번째) 주체가 이 대문자 주체에 종속되는 것이다. 주체와 대상의 반사 관계는 이렇게 '도덕적 책임'의 구조로 필연적이게 발전하는데, 그 속에서 첫 번째 주체가 두 번째 주체에게 자신을 절대적으로 종속시킨다는 조건 아래, "두 번째 주체는 첫 번째 주체에 대해 하나의 보증으로서 봉사한다."[81] 반영 논리의 이런 변증법적 전도와 확장은 물론 이데올로기적 공간 그 자체에 엄밀하게 **내적인 것**이다. 왜냐하면 이 논리가 상정한 외양상의 외부는 **실재** 외부(말하자면 실재적 '실재')가 아니라 내부, 곧 이데올로기적인 것 자체의 투영된 이미지에 불과하기 때문이다.

이런 논리와 단절하기 위해서는 ('무의식의 주체' 같은) 또 다른 주체가 가정되어야 하는 것이 아니라, 반영 구조와는 확실히 구분되

---

80) Althusser, "On Feuerbach," pp.112~113. 에드문트 후설의 현상학적 환원은 '형상적 환원'(Eidetische Reduktion)과 '초월적 환원'(transzendentalen Reduktion)으로 구성되며, 이 두 가지 환원을 통해 주체는 자기 정신 내의 순수 대상을 가질 수 있게 된다. 이때 형상적 환원이 대상으로부터 모든 우연적 요소를 제거하고 그 대상을 하나의 형상(또는 이데아)으로 환원하는 작업을 일컫는다면, 초월적 환원은 대상을 그 자체의 실존으로부터 분리시킴으로써 그 대상이 실존하지 않음에도 불구하고 연구할 수 있도록 만드는 환원이다 (이를 통해 주체는 '유니콘' 같이 실존하지 않는 대상을 연구할 수 있게 된다). 그러므로 여기에서 알튀세르가 포이어바흐의 환원을 후설의 초월적 환원에 빗대고 있는 것은 바로 양자가 모두 실존(또는 정신적 관념의 '외부')과의 관련을 상실하게 된다는 점을 지적하기 위함이다.

81) Althusser, "On Feuerbach," p.130.

지만, 그럼에도 불구하고 반영 구조를 외부로부터 조건 짓는 **또 다른 구조**가 가정되어야 한다. 알튀세르는 이렇게 말한다.

> 우리가 이제껏 반사 관계의 효과들이라고 불러온 것, 이데올로기적 인 것의 구조의 장 안에서 진정 그렇게 간주될 수 있는 것은 **단지 이 구조의 효과가 아니라**, 이 구조의 실존과 본성을 지휘하는 것의 **징후 이다**. 그러므로 우리는 구조의 효과들의 외양상의 질서를 뒤집어 이 렇게 말해야만 한다. **반사 관계는 이중 복사의 효과들과 종속/보증이라 는 효과들의 원인이 아니다**, 라고 말이다. 정반대로 **그 반사의 구조가 특정한 부재**[부재하는 것]**의 효과, 즉 이데올로기적인 것의 장 자체 안 에서, 주체의 이중 복사와 종속/보증의 맞짝이라는 징후 안에서 자신을 감지하게 만드는 어떤 부재**[부재하는 것]**의 효과이다**, 라고 말이다. 이 부재는 이데올로기적인 것의 장 안에서는 결석^{absence in propria persona} 이지만 이데올로기적인 것의 장 밖에서는 출석[현존]이다. 이 출석 [현존]이 인지-오인의 이데올로기적 기능의 현존, 인지의 반사 관계 의 형태 안에서 **오인되는 것**(곧 최종 심급에서, **사회적 전체의 복잡한 구 조** 및 그 **계급 구조**)과 관련된 기능의 현존이다.[82]

"사회적 전체의 복잡한 구조 및 그 계급 구조," 알튀세르는 바로 이것을 **실재**라고 본다. 이것은 단순히 경제적 하부구조나 토대가 아 니라 이데올로기적인 것 자체를 포함하는 모든 이질적 심급들로 이 뤄진 구조이다. 실재로서의 이 복잡한 전체는 이데올로기를 바깥으

---

82) Althusser, "On Feuerbach," pp.131~132.

로부터 조건 짓는 것이자 동시에 이데올로기로부터 실종되는 것, 이데올로기적 극장의 내부에 앉아 있는 주체에 의해 **오인**되는 것인데, 왜냐하면 이 주체에게 모든 것은 자기 자신과 동시성을 가지는 일관된 드라마의 한 부분으로 나타날 뿐이기 때문이다. 물론 복잡한 전체는 그것이 이데올로기적 현상들을 실제로 야기하는 것인 한에서 무대로부터 단순하게 사라질 수 없다. 오히려 이 복잡한 전체는 '결석'이라는 형태로 자신의 흔적을 반드시 남긴다. 대문자 주체에 의한 주체의 이중화 같은, 반복과 중복이라는 이데올로기적 현상들은 모두 이와 같은 실재 원인의 부재의 징후들이다. 곧 반복과 중복은 실재 원인이 그 자리에서 사라져 생겨난 공백을 **봉합**하기 위해 거울 반사의 논리가 반복적으로 행하는 시도들, 실패하지만 따라서 영원히 재개되는 시도들에 의해 필연화되는 징후들이다.

알튀세르의 이런 비상한 논의를 한층 더 비상하게 만드는 것은 알튀세르가 이로부터 **구조주의에 대한 독특한 내재적 비판**을 이끌어낸다는 사실이다. 알튀세르는, "이데올로기가 자신에 대해 말하는 바"에 완전히 사로잡혀 있으면서도 자신이 이데올로기를 구조적으로 분석하고 있다고 믿는 것이 가능하다고 주장한다. 심지어 이데올로기가 "말하지 않은 것"을 분석하는 쪽으로 몇 걸음 더 전진할지라도 그런 분석이 반드시 상황을 극적으로 호전시키는 것은 아니다. 단지 이데올로기가 말한 바의 **잠재적** 의미만을 복원함으로써 이데올로기의 더 단단하고 광범위한 토대를 발견하게끔 돕는 것으로 귀결된다면 말이다. 알튀세르는 이런 종류의 구조주의는 해석학과 그다지 구별되지 않으며, 이데올로기적 공간의 동심원들 너머로 나아가지 못한다고 주장한다. 왜냐하면 "이데올로기적인 것의 구조를 또 다른 **동형**

적 구조들과 관련시키는 것은 이 구조의 기반을 침식하지 못하며, 이 일반화된 동형성이 이데올로기적인 것의 구조를 단지 강화하고 **반복** 하는 한에서 오히려 반대의 효과를 갖기 때문이다.”[83]

신화에 대한 클로드 레비-스트로스의 분석이 신화 자체의 구조들을 단순히 반복할 뿐이라고 명시적으로 비판하며, 알튀세르는 (자동 반복성 또는 반복충동^{Wiederholungszwang}이라는 의미로 이해되는) 이런 반복은 분석으로부터 진정 실종된 것이 무엇인가를 지시하는 하나의 '징후'로 봐야 한다고 주장한다.

> 이 동형성 자체는 **사회적 현실의 수준들 사이의 관계에 대한 하나의 이데올로기**이다. 곧 이데올로기적인 것의 구조의 우세 아래 그 수준들의 차이를 부정하는 것으로, **차이를 차이의 부인 아래, 즉 비-차이 아래, 강제하는** 기능을 가진다. …… 반복은 오직 다른 어떤 것의 징후일 수밖에 없으며, 이 징후는 그 속에서 솟아오르는 억압된 것을 부인하는 방식으로 반복 속에서 실현된다. 그리하여 **동형성은 구조주의의 이데올로기적 본성에 징후적인 반복이다**. …… 주목할 만하게도, 우리는 레비-스트로스에게서 **복잡한 사회적 전체의 상이한 심급들**에 대한 이론을 발견하지 못한다.[84]

이제 알튀세르는 이런 쟁점을 인과성의 두 가지 모델, 곧 '표현적 인과성'과 '구조적 인과성' 사이의 차이라는 쟁점과 관련시킨다. 알

---

83) Althusser, "On Feuerbach," p.132. 강조는 인용자.

84) Althusser, "On Feuerbach," p.133. 강조는 인용자.

튀세르는 다음과 같이 말한다. "구조들의 동형주의는 표현적 인과성의 현대적 형태이다. 그리하여 구조주의는 최종 심급에서 하나의 해석학이다. 구조라는 개념은 그 해석학의 이론적 가리개이다."[85] 단지 한 부분에서 다른 부분으로(또는 하나의 사건에서 또 다른 사건으로) 이어지는 타동적인 인과적 연관을 설명하는 것으로 만족하는 데카르트적인 기계적 인과성 모델과 대조적으로, 표현적 인과성과 구조적 인과성은 공히 **전체**가 어떻게 전체의 부분들을 결정하는지 설명하는 것을 목표로 삼는다. 알튀세르가 이미 『《자본》을 읽자』에서 설명했듯이, 표현적 총체성은 라이프니츠적-헤겔적 모델로서, 이 모델에 따르면 동일한 본질적-인과적 구조가 모든 곳에서, 곧 전체에서만큼이나 부분들에서도 발견될 수 있다. 이 때문에 하나의 개별적 부분의 분석은 쉽게 또 다른 부분에 대한 분석에 의해 대체될 수 있다. 반면 구조적 인과성은 '내재적 인과성'이라는 이름 아래 스피노자가 발전시킨 모델(그리고 나중에 맑스와 프로이트가 '과잉결정'이라는 이론적 형상 안에서 계승한 바 있는 모델)이다. 이 모델에 따르면 상이한 부분들이 복잡한 전체 안에서 서로 접합되는 또는 결합되는 독특한 방식이야말로 그 부분들 자신의 특정한 본성들을 결정하는 것이다. 따라서 어떤 부분들도 서로와의 마주침이 있기에 앞서 미리 고정되어 있는 자기 자신의 고유한 본성을 가지고 있는 부분은 없으며, 또한 자신의 부분들을 선험적이거나 초월적 방식으로 선행하고 그 부분들을 결정하는 전체 같은 것도 마찬가지로 없다. 『《자본》을 읽자』에서 알튀세르는 다음과 같이 쓴다.

---

85) Althusser, "On Feuerbach," pp.133~134.

효과들은 구조의 바깥에 있지 않고, 구조가 당도해 자신의 표시를 남겨야 할 미리-존재하는 대상, 요소, 공간이 아니다. 반대로 이는 구조가 자신의 효과들에 내재적이라는 것, 그 용어의 스피노자적 의미에서 자신의 효과에 내재적인 원인이라는 것, **구조의 실존 전체는 자신의 효과들로 구성된다**는 것, 요컨대 **자신의 독특한 요소들의 종별적인 결합에 불과한 구조**는 자신의 효과들의 바깥에선 아무것도 아니라는 것을 함축한다.[86]

그리하여 우리는 구조를 사유하는 기본적으로 두 가지 상이한 방식이 있다고 말할 수 있다. 우리는 구조를 (마치 신의 편재하는 정신과도 같이) 전체뿐만 아니라 그 개별적 부분들 안에까지 모두 침투해 있는 일종의 초월적인 **로고스**라고 생각하거나, **아니면** 구조를 (스피노자의 '신 즉 자연'Deus sive Natura과도 같이) 그 안에서 부분들이 서로 마주치고 서로를 야기함으로써 그렇게 전체가 스스로를 야기하게 되는 복잡한 관계들의 집합ensemble이라고 생각할 수 있다.[87] 만일 구조의 첫 번째 관념을 사회에 적용한다면, 우리는 결과적으로 "그 각각의 부분이 전체를 담고 있는 표현적 사회"를 갖게 된다.[88] 반면 구조

---

86) Althusser and Balibar, *Reading Capital*, pp.188~189. [『자본론을 읽는다』, 239~240쪽.] 강조는 인용자.

87) 이것이 바로 스피노자를 범신론자라고 보는 대중적인 이해가 완전히 잘못된 이유이다. 예컨대 우주 전체가 한 방울의 물속에 들어 있다고 주장하는 범신론은 오히려 신이 하나의 개체 **안에** 있다고 가정하는 한, 표현적 총체성의 모델에 기초해 있다. 스피노자의 신은 하나의 개체 안에 있는 것이 아니라 오히려 개체들 **사이에** 있다. 그 신은 개체들 자신들 사이에서 형성되는 **관개체적**(transindividual) **관계 전체**를 가리킨다.

의 두 번째 관념을 쫓을 경우에는 그것의 복잡성에 의해 특징지어지는 사회, 어떤 개별적 부분도 다른 개별적 부분이나 전체로 결코 환원될 수 없는 사회를 갖게 된다.

이 쟁점이 구조주의가 자신의 외부와, 다시 말해서, 비非구조주의와 외적으로 가졌던 쟁점이 아니라는 점을 깨닫는 것이 중요하다. 오히려 이 쟁점은 구조주의 자체의 장 전체를 관통했던 쟁점이다. 푸코의 용어를 빌리자면, 이 쟁점은 진정 구조주의에 내적인 '이단점'[89]이었다고 할 수 있다. 너무나 그러했기 때문에 우리는 심지어 경쟁하는 두 입장이 어떤 때는 하나의 동일한 저자에 의해 채택되는 것을 관찰할 수가지 있다. 푸코는 자신의 1975년 텍스트 『감시와 처벌』에서(좀 더 정확하게는 "판옵티콘"이라는 제목이 붙어 있는 장의 결론 부분에서) 근대 서구 사회를 동일한 규율적 실천의 동심원으로 구성된 사회로 묘사하면서 "감옥이 공장이나 학교, 병영이나 병원과 흡사하고, 이러한 모든 기관이 감옥과 닮은 것이라 해서 무엇이 놀라운 일이겠는가?"라고 물은 바 있다.[90] 하지만 이로부터 단 1년이 지난 뒤

---

88) Althusser, "On Feuerbach," p.133.

89) Michel Foucault, *The Order of Things: An Archaeology of the Human Science* (1966), trans. A. M. Sheridan Smith, New York: Pantheon Books, 1970, p.100. [이규현 옮김,『말과 사물』, 민음사, 2012, 161쪽.]

90) Michel Foucault, *Discipline and Punish: The Birth of the Prison*, trans. Alan Sheridan, New York: Vintage Books, 1995, p.228. [오생근 옮김,『감시와 처벌: 감옥의 역사』(개정판), 나남, 2003, 347쪽.] 사토 요시유키에 따르면, 푸코의 '판옵티콘'이라는 권력 모델은 '내면화'라는 정신분석학의 메커니즘, 곧 주체가 외적인 대타자의 명령을 내부화하고, 그리하여 정신 내적인 감시의 시스템(초-자아)을 수립하는 것으로 귀결되는 메커니즘을 일반화했다. 이처럼 내면화된 감시 시스템으로부터 주체는 결코 도망칠 수 없다. 이 때문에 사토는

『성의 역사 1: 앎의 의지』(1976)에서 푸코는 완전히 자신의 입장을 전도시키면서, "가족은 사회를 흉내 내는 것이 아니고, 역으로 사회는 가족을 닮은 것이 아니다"고 주장한 바 있다.[91]

우리가 진행하고 있던 논의로 돌아가기 위해서 이렇게 질문해보자. 그렇다면 레비-스트로스에 대한 알튀세르의 비판을 유사하게 라캉에게도 적용할 수 있을까? 다시 말해서 라캉을 구조주의적 해석학의 이론가라고 비판할 수 있을까? 그렇기도 하고 그렇지 않기도 하다. 편집자인 프랑수아 마트롱이 「포이어바흐에 관하여」에 덧붙인 각주를 보면, 알튀세르는 라캉의 구조주의를 레비-스트로스의 것과 동일하게 취급하진 않았다.[92] 알튀세르가 보기에 라캉의 구조주의는 한 가지 근본적인 면에서 구분됐다. 곧 라캉의 구조주의는 징후의 원인을 징후 자체의 내부가 아닌 그것의 **외부에서**, 반복 자동성이 '무의식적으로' 반복하는 것의 외부에서 찾았으며, 그리하여 인간 정신의 본질적으로 **타율적 성격**을 강조했다. 그러나 이것으로 충분할까? 왜냐하면 또한 알튀세르는 이와 같은 외부에 대한 인정("어떤 해석학의 장으로도 환원될 수 없는, 또 다른 메커니즘"에 대한 인정)은 단지

『감시와 처벌』의 푸코가 구조주의에 완전히 사로잡혀 있으며, 권력에 저항할 수 있는 길을 찾을 수 없게 됐다고 주장한다. 사토는 『성의 역사』 2~3권 (1984)은 본질적으로 이와 같은 이론적 교착을 해결하려는 시도였다고 본다. Yoshiyuki Sato, *Pouvoir et résistance: Foucault, Deleuze, Derrida, Althusser*, Paris: L'Harmattan, 2007. [김상운 옮김, 『권력과 저항: 푸코, 들뢰즈, 데리다, 알튀세르』, 도서출판 난장, 2012.] 특히 제1장과 제3장을 참조하라.

91) Michel Foucault, *The History of Sexuality, Volume 1: An Intoduction*, trans. Robert Hurley, New York: Pantheon Books, 1990, p.100. [이규현 옮김, 『성의 역사 1: 지식의 의지』(3판), 나남, 2010, 109쪽.]

92) Althusser, "On Feuerbach," p.154, n.68.

"무의식이 무엇인지를 인지하는 데로 나아가는 첫 번째, 예비적 행보"를 이룰 뿐이라고 말했기 때문이다.[93] 라캉이 이 외부를 오직 하나의 단일한 사회적 심급의 측면에서, 곧 **언어** 또는 **기표**의 측면에서만 규정했던 한에서, 사회적 심급들의 동형성이라는 쟁점에 대한 라캉의 입장은 여전히 문제적인 것으로 남는다.

여기에서 "징후[증상]를 발명한 것은 맑스"라는 라캉의 주장을 활용하는, 지젝의 알튀세르 비판을 잠시 검토해보자. 사실 관계의 검증이 약간 필요하다. 비록 라캉이 『세미나 16: 대타자에게서 소타자에게로』(1968~69)에서 맑스의 잉여가치 개념을 논하며 알튀세르를 매우 날카롭게 비판한 것은 지젝이 말한 대로이지만, 그렇더라도 라캉의 비판은 알튀세르의 구조주의를 겨냥하고 있지 않다. 오히려 구조주의에 대한 알튀세르의 비판에 반대해 구조주의를 옹호하려고 하는 것은 라캉 자신이다. 이 사실은 지젝이 『이데올로기의 숭고한 대상』에서(그리고 다른 어떤 곳에서도) 결코 언급하지 않는 것이다. 지젝이 이 점을 언급하지 않는 것은 그럴 수 없기 때문인데, 왜냐하면 그렇게 하는 것은 알튀세르가 1960년대 프랑스 지성계를 장악했던 구조주의-기능주의 이데올로기에 완전히 종속된 '소외'의 이론가라는 혐의를 제기하는 자신의 비판에 정면으로 모순되기 때문이다. 앞에서 살펴봤듯이, 지젝은 논쟁의 지점을 바꿔 알튀세르에게도 라캉에게서처럼 '동일시 없는 호명'이라는 어떤 식별 가능한 계기가 있는가 묻는다. 하지만 이 질문은 『세미나 16』에서 맑스가 발명한 징후를 논하며 라캉이 알튀세르에게 묻고 있는 질문과는 전혀 다르다.

---

93) Althusser, "On Feuerbach," p.135.

알튀세르와 라캉의 이견은 오히려 실재라는 범주를 어떻게 이해할 것인가 하는 질문과 관련되어 있다. 라캉의 주장에 따르면 구조주의는 타당한데, 왜냐하면 "구조는 실제적이기 때문이다." 구조는 단지 이론적으로 구축된 허구인 것이 아니라 연구되고 있는 대상 그 자체에 실제로 실존하는 어떤 것이다. 더 나아가 라캉은 정신분석학, 경제학, 물리학 등과 같은 과학적 연구의 다양한 영역에서 **하나의 상동적 구조**가 발견된다고 주장한다. 라캉은 이 점을 특별히 강조한다. "강조하건대 상동성이란 확실히 그것이 비유 관계가 아니라는 뜻입니다. 진정 문제가 되는 것은 동일한 것입니다. 상동성은 동일한 직물étoffe의 문제인데, 문제가 되는 것이 담론의 가위자국인 한에서 그러합니다."[94] 이런 구조적 상동성이야말로 맑스의 잉여가치 개념과 라캉의 잉여-주이상스plus-de-jouir 개념 사이의 '평행'에 대한 라캉의 단언을 설명해주는 것이다.

왜 우리는 이토록 상이한 연구 영역들에서 '잉여'라는 동일한 구조를 발견하게 되는 것일까? 라캉의 답변은 간단하다. 왜냐하면 동일한 수학적 필연성을 따를 수밖에 없는 구조가 모든 영역에 편재해 있기 때문이다. 구조의 현존은 즉시, 체계 외부에서 '외밀하게' 생산되며, 주체가 체계 내에 머물러 있는 한, 접근할 수 없는 어떤 잉여 또는 예외가 있다는 것을 함축한다. 이 근본 논리는 우리가 하나의 연구 영역에서 다른 하나의 연구 영역으로 움직인다고 해서 변하지 않는다. 아이들이 언어의 법칙에 자신을 종속시키도록 강제되듯이, 노

---

94) Jacques Lacan, *D'un Autre à l'autre: Le séminaire, livre XVI*, éd. Jacques-Alain Miller, Paris: Seuil, 2006, p.45.

동자들은 시장의 법칙에 자신을 종속시키도록 강제된다. 언어와 시장은 다르지 않다. 정반대로 우리가 **기표의 수준에서** 고려하는 한에서, 언어의 법칙과 시장의 법칙은 정확히 동일한 것이다. 둘 다 필연적으로 잉여를 생산하는 동일한 구조적 법칙에 의해 지배되는 기표의 네트워크들이다. 전-주체가 기표들의 사회로 진입해 주체가 될 때면 언제나 필연적으로 무엇인가를 상실하게 되며, 이로써 '대상 a'라 부르는 유령적 대상이 초래된다. 라캉은 이렇게 말한다.

주체는 하나의 기표에 의해, 또 다른 기표에 대해, 대표될 수 있는 것입니다. 하지만 이는 다음의 사실 위에서 윤곽이 드러나는 것이 아닙니까? 곧 맑스가 해독하는 바의 경제적 현실 안에서, 교환가치로서의 문제의 주체, 교환가치의 주체가 무엇에 대해 대표된다는 바로 그 사실 위에서 말입니다. 바로 사용가치에 대해 대표되죠. 그리고 **잉여가치**라고 부르는 것이 생산되고 떨어지는 것은 이미 이런 틈새에서입니다. **이 상실이야말로 우리 수준에서 문제가 되는 모든 것입니다.** 따라서 자기 자신과 더 이상 일치하지 않는 주체는 확실히 즐기지 않고, 잉여-주이상스라고 부르는 무엇인가가 상실됩니다. 이는 사유 안에 관련된 모든 것을 결정하는 것이 작동하게 되는 것과 정확히 상관적입니다. 징후 안에 관련된 것이 그밖에 또 무엇이란 말입니까?[95]

여기에서 라캉은 잉여가치를 사용가치와 교환가치의 틈새라는 측면에서 규정하려고 하는데, 왜냐하면 라캉에게 사용가치가 교환가

---

95) Lacan, *D'un Autre à l'autre*, p.15. 강조는 인용자.

치에 포섭되는 그 순간은 정확히 전-주체가 기표 네트워크의 구조적 법칙에 스스로를 종속시키는 순간이기 때문이다. 사용가치로서의 노동자들은 시장에 자신을 교환가치로 종속시킴으로써 시장에 진입한다. 이런 종속은, 라캉에 따르면, **그 자체로** 맑스가 잉여가치라고 부르는 것을 생산한다. 그러므로 더 이상 왜냐고 물을 필요가 없다.

그러나 라캉은 바로 여기야말로 알튀세르가 이의를 제기하는 곳임을 깨닫지 못한다. 알튀세르의 관점에서 잉여가치에 대한 라캉의 설명은 맑스의 것과 아무 상관이 없다. 차이를 보려면, 라캉이 결코 바라지 않는 다음의 질문을 던지는 것으로 충분하다. 노동자들이 단순히 시장에 편입됐다고 해서 정확히 어떻게 잉여가치가 생산될 수 있다는 것인가? 이 질문에 대해 맑스가 『자본』에서 취하는 입장은 오해할 수 없이 명확하다. 시장 자체는 어떤 잉여가치도 생산하지 **않는다**는 것이다. 시장은 그렇게 할 수 없는데, 왜냐하면 정확히 시장은 **등가교환**의 법칙에 기초해 있기 때문이다. 오직 등가물만이 시장에서 교환될 수 있다. 따라서 잉여가치는 노동자들이 단순히 시장에 종속됐다고 해서 생산되는 것이 아니라, 정확히 **부르주아 계급에 의해 지배되는 특별한 종류의 시장에 종속**됐을 때 생산되는 것이다.

이와 같은 부르주아지의 지배는 (전前자본주의적 시장의 경우에서 볼 수 있듯이) 시장의 현존이 자동적으로 함축하는 것이 아니다. 부르주아지의 지배는 무엇보다도 노동자들을 생산수단으로부터 분리함으로써 생산되어야만 한다. 생산수단에 대한 자본가들의 **독점**은 자본주의적 잉여가치 생산의 핵심이다. 이 때문에 맑스는 과거로 거슬러 올라가 자신이 '원시적 자본 축적[시초 축적]'이라고 부르는 역사 과정을 파헤치는데, 그것이 '원시적'인 것은 그것이 자본주의적 시장의 어떤 수립에도 절대적인 사전 조건을 이루기 때문이다.96) 원시적 자본 축적은 노동자들이 생산수단에서 분리되어 자신의 노동력을 제외하고는 아무것도 팔 것이 없는 근대적 프롤레타리아트로 새롭게 창조되는 과정이다. 오직 이런 과정이 다소간 완료된 뒤에야 노동자들은 마침내 시장으로, 곧 부르주아 계급에 의해 지배받는 시장으로 들어간다. 결정적으로 중요한 것은, 이 원시적 자본 축적의 과정이 순수하게 경제적 과정으로 간주될 수 없다는 점이다. 원시적 자본 축적의 과정은 라캉이 '경제적 현실'이라고 부르는 것에 단순하게 속하지 않는다. 그 과정은 오히려 경제적인 것에서부터 정치적인 것, 이데올로기적인 것에 이르기까지, **모든 차원들의 현존에 의해 규정되는 계급투쟁**의 역사적 과정이다. 자본주의적 시장경제는 단지 계급투쟁의 효과들 가운데 하나일 뿐 계급투쟁의 원인이 아니다. 계급투쟁은 노동자들이 시장에 자신을 종속시키기 훨씬 전부터 시작된다. 계급투쟁은 자본주의 시장의 수립에 앞서, 다양한 종류의 소작농들,

---

96) 시장은 자본주의가 있기 훨씬 전부터 존재했지만 그 자체로는 결코 자본주의적 착취를 생산하지 않았다. 정반대로 전-자본주의적 착취는 다른 수단에 의해, 곧 시장 없이, 수행됐다. 알튀세르가 자본주의는 결코 (시장 같은) 어떤 원형적 요소로부터 기원한 것이 아니라, 본래적으로는 서로 관련 없던 복수의 요소들의 역사적 마주침과 결합의 효과로서 **돌발**했다고 말하는 것은 바로 이 때문이다. 알튀세르는 이렇게 말한다. "요소들은 무엇보다 다음과 같은 것들입니다. 1) 자본의 형태로 축적되는 돈의 존재, 2) '자유'롭게 된 거대한 '노동자' 대중의 존재, 3) 자연의 변형을 위한 기술(에너지학, 기계학, 화학, 생물학적 기술들)의 발전 및 노동의 조직화(분업, 협동)를 위한 기술 발전에서 넘어선 어떤 문턱. 역사는 이 요소들 가운데 오직 두 개만이 결합되고 세 번째 요소는 결합되지 않은 몇몇 상황을 보여주는데, 그럴 경우에는 새로운 생산양식이 돌발하지 않으며 자본주의적인 생산양식이 '탄생'하지 않습니다." Althusser, "Letters to D," p.62.

거지들, 부랑아들 따위의 대중들에 대해 부르주아 계급이 가하는 선제공격과 함께 시작되기 때문이다. 프롤레타리아 계급(만일 이 원시적인 단계에서 그것이 '계급'이라고 불릴 수 있다면)의 투쟁은 오직 일정한 지연과 함께 **부르주아 계급의 이와 같은 공격에 대한 반작용으로서** 시작될 뿐이다. 이 때문에 대부분의 프롤레타리아트의 계급투쟁은 본성상 **방어적**이다.[97]

　그렇다면 만일 자본주의적 시장이 이미 형성되어 있다면, 시장에 대한 노동자들의 종속이 그 자체로 잉여가치를 생산한다고 말할 수는 있을까? 아마도 그렇다고 말할 수 있을 테지만, 여전히 조건이 따라붙는다. 자본주의적 잉여가치의 비밀을 발견하기 위해서는 시장의 수준(상품 기표들의 네트워크)에 머물러 있을 수 없으며, 노동 과정 그 자체로 들어가야 한다는 조건 말이다. 『자본』의 맑스는 이 점에 대해서도 마찬가지로 분명하다. 착취는 노동자들이 시장에서 일정한 임금을 받고 자신의 노동력을 판다는 단순한 사실에 놓여 있는 것이

---

97) 이는 15인 재판에서 시민 루이-오귀스트 블랑키가 자신을 변호하면서 밝혔던 생각이기도 했다. "그렇습니다, 배심원 여러분. 이는 부자들과 가난한 자들 사이의 전쟁입니다. 부자들이 전쟁을 원했습니다. 왜냐하면 부자들이 공격자들이기 때문입니다. 부자들은 가난한 자들이 맞서 싸우면 그것을 악하다고 볼 뿐입니다. 부자들은 인민에 대해 선뜻 이렇게 말합니다. '이 짐승은 너무 사나워서 공격을 받을 때면 스스로를 방어하는구나.' 검사 나리의 연설 전체는 이런 단 하나의 문장으로 요약됩니다." Louis-Auguste Blanqui, "Le Procès des Quinze: Défense du Citoyen Louis-Auguste Blanqui devant la Cour d'Assises," *Textes Choisis*, avec préface et notes par Vischeslav Petrovich Volguine, Paris: Éditions Sociales, 1971. 다음의 웹사이트에 올라와 있는 영어판에서 재인용. www.marxists.org/reference/archive/blanqui/1832/defence-speech.htm, 2011년 11월 5일 접속.

아니다. 착취는 계약 과정에서 일어나는 것이 아니라 **직접적** 노동 과정 안에서 일어난다. 자본가는 이런 착취에 저항하는 노동자들로부터 말 그대로 피와 땀을 뽑아내야 한다. 자본가가 노동자의 노동력을 단순히 **구매하는 것**으론 충분하지 않다. 자본가는 전全 노동일을 통해서 노동자들이 상품이 되도록, 규칙적으로 최대의 효율성을 가지고 소비될 수 있는 기계가 되도록 강제해야만 한다. 자본가가 노동 과정 그 자체 안에서 달성되는 노동자의 이런 상품화에 성공하지 않는 한, 착취는 불가능할 것이다. 마치 군대의 장군처럼 자본가는 자신의 공장 안에 지휘권을 수립해야만 하는데, 이 지휘권은 본성상 **경제적일 뿐만 아니라 동시에 정치적인 것**이다. 이 지휘권은 자본가와 노동자들 간의 권력 관계를 확립하는 한에서 정치적이다. 자본가는 육체적 훈육과 폭력의 활용까지 포함해 착취의 다양한 전략들을 고안해내고 노동자들에게 적용함으로써 이 지휘권을 수립해야 한다.[98]

협동이라는 문제를 논하면서 맑스는 다음과 같이 말한다.

노동에 대한 자본의 지휘도, 앞에서의 논의에서는 단지 노동자가 자신을 위해서가 아니라 자본가를 위해서[즉 자본가 밑에서] 노동하는 데서 비롯된 형태적인 결과로만 나타났다. 이제 다수 임노동자들의 협업이 발전함에 따라 자본의 지휘는 노동 과정 자체의 수행을 위한 필요 조건[즉 하나의 현실적인 생산 조건]으로 발전해간다. 생산 현장에서 내려지는 자본의 명령은 이제 전장에서의 장군의 명령처럼 불

---

98) Karl Marx, *Capital*, vol.1, trans. Ben Fowkes, New York: Penguin, 1990, p.448. [강신준 옮김, 『자본 I-1』, 도서출판 길, 2008, 459~460쪽.]

가결한 것이 된다. 비교적 규모가 큰 모든 직접적인 사회적 노동[또는 공동 노동]에는 많건 적건 하나의 **지휘**가 필요[하다].99)

자본가가 노동자들에게 행사하는 이 통제 권력의 성격을 밝히면서, 맑스는 "이 지휘는 또 형태상으로 보면 전제주의적이다"라고 쓴다.100) 맑스는 자본가의 이런 전제 권력을 고대 군주들이 보유했던 권력에 직접 비교한다. "아시아와 이집트의 왕들과 에트루리아의 신정관들의 권력은 근대 사회에서 자본가의 손으로 옮겨졌으며, 이 사실은 그 자본가가 단독의 자본자로 등장하든 주식회사처럼 결합 자본가로 등장하든 변함없다."101) 따라서 자본주의적 착취의 독자성은 그것이 순수하게 경제 내적인 강제에 의존하는 데 놓여 있는 것이 아니라 오히려 착취의 경제 외적 차원을 **경제주의라는 자신의 베일로 은폐하는 데** 놓여 있다. 곧, **일단 자본주의에서처럼 경제가 정치로부터 분리되기만 하면, 경제는 이제 교환에 관련된 일련의 수학적 법칙들에 의해 지배되는 객관적 영역으로 등장할 수 있게 된다는 부르주아 이데올로기**로서의 경제주의 말이다.

이와 같은 자본주의적 잉여가치의 비밀(곧 잉여가치가 임금 노동자들로부터 어떻게 추출되는가 하는 것)은 바로 정치와 경제의 **분리**라는 이데올로기에 의해 은폐되어 있다. 「오늘의 맑스주의」(1978)에서 알튀세르는 이렇게 주장한다.

---

99) Marx, *Capital*, vol.1, p.448. [『자본 I-1』, 459쪽.]

100) Marx, *Capital*, vol.1, p.450. [『자본 I-1』, 461쪽.]

101) Marx, *Capital*, vol.1, p.452. [『자본 I-1』, 463쪽.]

잉여가치를 생산된 가치와 생산 과정에서 선대되는 가변자본 간의 차이로 보는 회계적 진술은 …… **착취에 대한 경제주의적 해석**으로 이어질 수 있다. 그러나 착취는 이런 잉여가치로 환원될 수 있는 것이 아니라 구체적인 형태들과 조건들 속에서 사고되어야만 한다. 곧 착취는 한편으로 …… 노동 과정의 완강한 제약들(노동 연장, 노동 강화, 노동 구획) 내에서 사고되어야만 하고, 다른 한편으로 노동력 재생산의 조건들(소비, 거주, 가족, 교육, 건강, 여성이라는 질문들 등) 내에서 사고되어야만 한다. 의심할 바 없이 맑스는 착취를 단지 가치의 회계적 추출과 동일시하지 않았다. 맑스는 착취의 형태들에 대해 말하듯이, 잉여가치의 다양한 형태들(절대적, 상대적)에 대해 말한다.[102]

따라서 잉여가치에 대한 알튀세르의 이해는 라캉의 것과 직접적으로 대립한다. 라캉이 볼 때 사회 안에는 항상 상동적 방식으로 구조화된 서로 구분되는 영역들이 존재하고 있다. 각각의 영역은 그것이 기표들의 네트워크인 한에서 모종의 잉여를 생산하며, 그 잉여에 접근할 수 없는 소외된 주체 또한 함께 생산한다. 구조로의 주체의 편입 자체가 잉여 생산의 바로 그 원인이다. 이는 개개의 영역들이 가질 수 있는 내용적 차이와 관계없이 보편적으로 목격되는 **형식적** 현상이다. 이런 라캉의 입장에 대해 알튀세르는, 모든 구조가 단지 이론 안에나 존재하는 허구에 불과하기 때문에 구조주의가 틀렸다

---

102) Louis Althusser, "Marxism Today"(1978), *Philosophy and the Spontaneous Philosophy of the Scientists and Other Essays*, trans. James H. Kavanagh, London: Verso, 1990, pp.272~273. [이진경 옮김, 「오늘의 맑스주의」, 『당내에 더 이상 지속되어선 안 될 것』, 새길, 1992, 165~166쪽.] 강조는 인용자.

는 것이 **아니라**, 이런 '구분되는' 영역들이 주어진 사회구성체 안에서 서로 접합되어 있는 독특한 방식에 대해 먼저 설명하지 않는다면 그 각 영역의 의미를 설명할 수 없다고 이의를 제기한다. 알튀세르의 관점에서 상이한 영역들의 분리는 그 자체로 자본주의 사회구성체에 의해 제조된 이데올로기적 환상이다. 우리는 항상 이미 서로 뒤엉켜 있는, 다양한 사회관계들로 이뤄진 복잡한 전체 안에 있다. 이런 전체가 적어도 두 개의 구분되는 영역으로 분할되는 것은 경제주의라는 부르주아 이데올로기의 개입에 의한 것이다. **한편으로**, 교환에 관한 일련의 객관적 법칙들이 모든 인간 및 상품의 순환을 공정하고 계산할 수 있는 방식으로 지배하고 있는 경제 영역이 나타난다. **다른 한편으로**, 모든 특수한 계급적 이해관계를 초월하는 인민의 '일반 의지'(장-자크 루소)만이 정당한 것으로 간주되는 정치 영역이 나타난다. **그리하여 두 영역 모두에서 계급투쟁이 퇴장한다.** 영속적으로 확장되는 욕망의 원환적 구조로서의 상품 물신숭배는 오직 시장이 이런 방식으로 **계급투쟁의 장면**에서 분리될 때에만 활성화될 수 있다. 이 때문에 라캉의 생각과는 반대로, "실제로 존재한다"고 단언되는 상품 물신숭배의 구조는 잉여가치를 설명할 수 없다. 물신숭배 자체는 잉여가치가 실제로 착취되는 바로 그 장소를 시장으로부터 은폐하는, 경제주의라는 좀 더 근본적인 이데올로기의 효과에 지나지 않는다. 마찬가지로 시장 안에서의 노동자들의 소외는 잉여가치를 설명하는 것이 아니라, 그 자체가 착취의 실제 메커니즘에 의해 설명되어야 하는 것이다. 자본주의적 착취를 소외의 측면에서 인식하는 것은 부르주아 이데올로기의 함정에 다시 빠지는 것이다. 잉여가치의 비밀을 보기 위해서는 시장으로부터 빠져나와, '경제'로부터 빠져나와,

시장과 시장의 물신숭배 자체가 여전히 그것들의 외부에 의해 어떻게 조건 지어져 있는지를 봐야 한다.[103]

후기 크레모니니의 그림들로 잠시 돌아가자면, 알튀세르는 그 그림들 안에서 두 개의 근본적으로 구분되는 구조를 식별함으로써 이런 조건 지음을 부각시키려고 한다. 그림의 중심에는 모든 사람의 욕망이 유희를 벌이고 있는 원환의 구조가 있다. 사람과 사물 사이의 무한한 상호 전도는 인간의 활동이 사물의 활동이라는 항들로 표현되는 물신숭배적 전도에 다름 아니다(시장에 들어서면서 자신의 발로 춤추기 시작하는 테이블처럼). 그러나 이런 무한 전도의 의미는, "존재의 실재 조건"을 그리는, 그림의 가장자리에 위치해 있는 수직의 구조에 의해 그 무한 전도가 어떻게 조건 지어져 있는지를 먼저 보여주지 않는다면 고정될 수 없다. 맑스 작업의 정수 또한 시장 안에 있는

---

103) 알튀세르는 정치적 실천을 공식적으로 인정되는 정치의 '영역'(국가)에 한정하고 그리하여 그것을 오직 당-형태 안에서만 수행할 수 있는 것으로 간주하는 정치의 법률적 환상을 공격한다. 물론 이런 환상은 또한 (자신의 거울상인) 아나코-생디칼리즘에 자양분을 공급하는 것인데, 아나코-생디칼리즘은 노동자들의 조합 활동을 순수하게 비정치적인 활동으로 바라본다. 알튀세르는 이렇게 말한다. "당/조합의 낡은 구분은 어려운 시험을 겪고 있습니다. 완전히 예상하지 못했던 정치적 이니셔티브들이 당, 그리고 심지어 노동 운동의 바깥에서 태어나고 있죠(생태 운동, 여성 운동, 청년 운동 등). 이는 물론 엄청난 혼란 속에서 태어나고 있지만, 매우 풍부할 수 있는 것입니다. …… 그리고 자연스럽게 이 모든 운동은 당 그 자체의 조직 형태에 의문을 제기하는 것으로 귀결되는데, 당에 대해서 우리는 (조금 늦었습니다!) 그것이 정확히 부르주아적인 정치적 장치의 모델 위에서 구축된다는 것을 지각하고 있습니다." Louis Althusser, "Le marxisme comme théorie 'finie'" (1978), *Solitude de Machiavel et autres textes*, éd. Yves Sintomer, Paris: PUF, 1998, p.289. [이진경 옮김, 「로사나 로산다와의 대담: 맑스주의 이론에서 국가 문제」, 『당내에 더 이상 지속되어선 안 될 것』, 새길, 1992, 82~83쪽.]

물신숭배적 욕망의 구조를 발견한 데 있는 것이 아니며, 시장 경제를 회계적으로 수학화한 데 있는 것은 더더욱 아니다. 맑스 작업의 정수는 오히려 자본주의의 중심에서 항상적으로 원환 운동을 벌이고 있는 욕망의 구조를 조건 짓는 **비가시적 외부**를 발견한 데 있다. 알튀세르의 주장의 요점을 알기 위해서는 다음과 같이 묻는 것으로 충분하다. 만일 잉여가치의 비밀이 상품의 물신숭배를 분석하는『자본』의 첫 번째 장에서 이미 폭로되어 있다면, 그 뒤에 따라 나오는 모든 장들에서 맑스는 도대체 무엇을 하고 있는 것일까? 원시적 축적의 역사, 공장 입법과 규율상의 변화들, 기계를 사용하거나 사용하지 않는 노동을 조직하는 과거와 현재의 방법들, 자본주의 사회의 가장자리에 산업예비군을 만들어 놓는 독특한 자본주의적 인구 법칙 등을 지치지 않고 논의하는 맑스 말이다. 맑스의 이론적 목표는 자본주의 사회구성체에 의해 분리되어 유지되는 정치와 경제를 단락시킴으로써 시장의 외부를 폭로하는 것이다. 오직 이런 이론적 단락만이 계급투쟁의 실제 장소와 양태에 빛을 던질 수 있다.104)

104) 알튀세르는 이런 "국가의 분리"를 "지배 계급의 모든 국가의 제1의 도구"라고 식별한다. Louis Althusser, "Marx in His Limits"(1978), *Philosophy of the Encounter: Later Writings, 1978-87*, trans. G. M. Goshgarian, London: Verso, 2006, p.116. 물론 정치와 경제의 분리가 하나의 이데올로기라고 말하는 것은 이 분리가 단지 허구적이라거나 환상적이라고 말하는 것이 아니다. 정반대로 이 분리는 주체들에 의해 실효성(Wirklichkeit)이라는 의미에서 매우 효과적인 현실로서 경험된다. 다시 말해서 분리의 이데올로기는 단순히 잘못된 관념이 아니라 **물질적인** 잘못된 관념인데, 왜냐하면 그 이데올로기는 바로 이데올로기적 국가장치들의 물질성 안에서 조직되기 때문이다. 이런 물질성은 그 관념을 참으로 만들어주지는 않지만 그럼에도 불구하고 **효과적으로** 만들어준다. 미구엘 바터 같은 이론가는 이런 논점을 파악하

따라서 사회적 동형성 또는 상동성이 문제인 한, 라캉에 대한 알튀세르의 비판은 레비-스트로스에 대한 알튀세르의 비판과 그리 다르지 않다. 「레비-스트로스에 대하여」(1966)라는 에세이에서 알튀세르는 레비-스트로스가 "자신의 영감을 맑스에게서 끌어냈다고 주장하지만 맑스에 대해 모른다"고 비판한 뒤, 이렇게 주장한다.

레비-스트로스는 이데올로기적인 것이 무엇인지 알지 못한다. ······
생산양식의 복잡한 접합 안에서, 더욱이 하나의 사회구성체 내에서 이

지 못한 채, 알튀세르가 「자신의 한계 내의 맑스」(앞의 에세이)에서 이와 같은 분리를 정치의 실제적인 근본 메커니즘이라고 긍정했을 뿐만 아니라 국가의 새로운 유물론적 이론을 찾기 위한 출발점으로 간주하기까지 했다고 믿는다. Miguel Vatter, "Machiavelli After Marx: The Self-Overcoming of Marxism in the Late Althusser," *Theory and Event*, vol.7, no.4, 2004. 그러나 워런 몬탁이 바터에게 지적하듯이(Warren Montag, "Politics: Transcendent or Immanent?: A Response to Miguel Vatter's 'Machiavelli After Marx'," *Theory and Event*, vol.7, no.4, 2004), 알튀세르는 바로 그 에세이에서 명시적으로 다음과 같이 말한다. "바로 여기에서 우리는, 국가는 '분리되어' 있고 '계급 위에' 있다는 것을 긍정하는 데 만족하는 국가에 대한 묘사적 관념이 가지는 피상성(그리고 따라서 불모성)을 보게 된다. 그런 관념은 계급 갈등의 객관적 결정권자로서의 국가에 대한 부르주아 이론 안으로 '익어서' 떨어질 준비가 되어 있다." Althusser, "Marx in His Limits," p.120. 알튀세르의 이런 입장을 발전시킴으로써, 나중에 발리바르는 맑스가 행한 정치경제학과의 핵심적 단절이 정확히 정치와 경제 또는 국가와 직접적 노동 과정 사이에서 행한 맑스 자신의 단락에 놓여 있다고 주장한 바 있다. Étienne Balibar, "In Search of the Proletariat: The Notion of Class Politics in Marx" (1984), *Masses, Classes, Ideas: Studies on Politics and Philosophy Before and After Marx*, trans. James Swenson, London: Routledge, 1994. [서관모·최원 옮김, 「붙잡을 수 없는 프롤레타리아트」(3부 3절), 『대중들의 공포: 맑스 전과 후의 정치와 철학』, 도서출판b, 2007.]

뤄지는 몇몇 생산양식의 결합 안에서 이데올로기적 층위가 무엇인지 모르기 때문에, 레비-스트로스는 친족 구조들의 경우에 (너무나 잘!) 작동하는 절차와 이데올로기적 유혹들로 …… 되돌아간다. …… 이제 레비-스트로스는 후퇴한다기보다는 잘못된 종류의 형식화의 플랭카드를 내걸고 전진한다. …… 동일한 형식들이, 다른 실존하는 형식들 …… 곧 **친족이나 경제적 교환이나 언어적 교환의 형식들과 상동적이라고 동일시**되든지, 또는 궁극적으로 몇몇 '경제주의적' 요소들('생활양식,' '지리적 조건들' 등)과 동일시된다. 이 **'경제주의적'** 요소들을 생산양식의 경제적 층위에 대한 맑스주의적 이론의 등가물이라고 생각하지만, 레비-스트로스는 이 이론의 개념적 실존에 대해 아무것도 아는 것이 없다.105)

레비-스트로스의 관점을 '주관주의'와 필연적으로 결부되는 '기능주의'라고 비판하면서 알튀세르는 레비-스트로스가 사용하는 '무의식의 개념'을 거부하고 이렇게 덧붙인다. "나는 무의식의 개념이 사회학이나 인류학이나 역사학에서만큼이나 정신분석학에서도 과학적인 개념이 아니라고까지 말하겠다."106)

알튀세르 유고집의 편집자 마트롱에 따르면, 1967년에 레비-스트로스에 대한 알튀세르의 에세이를 전해 받은 에마뉘엘 테레는 그 에세이를 곧 출간될 자신의 저서 『'원시' 사회 앞에 선 맑스주의』107)

---

105) Louis Althusser, "On Lévi-Strauss"(1966), *The Humanist Controversy and Other Writings*, trans. G. M. Goshgarian, London: Verso, 2003, pp.27~28.

106) Althusser, "On Lévi-Strauss," p.26.

에 포함시켜도 좋은지 알튀세르에게 문의했다. 1968년에 알튀세르는 알랭 바디우에게 테레의 제안을 어떻게 생각하느냐고 물었다. 바디우의 대답이 무엇이었는지 우리는 알지 못한다. 비록 테레의 저서가 결국 알튀세르의 에세이 없이 그냥 나왔지만, 우리는 구조주의에 대한 알튀세르의 비판이 상대적으로 잘 알려져 있었으며 파리 고등사범학교의 지식인들에 의해 논의됐다고 추측할 수 있을 것이다. 물론 그 당시 파리 고등사범학교에서는 라캉의 세미나가 여전히 진행 중이었다(라캉은 『세미나 16』 직후 1969년에 법학부로 자리를 옮겼다). 구조주의를 강하게 옹호한 『세미나 16』의 첫 번째 세션이 끝나고 나서 "카페에서의 [학생들의] 웅성거림"을 지켜본 라캉은 두 번째 세션에서, 자기가 비판했던 사람이 알튀세르가 아니냐는 학생들의 추측이 틀리지 않았다고 확인해주면서, 출판업자들이 구조주의자로 분류한 지식인 집단[108] 안에서 자신은 불편함을 느끼지 않지만 "알튀세르는 그렇게 편안해 하지는 않는다"고 말한다. 라캉이 당시 레비-스트로스에 대한 알튀세르의 에세이를 읽어봤는지는 전혀 분명하지 않다. 하지만 알튀세르도 라캉도 모두 서로의 쟁점을 잘 알고 있었던 것으로 보인다. 구조주의와 특히 프로이트-맑스주의에 의해 가정되는 사회적 '상동성'이라는 쟁점이 바로 그것이다.

마트롱에 따르면, 알튀세르는 1966년에 자신의 몇몇 제자들(바디우, 발리바르, 이브 뒤루, 피에르 마슈레)과 함께 이론화 작업을 위한 비

---

107) Emmanuel Terray, *Le Marxisme devant les sociétés 'primitives': Deux études*, Paris: Maspero, 1969.

108) 레비-스트로스, 라캉, 푸코, 알튀세르를 가리킨다.

밀 그룹을 조직하는데, 이 그룹에게는 "변증법적 유물론의 요소들"이라는 철학 저서(가제)의 출판을 집단적으로 준비한다는 분명한 목표가 있었다. 비록 이 저서는 출판되지 않았지만, 그룹 구성원들이 합동 작업의 초기 단계에서 서로 돌려봤던 알튀세르의 「담론 이론에 대한 세 편의 노트」가 유고작으로 출판됨으로써 우리는 이 공동 프로젝트를 위해서 알튀세르가 제시한 몇몇 기본 생각들의 윤곽을 그려볼 수 있게 됐다. 이 노트들이 좀 더 빨리 알려졌다면 우리는 이데올로기적 호명에 대한 알튀세르의 이론화에 관련된 수많은 혼란들을 피할 수 있었을 것 같다. 그러나 우리의 논의 맥락에서 더욱 흥미로운 것은 과학적 객관성의 광범위한 장에서 정신분석학의 대상을 위치 짓기 위해 알튀세르가 제안하는 문제설정, 곧 '국지 이론'la théorie régionale과 '일반 이론'la théorie générale의 접합이라는 문제설정이다.

알튀세르에 따르면, 정신분석학은 현재 국지 이론의 형태를 가지고 있지만 일반 이론은 결여하고 있다. 국지 이론으로서 정신분석학은 무의식이라는 자신의 대상의 구조와 기능을 설명하기 위해 고안된 이론적 개념들의 체계이다. 그러나 일반 이론의 부재로 인해 정신분석학은 "자신의 과학성에 대한 객관적 증거를 제공하는"데 실패한다.[109] 정신분석학은 "자기 완결을 위해서 노력하지만 **실패한다**. 바꿔 말해서 정신분석학은 자기 자신의 대상을 (다른 이론적 대상들, 즉 현재의 경우 생물학, 심리학, 사회학 등의 대상들과 대비해) **미분적으로** 규정하기 위해 시도하지만 **실패한다**."[110]

---

109) Althusser, "Three Notes on the Theory of Discourses," p.41.

110) Althusser, "Three Notes on the Theory of Discourses," p.40.

알튀세르가 지적하듯이, 이런 상황을 극복하기 위한 몇몇 시도들이 있었지만 대부분은 정신분석학의 대상을 또 다른 인접 분과학문의 대상으로 환원하는 것으로 귀결됐다. 두 가지 예외적 시도는 프로이트 자신과 라캉에 의해 이뤄졌는데, 그들은 모두 그런 환원주의적 접근을 거부했다. 심지어 다른 분과학문으로부터 몇몇 개념을 차용해올 때조차 그들은 자신의 대상을 다른 분과학문의 대상과 **미분적으로** 규정하기 위해서 항상 주의를 기울였다. 그러나 바로 이 때문에 정신분석학을 위해서 일반 이론을 생산하려는 프로이트의 시도는 마찬가지의 오래된 학제적 고립 상태로 후퇴하면서 하나의 '메타심리학' 이론을 구축하는 것으로 끝났는데, 역설적으로 그 속에서 국지 이론의 개념들은 일반성에 대한 공허한 요구들을 표현하는 상이한 이름 아래에서 반복·재생산됐을 뿐이다.

알튀세르는 정신분석학과 언어학의 관계를 상술하려고 시도하는 라캉의 이론적 노력이 확실히 국지 이론의 이런 고립을 극복할 수 있는 가능성을 보여준다고 주장한다. 라캉은 언어학의 대상으로부터 정신분석학의 대상을 구분해주는 것이 무엇인가의 측면에서 양자의 부정적 관계를 파악하려고 한 것만이 아니라 그것들(곧 언어학과 정신분석학)을 서로 접근하게 만드는 것, **유사하게** 만드는 것이 무엇인가까지 검토함으로써 양자의 긍정적 관계를 이해하려고 시도했다는 것이다. 여기에서 알튀세르가 염두에 두고 있는 것은 물론 "무의식은 언어처럼 구조화되어 있다"라는 라캉의 저 유명한 테제이다. 정신분석학과 언어학의 관계에 대한 자신의 중심 테제에 '처럼'^comme이라는 작은 전치사를 삽입함으로써 라캉은 두 과학적 대상 사이의 차이와 유사성을 모두 강조했으며,[111] 그리하여 양쪽 분과학문에 서로 유익한 효과들을 가져다줬다. 알튀세르는 이렇게 말한다. "라캉은 정신분석이라는 국지 이론의 이론적 개념들을 분명하게 만들었을 뿐만 아니라 **언어학이라는 국지 이론 자체**의 몇몇 이론적 개념들도 분명하게 만들게 됐다."112) 알튀세르에 따르면, 일반 이론이 하나의 국지 이론으로 하여금 스스로에 대해 분명히 하도록 도울 때면 언제든 그것은 문제의 다른 쪽 국지 이론의 개념들에 대해서도 "교정 및 재분류의 동일한 효과"를 가져다준다.

그러나 곧바로 알튀세르는 이런 라캉의 학제 간 작업은 여전히 놀라운 속임수, 일종의 자기기만을 포함하고 있으며, 이 때문에 두 국지 이론 사이의 "단순한 대질"이 일반 이론의 생산으로 착각되고 있다고 주장한다. 두 국지 이론 사이의 상호작용을 통해 라캉이 가져온 일반 이론의 효과(곧 '일반 이론 자체'가 아닌 '일반 이론 효과')는, 양자 모두 동등하게 국지 이론에 불과한 정신분석학과 언어학에 의해 요구되는 일반 이론 그 자체의 정초와 혼동되어서는 안 된다. 라캉이 필연적으로 두 국지 이론 중 하나가 다른 하나의 일반 이론이라고 믿을 뿐만 아니라, 언어학 또는 "언어학과 동맹을 맺은" 정신분석학이 모든 다른 인문과학의 '모체-학문'의 역할을 수행할 수 있다고 믿게 되는 것은 바로 이와 같은 일반 이론의 부재 때문이다. 알튀세르는 정확히 여기야말로 라캉이 레비-스트로스와 맺었던 의심스러운 관계가 문제시되는 곳이라고 주장한다.

---

111) Jacques Lacan, *The Psychoses, 1955-56: The Seminar of Jacques Lacan, Book III*, trans. Russell Grigg, New York: W. W. Norton, 1997, pp.166~167.

112) Althusser, "Three Notes on the Theory of Discourses," p.44.

라캉이 작업하는 일반 이론은 …… 일반 이론의 지위에 온전히 **위치**해 있지 못하[기 때문에] 라캉은 한 손으로 언어학에 주지 않는 것을 다른 한 손으로는 레비-스트로스에게 허락한다. …… 비록 우리가 라캉에게서 발견하는 '수입'의 종류(정확히 비판적이고 미분적인 수입)와는 어떤 관련도 없는, 극단적으로 요약적이고 비판적이지 못한 방식으로 레비-스트로스가 언어학을 자기 자신의 장으로 수입한다는 것이 명백함에도 불구하고 말이다. 비록 인식론적으로 올바른 방식으로 언어학과 정신분석학의 관계들을 다루지만, **라캉은 레비-스트로스에 의한 언어학의 (잘못된) 사용에 정신분석학과 다른 인문과학들 사이의 관계를 '매개하는' 과제와 책임을 맡겨버린다.**[113]

그렇다면 알튀세르의 이론적 대안은 무엇인가? 정신분석학을 위한 진정한 일반 이론의 개발이 기대된다는 것은 당연할 것이다. 그러나 알튀세르는 거기서 멈추지 않고 **하나의 일반 이론이 아닌 두 개의 일반 이론**이 있어야 한다고 말한다. 정신분석학의 대상이 '무의식의 담론'이라고 규정되어야 한다면 동일한 대상의 두 측면에 관련된 두 개의 일반 이론이 필요하다. 곧 **무의식**이라는 측면과 **담론**이라는 측면 말이다. 무의식이 기표들로 이뤄진 담론의 한 종류인 한에서, 정신분석학은 기표의 일반 이론을 요구한다. 그러나 여기에서 문제가 되는 기표는 무차별적 기표가 아니라 특정하게 **무의식**에 관련된 기표이다. 따라서 예술, 과학, 이데올로기 같은 다른 유형의 담론과의 관

---

113) Althusser, "Three Notes on the Theory of Discourses," pp.45~46. 강조는 인용자.

계 속에서뿐만 아니라 자기 자신과 접합된 비-담론적 실천들(예컨대 경제적 실천들)과의 관계 속에서 자신의 독특성을 사유할 수 있도록 허락해주는 또 다른 일반 이론이 있어야 한다. 결국 알튀세르는 이 두 번째 일반 이론을 **역사 유물론이라는 일반 이론**과 등치시킨다.

여기에서 알튀세르가 기표의 일반 이론이라고 부르는 것을 상세히 논할 수는 없고, 그 대신 서로 밀접히 관련된 두 가지 논점을 간략히 지적해보겠다. 첫째, 알튀세르가 기표라고 부르는 것은 언어적 기표에 한정된 것이 아니다. 그리하여 알튀세르는 담론의 네 가지 주요 유형(과학, 예술, 이데올로기, 무의식)을 구분한 뒤에, 다시 (그 네 가지 담론 유형과 부분적으로는 중첩되어 있지만 반드시 구분해야 하는) 또 다른 그룹의 기표를 추가하는데, 그것이 바로 **언어**이다. 알튀세르에 따르면, "언어의 기표들은 형태소(재료는 음소)"인 반면, 그와 상대적으로 구분되는 네 가지 담론의 기표들은 단어뿐만 아니라 개념, 소리, 색깔, 제스처, 행위양식, 감정, 환상 같은 많은 다른 요소들을 포함한다.114) 요컨대 알튀세르는 기표의 상이한 유형의 독특성들을 평면화하고 싶어 하지 않았다.

둘째, 알튀세르는 담론의 수준을 언어의 수준으로부터 명확하게 구분했다. 세 편의 '노트'의 마지막 부분에서 알튀세르는 '언어/발화' 또는 '랑그/파롤'이라는 대당을 의문에 붙이며 이렇게 주장한다.

발화[파롤]는 앞에서 논한 문제와 관련해 이차적인 매우 다른 문제, 담론이라는 문제를 제기한다. 발화는 **오직 담론 안에서만** 일어나기

---

114) Althusser, "Three Notes on the Theory of Discourses," pp.50~51.

때문이다. 이론적으로 적절한 것은 언어/담론의 대당인데, 이 대당은 더 이상 언어/발화의 대당과 동일한 지위를 가지지 않을 것이다. 우리의 대당 안에서 부적절한 것으로 드러날 것은 확실히 언어[랑그]라는 개념이다. 왜냐하면 우리는 현재 상태의 언어학이 승인하는 것보다 훨씬 더 넓은 의미를 담론이라는 개념에 할당하기 때문이다. 아마도 '랑가주'langage라는 개념이 다시 적절해질 것이다. 랑가주는 어떤 담론의 구조든 지시할 것이고, 그리하여 랑그라는 개념이 협소한 소쉬르적 의미에서의(곧 소쉬르가 발화라는 개념을 표명했을 때 염두에 둔) '언어학적' 담론에 대해 행하는 것과 동일한 역할을, 랑가주는 (우리가 사용하는 넓은 의미에서의) 담론에 대해 행할 것이다.115)

우리가 여기에서 분명하게 볼 수 있듯이, 『라 팔리스 신사 식의 진실들』에서 페쇠가 결정적으로 수행한 언어와 담론의 구분은 사실 알튀세르에게서 온 것이다. 알튀세르는 담론의 수준이 랑그라는 의미로 이해되는 언어의 수준과 구분되어 이론화되어야 한다고 주장한 것만이 아니라, 수행적 차원에 속하는 발화(파롤)는 랑그(또는 언어)/발화의 대립 수준이 아니라 항상 담론의 수준에서만 일어난다고까지 주장한다. 비록 알튀세르가 여기에서 이런 구분을 계급 분할이라는 질문에 명시적으로 연결하고 있는 것은 아니라고 할지라도 우리는 페쇠가 자신의 저서에서 이데올로기적 계급투쟁이라는 쟁점을 논하기 위해 취하고 발전시킨 것이 알튀세르의 바로 이와 같은 생각이었다는 점을 확인할 수 있다.116)

---

115) Althusser, "Three Notes on the Theory of Discourses," pp.81~82.

어쨌든, 기표의 일반 이론에 관련된 이상의 두 가지 논점에서 우리가 알 수 있는 것은 알튀세르가 사회적 실천들의 상이한 수준들을 환원하지 않기 위해 극히 조심했다는 것이다. 그리고 알튀세르가 왜 하나가 아닌 두 개의 일반 이론을 제안했는지, 그리하여 왜 기표의 **단일한** 일반 법칙(언어의 법칙)의 우세를 과도하게 강조하는 듯이 보이는 라캉의 입장과 거리를 두는지 이해할 수 있는 것도 이런 맥락에서이다. "두 개의 일반 이론, 곧 기표의 일반 이론과 역사 유물론의 일반 이론이 결합된 특정한 형태"가 정신분석학을 위해서 요구된다고 주장한 뒤에 알튀세르는 다음과 같이 쓴다.

포함과 포섭이라는 **아리스토텔레스적 범주들**의 진창에 빠져 있는 일반 이론의 관념을 고수한다면, 자연스럽게 이 사례는 '특별해' 보일 것이다. 우리가 보기에 절대적으로 거부해야 할, '일반성'에 대한 이런 [아리스토텔레스적] 인식 위에서, 일반 이론은 국지 이론과 연장의 관계들을 유지한다. …… 이런 인식 위에서는 하나의 국지 이론이 두 개의 일반 이론에 의존할 수 없다. 단지 하나의 일반 이론에만 의존할 수 있을 뿐이다. …… (기표의 일반 이론이라 간주되는) 언어학을 정신분석학이라는 국지 이론의 일반 이론이라고 보는 **라캉**(그리고 그의 몇몇 제자들)**의 유혹** 안에는 아마도 이런 [아리스토텔레스적] 인식의 잔여적 메아리가 있는 것 같다. 미분적 접합이라는 원칙이 일반 이론들 사이에도 적용되지 않는가 하고 물어야 할 것이다. 바꿔 말해서, 일반 이론들 간의 접합 가능성을 사유하지 않으면, 우리는 **속성들**

---

116) 나는 이데올로기적 투쟁이라는 쟁점을 제4장에서 더 깊이 다룰 것이다.

의 **평행론**이라는 수준 및 그것에 항상 동반되는 속성들의 **융합**이라는 유혹의 수준에 머물게 될 것이다. **속성들의 평행론은 실체라는 개념에 의해 스피노자 안에서 약화되고 교정된다.** 상이한 속성들은 **하나의 동일한 실체**의 속성들이다. 속성들의 접합이라는 개념의 역할을 수행하는 것이 실체라는 개념이다. …… 속성들 간의 구분은 오직 그것들이 접합되어 있다는 조건에서만 가능하다. 우리 자신의 용어로 돌아가자. (우리의 속성인) 일반 이론들 사이의 구분은 오직 그것들이 미분적으로 접합되어 있다는 조건에서만 가능하다.[117]

마트롱에 따르면, 발리바르에게 보낸 편지(1966년 10월 14일)에서 알튀세르는 스피노자에게 명시적으로 준거하며 앞서 언급한 "변증법적 유물론의 요소들"에 대한 집단적 작업이 "우리들의 『윤리학』으로 내세울 만한 진정한 철학적 작업"이 될 것이라고 썼다.[118] 의심할 바 없이, 위 인용문의 내용은 알튀세르가 이 편지를 썼을 때 염두에 둔 것이다. 알튀세르는 하나의 종[species]이 하나의 단일한 유[genus] 아래 포섭되고, 다시 그 유가 또 다른 유의 종이 되는 식의, 유와 종에 관한 아리스토텔레스적 위계 안에 포함된 **목적론**을 비판한다. 최고의 유에 도달할 때까지 이런 단순 포섭의 조작은 분기나 이탈의 어떤 가능성도 없이 계속되는 것으로 가정된다. 그렇지 않으면, 일어날 수 있는 모든 사건을 완전히 포괄하는, 단 하나의 텔로스나 로고스를 중심

---

117) Althusser, "Three Notes on the Theory of Discourses," pp.64~65. 강조는 인용자.

118) Althusser, "Three Notes on the Theory of Discourses," p.34.

으로 가지고 있는 일관된 체계를 구축하는 일이 불가능할 것이기 때문이다. 단일한 보편 논리가 그 위계의 모든 수준에서 실현될 수 있으려면, '속성들의 평행론'을 상정하는 것이 필요해진다.

알튀세르에 따르면, 두 가지 속성(사유와 연장) 간의 '평행론'을 스피노자에게 귀속시키는 것은 잘못이다. 사실 스피노자는 이런 용어를 결코 사용하지 않았다. 정신과 육체의 정신-물리적 '평행론'을 이론화한 것은 고트프리트 빌헬름 라이프니츠였는데, 라이프니츠는 두 개의 상이한 '실체들'이 인과적으로 상호작용하지 않으면서도 어떻게 여전히 '조응'의 관계를 가질 수 있는지 설명하기 위해서 그렇게 했다(물론 주지하다시피 라이프니츠에게서 이런 조응을 궁극적으로 보장하는 것은 신 또는 신적 모나드에 의해 미리 예정된 질서이다).119) 다른 한편, 스피노자의 체계 내에는 오직 **하나의** 실체만이 있다는 단순한 사실이 이런 '조응'에 대한 설명을 불필요하게 만든다. 알튀세르가 시사하듯이, 우리가 스피노자 안에서 보는 것은 오히려 이질적 속성들의 접합 또는 겹침의 이론, **실재의 질서에 대한 상상적 질서의 영속적 과잉 및 과잉결정**을 사유할 수 있게 해주는 이론이다.

여기에서 스피노자를 상세히 논할 수는 없지만 여전히 문제가 되는 것을 간략하게 살펴볼 필요는 있을 것 같다. 사유와 연장의 '평행론'을 주장하는 것으로 종종 잘못 해석되는 스피노자의 정리는 유명

---

119) 고트프리트 빌헬름 라이프니츠는 이렇게 말한다. "나는 영혼 안에서 일어나는 일과 질료 안에서 일어나는 일 사이에 완벽한 평행을 수립했다." Gottfried Wilhelm Leibniz, "Considerations on the Doctrine of a Universal Spirit"(1702), *The Philosophical Works of Leibniz*, 2nd ed., trans. George M. Duncun, New Haven: Morehouse & Taylor Company, 1908, p.142.

한 『윤리학』 제2부의 7번째 정리이다. "관념들의 질서 및 연관은 사물들의 질서 및 연관과 동일하다."[120] 하지만 주목해야 하는 것은 실제로 스피노자는 결코 관념들의 질서 및 연관이 **신체들**의 질서 및 연관과 똑같다고 말하지 않는다는 사실이다. 그것이 아니라 스피노자는 관념들의 질서 및 연관이 **사물들**의 질서 및 연관과 같다고 말한다. 스피노자가 '사물들'이라고 부르는 것이 신체나 다른 유형의 양태들뿐만 아니라 관념들 자체를 포함하는 것인 한에서, 이 정리는 **원인들**의 질서와 연관은 그 어떤 속성 아래에서 지각된다고 할지라도 항상 그 자신에 일치하는 것으로 남으며, 따라서 똑같이 실체적인 것으로 남는다는 점을 말하는 것으로 파악되어야 한다. 그리하여 우리는 『윤리학』에서 스피노자가 **상상적인 (잘못된) 관념들 자체**의 인과적 연관까지도 올바른 관념들의 연관은 물론이고 신체들의 인과적 연관만큼이나 실체적이라고 간주하는 것을 관찰할 수 있다. 물론 스피노자가 연장이라는 양태와 이 양태에 대한 관념 사이에 일치가 있다는 것을 부인했다는 뜻은 아니다. 하지만 스피노자는 이 일치를 평행론의 모델을 따라 사고했던 것이 아니라 상이한 속성들의 접합 또는 겹침(중첩과 미분)의 모델을 따라 사고했다. 이와 같은 겹침이야말로 '신 즉 자연'이라는 스피노자의 개념 안으로 복잡성과 개방성이라는 요소를 발본적으로 도입하는 것이다.[121]

---

120) Spinoza, "Ethics," p.247. [『에티카』(개정판), 88~89쪽.]

121) 속성들의 조응이라는 질문에 대한 스피노자의 거부에 대해서는 발리바르의 글을 참조하라. Étienne Balibar, "Individualité, causalité, substance: Réflexions sur l'ontologie de Spinoza," *Spinoza: Issues and Directions*, ed. Edwin Curley and Pierre François Moreau, New York: Brill, 1990.

그러나 스피노자의 이런 사고가 보여주는 내용은, 알튀세르가 정신분석학이라는 국지 이론을 위한 오직 하나의 일반 이론(곧 언어학적 기표의 일반 이론)이 필요하다는 것을 당연시하는 라캉의 생각을 비판할 때 정확히 문제가 되는 것이 아닌가? 이질적인 대상들(사회적 심급들 또는 사회적 '속성들')이 서로 접합되어 있는 복잡한 방식을 섬세하게 설명할 이론적 필요를 보지 못함으로써, 라캉은 레비-스트로스와 마찬가지로 **사회적 상동성**의 논리를 펴면서 라이프니츠적 평행론의 구조주의적 판본으로 후퇴하고 말았다. 따라서 라캉에 대한 알튀세르의 비판은 구조주의에 **내적인** 논쟁, 표현적 인과성의 라이프니츠적-헤겔적 당파와 내재적 인과성(또는 구조적 인과성)의 스피노자적 당파라는 구조주의의 두 당파 사이에서 벌어진 논쟁이다. 구조적 평행론의 목적론(따라서 관념론) 쪽으로 향하는 라캉의 퇴행적 경향에 맞서, 알튀세르는 처음부터, 언어라는 사회적 실천의 단일한 초월적 논리로 환원될 수 없는 사회적 관계들 또는 실천들의 복잡성을 강조하기 위한 유물론적 노력을 경주했다.

알튀세르가 정신분석학과 다른 국지 이론들을 위한 일반 이론들을 구성하는 메타-이론적 프로젝트를 곧 포기했다는 것은 사실이다. 그러나 이는 알튀세르가 사회적 상동성이라는 라캉의 생각을 받아들이게 됐다는 의미는 아니다. 정반대로 알튀세르는 라캉의 그런 생각에서 더욱 멀어졌다. 「맑스와 프로이트에 대하여」(1977)에서 알튀세르는 맑스주의와 프로이트주의 사이에서 이끌어낼 수 있는 이론적 평행들 또는 비유들의 기초 위에서 맑스주의적 이데올로기론을 구성하려는 **프로이트-맑스주의 프로젝트의 궁극적 실행 불가능성**을 선언하게 됐다. 알튀세르는 이렇게 주장한다.

아마도 처음 몇 년 동안은 이 점을 알지 못한 채(그러나 그는 아주 재빨리 이 점을 깨달았다) 프로이트는 이론적으로 부르주아 이데올로기 체계 전체의 가장 민감한 지점을 건드렸다. 역설적인 것은 프로이트가 몇몇 무작위적이고 이론의 여지가 있는 에세이들(『토템과 타부』, 『문명 속의 불만』 등)을 제외하고는 자신이 그 가장 민감한 지점에서 불안정하게 만들고 있던 그런 부르주아 이데올로기를 전체로서 상대하려고 진정으로 시도한 적이 결코 없었다는 것이다. 더 나아가 보자. 프로이트는 그렇게 할 만한 위치에 있지 않았는데, 왜냐하면 그렇게 하기 위해서 프로이트는 맑스여야 했을 것이기 때문이다. 프로이트는 맑스가 아니었다. 프로이트는 **완전히 다른 대상**을 가졌었다. …… **프로이트의 대상은 맑스의 대상이 아니다.**[122]

몇몇 무작위적인 텍스트를 제외하면 프로이트는 이데올로기를 이론적으로 인식하려고 시도한 적이 결코 없었다, 라고 알튀세르는 말한다. 왜냐하면 그런 시도는 맑스의 역사 과학에 속하는 일이며, 그런 역사 과학을 시도했다면 프로이트는 더 이상 프로이트가 아니라 맑스여야 했을 것이기 때문이다. 그렇다면 이 둘의 본질적 차이는 무엇일까? 또 프로이트가 이데올로기를 분석하려고 실제로 시도했던 저 몇몇 예외적인 텍스트에서는 무슨 일이 벌어졌는가? 몇 문단 뒤에서 알튀세르는 연이어 이렇게 말한다.

---

122) Louis Althusser, "On Marx and Freud"(1977), *Writings on Psychoanalysis*, trans. Jeffrey Mehlman, New York: Columbia University Press, 1996, p.117. [이진숙·변현태 옮김, 「마르크스와 프로이트에 대하여」, 『알튀세르와 라캉: '프로이트-마르크스주의'를 넘어서』, 공감, 1996, 28~29쪽.]

맑스는 **사회적 개인성 또는 개인성의 역사적 형태들에 대한 이론** 너머로 나아갈 수 없었다. 맑스 안에는 프로이트의 발견을 예상하는 그 어떤 것도 없다. **맑스 안에는 정신에 대한 이론을 기초 지을 수 있는 그 어떤 것도 없다.** 그러나 불행한 일반화를 행하는 저 논문들에서 프로이트는 사실, 자신이 **다른 곳에서** 발견한 것을 의심스러운 조건 속에서 반복하길 멈추지 않는다. 이제 프로이트가 발견한 것은 결코 '사회'나 '사회적 관계들'이 아니라 **개인들에게** 영향을 미치는 매우 특수한 현상들에 관련됐다. 무의식 안에 '관개인적' 요소가 있다고 주장할 수는 있지만, 무의식의 효과들이 명백해지는 것은 어떤 경우에도 **개인적인 것 안에서**이며 치료가 작동하는 것도 **개인적인 것에 대해서**이다. 치료가 기존의 무의식의 효과들을 변형시킬 또 다른 개인(분석가)의 현존을 요구할지라도 말이다. 그 차이는 맑스로부터 프로이트를 구분하기에 충분하다. **비록 이들 발견의 각각의 조건들 안에서 비상한 유사함을 볼 수 있다고 할지라도 그 차이는 이들을 구분한다.**[123]

따라서 프로이트와 맑스의 주된 차이의 하나는 사회적인 것의 수준으로부터 개인적인 것의 수준을 분리하는 간격에서 찾아질 수 있다. 플라톤이 『국가』에서 저 두 수준 간의 유명한 유비를 그려낸 이래로(개인적인 것과 사회적인 것은 각각 서로에게 평행한 세 가지 하위범주를 가지는데, 한편에는 머리-가슴-배, 다른 한편에는 수호자-보조자-노동자[농사꾼·기술자]가 있다), 관념론은 그 동형적 논리를 하

---

123) Althusser, "On Marx and Freud," p.118. [「마르크스와 프로이트에 대하여」, 30~31쪽.]

나의 영역으로부터 또 다른 영역으로 전위시키면서 이런 평행주의적 표상들을 반복하거나 재생산하기를 결코 멈추지 않아왔다. 그 역시 삼중 분할의 동일한 구조(아버지-어머니-아이)를 가지고 있다고 가정되는 가족 또는 가족적 장치는 종종 개인적인 것과 사회적인 것 사이에 삽입되어 삼중적인 위계 구조의 동일한 지붕 밑에서 양자를 매개하고 통일시킨다. 논리(로고스)의 이런 이전이야말로 알튀세르가 프로이트의 "불행한 일반화"라고 부른 것, 곧 프로이트가 "다른 곳에서" 발견한 것을 재생산하는 일반화라고 부른 것이다. 따라서 여기에서 알튀세르의 주장은 푸코가 프로이트-맑스주의를 비판한 『성의 역사』 1권에서 주장했던 것("가족은 사회를 흉내 내는 것이 아니고, 역으로 사회는 가족을 닮은 것이 아니다")과 크게 다르지 않다.

사회적 전체의 모든 심급 또는 영역을 포괄하는 하나의 유일한 구조적 논리를 발견하려는 야망은 알튀세르에게는 이데올로기의 장을 완전히 벗어나는, 곧 모든 이데올로기를 벗어나는 **절대 과학**이라는 불가능한 관념론적 꿈이었을 따름이다. 라캉이 자신의 정신분석학 이론을 수학화하면서 (비록 종국에는 실패했다고 할지라도) 점점 더 이런 꿈에 이끌렸다면, 거꾸로 알튀세르는 상이한 심급들의 접합을 일반화의 질문이 아니라 **임상적 분석**의 질문으로 간주하는 관점에 점점 더 이끌렸던 것 같다. 이런 임상적 분석은 복수의 이질적인 논리나 구조가 역사 **속에서** 서로 마주치는 독특한 방식에 주의를 기울이는 분석을 말한다. 사실 이것이야말로 알튀세르가 삶의 마지막 단계에서 최종 심급이라는 담론에 대해 오랫동안 지녔던 믿음을 마침내 버리고 '마주침의 철학' 또는 '우발성의 유물론' 쪽으로 인도됐던 이유였던 것 같다. 비록 이런 변화가 최종 심급과 상이한 심급들의 접합이라는 문제에 관련된 알튀세르의 딜레마를 결코 온전히 해결해준 것은 아닌 것 같지만, 이데올로기에 대한 유물론적 이론 생산의 적절한 연구 방향을 지시해줬다고 말할 수는 있을 것이다.

이 장을 결론짓기 위해서, 그리고 알튀세르의 근본적인 문제설정이 가지고 있는 지속적인 잠재력을 보여주기 위해서 우리는 마지막으로 2010년에 발리바르가 가졌던 대담으로부터 풍부한 함의를 가지고 있는 구절 하나를 인용해볼까 한다. 발리바르는 여기에서 자신에게 설득력이 있는 프로이트-맑스주의의 유일한 형태는 '이접적 종합'의 형태일 뿐이라고 진술한다.

저는 문화적이거나 이데올로기적이라고 정의될 수 있는 집단적 주체화 과정들의 자율성이나 자기-완결적인 힘에 대해 조금도 믿지 않고, 또 그런 과정들이 무의식의 무대 위에서, 상징적인 것 또는 상상적인 것의 무대 위에서 전개된다고 조금도 주장하지 않는데, 왜냐하면 문제가 되는 매개들은 항상 성격상 경제적이기 때문입니다. 아마도 이 모든 것은 사변적 관점에서 충분히 기초된 것은 아니고 '브리콜라주된' 철학일 것입니다. 그러나 이런 방식으로 우리는 **'최종 심급' 없는 과잉결정**, 또는 더 단순하게 표현하면 **두 개의 '최종 심급'을 가지는 과잉결정**이라는 의념에 도달합니다. 우리는 이데올로기가 '축적'이나 '생산양식'과 마찬가지로 하나의 '토대'라는 생각에 도달합니다. 바꿔 말해서 우리는 프로이트-맑스주의의 어떤 형태에 도달하는 것이죠. 맑스와 프로이트의 설득력 있는 종합을 위한 모색은 말하자면 서양 비판 이론의 두 세대를 위한 '현자의 돌'이었고 아마도 거대한 환상이었을 것입니다. 푸코가 매우 폭력적으로 기각했던 것이 정확히 그것이죠. 왜냐하면 우리가 앞에서 언급했던 '이접적'인 의미에서 인식되는 것이 아니라면 그런 종합은 실제로 불가능하기 때문입니다. 왜냐하면 진정 『안티-오이디푸스』와 함께 프로이트-맑스주의 최후의 위대한 시도를 제공했던 것은 들뢰즈와 가타리 자신이기 때문입니다. 그리고 그들은 프로이트-맑스주의의 이런 최후의 형태를 창조하기 위해서 맑스와 프로이트 양자를 모두 생명의 새로운 형이상학의 언어로 재번역할 수밖에 없었다고 주장했습니다. 저는 이와 같은 일을 시도할 능력도 없지만 무엇보다도 그럴 의사가 확실히 없습니다. **저는 이접적 종합과 머무는 것을 선호합니다. 사실 맑스주의가 유한한 이론이라면 프로이트주의와 정신분석학 또한 유한한 이론의 표현들이며, 모든 것이 현재의 관점에서, 어떤 선재하는 인과성의 도식에도 호소하지 않으면서 항상적으로 질문되어야 하는 것은 바로 그 두 이론의 교차점에서입니다.** 현대 정치의 모든 문제는 이 점에 집중되어 있습니다. 그 문제들이 자본주의적 축적이 띠어온 예상하지 못했던 형태들, 그리고 무의식의 집단화라고 부를 만한 것의, 아마도 완전히 반복적(반복강박이라는 의미에서 반복적)이지만 똑같이 예상하지 못했던 발전들의 분리할 수 없는 결과인 만큼 그렇습니다.[124]

---

124) Étienne Balibar, "Philosophy and the Frontiers of the Political: A Biographical-Theoretical Interview with Emanuela Fornari," trans. Nicholas Walker, *Iris*, vol.2, no.3, April 2010, p.51. 강조는 인용자.

결론: 해방과 시민공존

어떤 사람들은 알튀세르가 지배적인 이데올로기적 장치들에 맞서 반역할 가능성에 대해 말한 적이 없다고 생각한다. 이는 분명 오류이다. 알튀세르는 1968년의 학생·노동자 반역에 찬사를 보냈을 뿐만 아니라, 『맑스를 위하여』에서 '유물론적 연극'의 비판적 효과들을 놀랍게 분석했다. 후자가 은유적인 것이라고 말한다면 논점을 놓치는 것인데, 왜냐하면 브레히트의 노선에 따른다면 미학은 여기에서 정치적 실천으로 여겨지기 때문이다(에티엔 발리바르).[1]

혁명적 열망은 오직 하나의 가능성만을 갖습니다. 곧 항상 주인의 담론으로 귀결된다는 것 말입니다. 경험이 이 점을 증명합니다. 혁명주의자로서 여러분이 열망하는 것은 주인입니다. 여러분은 곧 한 명의 주인을 갖게 될 것입니다!(자크 라캉).[2]

1. '이데올로기적 반역'이라는 질문

루이 알튀세르에 대해 가장 자주 제기되어온 비판적 질문은 다음과 같다. "이데올로기적 반역의 가능성이 이데올로기에 대한 그의 이론

---

1) Étienne Balibar, "The Non-Contemporaneity of Althusser"(1988), *The Althusserian Legacy*, ed. E. Ann Kaplan and Michael Sprinker, London: Verso, 1993, p.16, n.13. [윤소영 옮김, 「비동시대성: 정치와 이데올로기」, 『알튀세르와 마르크스주의의 전화』, 도서출판 이론, 1993, 187쪽, 각주 17번.]

2) Yannis Stavrakakis, *Lacan and the Political*, London: Routledge, 1999, p.12. [이병주 옮김, 『라캉과 정치』, 은행나무, 2006, 40쪽.] 재인용. 위 인용문은 1968년의 학생 집회에서 라캉이 행한 연설 중 일부이다.

전체에서 어떻게 인식될 수 있는가?" 우리는 국가장치들이 때때로 위기와 심지어 붕괴를 경험한다는 것을 경험으로부터 알고 있다. 그러나 국가장치들에 대한 알튀세르의 이해는 이와 같은 가능성을 허락하기에는 너무 기능주의적이지 않은가? 어떻게 구조의 전복(또는 지배 권력의 전복) 같은 것을 알튀세르의 이론 안에서 사고할 수 있는가? 만일 전통적인 기원적 주체라는 관념뿐만 아니라 자크 라캉의 '무의식의 주체'라는 관념, 곧 대타자의 질서에 대한 최초 종속의 단순한 효과로서 생산되지만 그럼에도 불구하고 이후 지배 질서를 전복하고자 하는 발본적 욕망이 그로부터 솟구쳐 나오는 핵심 원천이 되는 **잉여**-주체^{surplus-subject}에 이르기까지, 그 모든 주체의 관념을 이토록 완강하게 기각한다면 말이다.

그러나 이데올로기적 반역의 문제에 대한 알튀세르의 접근은 역설적으로 바로 여기, 바로 이런 딜레마 안에서 이해되어야 한다. 왜냐하면 반역행위가 그로부터 연원하는, 구조 외부의 '주체'라는 아르키메데스의 점이 없다면, 이는 정확히 이런 행위의 원인이 구조 **내부**에서, 이데올로기의 **내부**에서 발견되어야 한다는 것을 의미하기 때문이다. 바꿔 말하자면 알튀세르 안에서 심오한 변화를 겪게 되는 것은 바로 구조라는 관념 자체이며, 이를 통해 알튀세르는 초월적이거나 형이상학적인 '너머'를 가정하지 않으면서도 전복의 가능성을 인식할 수 있도록 해준다. 1962년에 저술된 비교적 초기 에세이에서, 알튀세르는 카를로 베르톨라치의 『우리 밀라노 사람들』(1893)을 파리 국립극장 무대에 올린 조르조 스트렐러 감독의 연출을 논하며, 이와 같은 노선의 주장을 발전시킨다. 이 연극은 개봉되자마자 파리의 비평가들로부터 "상투성과 눈물 짜내는 감상주의로 가득 찬 대중 멜로드라마"에 불과하다고 엄청난 혹평을 받은 작품이다. 이런 비평에 맞서 알튀세르는 단호하게 이 드라마를 옹호하며, "멜로드라마적 요소들을 가지고 있다고 해도, 전체로서의 그 드라마는 단순히 그런 멜로드라마적 요소들에 대한 비판일 뿐이다"3)라고 주장한다. 알튀세르에 따르면 비판의 이런 효과는 드라마 안에서 어떤 "갈라진 구조"4)를 만들어냄으로써 달성되는데, 이런 갈라진 구조의 생산이야말로 브레히트적 '낯설게 만들기 효과' 또는 '소격 효과'의 핵심이라고 알튀세르는 파악한다.5)

베르톨트 브레히트의 낯설게 만들기 효과에 대한 기존의 해석들을 비판하면서 알튀세르는 그것이 연극으로부터의 외적 거리를 생산하는 문제가 아니라 오히려 연극 안에서 내적이지만 비판적인 거리를 생산하는 문제라고 주장한다. 고전적인 연극에 있어서 중심적인 것은 관객과 주인공의 동일시였다. 하지만 이런 동일시는 알튀세

---

3) Louis Althusser, "The 'Piccolo Teatro': Bertolazzi and Brecht(Notes on a Mater-ialist Theatre)"(1962), *For Marx*, trans. Ben Brewster, London: Verso, 1993, p.133. [이종영 옮김, 「피콜로,' 베르톨라치와 브레히트(유물론적 연극에 대한 노트)」, 『맑스를 위하여』, 백의, 1997, 157쪽.]

4) Althusser, "The 'Piccolo Teatro'," p.147. [「'피콜로'」, 176쪽.]

5) 「중국식 연기의 낯설게 만들기 효과」(1936)라는 글에서 베르톨트 브레히트는 낯설게 만들기 효과를 다음과 같이 묘사한다. "이 방법은 서사극을 발전시키기 위한 시도의 일부로서 (감정 이입에 의존하지 않는) 비-아리스토텔레스적 유형의 연극들을 위해 독일에서 가장 최근에 활용됐다. 문제의 노력들은 관객이 연극의 인물들과 단순히 동일시하는 것을 방해하도록 연기하는 데 기울여졌다. 연극 속 인물들의 연기와 대사에 대한 승인과 거부는 지금까지처럼 관객의 무의식 안에서 일어나는 것이 아니라, 의식적 평면 위에서 일어나도록 의도됐다." Bertolt Brecht, "Alienation Effects in Chinese Acting," *Brecht on Theatre*, ed. John Willet, New York: Hill and Wang, 1992, p.91.

제4장. 결론: 해방과 시민공존 335

르에 따르면 단순히 관객이 다소간 매력적인 개인으로서의 주인공과의 관계에서 경험하는 심리적 효과로 인해 생겨나는 현상이 아니었다. 이런 동일시는 오히려 **동시성**의 구조라고 부를 수 있는 것이 가져다주는 특정한 이데올로기적 효과로서 생산됐으며, 이 구조를 통해서 극장에 모인 관객들은 드라마 안에서 자기 자신(또는 자기 자신과 유사한 인물)을 곧바로 알아보거나 알아봤다고 오인했던 것이다. 관객들은 드라마가 묘사하는 것과 동일한 신화, 동일한 테마, 동일한 사회적 상황(전쟁 등)을 공유한다고 믿었다. 다시 말해서, (관객들이 동일시하는) "주인공의 시간성"은 드라마 내에 형성되어 있는 "유일한 시간성"이었다. 이 주인공의 시간성에 관객의 시간성은 물론 그 주인공과 맞서 있는 적들의 시간성까지 모두 종속됐는데, 왜냐하면 그들은 정확히 "**주인공의 적**"이 되기 위해서, "**주인공의** 시간, **주인공의 리듬**"을 살아야 했기 때문이다.6)

브레히트의 연극이 전복시키려고 하는 것은 바로 이런 동시성의 질서이다. 브레히트의 연극은 한편으로 주인공과 그의 적 간의 통상적인 **변증법적 구조**와, 다른 한편으로 대중들(또는 그들의 삶의 조건들)의 연대기의 "텅 빈 시간"(곧 좀처럼 어떤 일도 일어나지 않는 시간)을 현시하는 **비-변증법적 구조** 사이의 "내적 갈라짐"을 만들어냄으로써 그런 전복을 달성한다. 이런 갈라짐이 무대에 나타나게끔 강제하고자 브레히트적 연극은 두 구조의 표준적인 위계 관계를 뒤집어, 보통 고전적인 연극의 중심에 위치해 있는 변증법적 구조를 오히려 무대의 가장자리 쪽으로 옮겨놓고, 반면 대중들의 비변증법적 구조는

---

6) Althusser, "The 'Piccolo Teatro'," p.147. [「'피콜로'」, 175쪽.]

드라마의 중심에 명확히 위치시킨다.7) 이런 위계의 전도가 없다면, 하나의 드라마 안에서 두 개의 분명하게 구분되는 구조를 만들어내는 것은 좀처럼 가능하지 않을 것인데, 왜냐하면 무대의 주변으로 밀려나자마자 비변증법적 구조는 중심에 위치해 있는 변증법적 구조를 위한 단순한 배경으로 기능하기 시작할 것이며, 그리하여 사실상 무대 주변의 어둠 속으로 사라져버리고 말 것이기 때문이다.8)

따라서 전통적 연극을 탈중심화시키기 위해서는 알튀세르가 "변증법을-무대의-가장자리에-위치시키는 구조"la structure de la dialectique à la cantonade라고 부르는 것, 곧 드라마의 변증법적 구성체가 이제까지 보이지 않던 대중들의 현존에 자신의 무대를 내주는 비판적인 비대

---

7) 알튀세르는 윌리엄 셰익스피어와 몰리에르의 연극들을 고전적인 연극에 대한 이런 혐의에서 제외하며 오히려 그들의 예외성에 대해 질문해야 된다고 말한다. Althusser, "The 'Piccolo Teatro'," p.143. [「'피콜로'」, 171쪽.]

8) 브레히트는 이렇게 말한다. "부르주아 연극은 자신의 대상들의 비시간성을 강조했다. 사람들에 대한 부르주아 연극의 재현은 단언된 '영원히 인간적인 것'에 의해 구속되어 있다. 이야기는 대문자 인간(모든 시기, 모든 인종의 인간)이 자신을 표현하도록 허락하는 '보편적' 상황을 창조하게끔 배열된다. 모든 사건은 단지 하나의 거대한 신호이며 이 신호를 따라 나오는 것은 '영원한' 대답, 피할 수 없고 통상적이며 자연스럽고 순수하게 인간적인 대답이다. …… 이런 의념은 역사 같은 것이 존재한다는 것을 용인할지도 모르나, 그럼에도 불구하고 비역사적이다. [부르주아 연극 속에서는] 몇몇 상황이 변하고 환경이 바뀌어도, 인간은 변하지 않은 채 남는다. 역사는 환경에 적용되며, 인간에겐 적용되지 않는다. 환경은 전혀 중요하지 않으며, 단순히 하나의 구실로나 취급된다. 환경은 가변적인 양이자 현저하게 비인간적인 어떤 것이다. 환경은 사실 인간으로부터 동떨어져서, 일관된 전체로서의 인간을 마주하고 존재한다. 반면 인간은 영원히 불변하는 고정된 양(quantity)이다. 환경의 기능으로서의 인간과 인간의 기능으로서의 환경이라는 관념, 곧 환경을 인간들 간의 관계들로 분해하는 것은 사유의 새로운 방식에, [부르주아 연극이 생각하는] 역사적인 방식에 조응한다." Brecht, "Alienation Effects in Chinese Acting," pp.96~97.

칭 구조를 도입하는 것이 중요해진다.9) 이런 구조는 알튀세르에 따르면 브레히트적 연극의 정수를 형성하는 것이며, 많은 사람들이 전형적이고 피상적인 방식으로 낯설게 만들기 효과의 원천이라고 인정해온 테크닉들로 결코 환원될 수 없는 것이다. "연기에서의 모든 인상적인 것, 모든 서정성, 모든 '파토스'의 제거, 야외 공연, 눈을 사로잡는 어떤 강조도 제거하려고 드는 듯한 빈약한 무대장치, …… 단조로운 조명, 논평이 적힌 현수막을 내걸어 읽는 이들의 주의를 상황(현실)의 외적 맥락으로 향하게 하는 것" 같이 관객이 주인공과 심리적 동일시를 하지 못하게 하는 계산된 방해의 테크닉들 말이다.10)

이제 우리는 알튀세르가 베르톨라치의 『우리 밀라노 사람들』(또는 오히려 스트렐러의 연출)을 왜 그토록 흔들림 없이 옹호하면서 파리 비평가들이 제기한 그 모든 혐의를 한사코 거부했는지 어렵지 않게 알 수 있다. 그 연극이 보여주려고 시도했던 것은 정확히 이와 같은 '변증법을-무대의-가장자리에-위치시키는 구조'였기 때문이다. 극의 줄거리는 단순하고, 무대는 1890년대 밀라노의 티볼리, 즉 "어느 가난한 싸구려 유원지"를 배경으로 한다. 비록 이 연극의 무대에는 서른 명 가량의 배우가 출연하지만, 주된 이야기는 단지 세 명의 중심 배우 주변에서 전개된다. 남몰래 젊은 광대를 사랑하면서 매일 밤 그의 위험천만한 곡예를 바라보고 있는 가난한 소녀 니나, 기회만 되면 자신의 돈으로 니나를 유혹하려고 드는 "아무 짝에도 쓸모

---

9) Althusser, "The 'Piccolo Teatro'," p.142. [「'피콜로'」, 169쪽. 한국어판에는 "측면적인 변증법의 구조"라고 오역되어 있다.]

10) Althusser, "The 'Piccolo Teatro'," p.146. [「'피콜로'」, 174쪽.]

없는"토가소, 그리고 마지막으로 항상 바깥세상의 모든 악마적 유혹으로부터 자신의 딸을 안전하게 지키기 위해서 노심초사하는, 불을 먹는 묘기를 부리며 먹고사는 니나의 아버지. 젊은 광대가 묘기를 부리다 끔찍한 사고로 죽은 어느 날 밤, 니나의 아버지는 토가소가 레스토랑에서 또 다시 자신의 딸을 유혹하고 있는 것을 목격하게 되는데, 평소와 달리 니나는 절망에 사로잡혀 토가소의 유혹에 거의 굴복하고 있었다. 이를 보고 분개한 니나의 아버지는 토가소와 격투를 벌이다가 그만 토가소를 죽이고 만다. 진정 비극적인 사건이었다. 왜냐하면 관객들은 니나를 구하려고 한 아버지의 의도가 오직 선한 것이었음을 잘 알고 있기 때문이다. 그러나 나중에 감옥으로 향하기 전 아버지가 노숙자를 위한 쉼터에 있는 니나를 찾아왔을 때, 예상하지 못한 일이 벌어진다. 자신의 아버지가 토가소를 죽인 것은 오직 자신을 위한 것이었음을 잘 알고 있으면서도, 니나가 갑자기 아버지에게 대드는 것이다. 니나는 아버지가 자신을 실재 세계의 잔혹한 법으로부터 구제해주기 위해서 꾸며낸 신화, 곧 자신이 할 일을 하면서 계속 착한 딸로서의 인생을 살아간다면 만사가 괜찮을 것이라는 그 신화에 도전한다. 그것은 아버지의 거짓말일 뿐이라고 니나는 울부짖는다. 그 거짓말은 자신이 사랑하는 광대의 죽음을 막아내지도 못했고, 또 마지막에 가서는 아버지가 형장의 이슬로 사라지는 것을 막지도 못할 것이다. 니나는 밤과 가난으로 이뤄진 아버지의 세계를 떠나 쾌락과 돈이 지배하는 다른 세상으로 들어가기로 결심한다. 토가소가 말했듯이 니나는 자신을 팔아야만 할 것이다. 그러나 적어도 니나는 이제 자유와 진실 쪽에 서 있을 것이다. 연극의 마지막 장면에서 아버지는 니나를 마지막으로 끌어안은 다음 감옥으로 떠나고,

니나는 새로운 날의 시작을 알리는 사이렌 소리를 들으며 대낮의 빛을 향해 밖으로 걸어 나간다.

그러나 이런 이야기 전체는 극 안에서 세 개의 부분으로 나눠져 있고, 연극을 구성하는 세 개의 막 끝에서만 아주 빠르고 간략하게 그려질 따름이다. 막들의 훨씬 더 긴 나머지 부분을 차지하고 있는 것은 오히려 비참한 밀라노 사람들에 대한 섬세한 묘사들이다. 이를 테면, 유원지 주변에서 하루를 살아내기 위해서 무엇이든 할 수 있는 일(돈을 구걸하거나 훔친다든지, 또는 몸을 판다든지 등)을 하는 무리들(1막), 지저분한 싸구려 식당에 모여 기계적으로 음식을 떠서 천천히 입에 넣고 소화시키는 가난한 사람들(2막), 그리고 마지막으로, 갈 곳이 없어 노숙자를 위한 쉼터에 와서 의미 없는 하룻밤을 보내는 불행한 여인들(3막). 이 드라마의 중심 무대를 차지하고 있는 것은 이런 하위 프롤레타리아트 또는 룸펜-프롤레타리아트의 실존이며, 반면 니나, 아버지, 토가소의 비극은 드라마의 주변으로, 곧 시간적으로는 세 막의 끝 부분으로, 그리고 공간적으로는 무대의 날개 쪽으로 옮겨져 있다.

알튀세르는 이 갈라진 구조를 분명한 방식으로 무대에 올리기로 결정한 데 스트렐러의 천재성이 있다고 주장한다. 이 연극의 세 번째 막 마지막에 벌어지는 대립은 단지 니나와 아버지의 대립만이 아니라 "환상 없는 세계와 '마음'의 비참한 환상의 대립, …… 실재 세계와 멜로드라마적 세계의 대립"[11]이기도 한데, 이 대립이 적절하게 해석될 수 있는 것은 오로지 이런 '내적인 갈라짐'의 구조를 통해서

---

11) Althusser, "The 'Piccolo Teatro'," p.134. [「'피콜로'」, 158쪽.]

이다. 만일 아버지가 망상적인 '마음의 법'에 따라 행동하는 멜로드라마적 의식을 대표한다면, 반대로 니나는 자신의 안전은 그 누구도 아닌 자신이 돌봐야 하며 이 실재 세계에서 살아남는 길은 오로지 그 세계의 인정사정없는 법을 따르는 한에서, 곧 자신의 몸을 시장에 파는 한에서라는 냉혹한 진실을 움켜쥔 '새롭게 출현하는 의식'을 대표한다. 니나의 의식이 아직 세계의 법칙에 대한 명확한 이해(말하자면, 이론적인 인식)에 도달하지 못했다는 것은 사실이다. 니나의 의식은 여전히 자신이 무엇을 하고 있는지, 자신이 아버지의 도덕규범에 의해 지배되는 낡은 멜로드라마적 세계를 떠날 때 만나게 되는 것이 무엇인지 명확히 알고 있지 못한 의식으로 남아 있다. 하지만 니나의 의식은 이제 적어도 실재 세계를 조준하고 있으며 그 세계를 있는 그대로 탐험하기 시작하는 의식인 것이다.

이런 단절, 그리고 그것이 약속한 새로운 또 다른 세계는 물론 변증법적인 멜로드라마적 의식과 그것의 비-변증법적 **타자** 사이의 환원 불가능한 긴장이 드라마의 중심에서 만들어지지 않았다면 실현될 수 없었을 것이다. 알튀세르는 "우리는 실존에 의해 비판되는 멜로드라마적 의식과 상대하고 있다. 곧 밀라노의 하위 프롤레타리아트의 실존에 의해서 말이다"라고 주장한다.[12] 발본적으로 비대칭적인 것

---

12) Althusser, "The 'Piccolo Teatro'," p.135. [「피콜로」, 159쪽.] 우리는 무대의 중심에 있는 대중들의 이런 실존에 대한 에티엔 발리바르의 논의도 참조할 수 있다. 자크 랑시에르에 대한 발리바르의 대담을 참조하라. Étienne Balibar, "Interview with Étienne Balibar," *Communities of Sense: Rethinking Aesthetics and Politics*, ed. Beth Hinderliter, William Kaizen, Vered Maimon, Jaleh Mansoor, and Seth McCormick, Durham: Duke University Press, 2009.

은 대립의 항들 그 자체이다. 한편에는 주인공의 의식과 그 적들의 의식 사이에 수립되는 '가짜' 변증법의 시간성(곧 니나의 아버지와 토가소의 의식의 대립이 만들어내는 시간성)이 있는데, 이는 이른바 변증법적 운동이 그 모든 외적인 갈등과 소란에도 불구하고 자기 자신으로부터의 그 어떤 단절도 만들어내지 못하면서, 그러므로 자신의 외부에 결코 도달하지 못하면서, 단지 자신의 폐쇄적인 논리 회로를 맴돌고 있는 시간성이다. 그리고 다른 한편에는 "해결되지 않은 타자성"이 개입해 상황에 심오한 변화를 강제하는 비-변증법적 운동의 시간성이 있다. 알튀세르는 다음과 같이 주장한다. **"엄밀하게 말해서** [이데올로기적] **의식의 변증법은 없다.** 자기 자신의 모순들의 힘에 의해서 현실 그 자체에 도달할 수 있는 그런 의식의 변증법 말이다. 결국 헤겔적 의미의 모든 '현상학'은 불가능하다는 것이다. 왜냐하면 의식은 자기 자신의 내적 발전을 통해서가 아니라 **자기와는 다른 것**의 발본적인 발견에 의해서만 실재에 접근하기 때문이다."13)

그렇다면 정확히 브레히트적 연극 안에서 두 구조의 이 내적인 갈라짐을 지탱하는 일은 어떻게 가능한가? 알튀세르는 비-변증법적 구조가 의식의 변증법적 구조로부터 구분되는 것은 오로지 그 비-변증법적 구조가 "그 어떤 '극중 인물'에 의해서도 남김없이 주제화될 수 없는 한에서"일 뿐이라고 주장한다.14) 다시 말해서 그 두 구조를 동일한 드라마 안에서 분리된 채 유지하는 것은 바로 비-변증법적 구조가 그 어떤 **주체**로도, 또는 그 어떤 주체의 의식으로도 환원되어서는

---

13) Althusser, "The 'Piccolo Teatro'," p.143. [「'피콜로'」, 170~171쪽.]

14) Althusser, "The 'Piccolo Teatro'," p.145. [「'피콜로'」, 173쪽.]

안 되다는 사실이다. 왜냐하면 그렇게 환원되어버릴 경우 그 비-변증법적 구조는 곧바로 주인공의 의식의 '가짜' 변증법의 항들 가운데 하나(주인공에 맞선 적의 의식!)로 변해버리기 때문이다. 그러므로 중요한 것은 비-변증법적 구조가 그 어떤 유형의 주체의 변증법도 피할 수 있어야만 하며, 자신을 드라마 안에서 주체가 아닌 **하나의 구조로서** 수립할 수 있어야 한다는 것이다.

알튀세르는 이런 '내적인 갈라짐'이라는 쟁점을 관객의 의식이라는 쟁점과 관련시킨다. 알튀세르는 관객의 의식의 두 가지 지배적인 모델을 거부하는데, 이 중 하나는 최고의 재판관으로서의 관객이라는 모델이고, 또 다른 하나는 주인공과 동일시하는 심리적 주체로서의 관객이라는 모델이다. 먼저 알튀세르는 브레히트적 문학 비평가들이 종종 주장하는 낯설게 만들기 효과에 대한 잘못된 관념, 곧 관객은 어떤 드라마적 장치들에 의해 보조되거나 지휘될 경우 극중 인물들의 다양한 행위나 그 의미들을 투명한 자기-의식의 관점에서 객관적으로 평가할 수 있는 최고의 재판관이 될 수 있다는 관념을 거부한다. 알튀세르는 관객이 이데올로기로부터 자유로워지는 그와 같은 연극-외부의 지점은 존재하지 않는다고 주장한다. 정반대로 관객은 드라마의 인물들 자신과 마찬가지로 이데올로기에 의해 오염되어 있다. 관객은 항상 동일시의 이데올로기적 과정 안에 사로잡혀 있고, 항상 동시성의 구조의 피할 수 없는 효과 안에 빠져 있다. 따라서 달성해야 하는 것은 정확히 반대의 것이다. 연극 그 자체 내부에 어떤 내적인 거리를 생성시키고 바로 그 거리 안에 관객이 흡수(또는 재흡수)되도록 함으로써 관객을 하나의 **배우**로 변화시키는 법을 배우는 것 말이다. 알튀세르는 이렇게 말한다.

[관객을] 연극 자체에 의해서 연극으로부터 어떤 거리를 가지도록 만드는 것은, 관객을 [연극에서] 벗어나게 해주기 위한 것도 아니고 관객을 재판관으로 만들어주기 위해서도 아니다. 반대로, 그렇게 하는 것은 관객을 붙잡아 이 명확한 거리 안에, 이 '낯설게 만들기' 안에 집어넣기 위해서이다. 곧 관객을, 그야말로 능동적이고 살아 있는 비판인 그 거리 자체로 만들기 위해서이다.[15]

얼마 뒤 알튀세르는 계속해서 이렇게 말한다.

연극이란 진정 관객 안에서의 새로운 의식의 생성이요 생산이다. 다른 어떤 의식과도 마찬가지로 불완전하지만 바로 그 불완전함 자체에 의해, 이런 달성된 거리에 의해, 행동하는 비판의 이 소진될 수 없는 작업에 의해 추동되는 의식 말이다. 연극은 진정 **새로운 관객**의 **생산**, 곧 **공연이 끝나는 곳에서 시작하는 배우**, 오직 그 공연을 완성시키기 위해서, 그러나 그 공연을 삶 속에서 완성시키기 위해서 시작하는 배우의 생산이다.[16]

삶이야말로 (비판적이거나 그렇지 않은) 모든 공연이 행해져야 하는 궁극적인 극장이다. 그러나 관객으로서의 우리가 극장을 빠져나가 삶 속에서 어떤 실재적인 것을 찾아야만 한다는 것은 알튀세르의 주장과는 거리가 멀다. 반대로 우리 자신은 이데올로기의 극장 안에

---

15) Althusser, "The 'Piccolo Teatro'," p.148. [「'피콜로'」, 177쪽.]
16) Althusser, "The 'Piccolo Teatro'," p.151. [「'피콜로'」, 180쪽.] 강조는 인용자.

서 배우가 되어야만 하는데, 이 이데올로기의 극장이야말로 **삶인 것이다**. 이 극장/연극의 한복판에서 만들어지는 내적인 거리를 수단으로 해서만 관객의 의식은 관객 자신의 삶의 극장에서 비판적으로 행동할 수 있는 역량을 가진 새로운 의식으로 생산될 수 있다.

이데올로기적 공간 안에 (외적인 거리가 아니라) 내적인 거리를 생성시킬 이런 가능성은 이데올로기가 그 자체 안에 자신이 궁극적으로 제거하거나 은폐할 수 없는 갈등과 모순을 포함하고 있음을 함축한다. 그런 갈등과 모순의 본성은 무엇인가? 이 질문을 통해 우리는 앞에서 언급한 두 번째 관객 모델, 곧, 관객의 의식의 심리적 동일시라는 모델에 대한 알튀세르의 거부로 나아갈 수 있다. 이데올로기적 수준을 '심리적' 또는 '정신분석적' 수준과 조심스럽게 구분한 뒤,[17] 알튀세르는 공연을 보는 관객들의 복잡한 행동은 주인공과의 단순한 동일시를 통해서는 적절히 해명될 수 없다고 주장한다. 만일 그럴 수 있다고 생각한다면, 우리는 결국 연극의 복잡성에 대한 매우 빈약한 이해에 머물게 될 것이다. 관객이 스스로를 동일시하는 것은 단지 주인공의 행위나 말이 아니라 그 연극의 이데올로기적 내용 전체이다. 따라서 연극에 포함된 갈등과 모순 자체는 심리학적인 개인 주체의 수준에서 접근될 수 있는 것이 아니라 "사회적이고 문화-미학적인 수준에서" 접근될 수 있는 것이다. 만일 관객들이 하나의 동일한 공연을 보고서도 개인에 따라 상이하고 복잡한 반응들을 내보인다면, 이런 반응들 자체는 극장 안에서 재현/상연되는 바로 그 이데올로기를 가로지르는 사회적 갈등들의 수준에서 연구되어야만 한다.

---

17) Althusser, "The 'Piccolo Teatro'," p.148. [「'피콜로'」, 177쪽.]

우리는 이런 자기-인지[곧 이데올로기적 동일시]가 최종 심급에서 이데올로기의 운명을 지휘하는 요구들을 벗어난다고 상상해서는 안 된다. 진정, 예술은 자기-인지 자체이기도 하지만 자기-인지에 대한 욕망이기도 하다. 따라서 처음부터, 내가 분석을 제한하기 위해서 (본질상) 달성된 것이라고 가정했던 통일성, 곧 상연을 문화적이고 이데올로기적인 현상으로서 가능하게 만드는 공통의 신화들, 테마들, 영감들을 배분하고 있는 **이 통일성**은 달성된 통일성인 만큼 **욕망되거나 거부된 통일성이기도 하다**. 다시 말해서 연극의 세계 안에서도, 더 일반적으로 미학적 세계 안에서처럼, **이데올로기는 항상 본질적으로**, 그 안에서 인간의 정치적이고 사회적인 투쟁들의 함성과 분노가 희미하거나 날카롭게 메아리치는 **경합과 투쟁의 장소이다**.[18]

먼저 이런 입장은 슬라보예 지젝이 알튀세르 이론의 윤리적 결론이라고 주장하는 "소외 또는 주체적 궁핍을 받아들이는 영웅주의"[19]와는 전혀 다르다는 점을 기억해두자. 또한 이런 입장은 지젝이 알튀세르적 모델에 대한 대안으로 스스로 제안하는 것, 곧 이데올로기의 외부에 온전히 놓여 있는 실재의 영역에 도달하기 위해서 자신의 근본적인 환상을 두려움 없이 횡단하는 주체의 영웅주의라는 모델과도 전혀 다른 것이다. 알튀세르는 오히려 이데올로기 그 자체가 "경합과 투쟁의 장소"로 인식되어야만 한다고 강조한다. 알튀세르의 이와

---

18) Althusser, "The 'Piccolo Teatro'," p.149. [「'피콜로'」, 178쪽.] 강조는 인용자.

19) Slavoj Žižek, *The Sublime Object of Ideology*, London: Verso, 1989, p.2. [이수련 옮김, 『이데올로기의 숭고한 대상』, 새물결, 2013, 23쪽.]

같은 이해는 이데올로기에 대한 칼 맑스의 상이한 정의들 가운데 하나로 돌아가는 것인데, 「정치경제학 비판 서문」에 제시된 이 정의는 사실상 이데올로기에 대한 맑스의 **유일한 긍정적 정의**이며, 거기에서 이데올로기는 단순한 환상으로 기각되기는커녕 오히려 "사람들이 그 안에서 갈등을 의식하고 싸우는 형태들"로 긍정된다.20)

과연 알튀세르는 이런 입장을 가지고 지배 이데올로기의 장 외부가 아니라 그 **내부**에서 달성되는 이데올로기적 반역의 변별적 메커니즘을 규명하기에 충분할 정도로 멀리 나아갔는가? 비록 국가장치들이 계급투쟁의 첫 번째 쟁점이라는 생각을 고집했지만, 알튀세르는 이런 관계를 이론적으로 완전히 만족할 만하게 포착하는 정식을 발견하는 데 성공하진 못했던 것 같다. 물론 이는 이데올로기에 대한 알튀세르의 이해가 너무 기능주의적이었거나 주체라는 범주에 대한 알튀세르의 비판이 너무 비타협적이었기 때문은 아니었다. 오히려 이와 같은 이론적 봉쇄의 이유는 알튀세르가 여전히 이데올로기에 대한 맑스의 (이번에는 부정적인) **또 다른 관념**, 즉 지배 이데올로기를 순수하고 단순하게 지배 계급의 이데올로기라고 규정하는 생각의 영향 아래 붙잡혀 있었다는 사실에서 찾아져야 한다. 주지하다시피 맑스는 "지배 계급의 관념이 모든 시대에 지배적인 관념이다"21)라고

---

20) Karl Marx, "Preface to *A Contribution to the Critique of Political Economy*" (1859), *Karl Marx: Selected Writings*, ed. Lawrence H. Simon, Indianapolis: Hackett, 1994, p.211. [최인호 옮김, 「정치경제학 비판을 위하여: 서문」, 『칼 맑스·프리드리히 엥겔스 저작 선집 2』, 박종철출판사, 1997, 478쪽.]

21) Karl Marx and Friedrich Engels, *German Ideology*, New York: Prometheus Book, 1998, p.67. [최인호 옮김, 「독일 이데올로기」, 『칼 맑스·프리드리히 엥겔스 저작 선집 1』, 박종철출판사, 1991, 226쪽.]

말한다(『독일 이데올로기』[1846]). 다음 절에서 곧 상세히 살펴보게 될 것처럼, 나중에 이데올로기적 반역을 위한 설득력 있는 정식을 제공한 것은 알튀세르의 제자 가운데 하나인 에티엔 발리바르인데, 발리바르는 정확히 고전 맑스주의의 저 테제를 비판함으로써 이를 달성한다. 발리바르에 따르면, 지배 이데올로기는 적어도 그 근본에서 지배자들의 것이 아니라 반대로 **피지배자들 자신의 것**으로 간주되어야만 한다. 또는 더 정확히 말해서, 지배 이데올로기는 "피지배자들의 상상의 특정한 보편화"[22]이다. 확실히 이와 같은 보편화의 과정은 다양한 왜곡과 전위를 동반한다. 그러나 지배 이데올로기는 피지배자들의 목소리의 흔적을 제거하는 일에 결정적으로 성공할 수 없는데, 왜냐하면 피지배자들의 목소리야말로 지배 이데올로기가 누리는 그럴듯함과 생기의 바로 그 원천을 이루기 때문이다.

이런 관점의 전도는 알튀세르가 이데올로기 자체 내에서 생산되는 내적인 거리라는 말로 무엇을 의미하려고 했던 것인가에 관해 매우 구체적으로 파악할 수 있도록 도와준다. 봉기의 가능성은 지배 이데올로기로부터 주체를 분리시키는 외적인 거리 안에서 찾아질 수 있는 것이 아니라 그 내부에, 내적으로 기입되어 있으며, 바로 이 때문에 봉기의 가능성은 유령과도 같이 지배 이데올로기 자체 안에서 출몰하기를 멈추지 않는다. 대중들은 지배 이데올로기와는 구분되는, 자신들을 위한 또 다른 특수한 이데올로기를 세워냄으로써 전복의 집단적 실천에 나서는 것이 아니라 오히려 지배 이데올로기 자체 안에 기입되어 있는 이상理想들을 **거꾸로 작동하게** 만듦으로써 그렇

---

22) Balibar, "The Non-Contemporaneity of Althusser," p.13. [『비동시대성』, 186쪽.]

게 한다. 물론 이와 같은 일이 일어나기 위해서는 지배 이데올로기가 외쳐오던 보편적 가치들(자유, 평등, 정의, 행복 등)에서 광범위하게 배제된 대중들이라는 형태로 사회의 근본 적대가, 주어진 정세 안에서, **가시적**이 되어야만 한다. 적대는 말하자면 알튀세르가 베르톨라치의 연극과 관련해 예시한 것 같은 방식으로, 즉 니나의 비판적 의식이 마침내 대낮의 빛 가운데 출현하기 위해서는 먼저 비참한 밀라노 하위 프롤레타리아 대중들의 일상적 존재가 무대의 중심에서 있는 그대로 폭로되어야 했던 그런 방식으로 가시적이 되어야 한다. 그러나 심지어 적대가 그렇게 가시적이 됐을 때조차도 대중들은 실재의 자리(곧 적대 그 자체의 자리)를 차지함으로써 반역하는 것이 아니라 **이상적인 것**의 자리를 차지함으로써, 폭로된 적대로 인해 지배 이데올로기의 **허구적** 계기로부터 내적으로 분리되어 나온 이상적인 것의 자리를 차지함으로써 반역한다. 대중들이 집단적으로 실현하려고 하는 것은 실재(적대)가 아니라 지배 이데올로기 자체가 약속들의 형식으로 포함하고 있는 이상적인 것들이다. 대중들은 약속된 보편성을 더 이상 미래로 연기하거나 다른 곳으로 이동시키지 않고, **바로 지금 여기에서** 실현하려고 시도한다.

발리바르의 이런 이론적 정식화는 상상과 상징에 대한 알튀세르의 관점에도 대체로 잘 조응한다. 제1장에서 이미 논의했듯이, 알튀세르는 욕망 그래프의 2층을 거부함으로써 라캉의 상징이라는 범주와 쟁점을 형성한다. 알튀세르에 따르면, 상상으로부터 상징으로의 이행은 결코 완전히 성공할 수 없으며, 따라서 이런 이행은 상상을 넘어가려는 제스처에도 불구하고, 상상계 자체 안에서 일어나는 것으로 간주되어야 한다. '상상적인 것의 상징화'[23]는, 바꿔 말해서, 순수 상징 또는 고유한 의미의 상징이라는 자신의 '목적지'에 결코 도착할 수 없으며, 언제나 모종의 특수성(또는 라캉 식으로 말하자면 어떤 '부성적 도착')을 포함하게 된다. 이제 발리바르는 상징을 이데올로기론 안으로 재도입하지만, 상징을 **이상적인 것**과 동일시함으로써 그렇게 하는데, 이때 이상적인 것은 (이상적인 것을 상상화 또는 허구화하는) 지배 이데올로기 그 자체와 혼동되어서는 안 된다. 비록 이상적인 것이 지배 이데올로기의 내부로부터 끊임없이 출몰한다는 것이 사실이라고 할지라도 말이다. 이렇게 라캉의 RSI(실재, 상징, 상상) 도식을 재구성함으로써 발리바르는 부정적이거나 봉기적인 보편성을 이상적인 것 또는 상징적인 것과 관련시키고, 반면 헤게모니적 보편성을 허구적인 것 또는 상상적인 것에 연관시킨다. 이렇게 함으로써 발리바르는 정치의 두 가지 상이한 개념을 제안하게 되는데, 그것이 바로 해방émancipation의 정치와 시민공존civilité의 정치이다.24)

이런 관점에서 보면, 알튀세르를 해방의 정치의 이론가로, 그리고 라캉을 시민공존의 정치의 이론가로 간주하는 것은 상당히 적절하다. 다음 절에서 나는 1970년대 말에 알튀세르와 발리바르가 국가라는 쟁점을 둘러싸고 벌였던 논쟁을 검토하고, 발리바르가 지배 이데올로기 및 이데올로기적 반역에 대한 알튀세르의 이해를 어떻게 수정하려고 시도했는지 상세히 살펴볼 것이다. 세 번째 절에서는 시

---

23) 이 개념은 발리바르가 말하는 "피지배자들의 상상의 특정한 보편화"와 관련시켜 살펴볼 만하다.

24) 발리바르는 실재에 조응하는 또 다른 정치의 개념을 추가하고 그것을 변혁 (transformation)의 정치라고 부르지만, 본서는 해방과 시민공존의 정치에 초점을 맞춘다. 뒤의 각주 45번을 참조하라.

민공존의 정치라는 질문에 초점을 맞추고, '아버지-의-이름'에 대한 라캉의 이론이 어떤 의미에서 시민공존의 정치를 이론화하려고 했던 주요 시도로 간주될 수 있는가를 보여줄 것이다. 그러나 동시에 알튀세르 자신이 니콜로 마키아벨리에 대한 유고작들(알튀세르의 "철학적 비밀"[25]을 포함하고 있다고 볼 수 있는 텍스트들)에서 예상하지 못한 방식으로 라캉의 문제설정 쪽으로 이끌렸으며 시민공존의 정치에 대한 그 자신의 대안적 개념을 발전시켰다고 주장할 것이다.

2. 알튀세르와 발리바르의 1978년 논쟁: 국가 내부인가 외부인가?

발리바르의 글에서 길지만 매우 흥미로운 한 구절을 인용하며 시작해보자. 「무한한 모순」(1993)이라는 제목의 이 글은 교수자격시험에 제출한 자신의 저작들에 발리바르가 붙인 서문 격의 글이다.

> 유사하게 나는 (1976년 저서 『프롤레타리아트 독재에 대하여』[26]에서 처럼), 민주주의가 그 계급적 경계들을 넘어 발전하는 일반적 형태가 국가장치의 분해 및 국가의 쇠퇴에 있다고 쓰지 않을 것이다. 1970~ 80년대의 정치적 경험은 **'국가 외부의' 사회운동의 존재라는 것이 하나의 용어 모순**임을 내게 가르쳐줬기 때문이다(또는 가르쳐줬다고 내가 믿기 때문이다). 진정 내가 1978년에 알튀세르와 갈라서기 시작했

---

25) Étienne Balibar, "Une rencontre en Romagne," in Louis Althusser, *Machiavel et nous*, éd. François Matheron, Paris: Éditions Tallandier, 2009, p.18.

26) Étienne Balibar, *Sur la dictature du prolétariat*, Paris: François Maspero, 1976. [최인락 옮김, 『민주주의와 독재』, 연구사, 1988.]

던 것은 바로 이런 쟁점 위에서였다. 그리고 내가 지난 10여 년 동안 혼자서 또는 이매뉴얼 월러스틴 및 다른 이들과의 협조 속에서 따라 가려고 했던 사유의 경로는 인종주의와 민족주의 및 그것들과 계급 투쟁의 모호한 결합들의 현재와 과거의 형태들에 초점을 맞추는 것 이었는데, 그 경로는 자기 자신의 이름 아래에서 경험되고, 사유되 고, 조직되는 계급투쟁이란 예외이지 규칙이 아니라는 것을 내게 시 사했다. 오늘날 나는 맑스주의와 (사회주의적이든 그렇지 않든 간에) 자유지상주의적 전통 전체에 의해 공유되는 **이론적 아나키즘**이라고 부를 수 있는 것이 그 이론적 요소의 관점에서 봤을 때, 적어도 나치 즘과 대결한 수년 이래 맑스주의가 대면해왔으며 결코 빠져나오지 못한 위기를 측정하지 못하는 무능력에 대해 주된 책임이 있다고 믿 는다. 그리고 나는 더욱이 이런 기초[이론적 아나키즘의 기초] 위에서 는, 오늘날 상이한 방식으로 다양한 네오-파시즘에 새로이 문을 열 어주리라 위협하고 있는, 민주주의적 정치의 위기를 해결하는 데 우 리가 지적으로 기여할 수 있을 것 같지 않아 보인다.27)

비록 발리바르는 알튀세르와 자신이 서로 다른 길을 걸었던 것은 1978년이었다고 간단히 회고하지만, 사실 문제의 논쟁은 좀 더 앞서 시작됐고 두 사람 이외의 많은 사람들을 포함하고 있었다. 1977년 11월에 알튀세르는 이탈리아의 좌파 신문『일 마니페스토』가 주최한

---

27) Étienne Balibar, "The Infinite Contradiction"(1993), trans. Jean-Marc Poisson and Jacques Lezra, *Yale French Studies*, no.88: Depositions. Althusser, Balibar, Macherey, and the Labor of Reading, New Haven: Yale University Press. 1995, pp.157~158. 강조는 인용자.

콜로키움 "혁명 이후 사회에서의 권력과 저항"에 「마침내 맑스주의의 위기가」[28]라는 글을 기고했다. 이 글에서 알튀세르는 당-정치와 관련된 유로-코뮤니즘의 몇몇 노선을 비판하며, 공산당은 비록 경우에 따라 정부에 대한 전술적 참여가 허락되어야 할지라도 원칙적으로 '집권당'이 되어서는 안 된다고 주장했다. 이런 주장은 이탈리아 공산주의자들의 강한 반발을 샀고, 사회 변혁의 역량을 오직 느슨하게 연결된 이질적인 사회 운동들에게만 귀속시키면서 당으로 하여금 국가에 대항하는 전형적 역할을 넘어 앞으로 나아가지 못하도록 가로막는 퇴보적 테제라고 가혹하게 비판받았다. 이런 비판에 답해 알튀세르는 일련의 글과 대담으로 자신의 입장을 방어하려고 시도했는데, 네 차례가 걸쳐『르몽드』에 게재된 유명한 글 「공산당 내에서 더 이상 지속되어서는 안 될 것」(1978)도 여기에 포함된다.[29]

발리바르는 「국가, 당, 이행」[30]이라는 글을 통해 이 논쟁에 개입했다. 발리바르의 주장은 크게 두 가지로 이뤄져 있다. 첫째, 발리바르는 알튀세르에 대한 이탈리아 공산주의자들의 비판이 대체로 그들 자신의 오해에 기초해 있음을 보여주려고 시도했다. 알튀세르는

28) Louis Althusser, "The Crisis of Marxism"(1977), *Power and Opposition in Post-Revolutionary Societies*, trans. Patrick Camiller and Jon Rothschild, London: Ink Links, 1979. [이진경 옮김, 「마침내 맑스주의의 위기가!」, 『당내에 더 이상 지속되어선 안 될 것』, 새길, 1992.]

29) 이 글은 나중에 확대되어 동명의 단행본으로 출판된다. Louis Althusser, *Ce qui ne peut plus durer dans la parti communiste*, Paris: Maspero, 1978. [이진경 옮김, 「당내에 더 이상 지속되어선 안될 것」, 『당내에 더 이상 지속되어선 안 될 것』, 새길, 1992.]

30) Étienne Balibar, "État, parti, transition," *Dialectique*, no.27, printemps 1979.

확실히 '야당'이라는 관념을 지지하길 원했던 것이 아니라 오히려 정치에 대한 국가주의적이거나 의회주의적인 인식에 사로잡혀 있는 집권당과 야당이라는 바로 그 대칭을 급진적으로 비판하길 원했다. 둘째, 그렇다고 알튀세르의 입장에 난점이 없었다는 뜻은 아니다. 발리바르는 공산당이 '국가 외부'에 남아 있어야 한다는 알튀세르의 주장을 의문시함으로써 실제 문제를 포착해낸다. 1978년 4월 4일『일 마니페스토』에 게재된 대담(「'유한한' 이론으로서의 맑스주의」)에서 알튀세르 자신이 한 발언을 직접 읽어보자.

저는 이런 종류의 정식, 곧 이행 국면에서 '정치 영역'의 이론적 형태가 "**자기 자신을 국가로 만드는 당**을 통과해야만 한다"는 정식에 불편함을 느낍니다. …… 만일 당이 자기 자신을 국가로 만든다면, 우리가 가지는 것은 소련입니다. 저는 얼마 전 이탈리아 친구들에게 당은 결코 원칙적으로 자신을 '집권당'으로 간주해서는 안 된다고 썼습니다. 심지어 당이 어떤 환경 아래에서 정부에 참여할 수 있다고 할지라도 말입니다. **원칙적으로** 당은 자신의 정치적·역사적 존재이유에 따라 **국가 외부**에 있어야만 합니다. 단지 부르주아 국가 아래에서뿐만 아니라, 더 강력한 이유 때문에 프롤레타리아 국가 아래에서도 마찬가지입니다. 당은 불분명하게 국가 사멸을 위한 도구 가운데 하나가 되기 이전에 부르주아 국가를 '파괴'하는 제1의 도구가 되어야 합니다. 국가와의 관계에서 당의 정치적 외부성은 그 질문에 대한 맑스와 레닌의 드문 텍스트들 안에서 발견할 수 있는 근본 원칙입니다. **당을 국가에서 뽑아내 대중들에게 돌려주는 것**이 문화 혁명에서 마오가 했던 절실한 시도였습니다. 국가에 대한 **정치의 자율성이 아니라** 당의 이런 자율성 없이는 부르주아 국가로부터 결코 탈출할 수 없습니다. 그것을 아무리 원하는 만큼 '개혁'한다고 할지라도 말입니다.[31]

발리바르는 이전에 볼 수 없었던 강한 어조로, 공산당에 대한 스승의 이런 입장을 "이상적(이고 관념론적인) 인식"이라고 비판한다.[32] 발리바르는, 알튀세르의 주장은 국가 외부의 대중 운동들 또는 사회 운동들의 존재를 당연한 것으로 전제하지만 대중들 자신은 결코 이와 같은 이상적 위치에서 찾아질 수 없고 항상 국가에 내적인 장소들 안에서 찾아지며, 따라서 항상 일정하게 이데올로기적으로 국가에 의해 오염된 채로 발견된다는 점을 지적한다. 이와 같이 이상화된 대중들이 존재하지 않을 때, 혁명당을 국가에서 뽑아내 대중들에게 돌려줘야 된다고 말하는 것은 부조리하다. 사회적 적대들은 국가와 온전히 국가 외부에 위치해 있는 사회 운동들 사이에서 형성될 수 없다. 사회적 모순들은 항상 국가에 **내재적인** 모순들로서 형성될 수 있을 뿐이다. 따라서 혁명당의 위치 역시 국가 **내부에서** 찾아져야만 한다. 당이 국가에 대해 완전한 자율성을 확보해야만 한다고 말하는 것은 실천적으로 당이 이데올로기로부터, 이데올로기적 투쟁으로부터 온전히 자유로워질 수 있으며, 따라서 자신이 해결하려고 하는 모순들이 사전에 모두 외부화될 수 있다는 듯이 당이 국가의 내적 모순

---

31) Louis Althusser, "Le marxisme comme théorie 'finie'"(1978), *Solitude de Machi-avel et autres textes*, éd. Yves Sintomer, Paris: PUF, 1998, p.289. [이진경 옮김, 「로사나 로산다와의 대담: 맑스주의 이론에서의 국가 문제」, 『당내에 더 이상 지속되어선 안 될 것』, 새길, 1992, 83~84쪽.] 강조는 인용자.

32) Balibar, "État, parti, transition," p.82.

들로부터 온전히 자유로워질 수 있다고 말하는 것이나 다름없다. 그러나 이런 순수한 위치는 결코 획득될 수 없다. 국가는 제아무리 혁명적으로 보일지라도 단지 사회적 투쟁들의 장 안에서 불안정한 위치만을 차지할 수 있을 뿐이다. 당은 그 자체가 항상 여전히 모순들에 의해 침투당해 있으며 항상 여전히 자신이 그 일부인 투쟁들의 복잡하고 종종 통제 불가능한 효과들에 의해 흔들리게 마련이다. 이 점을 부인하는 것은 오직 당이 교조주의로 나아가는 길을 닦는 것으로 귀결될 뿐이다. 예컨대 "맑스주의는 전능하다, 왜냐하면 진리이기 때문이다"[33]라는 블라디미르 일리치 레닌의 유감스러운 발언에서 우리가 볼 수 있는 그런 종류의 교조주의로 말이다. 만일 언제든 당이 혁명적이 된다면, 그것은 단지 당이 주어진 정세 안에서 지배적인 자본주의적 경향에 대한 **반-경향**으로 자신을 구성할 수 있는 정도까지일 뿐이며, 이런 반-경향은 그것의 대립물과 필연적이고 내재적으로 뒤엉켜 있기에 순수하고 명료한 방식으로 분리될 수 없다. 당은 역사의 궁극적인 진리의 담지자도 될 수 없으며, 계급투쟁들이 그 안으로 옮겨져 와서 마침내 해결될 수 있는 장소도 될 수 없다.

이 때문에 국가 외부에 위치해 있는 것으로 가정되는 힘들을 동원함으로써 국가를 분해하려고 시도하는 고전적 맑스주의의 '아나키적' 전략은 의문에 붙여져야만 한다. 우리는 발리바르가 20년 정도가 지난 1997년에 장-프랑수아 슈브리에 등과 가진 대담에서 맑스주의

---

33) Vladimir Ilyich Lenin, "The Three Sources and Three Component Parts of Marxism"(1913), *Collected Works*, vol.19. Moscow: Progressive Publishers, 1977, p.21. [나상민 옮김, 「맑스주의의 세 가지 원천과 세 가지 구성 부분」, 『칼 맑스』, 새날, 1990, 72쪽.]

의 '국가 사멸론'을 여전히 강력하게 비판하는 것을 볼 수 있는데, 이 대담은 자신의 저서 『대중들의 공포: 맑스 전과 후의 정치와 철학』이 출판된 직후에 이뤄진 것이다. 발리바르는 이렇게 말한다.

국가, 정치, 시민권, 민족성에 대한 시민권의 관계가 맑스주의 이론에서는 미래의 대상들이 아니라 아예 접근 불가능한 대상들이라는 것을, 우리 자신의 정치적 이익을 거스르면서까지 이해하는 데는 시간이 걸렸죠. 그 대상들은 단지 잠정적인 맹목점들이 아니라 모든 가능한 맑스주의 이론화에서의 절대적 한계들입니다. 많이 비난받는 맑스주의의 경제적 환원주의 때문이 아니라 맑스주의의 아나키즘적 요소 때문입니다. 저는 아나키스트가 아닙니다. 반대로, 저는 맑스가 너무 지나치게 아나키스트였다고 생각하고, 맑스 이후의 맑스주의자들이 국가의 사멸이라는 꿈 때문에 많은 대가를 치렀다고 생각합니다. 맑스는 자기가 바쿠닌보다 더 아나키스트적이라고까지 생각했죠. 바쿠닌이 "국가를 타도하자!"고 외치며 국가를 말로만 와해했던 반면, 맑스는 계급투쟁을 활용해 국가를 현실에서 와해하려는 목표를 가졌습니다. 그러나 어떤 일이 일어났는지는 모두 다 알고 있죠. 국가의 사멸이라는 담론은 전능한 국가를 옹호하는 실천을 출현시켰습니다. 저는, 국가는 사실 사회적인 기정사실이 아니라 하나의 제도라고, [니코스] 풀란차스의 설명처럼 하나의 응축·결정화라는 의미에서 이질적 요소들의 작용이 결합된 산물이라 말하고 싶습니다.[34]

---

34) Étienne Balibar, "Globalization/Civilization I & II," *Politics/Poetics: Documenta X — The Book*, Ostfildern-Ruit: Cantz, 1997, p.774.

그런데 앞에서 살펴본 알튀세르의 주장은 당시 터져 나온 논쟁의 급박함 속에서 일회적으로 행해진 즉흥적 주장이 아니라, 예컨대 「이데올로기적 국가장치들에 대한 노트」(1976)에서 제출한 입장에 이론적으로 단단히 기초해 있는 것이다.[35] 우리는 총 세 개의 절로 구성된 이 짧은 노트의 마지막 절에서 알튀세르가 '당과 국가의 관계'에 대해 나중에 자신이 행할 주장과 완전히 동일한 주장을 펼치고 있는 것을 쉽게 확인할 수 있다. 원래 이 글은 「이데올로기와 이데올로기적 국가장치들」(1970)에 대해 그동안 제기됐던 비판에 답하기 위해서 작성된 글이었다. 서로 밀접하게 연결된 두 가지 비판이 문제였는데, 그 중 하나는 '기능주의'라는 비판이고, 다른 하나는 "알튀세르가 혁명당을 불가능한 관념으로 만들었다"는 비판이다.

먼저 '기능주의'라는 비판에 따르면, 알튀세르는 조직을 그 직접적 '기능'에 의해서만 정의하고 사회를 이데올로기적 제도들 속에 고정시킴으로써, 계급투쟁의 가능성을 일체 배제했다는 혐의가 있다. 이런 비판에 답하면서, 알튀세르는 자신이 계급투쟁을 배제하기는커녕 역으로 '지배 이데올로기와 이데올로기적 국가장치들에 대한 계급투쟁의 우위'라는 테제를 주장했음을 상기시키고,[36] 이로부터 이

---

35) Louis Althusser, "Note sur les AIE"(1976), *Sur la reproduction*, Paris: PUF, 1995. [김웅권 옮김, 「이데올로기적 국가 장치에 대한 노트」, 『재생산에 대하여』, 동문선, 2007.]

36) Louis Althusser, "Ideology and Ideological State Apparatuses"(1970), *Lenin and Philosophy and Other Essays*, trans. Ben Brewster, New York: Monthly Review Press, 1971. [김웅권 옮김, 「이데올로기와 이데올로기적 국가장치」, 『재생산에 대하여』, 동문선, 2007.] 특히 이 에세이를 발표하기 전에 작성한 붙인 '추기'(追記)를 읽어보라.

데올로기적 국가장치들은 계급투쟁의 장소이자 쟁점을 이룬다는 또 다른 테제를 추가적으로 도출해낸다. 지배 이데올로기는 자신의 이데올로기적 재료들(요소들과 형태들)의 **통일성**을 획득하기 위한 계급투쟁에서 종국적으로 성공을 거둘 수 없으며, 따라서 그런 투쟁을 부단히 재개할 수밖에 없는데, 이 때문에 이데올로기적 국가장치들은 계급투쟁에 앞서 주어지는 기정사실 또는 계급투쟁을 초월하는 지평으로 나타나는 것이 아니라 지속적으로 이데올로기적 계급투쟁의 영향에 노출될 수밖에 없는 불안정한 것으로 위치 지어진다.

당에 대한 알튀세르의 관점에 가해진 두 번째 비판은 알튀세르가 **모든** 정당을 무차별적으로 이데올로기적 국가장치로 보고, 따라서 체계에 내적인 것으로 규정함에 따라, '혁명당'이라는 관념을 불가능한 것으로 만들어버렸다는 비판이다. 혁명당 역시 정당인 한에서 하나의 이데올로기적 국가장치라고 볼 수 있다면, 그것이 어떻게 여전히 혁명적일 수 있는가 하는 문제가 제기된다는 것이다. 이런 비판에 대해, 알튀세르는 자신이 원래 주장한 것은 각각의 개별적인 정당이 그 자체로 이데올로기적 국가장치를 이룬다는 것이 아니라, 각각의 정당은 헌정적 정체(구체제의 군주정 아래에서의 기본법이나 자유주의 시기 부르주아지 아래에 있던 의회적인 대의제 정체)라는 '정치적'인 이데올로기적 국가장치에서 하나의 '구성부분'을 이룬다는 것이었다고 답한다. 이런 관점에서 보면, 혁명당은 이데올로기적 국가장치인 것이 아니라 오히려 **정치적인 이데올로기적 국가장치 한복판에서 지속되는 계급투쟁**을 표현한다. 바꿔 말하자면, 만일 위에서 설명한 바와 같이 이데올로기적 국가장치들이 계급투쟁의 장소이자 쟁점을 이룬다면, (개별 국가 내의 계급투쟁이 충분히 진전된 경우) 혁명

당이 의회 공간에 진출하는 것은 가능할 뿐만 아니라 필요하기까지 하다는 것이다. 그러나 알튀세르는 곧바로 이 경우에도 혁명당 본연의 과업은 의회를 넘어선 모든 영역에서 계급투쟁을 제한 없이 수행하는 것이며, 이 투쟁을 통해 '정부'에 참여하는 길을 열어내는 것이 아니라 반대로 부르주아 국가 권력을 전복해 파괴하는 길을 모색하는 것이라고 강조한다. 혁명 이후에도 당은 '프롤레타리아 독재 정부' 안으로 들어가서는 안 되는데, 왜냐하면 그럴 경우 그 [혁명]당은 (동유럽 국가에서처럼) '국가당'으로 변하며, 따라서 '국가의 사멸'이라는 목표는 요원한 것으로 남을 수밖에 없기 때문이다.

우선 '기능주의'라는 비판이 알튀세르를 얼마나 집요하게 좇아다니고 있는지는, 이후 지젝이 『이데올로기의 숭고한 대상』에서 제기한 이래 20년이 넘도록 여전히 대중적 영향력을 행사하고 있는 비판이 본질적으로 이와 동일한 성격의 비판임을 보면 잘 알 수 있다. 이미 알튀세르는 「이데올로기적 국가장치들에 대한 노트」를 통해서 이런 문제제기에 충분한 답변을 주었다고 볼 수 있지만, 동시에 우리는 이런 답변이 그 자체로 **또 다른 한계**를 노정하고 있는 것은 아닌지 곰곰이 따져볼 필요가 있다(우리는 곧 이 질문으로 돌아올 것이다).

혁명당과 관련된 두 번째 비판과 관련해서는 먼저 용어상의 동요가 포착된다는 점에 주목할 필요가 있다. 알튀세르는 당과 국가의 관계를 논하면서, 국가를 사실상 '정부'(또는 기껏해야 행정·입법·사법의 3부)와 교체 가능한 용어인 양 섞어 사용하는데, 이는 이데올로기적 국가장치들에 대한 자신의 논의가 결정적으로 이뤄냈던 전진, 곧 국가는 정부를 훨씬 초과하는 어떤 것이라는 관점을 모호하게 만든다.[37] 물론 정당에 대해 논하고 있는 만큼 알튀세르가 '정치적'인 이데올로기적 국가장치에 논의를 한정하고 있다는 것은 사실이다. 그러나 "당이 정치적인 이데올로기적 국가장치의 바깥에서(예컨대 의회 바깥에서) 계급투쟁을 수행해야 한다"는 것은 확실히 "당이 국가 바깥에 남아 있어야 한다"는 테제보다 훨씬 약한 테제이다. 왜냐하면 의회 바깥이 곧 국가 바깥은 아니기 때문이다. 예컨대 가장 직접적이고 기초적인 계급투쟁이 일어난다고 간주할 만한 곳에서 우리가 발견하는 것도 역시 또 다른 이데올로기적 국가장치(의 '구성부분'으)로서의 '노동조합'이 아닌가? 어쨌든 대중들이 '정부' 바깥에 있다는 말과 '국가' 바깥에 있다는 말은 전혀 다른 말이 아닌가? 의회에 제한되지 않은 계급투쟁을 수행해야 한다고 해서, 왜 우리가 '국가에 대한 당의 외재성의 원칙'을 마찬가지로 고수해야 하는가?

이런 문제에 또 다른 가공할 문제가 중첩된다. 당이 이데올로기적 국가장치는 아니고 그것의 '구성부분'이라는 알튀세르의 주장을 받아들인다고 할지라도, 당은 여전히 이데올로기를 통해 작동하며, 이를 위한 장치를 갖게 마련이다(그렇지 않다면, 당이 이데올로기적 국가장치의 '구성부분'이라는 말조차 성립할 수 없을 것이다). 알튀세르 자

---

37) 알튀세르 이전에 국가에 대해 이와 유사한 이해에 도달했던 유일한 이론가는 안토니오 그람시뿐일 것이다. 그람시는 국가에 대한 초기 이론화에서는 시민사회(헤게모니)를 정치사회(국가)에 대립시키면서 전자를 후자에 대한 저항의 장소로 특권화했다. 그러나 후기에 가서는 입장을 변경해 국가를 시민사회 자체를 포함하는 것으로 확장했다. 그람시는 이렇게 말한다. "'국가=정치사회+시민사회'라고, 다시 말해서 강제의 갑옷으로 보호되는 헤게모니라고 말할 수 있을 것이다." Antonio Gramsci, "State and Civil Society," *Selections from the Prison Notebooks*, trans. Quintin Hoare and Geoffrey Nowell Smith, New York: International Publishers, 1971, p.263. [이상훈 옮김, 「국가와 시민사회」(제2장), 『그람시의 옥중수고 1: 정치편』(제3판), 거름, 1999, 311쪽.]

신이 누구보다도 이 점을 분명히 알고 있다. "이제 우리는 당연히 공산당도, 다른 모든 당과 마찬가지로, **이데올로기**에, 게다가 **프롤레타리아 이데올로기**라고 부를 수 있는 것에 입각해 구성된다고 말할 수 있게 된다. 이 점은 확실하다. 공산당의 경우에도 이데올로기는 특정한 사회 집단의 사고와 실천을 통일하는 '시멘트'(그람시)의 역할을 수행한다. 이 경우에도 이런 이데올로기는 '개인들을 주체로서,' 더 정확히 말해 **투사**-주체로서 '호명한다'."[38] 하지만 그렇다면, 공산당과 다른 (부르주아) 정당의 차이점은 정확히 어디에 놓이게 되는가? 이 점을 제대로 설명하지 못한다면, 공산당의 '혁명성'이라는 것 자체가 의문시될 수밖에 없으며, 알튀세르가 혁명당을 불가능한 관념으로 만들었다는 비판가들의 말을 인정할 수밖에 없게 된다.

이 문제에 대해 알튀세르는, 공산당은 이데올로기에 입각해 구성되지만, 동시에 프롤레타리아트의 "경험(스스로 한 세기 이상 수행해온 계급투쟁의 경험)만이 아니라, 맑스주의 이론이 그 원칙들을 제공하는 **객관적 인식**"을 가지고 있기 때문에 부르주아 정당들과 구분될 수 있다고 주장한다.[39] 다시 말해서, 혁명당은 이데올로기적이지만 동시에 (상대적으로?) 진리적이라는 말인데, 이런 절충이 곤란하다는 것은 과거에 알튀세르 자신이 이미 내쫓은 바 있던 이데올로기에 대한 '참과 거짓'의 인식론적 대당이 그의 사고 안으로 전에 없이 복귀하고 있다는 것만 봐도 분명하다. 이는 결국 (순수 허구로서의) 부르

---

38) Althusser, "Note sur les AIE," p.263. [「이데올로기적 국가 장치에 대한 노트」, 343쪽.]

39) Althusser, "Note sur les AIE," p.264. [「이데올로기적 국가 장치에 대한 노트」, 342~343쪽.]

주아 지배 이데올로기와 (이미 진리가 되기 시작한) 프롤레타리아 이데올로기 사이에 **외재적 관계**를 설정한다는 것을 의미한다.[40]

그러나 이것이 실제로 알튀세르 자신이 움직이도록 강제됐던 방향이라고 할지라도, 알튀세르가 말하는 이데올로기적 계급투쟁을 반드시 이런 방향에서 해석할 필요가 있을까? 오히려 알튀세르의 주장 전반에서 '합리적 핵심'을 이루는 것은, 지배 이데올로기가 지난한 계급투쟁의 과정을 통해, 피지배자들과의 관계 속에서 생겨나는 갈등 및 저항을 억압하거나 전위시킴으로써 스스로 하나의 외양적 통일성을 확보하도록 **부단히 강제된다**는 점이 아닐까? 1982년에 발리바르는 당에 관련된 알튀세르의 입장의 모순 및 그 논리적 궁지를 다음과 같이 설명함으로써 해결한다.

[알튀세르는] 지배 계급의 이데올로기만이 하나의 완전한 체계로 조직될 수 있다고 주장하면서도(이 때문에 그 자체로서 분리될 수 있는 '피지배적 이데올로기'에 대해 언급하는 것은 곤란하게 된다), 영속적인 '이데올로기적 계급투쟁' 속에서 **최종 심급에서의 결정적 요소**는, 역설적으로, **피착취-피지배 계급들**이 이데올로기적 심급 속에서 차지하는 위치라고 조정措定하는 경향이 있다. **이는 어떤 국가 이데올로기도 노동 및 생존 조건들 속에 뿌리박힌 인민적 토대 없이는, 따라서 피지배 계급들의 이데올로기가 내포하는 진보주의적이며 유물론적인 요소를 나**

---

40) 여기에서 우리는 「국가, 당, 이행」에서 발리바르가 중심적으로 문제제기한 것이 정확히 당을 '진리의 장소'로 표상하는 맑스주의의 오래된 당 관념에 대한 것이었음을 기억할 필요가 있다.

름대로 '이용'하지 않고서는 실존할 수 없음을 의미한다. …… 혁명당이 '정치적인 이데올로기적 국가장치' …… 의 규정에서 전적으로 탈피하는 것의 불가능성과 공산주의의 전망 속에서, 노동자들의 투쟁들이 이미 소묘하는, **'국가 외부의 당'**을 구성할 필요성에 대해 [알튀세르가] **모순적으로 주장하는 이유**는 [이렇게] 해명될 수 있다.41)

여기에서 지배 계급의 이데올로기와 피지배 계급의 이데올로기 간의 관계는 더할 나위 없이 **내재적**일 뿐만 아니라, 심지어 **그 위계의 역전**으로까지 나아가고 있다. 지배 이데올로기의 구성에 있어서 최종 심급에서 결정적인 것은 지배 계급이 아니라 오히려 피지배 계급이다. 왜냐하면 지배 이데올로기는 이데올로기적 계급투쟁을 통해 피지배 계급의 이데올로기를 단순히 억압하거나 배제할 수 없고, 그것을 나름대로 (비틀면서도) 이용하고, 따라서 자기 속에 지속적으로 반영함으로써만 대중을 강한 의미에서 **지배**할 수 있게 되기 때문이다(곧 **대중들 자신에게 널리 받아들여질 수 있기** 때문이다).

발리바르는 1988년에 자신의 이 새로운 관점(또는 '시야')을 발전시켜 다음의 테제를 제안한다.

어떤 (상상적) 경험이 강한 의미에서 **보편화될** 수 있는가? …… 이 질문에 대해서 '정당성'과 '헤게모니'에 대한 사회학적 이론들은 대부

---

41) Étienne Balibar, "Hégémonie ou 《AIE》," *Dictionnaire critique du marxisme*, éd. Gérard Bensussan et Georges Labica, Paris: PUF, 1982, p.54. [윤소영 옮김, 「프롤레타리아 독재 개념의 모순들」,『맑스주의의 역사』, 민맥, 1991, 39쪽.] 강조는 인용자.

분, 지배자들 자신의 경험(그들의 가치, 생활양식, 세계관, 상징적 자본 등)이라고 답변한다. 그러나 그것은 우선 지배자들의 '체험된' 경험 이 아니라, 오히려 기존의 '세계'에 대한 인정 또는 승인과 저항 또는 반역을 동시에 함축하는(맑스는 종교에 대해서 이렇게 말했다) **피지배 대중들의** '체험된' 경험이라고 반대로 대답하지 않으면 안 된다. 따 라서 우리는 이런 역설적 테제에 이르게 된다. 즉 최종 심급에서 이 처럼 **지배자들의 이데올로기 그 자체인 지배 이데올로기는 존재하지 않 는다**(예를 들어 '자본가적'인 지배 이데올로기는 존재하지 않는다). 주 어진 사회에서 지배 이데올로기는 항상 **피지배자들**의 상상의 특정한 보편화이다. 그것이 가공하는 통념들은 정의, 자유와 평등, 노동, 행 복 등인데, 그런 통념들의 잠재적으로 보편적인 의미는 바로 그 통념 들이 개인들(그들의 존재 조건이 대중들 또는 인민의 존재 조건이다)의 상상에 속한다는 점으로부터 유래한다.[42]

지배 이데올로기에 대한 이런 새로운 개념화는, (『독일 이데올로 기』의 맑스 이래) 동어반복적인 자명성에 사로잡혀 지배 이데올로기

---

[42] Balibar, "The Non-Contemporaneity of Althusser," p.12. [「비동시대성」, 186~187쪽.] 그러나 이는 또한 알튀세르가 문자 그대로 말한 바의 것이라 는 점을 곧바로 상기하자. "[이데올로기의] 이 통일성은 달성된 통일성인 만 큼이나 **욕망되거나 거부된** 통일성이기도 하다. 다시 말해서 연극의 세계 안에 서도, 더 일반적으로 미학적 세계 안에서처럼 이데올로기는 항상 본질적으 로 …… 경합과 투쟁의 장소이다." Althusser, "The 'Piccolo Teatro'," p.149. [「피콜로」, 178쪽.] 강조는 인용자. 따라서 우리가 이미 이 장의 제사에서 인 용했듯이, 저항과 반역이라는 질문에 대해 알튀세르가 자신의 사유를 진전시 켰다는 증거를 보여주기 위해서, 발리바르가 알튀세르의 이 글에 준거했다는 것은 놀라운 일이 아니다.

를 지배 계급의 것이라고만 봐오던 그 자체 이데올로기적인 관점과 영원히 선을 긋고 인식의 비가역적인 한 발을 내딛고 있다는 점에서, 그야말로 하나의 **인식론적 절단**이라고 부를 만한 것을 생산한다(이런 '절단'이 바로 국가와 당 문제에 관한 알튀세르와의 동지적 논쟁을 통해 생산됐다는 것은 더 말할 필요도 없을 것이다).43)

이제 발리바르는 이런 관점에서, '이데올로기적 반역'이라는 문제를 완전히 새로운 방식으로 다시 사고한다. '죽은 노동'으로서의 자본이 '산 노동'을 끊임없이 필요로 하듯이, 지배적인 이데올로기적 국가장치들(국가, 교회 따위)은 "대중들의 종교적, 도덕적, 법률적 또는 예술적 상상으로부터, 인민적 의식/무의식으로부터 도출하는, 항상적으로 쇄신되는 에너지"를 끊임없이 필요로 한다.44) 바로 그렇기 때문에, 착취가 잠재적 모순을 내포하듯이, 이데올로기적 지배 또한 잠재적 모순을 내포하게 된다. 지배 이데올로기가 은폐하려고 하는 구조적 적대가 몇몇 실천들 또는 사건들의 과잉결정된 효과를 통해 어떤 정세 아래에서 피지배자들의 눈앞에 여지없이 드러나게 될 때, 피지배자들은 '위로부터' 반송된 **그들 자신의** 상상의 보편성을 곧이 곧대로 믿고, 즉시 자신들을 그 보편성 안에 온전하게 포함시킬 것을 주장함으로써 그 결과들을 집단적으로 도출하려고 시도하게 되는데, 이런 '포함'이야말로 발리바르가 다른 곳에서 '평등자유'aequa libertas라고 부르는 **이상적인 것**을 대중들의 상상 안에서 실현하는 것이다.45)

---

43) 발리바르가 말하듯이, 근대 세계의 지배적 관념이 '노예들의 도덕'이라는 점을 (냉소주의적으로이긴 하지만) 통찰해낸 것은 오히려 프리드리히 니체였다.

44) Balibar, "The Non-Contemporaneity of Althusser," p.13. [『비동시대성』, 187쪽.]

이것이 곧 '이데올로기적 반역'이며, 이 반역이 착취의 모순과 마주칠 때 그것이 곧 '혁명'인 것이다(성공하든 실패하든 간에 말이다).

나는 앞에서 알튀세르에게 가해진 '기능주의'라는 비판이 그 자체로는 부당한 것에 불과하다는 점을 지적했다. 알튀세르가 이데올로기에 의한 구조적 지배라는 문제에 대해서만 관심을 기울였을 뿐, 그런 지배의 '전복'이라는 문제에 대해서는 관심을 기울이지 않았다는 것은 전혀 사실무근이며, 이에 대한 텍스트적 반증은 도처에서 쉽게 발견될 수 있다. 예컨대 유고작으로 출판된 책 분량의 원고 「생산관계의 재생산」(1969년 3~4월 집필)은 이데올로기적 반역에 대한 논의들로 가득 차 있다. 우리가 이 원고를 통해 알게 되는 것은 심지어 알튀세르가 원래 계획했던 것은 이데올로기에 대한 두 권의 책이었으며, 두 번째 권은 전적으로 이데올로기적 계급투쟁이라는 주제에 바쳐질 예정이었다는 것이다(비록 아마도 부분적으로는 건강상의 이유 때문에 이 계획을 실현할 수는 없었지만 말이다). 게다가 이 원고는 알튀세르가 「이데올로기와 이데올로기적 국가장치들」에 대해 기능주의라는 비판을 받고 나서 추가적으로 썼던 텍스트가 아니다. 반대로

---

45) Étienne Balibar, "'Rights of Man' and 'Rights of the Citizen': The Modern Dia
-lectic of Equality and Freedom"(1990), *Masses, Classes, Ideas: Studies on Pol
-itics and Philosophy Before and After Marx*, trans. James Swenson, London:
Routledge, 1994, p.47. [이화숙·김인심 옮김, 「'인간의 권리'와 '시민의 권리':
평등과 자유의 근대적 변증법」, 『맑스주의의 역사』, 민맥, 1991, 225쪽]; "Trois
concepts de la politique: Émancipation, transformation, civilité," *La Crainte des
masses: Politique et philosophie avant et après Marx*, Paris: Galilée, 1997. [서
관모·최원 옮김, 「정치의 세 개념: 해방, 변혁, 시민인류[시민공존]」(1부), 『대중
들의 공포: 맑스 전과 후의 정치와 철학』, 도서출판b, 2007.]

이 텍스트의 '일부'를 뽑아내 수정한 것이 「이데올로기와 이데올로기적 국가장치들」이었다. 바로 이런 본래의 텍스트에서 알튀세르는 지배 이데올로기와 피지배 이데올로기를 구분하며 이렇게 쓴다.

한편으로 규정된 장치와 이 장치의 실천들 안에서 실현되고 실존하는 국가의 이데올로기의 규정된 요소들, 그리고 다른 한편으로 이 장치의 한복판에서 이 장치의 실천들에 의해 '생산되는' 이데올로기를 구분하는 것이 필요하다. 이 구분을 언어로 표시하기 위해서 우리는 첫 번째 이데올로기를 1차 이데올로기라 부르고, 1차 이데올로기가 실현되는 실천의 두 번째 부산물을 2차적인, 종속된 이데올로기라 부른다. 다시 중요한 점을 하나 기억해두자. 이 2차 이데올로기에 대해서 우리는 그것이 1차 이데올로기를 실현하는 장치의 실천에 의해 '생산된다'고 말한다. 왜냐하면 **세계의 어떠한 실천도 자신의 이데올로기를 전적으로 스스로 생산하지는 않기 때문이다.** '자생적' 이데올로기란 없다. 비록 표현상의 편의를 위해서, 그리고 제한된 논점을 논증할 목적으로 '자생적' 이데올로기 같은 표현을 사용하는 것이 유용할 수는 있지만 말이다. 우리의 경우, 이런 2차 이데올로기들은 복잡한 원인들의 결합에 의해 생산되는데, 그 원인들 가운데 문제의 실천의 편에서 우리가 보게 되는 것은 다른 외적 이데올로기, 다른 외적 실천들의 효과이다. 그리고 최종 심급에서는, 얼마나 은폐됐든 간에, 멀지만 사실 아주 가까운 **계급투쟁들**의 효과들 자체이다. 일부 종교계의 이데올로기 안에서, (1968년 5월 이래) '학교'라는 환경에서, (5월 이래) 가족들 안에서 현재 한동안 벌어져왔던 일에 조금이라도 주목하기만 한다면 누구도 감히 이를 부인할 수 없다.[46]

이 구절 안에는 알튀세르가 동시에 강조하고자 하는 두 개의 논점이 있다. 첫째, 알튀세르는 진정 이데올로기론 안에는 지배 이데올로기(또는 '1차 이데올로기')에 대한 잠재적인 이데올로기적 불복종의 여지가 있다는 점을 확인하고 싶어 한다. 그러나 이런 이데올로기적 이탈이나 빗나감은 주체가 전체로서의 이데올로기로부터 탈출하는 형태가 **아니라** 이데올로기적 국가장치들의 실천들이 의도치 않게 낳은 부산물로 규정되는 '2차 이데올로기'의 생산이라는 형태로 실현된다. 이런 의미에서의 2차 이데올로기는 계급투쟁을 포함해 이데올로기가 생산되는 과정에 간섭해 들어오는 다양한 외적 원인들의 영향 아래에서 생산(또는 '부산'by-produced)되는 것이다. 둘째, 하지만 알튀세르는 단순하게 이와 같은 2차 이데올로기가 이데올로기적 국가장치의 물질적 지지 없이도 '자생적으로' 생산될 수 있다고 생각하지 않는다. 마치 피지배 대중들의 산발적인 실천들이 그 자체로 (말하자면 혁명당 없이도) 부르주아지의 계급 지배에 저항하기에 적합한, 얼마간 상대적으로 통일된 자신의 이데올로기를 생성시킬 수 있다는 듯이 말이다. 알튀세르는 모든 이데올로기적 생산은 장치를 필요로 하며, 또한 강한 의미에서의 모든 장치는 오직 국가장치로서만 실존할 수 있기 때문에, 2차 이데올로기의 생산을 위한 장소 역시 이데올로기적 국가장치들의 한복판에서 찾아져야만 한다고 주장한다. 따라서 2차 이데올로기는 1차 이데올로기 또는 지배 이데올로기

46) Louis Althusser, "La reproduction des rapports de production"(1969), *Sur la reproduction*, Paris: PUF, 1995, pp.114~115. [김웅권 옮김, 「생산관계의 재생산」, 『재생산에 대하여』, 동문선, 2007, 143~144쪽.]

와 마찬가지로 이데올로기적 국가장치들 안에서 생산되지만, 그 안에서 하나의 기능이 아니라 오히려 하나의 **오작동** 또는 **오기능**으로 생산되며, 이런 오작동은 이데올로기적 국가장치들 자체가 **기능하기 위해서는** 반드시 자신 안에 통합하고 소비해야만 하는 외래적인 재료들과 이질적인 연료들에 의해 야기되는 것이다.[47] 그리고 이데올로기적 국가장치들의 이런 필연적 오작동이야말로 알튀세르에 따르면 결국 피지배 대중의 이데올로기적 반역을 불러오는 것이다. 알튀세르는 이렇게 주장한다. "누군가가 앞서 언급한 주체는 [이데올로기가 지시하는 것과는] 다르게 행위할 수 있다고 이의를 제기하고 싶어 한다면, 우리가 다음과 같이 말했다는 점을 상기하자. '1차' 이데올로기가 그 안에서 실현되는 의례적 실천은 천만다행하게도 '2차' 이데올로기를 '생산'(또는 '부산')할 수 있는데, 이 2차 이데올로기 없이는 반역도 없고, 의식의 혁명적 각성도 없으며, 어떠한 혁명도 가능하지 않을 것이라는 점을 말이다."[48]

그렇다면 알튀세르의 이론을 기능주의라고 고발하는 비판의 **이데올로기적 집요함**을 어떻게 설명할 수 있을까? 이런 비판이 정당하지 못함에도 불구하고 알튀세르를 끊임없이 쫓아다닌다면, 그 이유

---

47) 알튀세르가 염두에 두고 있는 것들 가운데 하나는 노동자 정당이나 노동조합 같은 제도들이 부르주아적인 이데올로기적 국가장치의 체계 한복판에 출현하는 역사적 현상이다. 알튀세르는 이런 현상이 이데올로기적 국가장치 체계의 '논리' 덕분이 아니라 그런 제도들의 법적 인정 및 그 체계 내로의 기입을 강제한 긴 계급투쟁 덕분에 생겨난 것이라고 주장한다. Althusser, "La reproduction des rapports de production," p.126. [「생산관계의 재생산」, 160쪽.]

48) Althusser, "La reproduction des rapports de production," p.222. [「생산관계의 재생산」, 287쪽.]

는 알튀세르가 대중 봉기의 내적 논리에 관한 이해의 어떤 결정적 문턱을 넘어서는 데 최종적으로 실패했기 때문이다. 그렇지만 이 실패는 알튀세르가 주체와 구조를 단순하게 대립시키고 후자의 절대적 필연성을 강조함으로써 전자의 차원을 무시하는 구조주의의 어떤 천박한 판본을 맹목적으로 믿은 데서 귀결된 것은 아니었다(사실 이런 비판 자체가 그런 천박한 구조주의를 피해갈 수 있는지는 의문인데, 왜냐하면 이런 비판은 그 동일한 대립의 틀은 유지한 채 단순히 다른 쪽 극, 즉 주체라는 극을 강조하고 싶어 하기 때문이다). 오히려 알튀세르는 지배 이데올로기를 지배 계급의 이데올로기라고 동어반복적으로 규정하는 고전적 맑스주의의 '인식론적 장애'를 스스로 완전히 극복하지 못했기 때문에 실패한 것이다. 「이데올로기적 국가장치들에 대한 노트」에서 우리는 알튀세르가 지배 이데올로기에 대한 이런 이데올로기적 관념을 (정확히 스스로를 모순의 한복판으로 몰고 가면서도) 여전히 되풀이하는 것을 볼 수 있으며, 이것이 알튀세르로 하여금 이데올로기적 계급투쟁을 더욱 내재적인 방식으로 분석하지 못하도록 가로막고 있다는 것을 확인할 수 있다. 만일 발리바르에게 더 이상 이런 '기능주의'라는 비판을 가하는 것이 전혀 가당치도 않게 들린다면, 이는 바로 발리바르가 이런 인식론적 장애를 결정적으로 제거하고 '이데올로기적 반역'의 논리를, **더욱이 '주체'라는 통념에 대한 신비적 준거 없이**, 성공적으로 해명할 수 있었기 때문일 것이다.

이데올로기론에 관한 발리바르의 '인식론적 절단'은 중대한 이론적 결과들을 생산한다. 우선 국가 및 국가의 지배 이데올로기가 단순히 지배 계급의 것이 아니라 오히려 최종 심급에서 피지배자들의 것이라고 인식됨에 따라, 맑스주의가 부르주아적 기만에 불과한 것으로 무시하거나 원칙적으로 그 외부에 남아 있었던 다양한 영역이 분석의 대상으로 개방되는데, 특히 「유대인 문제에 관하여」(1843)에서 맑스가 비판한 이래 줄곧 환상으로 치부되던 '시민권' 문제가 중심적 사유 대상으로 떠오른다. 1990년대에 발리바르는 지배 이데올로기에 기입된 봉기의 계기로서의 '이상적 보편성'과 지배 이데올로기 자체가 구현하는 '허구적 보편성'을 섬세하게 구분함으로써 자신의 이론적 프레임을 새로 짠다.

그렇다면 이 두 가지 범주가 무엇을 의미하는지, 그리고 그 양자가 서로에게 어떻게 관련되는지를 간략히 살펴보자. 허구적 보편성은 지배 이데올로기의 헤게모니적 기능을 설명하기 위해서 도입된 범주이다. '허구적'^{fictive}이라고 함은 '기만적'이거나 '가상적'이라는 뜻이 아니라, 상상적^{imaginary}인 것이지만 여전히 현실에서 효과를 발휘하며, 따라서 (경제적 현실 같은) 다른 현실들처럼 효과적인 어떤 것으로 취급되어야만 한다는 뜻이다. 이런 면에서 '허구적'이라는 말을 '의제적'^{擬制的}이라고 번역하는 것도 충분히 가능한데, 어쨌든 이는 이데올로기가 외부 세계에 대해 주체가 마음속에 형성하는 관념이나 정신적 표상에 불과한 것이 아니라 물질적 제도들을 통해 실현되는 하나의 사회적 활동이며, 따라서 (독일인들이 그렇게 부르듯이) '실효적'^{wirklich}인 어떤 것이라는 말이다. 물론 모든 상상적인 것이 동일한 정도로 실효적이라는 말은 아니다. 상상적인 것들 가운데 어떤 것은 다른 것보다 더 또는 덜 실효적일 수 있다. 문제는 그 자체 또한 상상적 성격을 지닌 지배 이데올로기가 어떤 방식으로 또 다른 상상적인 것들(또 다른 동일성들)에 대해 그 자신의 **헤게모니적 효과**를 생산해낼 수 있는지를 설명하는 것이다.

발리바르에 따르면, 허구로서의 보편성은 역사적으로 볼 때 종교적 형태('보편교회')와 민족적 정치 형태('민족국가')라는 서로 반정립적인 두 가지 형태로 실현된 바 있다. 이 두 가지 형태가 서로 반정립적인 까닭은 각각이 상대편의 고질적인 문제를 해결하는 데서 자신의 명예를 구하기 때문이다. '교회'는 종족적 갈등을 해소해 평화를 유지하는 데서, 거꾸로 '민족국가'는 종교적 갈등을 해소해 평화를 유지하는 데서 각각 명예를 구한다. 그러나 양자는 공히 스스로를 '전체주의적 이데올로기'로 실현하는 한에서가 아니라, 발리바르가 '총체적 이데올로기'라고 부르는 것으로 실현하는 한에서만, 위와 같은 문제들을 해결할 수 있을 뿐이다. 다시 말해서, 이 총체적 이데올로기들은 종족적이거나 종교적인 특수한 동일성들을 단순히 파괴하거나 억압하는 것이 아니라 자신이 표상하는 바의 상위의 정당성의 **매개들**로 해체·재구성함으로써, 그것들이 상대화되면서도 서로 공존할 수 있는 어떤 정치적 공간을 창출한다. 민족국가는 다양한 종교 및 교파들이 국법을 준수하고 서로에 대한 관용을 실천하는 한에서만 종교의 자유를 허락함으로써, 스스로를 종교적 특수성을 초월한 보편성의 담지자로 제시할 수 있게 된다. ('가톨릭'의 어원이 지시하듯이) 마찬가지로 보편주의를 추구하는 교회는 자신을 하나의 '선택된 민족'(예컨대 유대 민족)에 귀속된 어떤 것이 아니라 원칙적으로 모든 민족이 참여해 서로에 대한 '이웃사랑'을 실천할 수 있는 것으로 만드는 한에서, 민족의 종족적 정당성을 넘어서는 상위의 정당성을 확보할 수 있게 된다. 총체적 이데올로기는 단적으로 **다원주의적**이다.

총체적 이데올로기의 헤게모니적 힘은, 이런 다원주의의 '시민공존적' 공간을 창출함으로써 '(원자적) 개인주의'와 '유기체주의'의 양자택일을 피하고, 개인들을 관개체적 방식으로 인정하는 제도적 길을 찾아낸다는 점에서 나온다. 그런 힘은 가족, 지역, 직업 등의 1차 소속 집단들에서 개인들을 **상대적으로 분리해**, 자신이 표방하는 2차 소속 집단(국가, 교회)에 귀속시키는 방식으로 개인들을 **자유화**한다. 이것이 바로 "시민이 된다"는 것의 통상적 의미인데, 개인들은 이런 과정을 통해 자신의 1차 소속 집단들로부터 주어지는 동일성들을 단순히 포기하는 것이 아니라 그 동일성들을 가지고 '유희'할 수 있는 정치·문화적 공간을 확보한다. 국가나 교회가 자신을 최고의 권위로 확립하고자 하는 **위로부터의 권력의 의지**와 1차 소속 집단들로부터의 '자유'를 실현하고자 하는 **아래로부터의 개인들의 열망**(예컨대 가족으로부터 독립된 인격체가 되길 꿈꾸지 않는 청소년이 있을까?)이 서로 폭발적으로 결합함으로써 특수한 동일성들, 특수한 소속들을 지배할 수 있는 총체적 이데올로기의 헤게모니적 힘이 생성된다.

발리바르가 종종 말하듯이, 총체적 이데올로기의 헤게모니적 힘이 생산되는 이런 메커니즘을 가장 잘 이해했던 것은 G. W. F. 헤겔(특히 『법철학』[1821]의 헤겔)이다. 맑스는 「유대인 문제에 관하여」에서 자기 나름의 방식으로 헤겔 철학의 이런 핵심적인 공헌을 인정하며 다음과 같이 쓴다.

출생·지위·교육·직업의 구분을 **비-정치적** 구분들이라고 선언할 때, 공동체의 모든 구성원은 그 구분들과 상관없이 인민 주권에 **평등하게** 참여한다고 선포할 때, 국민의 실제 삶의 모든 요소를 국가의 관점에서 다룰 때, 국가는 그 구분들을 자신의 방식으로 **폐지한다**. 그럼에도 불구하고 국가는 사적 소유, 교육, 직업이 그들의 방식으로,

다시 말해 사적 소유로, 교육으로, 직업으로 작용하도록 하며, 그들의 **특수한** 본질을 타당하게 만든다. 이런 **사실적** 구분들을 극복하기는커녕, 국가는 그 구분들을 **전제함으로써만** 존재한다. 국가는 자신이 **정치적** 국가임을 알고 있으며 이런 요소들[구분들]과의 대립 속에서만 자신의 **보편성**을 실효적으로 만든다. 그러므로 다음과 같이 말할 때 **헤겔**은 상당히 정확하게 종교에 대한 정치적 국가의 관계를 정의한다. "자신을 아는 정신의 인륜적 현실로 현존하기 위해서, 국가는 필연적으로 권위의 형식과 믿음의 형식을 구별해야만 한다. 그러나 이 구별은 교회적 측면이 그 자체로 **분리**되는 조건에서만 등장한다. 이런 조건에서만 국가는 특수한 교회를 **넘어**, 사상의 **보편성**을, 사상 형식의 원리를 획득하고, 그 보편성으로 실존한다"(헤겔, 『법철학』, §270). 정확히 그렇다! 오직 그런 조건에서만 국가는 **특수한 요소를 넘어** 보편성으로 구성된다.[49]

물론 이런 허구적 보편성은 분명 한계 없는 보편성이 아니며, 그것이 허락하는 다원주의 또한 무제한의 다원주의가 아니다. 지배 이데올로기는 그런 '자유화'의 대가로서, 자신이 설립하는 바의 '동일성'에 부합하는 **정상적 주체성의 기준들**을 받아들일 것을 개인들에게 요구한다. 따라서 '자유로운' 개인들로 인정받기 위해서 사람들은 정신적으로 건강해야 하고, 인정된 추론과 행동의 모델에 순종해야 하

---

49) Karl Marx, "On the Jewish Question"(1843), *Karl Marx: Selected Writings*, ed. Lawrence H. Simon, Indianapolis: Hackett, 1994, p.8. [김현 옮김, 『유대인 문제에 관하여』, 책세상, 2015, 32~33쪽.] 강조는 인용자.

며, 이성애주의적인 지배적 성의 모델을 따라야 한다(또는 따르는 척해야 한다). 지배 이데올로기는 이런 정상성의 모델을 부단히 교육시킬 뿐만 아니라, 무엇보다도 이런 모델을 하나의 '일상'으로 끊임없이 전시함으로써 개인들을 통제한다(예컨대 교실에서 행해지는 훈육보다 텔레비전 드라마가 이런 통제에 있어서 더욱 효과적인 것은 바로이런 '전시'의 효과를 극대화하기 때문이다).

이런 통제가 곤란 없이 수행될 수 있을까? 발리바르에 따르면, 지배 이데올로기는 그 "행동의 규칙과 신념 전체"가 "시간 속에서, 세대들의 교체에도 불구하고, 적어도 '대다수'에게, 따라서 (계급 분할이든 아니든) 사회적 분할들을 넘어 유지되어야 한다"는 꽤 어려운 전제를 스스로 충족시킬 수 있는 한에서만 이런 통제를 다소간 성공적으로 수행할 수 있을 뿐이다.[50] 따라서 예상하지 못한 (특히 경제적 요인에서 비롯되는) 어떤 변수들의 등장으로 인해 정확히 이 조건을 충족시키지 못하게 될 때, 지배 이데올로기는 '위기'에 봉착한다.[51] 이렇게 해서 발리바르는 알튀세르의 테제, 곧 지배 이데올로기는 자신의 재료인 실천들의 물질성과 다양성을 가지고 스스로의 외양적 통일성을 생산(하고 다시 생산)하도록 부단히 강제되지만, 그 일에 **완전히 성공할 수는 없다**는 테제를 복원한다.

---

50) Étienne Balibar, "Les universels"(1994), *La Crainte des masses: Politique et phil -osophie avant et après Marx*, Paris: Galilée, 1997, p.434. [서관모·최원 옮김, 「보편적인 것들」(5부), 『대중들의 공포: 맑스 전과 후의 정치와 철학』, 도서출판b, 2007, 525쪽.]

51) 이는 결국 개인들을 (자율적) 개인들로서 제도적으로 인정하는 일에 지배 이데올로기가 실패한다는 뜻인데, 현재 우리가 경험하는 신자유주의에 의한 개인성의 광범위한 파괴는 정확히 부르주아 헤게모니의 위기를 표현한다.

이로부터 이데올로기적 반역의 가능성이 주어지는데, 이 가능성이 전면적 '봉기'로까지 이어지려면 단순히 일탈적 개인과 집단, 도덕성과 문화의 규범에 맞선 '전복적' 운동이 생겨나는 것만으로는 부족하다. 왜냐하면 정상성에 반하는 이런 소수자적 운동들의 존재는 그 자체로는 정상성 생산의 예상 가능한 효과에 불과할 수 있기 때문이다. 그러나 반대로 이 문제가 사회적 갈등이나 근본적인 사회적 적대에서 비롯되는 투쟁들의 존재를 통해서만 설명될 수 있는 것도 아닌데, 왜냐하면 그런 투쟁들은 또한 특수한 이해관계, 심지어 특수한 동일성에 쉽게 사로잡히기 때문이다. 발리바르는 오히려 정세 속에서 돌발하는 **이 양자의 결합**을, 즉 정상성에 반하는 소수자적 운동들과 근본적인 사회적 적대에서 비롯되는 투쟁들의 결합을 강조한다. 이런 결합을 통해서만 다수 대중은 '보편성의 새로운 구성'을 향한 근본적 움직임으로 나아갈 수 있다. "정상성의 규칙들과 충돌하지 않고서는 …… 개인성과 개인성의 권리를 요구하는 일이 불가능한 것으로 나타날 때 돌발하는 양자의 결합"을 통해, 우리는 저항을 넘어 봉기로 나아가는 진정한 '이상적 보편성'의 출현을 보게 된다.[52]

하지만 이 말을, 곧 허구적 보편성이란 단지 과거에 속하는 것이며 도래할 이상적 보편성에 자리를 내줄 어떤 것에 지나지 않다는 말로 여겨서는 안 된다. 이상적 보편성은 철저하게 **부정적 보편성**으로서 작동하는 만큼, 기존의 질서를 허물고 나면 다시 시간 속으로 사라질 수밖에 없으며, 또 다른 허구적 보편성에 자리를 내줄 수밖에 없다. 보편종교나 민족국가 같은 것들이 확립한 것과 구별되는 또 다

---

52) Balibar, "Les universels," p.441. [「보편적인 것들」, 533쪽.]

른 허구적 보편성이라는 것이 가능할까? 가능하다면 그것은 어떤 차별점을 가져야 하며, 이전의 것들보다 어떤 점에서 더 나을 수 있는가? 시민공존의 정치를 해방의 정치와 접합할 수 있는 대안적 방식이 있는가? 이런 질문들에 대한 가능한 답변을 사유하기 위해 나는 다음 절에서 시민공존의 정치를 이론화하려고 했던 라캉과 알튀세르의 시도를 비교해보고자 한다.

3. 라캉 또는(sive) 알튀세르: 폭력에 대하여

우리는 필시 폭력의 아포리아야말로 근대 역사에서 경험됐던 좌파 혁명 정치의 실패를 정의하는 가장 중요한 단일 쟁점일 것이라고 말할 수 있을 것이다. (프롤레타리아트**의** 독재가 프롤레타리아트**에 대한** 독재로 전도되는 현상에서 극명하게 드러났듯이) 폭력은 좌파 혁명 정치를 주권적 폭력의 도착적 효과 속에 가둠으로써 좌파 혁명 정치가 궁극적으로 자신의 목표를 달성하는 것을 가로막았다. 주지하다시피, 지젝은 자신의 저서 『폭력이란 무엇인가』(2008)에서 발터 벤야민이 신화적 폭력과의 대조 속에서 개념화한 메시아적 폭력 또는 신적 폭력의 실천으로 돌아갈 것을 제안한다. 그러나 메시아적 폭력이라는 이런 관념은 단지 벤야민의 것이 아니라, 사실 맑스 자신(특히 『공산주의자 선언』과 『자본』 1권의 32장 같은 텍스트에서의 맑스)을 포함하는 맑스주의의 오랜 전통 안에서 두드러졌던 관념이다. 그렇다면 폭력을 사유할 수 있는 대안적 방식을 발견함에 있어서 메시아적 폭력의 실천으로 단순히 복귀하는 것이 어떻게 예전보다 우리를 더 잘 도울 수 있다는 것인지 알 길이 묘연하다. 나는 이와 같은 (비록 해결책은 아니라고 할지라도) 대안을 찾게 되기를 희망하면서, 폭력에 대한 라캉과 알튀세르의 논의를 꼼꼼하게 독해하고자 한다. 라캉과 알튀세르는 폭력이라는 쟁점 위에서 동시에 수렴하고 발산한다. ('동일성'과 '차이'라는 두 가지 의미를 모두 가지고 있는) 이 '또는'^{sive}의 교차로를 검토해보면서, 궁극적으로 나는 우리가 더 이상 기회주의적인 것이라고 쉽게 치부할 수 없는 '대표'^{representation}라는 개념을 재고할 필요성에 대해 강조할 것이다.

앞에서 살펴봤듯이, 라캉에 대한 알튀세르의 핵심적인 비판의 하나는, 상징적인 법의 지배가 일단 상상적인 것의 양가적인 효과를 넘어 확립되기만 하면, 다양한 종류의 사회적 적대가 필연적인 방식으로 통제될 수 있으리라는 라캉의 목적론에 대한 비판이다. 내가 보기에 이런 비판은 좀처럼 반박할 여지가 없는 것이며, 사실 후기 라캉에 의해, 더 정확히는 『세미나 20: 앙코르』(1972~73)에서 자기 나름대로의 방식으로 받아들여진 바 있다. 그러나 분명하지 않은 것은 과연 이런 비판이 이론적으로 긍정적인 효과만을 생산하느냐 하는 것이다. 왜냐하면 의도된 것이든 그렇지 않은 것이든 간에 이 비판은 라캉이 자신의 편에서 핵심적인 것으로 간주했던 쟁점 전체를 괄호 속에 넣어버림으로써 어떤 이론적 맹점을 생산할 수 있는 것처럼 보이기도 하기 때문이다. 바로 폭력이라는 쟁점이 그것인데, 발리바르 또한 『폭력과 시민공존』(2010)에서 이런 질문을 제기한다. 비록 발리바르의 초점은 라캉보다는 헤겔에 가 있지만 말이다. 읽어보자.

알튀세르는 '헤겔적 정치' 같은 것은 없다고 말하곤 했다. 알튀세르에게 이 테제는 불확실성의 지배, 행동과 운 사이의 갈등으로서의 정

치라는 마키아벨리적 인식의 틀 안에 즉시 기입되는 것인데, 이 테제
는 헤겔적 목적론의 '정신적' 지평을 형성하는 종류의 필연성 또는
오히려 예정결정prédétermination을 배제한다. 이렇게 말해두자. 알튀세
르(그리고 더욱이 다른 맑스주의자들)에게서 정치에 대한 비목적론적
인식은, 폭력과 정치의 관계라는 문제에 대해 적어도 외양상의 중립
화, 헤겔에게는 존재하지 않는(또는 똑같은 정도로 존재하지는 않는)
중립화라는 대가를 치른다. 착취와 '재생산'의 국가적 조건들에 대한
표상 안에서가 아니라면, 적어도 계급투쟁에 대한 규정 안에서의, 따
라서 정치적 행동에 대한 규정 안에서의 중립화 말이다.53)

물론 이 말은 알튀세르의 목적론에 대한 비판 그 자체를 취소하
거나 적어도 상대화해야 한다는 뜻이 아니라, 오히려 이와 같은 목
적론적 가정들을 하지 않으면서도 폭력이라는 쟁점을 논할 수 있는
길을 찾을 수 있어야만 한다는 뜻이다. 사실 이것이 바로 발리바르
가 감탄스러운 방식으로 해내는 일이다. 그러나 나로서는 발리바르
의 길과는 조금 다른 길을 모색하면서, 다음의 두 가지 질문을 검토
해보고자 한다. 첫째, 라캉의 '아버지의 이름'이라는 범주는 극단적

---

53) Étienne Balibar, *Violence et civilité: Wellek Library Lectures et autres essais de
   philosophie politique*, Paris: Galilée, 2010, p.55. '헤겔적 정치' 같은 것은 없
   다는 알튀세르의 주장은 『《자본》을 읽자』에 등장한다. "미래를 알지 못한
   다는 사실은 현재의 현상이 미래에 가지는 효과들에 대한 지식, 정치과학의
   존재를 저해한다. 엄밀하게 말하면 그것이 헤겔적 정치가 불가능한 이유인
   데, 사실 헤겔적 정치가는 이제까지 전무하다." Louis Althusser and Étienne
   Balibar, *Reading Capital* (1965), trans. Ben Brewster, London: Verso, 1979,
   p.95. [김진엽 옮김, 『자본론을 읽는다』, 두레, 1991, 122쪽.]

폭력의 감축을 목표로 하는 어떤 시민공존의 정치를 정식화하려는 이론적 시도로 해석될 수 있는가? 둘째, 알튀세르 자신 안에, 알튀세르의 '정치에 대한 마키아벨리적 인식'에 좀 더 잘 부합하지만 아마도 반드시 폭력이라는 쟁점을 중립화하지는 않는, 이와 같은 시민공존의 정치에 대한 대안적인 정식화가 있는가?

3.1. 라캉의 접근법

생트-안느 병원에서 열린 라캉의 마지막 세미나는 1963년에 『아버지-의-이름들』이라는 제목 아래 진행됐다. 원래대로라면 11번째 세미나가 됐을 이 세미나는 그러나 공식적인 세미나로 포함되지 않았는데, 왜냐하면 프랑스정신분석학회와 생트-안느 병원에서 라캉이 쫓겨난 사건에 의해 그 세미나 자체가 중단됐기 때문이다. 하지만 이 잃어버린 세미나의 첫 번째 세션(사실 이것이 유일한 세션이다)은 '아버지의 이름'에 대한 비상한 논의, 특히 아브라함의 희생제의라는 성경 사례에 의해 폭로된 '아버지의 이름'의 기능에 대한 비상한 논의를 담고 있다. 라캉은 「이삭의 희생」이라는 미켈란젤로 카라바지오의 유명한 그림을 논한다. 이 그림의 판본은 두 개(1596년 판본과 1602~03년 판본)인 것으로 알려져 있는데, 라캉은 이 에피소드를 훨씬 더 강렬하게 묘사하는 것으로 보이는 두 번째 판본에 집중한다. 이 판본은 돌로 만들어진 작은 제단 위에 고통으로 일그러진 얼굴이 억지로 눌려져 있는 소년 이삭을 그리고 있다. 아브라함의 한 손은 이삭의 목을 누르고 있고 칼을 움켜쥔 다른 손은 이삭의 목 바로 위에 있다. 반면, 아브라함의 얼굴은 그 아이를 희생하지 말라는 신의 메시지를 전하기 위해서 달려온 천사를 향해 옆으로 돌아가 있다.

그림 23. Michelangelo Caravaggio, *Sacrificio di Isacco*, oil on canvas, 104cm×135cm, 1603.

　　라캉의 해석 전체는, 아들을 죽이라는 신의 최초 명령을 따르기
로 한 아브라함의 결정이, 기존의 일반적 해석[54]과 달리, 사실은 전
혀 비상한 행동이 아니었다는 날카로운 통찰로부터 발전된다. 라캉

---

54) 쇠렌 키에르케고르의 해석을 말한다. Søren Kierkegaard, *Fear and Trembling*
　　(1843), trans. Alastair Hannay, London: Penguin, 1985. [임춘갑 옮김, 『공포와
　　전율: 코펜하겐 1843년』, 치우, 2011.] 키에르케고르는 아브라함의 행동을 감
　　성적 삶(돈 후안)이나 보편적 이성 법칙에 따르는 삶(소크라테스)보다 한 차
　　원 높은 신앙적 삶에서 나온 행동으로 해석한다. 라캉은 키에르케고르의 이
　　런 해석을 의문에 붙인다. Jacques Lacan, *Des noms-du-père*, éd. Jacques-
　　Alain Miller, Paris: Seuil, 2005, pp.93~95.

은 이렇게 주장한다. "우리는 기억할 수 있습니다. 엘로힘[소문자 신] Elohim에게 아들을 희생물로 바치는 것은 [당시] 관습이었고, 그때에만 그랬던 것이 아니었던 게, 그 관습이 아주 오랜 뒤까지 지속됐기 때문에, 그 이름le Nom[엘 샤다이El Shaddaï 또는 대문자 신]이 보낸 천사나 그 이름의 이름으로 말하는 예언자가 이스라엘 사람들이 그 일을 되풀이 하지 못하게 막아야 했다는 것을 말입니다."55)

따라서 라캉이 보기에 아브라함의 위대함은 아브라함이 세속적 통념을 버리고 자신의 신앙이 명하는 바를, 심지어 그것이 사랑하는 아들을 죽이는 일일지라도, 영웅적으로 따르기로 결정했다는 사실에 있지 않다. 물론 라캉은 아브라함이 자신의 아들에 상당히 집착하고 있었다는 것을 알고 있다. 비록 이스마엘이라는 더 나이 많은 아들이 있었지만 이스마엘은 노예인 여자와 동침해 낳은 자식이었기 때문에, 아브라함에게는 이삭이야말로 유일한 적자였다. 뿐만 아니라 아브라함은 자신의 아내인 사라가 폐경기로 인해 다시 아이를 낳지 못할 것을 확신했다고 라캉은 말한다. 그러나 당시의 세속적 통념은, 심지어 이런 경우에조차 아브라함이 아들을 보존하도록 허락될 수 없으며, 산으로 가 그 지역의 모든 사람이 숭배했던 엘로힘에게 자신의 아들을 희생 제물로 바쳐야 한다고 했다.

그렇다면 라캉이 보는 아브라함의 위대함은 어디에 있을까? '라시'라고 알려진 트루아 출신의 랍비, 슐로모 벤 이츠하크가 11세기 말에 쓴 작은 책에 준거해, 라캉은 이 성경 이야기 안에 한 명이나 두 명이 아닌 세 명의 아버지가 연루되어 있다는 점을 지적한다. 먼저,

---

55) Lacan, *Des noms-du-père*, p.96.

이삭의 실재 아버지인 아브라함이 있지만, 또한 아브라함을 막아서고 이삭을 희생시키지 말라는 신의 진정한 의도를 폭로했던 천사가 있다. 비록 이 천사 자신이 아버지는 아니지만, 이 천사는 또 다른 아버지인 엘 샤다이(대문자 신)의 대표자였다. 라캉에 따르면, 이 신 또한 엘로힘(소문자 신) 가운데 하나였지만, 그 이름은 다른 신들의 이름과 달리 부를 수 없는 것으로 여겨졌다. 왜냐하면 모세의 신과 동일한 그 신은, 성경에서 (모세에게) 자신을 다음과 같이 규정한 바 있었기 때문이다. "나는 나다"^{Ehyeh acher ehyeh}. 라캉은 이렇게 덧붙인다. "[희랍인들은] 엘 샤다이를 우리 시대처럼 전능자라고 번역하지 않았고, 신중하게도 테오시스^{Theosis}라고 번역하지도 않았는데, 테오시스라는 이름은 그들이 주님이나 키리오스^{Kyrios}라고 번역했던 이름을 가진 신을 제외한 다른 모든 신에게 주었던 이름입니다. 주님이나 키리오스는 셈족의 신을 위해서만, 내가 부르지 않고 있는 그 이름을 위해서만 썼습니다."[56] 요컨대 엘 샤다이는 유대 신으로서, 그 신은 전능하다고 여겨지지 않았다는 것인데, 이 전능하지 않은 신이야말로 라캉의 해석 안에서는 상징적 아버지의 자리에 위치해 있다.

그렇다면 세 번째 아버지는 어디에 있는가? 라시의 설명을 쫓아가면서, 또한 앞에서 언급한 카라바지오의 그림으로 돌아가서, 라캉은 거기에 소년과 두 아버지 이외에 확실히 또 다른 존재가 제단 옆에 현존해 있다는 사실을 지적한다. 울타리 어딘가에 뿔이 엉켜서 움직이지 못하고 있는 양이 바로 그것이다. 라캉에 따르면, 이 양은 또 다른 엘로힘(소문자 신)을 대표한다. 라캉은 이렇게 주장한다.

---

56) Lacan, *Des noms-du-père*, p.93.

라시는, 랍비적 전통에 따르면 문제의 양은 원초적인 양이다, 라는 점을 표현하기 위한 가장 훌륭한 지름길입니다. 라시는 그 양이 천지창조의 일주일 이래로 거기에 계속 있어왔다고 쓰는데, 이는 곧 그 양이 무엇인지 지시해주죠. 바로 엘로힘입니다. 실제로 거기에 있는 것은 그 이름을 부를 수 없는 신이 아니라 [다른] 모든 엘로힘들입니다. 그 양은 전통적으로 셈족의 조상으로, 곧 아브라함을 기원에, 그것도 충분히 짧은 시간 안에, 연결해주는 조상으로 인정됩니다.[57]

주지하다시피, 이 양은 아브라함이 끝에 가서 자신의 아들 대신 희생 제물로 바치는 바로 그 양이다. 그러나 라캉에 따르면 이 양은 아브라함이 거기에서 편리하게 발견한 동물 또는 아브라함이 여전히 무엇인가를 제물로 바치길 원할 경우에 대비해 신이 마련해 놓은 동물이 아니라, 아브라함이 바치는 제물을 받고 그 제물을 '즐기기' 위해서 거기에 있었던 지역신, 엘로힘이었다. 라캉은 "이 양은 아브라함의 동명의 조상, 아브라함의 인종의 신"[58]이라고 말한다. 그리하여 라캉은 이 양을 "무리의 원초적 아버지"(지크문트 프로이트), 곧 상상적 아버지의 자리에 위치시킨다. 전능하고 모든 것을 소유하는 존재로서 무리 안에서 다른 남자들(특히 자신의 아들들)이 여자들에게 성적인 방식으로 접근하는 것을 결코 허용하지 않는 아버지.

이제 라캉은 아브라함의 진정한 위대함은 원초적인 양-신[Ram-God]과 또 다른 신 엘 샤다이 사이의, 또는 상상적 아버지와 상징적 아

---

57) Lacan, *Des noms-du-père*, p.100.

58) Lacan, *Des noms-du-père*, p.100.

버지 사이의 환상적 연결을 자신이 손에 들고 있던 칼로 끊어낸 것에 있다고 주장한 뒤, 이 상상적 아버지와 상징적 아버지의 차이를 주이 상스와 욕망의 차이로 규정한다. 상상적 아버지는 즐기는^{jouir} 아버지 이자 모든 주이상스를 독차지하려는 아버지이기 때문에, 주체(아들) 를 항상 감시하고 주체가 주이상스에 접근할 그 모든 기회를 박탈하 려고 하는 아버지로 나타난다. 이런 의미에서 상상적 아버지는 '박 탈'의 아버지이지 '거세'의 아버지가 아니다. 라캉은 이 둘 사이의 중 요한 구분을 『세미나 7: 정신분석학의 윤리』(1959~60)에서 행한 바 있다.[59] 라캉은 상상적 아버지를 가리켜 '초자아의 기원'이라고 말 하는데, 초자아의 유일한 기능은 물론 주체로부터 주이상스를 박탈 하는 것이다. 다른 한편, 라캉은 실재적 아버지를 '거세하는 아버지' 로 간주한다. 라캉은 마침내 오이디푸스 콤플렉스의 해소가 이뤄지 는 것은 거세하는 아버지를 통해서이며 그 결과로서 상징적 아버지 가 확립되는데, 상징적 아버지는 상상적 아버지와 대조적으로 자식 의 "욕망에 대해 눈감아주는" 법을 아는 아버지이다.[60] 물론 상징적 아버지는 여전히 **욕망하는** 아버지로 이해된다. 그러나 상징적 아버 지는 스스로 욕망하면서 **동시에** 자신의 보편적 법의 한계 안에서 다 른 자들이 욕망하도록 허락하는 아버지이다. 모든 욕망들이 다양한

---

59) Jacques Lacan, *The Ethics of Psychoanalysis, 1959-60: The Seminar of Jacques Lacan, Book VII*, trans. Dennis Porter, New York: W. W. Norton, 1992, pp.307~308.

60) Jacques Lacan, "The Subversion of the Subject and the Dialectic of Desire in the Freudian Unconscious"(1960), *Écrits: The Complete Edition*, trans. Bruce Fink, New York: W. W. Norton, 2006, p.698.

종류의 병리적 주이상스로의 퇴화 경향을 극복하게 되는 것은 바로 이와 같은 보편적 법을 준수함으로써이다.

그러나 『아버지-의-이름들』의 맥락에서 우리가 새롭게 깨닫게 되는 것은 '아버지의 이름'이라는 라캉의 문제설정 전체가 단지 개인적 수준에서의 쟁점들을 논하기 위한 것이 아니라는 사실이다. 이 문제설정은 **공동체 수준에서의 폭력**이라는 쟁점을 논한다.

여기에서 그 칼날은 신의 **주이상스**와 신의 **욕망**이라고 이 전통에서 제시되는 것 사이에 자신의 표식을 만듭니다. 몰락하도록 유도되어야 하는 것은 **생물학적 기원**입니다. 이것이 바로 거기에 있는 미스터리의 열쇠인데, 그 속에서 우리는 다른 모든 곳에서 존재하는 것에 대한 유대적 전통의 혐오를 읽습니다. 히브리인들은 **축제를 벌이며 공동체를 신의 주이상스에 통일시키는 형이상학적-성적 제의**의 실천을 혐오하고, 반대로 욕망을 주이상스로부터 분리하는 간격을 높이 평가합니다. 우리는 이와 동일한 맥락에서, 아브라함에 대한 엘 샤다이의 관계라는 맥락에서, 이런 간격의 상징을 찾습니다. **인민이 자신들을 선택한 자의 욕망과 맺는 동맹의 기호**로서 이 작은 살 조각을 내주는 할례라는 법이 원초적으로 태어난 것이 바로 거기에서입니다.[61]

여기에서 라캉은 두 가지 동일성을 구분하고 있다. 공동체의 '생물학적 기원'에 연결된 상상적 동일성과, 역시 공동체적이지만 그와 같은 기원으로부터의 단절을 통해서만 확립될 수 있는 상징적 동일

---

61) Lacan, *Des noms-du-père*, pp.100~101. 강조는 인용자.

성이 바로 그것이다. 상상적 동일성은 공동체의 구성원들을 인종적 신(양)에게 통일시키는데, 이 신은 자신의 주이상스의 도구가 되도록 그들을 유혹하고, 그들의 몇몇 '이웃'을 자신에 대한 희생 제물로 바치도록 유혹하며, 그리하여 개인은 없고 단지 집단만 있는 일괴암적 공동체를 끊임없이 복구하도록 유혹한다. 반면 상징적 동일성은 희생에 대한 상징적 법(할례법)을 세움으로써 공동체와 개인들 사이에, 라캉이 말하듯이, 어떤 정치적 '간격'을 창조한다. 이 상징적 법의 이름으로 모든 사람은 일정량의 주이상스를 포기하고 그리하여 **욕망하는** 공동체 안으로 들어가게 된다. 정확히 주이상스에 대한 자신의 요구가 결코 완전히 만족되지 않기 때문에 늘 욕망하게 되는 그런 공동체 말이다. 라캉적 정치는 분명히 상상적 동일성에 기초한 '형이상학적-성적' 공동체로부터 상징적 동일성에 기초한 공동체로 이행함으로써 극단적 폭력을 감축하는 것을 목표로 삼는다.

그렇다면 이런 의미에서 라캉적 정치는 발리바르가 시민공존의 정치라고 부르는 것에 다소간 조응한다고 말할 수 있지 않을까? 곧 주체들이 시민으로서의 2차적 동일성을 확보하기 위해 자신의 1차적 또는 '자연적' 동일성으로부터 스스로를 분리하는 정치 말이다.[62] 사실 상징적 질서가 상상적 질서 너머에서 확립될 수 있는 길을 보여주고자 하는 라캉의 완성된 욕망 그래프 2층의 구축 전체는 이와 같은 시민공존의 정치적 실천 가능성을 설명하려는 이론적 시도라고 재해

---

62) Étienne Balibar, *We, the People of Europe?: Reflections on Transnational Citi -zenship* (2001), trans. James Swenson, Princeton: Princeton University Press, 2004, pp.25~30. [진태원 옮김, 『우리, 유럽의 시민들?: 세계화와 민주주의의 재발명』, 후마니타스, 2010, 62~71쪽.]

석될 수 있다. 부성적 은유에 대한 라캉의 정식은 하나의 동일성이 또 다른 동일성으로, 1차적 동일성이 2차적 동일성으로, 따라서 **자연적** 동일성(상상적 동일성)이 **시민공존적** 동일성(상징적 동일성)으로 대체 되는 것의 윤리-정치적 효과를 묘사하는 것으로 볼 수 있다. 부성적 은유의 형성 과정을 통해 수립되는 권력은 전제적인 것이 아니라 헤 게모니적인 것인데, 그 권력이 공동체를 이루는 개인 구성원들의 다 양한 욕망에 대해 눈을 감아주는 법을 아는 권력인 한에서 그렇다고 볼 수 있다. 그런 권력은 개인들이 모두 **주이상스**에 대한 권리(**순수한 욕망**에 대한 칸트적 권리와는 반드시 구분되어야만 하는 권리[63])를 포 기한다는 것을 조건으로 **개인들을 개인화한다.**

이런 맥락에서 봤을 때, 프로이트와 라캉의 차이를 인식하는 것은 결정적이다. 토템에 대한 프로이트의 설명 안에서 라캉이 문제시하 는 것은, 프로이트의 모델 안에서는 상징적 아버지가 원초적 아버지 에 대항한 아들들의 집단적 반역의 효과로서 수립된다는 사실이다. 이 사례 안에서는 확실히 그 어떤 거세의 행위도 필요하지 않은 것 으로 나타난다. 라캉이 아브라함의 사례를 특권화하는 이유는 그런

---

63) 라캉은 이렇게 말한다. "경험은 칸트가 좀 더 진실하다는 것을 보여줍니다. 제가 이미 증명한 바 있듯이, 칸트가 실천이성에 대해 쓴 것과 같은 양심 이 론은 도덕 법칙에 대한 어떤 규정을 통해서만 지탱되는데, 그 규정을 면밀 히 검토해보면 도덕 법칙은 **순수 상태의 욕망**에 다름 아님을 알 수 있습니 다." Jacques Lacan, *The Four Fundamental Concepts of Psychoanalysis: The Seminar of Jacques Lacan, Book XI*, trans. Alan Sheridan, New York: W. W. Norton, 1998, p.275. [맹정현·이수련 옮김, 『정신분석의 네 가지 근본 개념: 자 크 라캉 세미나 11』, 새물결, 2008, 414쪽.] 강조는 인용자. 나는 결론 부분에서 이 쟁점으로 다시 돌아올 것이다.

효과가 거세의 행위자로서 실재적 아버지의 개입을 통해서 달성되기 때문이다. 이런 면에서 라캉이 「주체의 전복과 욕망의 변증법」(1960)을 다음과 같이 결론짓는 것은 의미심장하다. "거세란 [우리가] 욕망의 법의 거꾸로 세운 사다리 위에서 주이상스에 도달할 수 있기 위해서 주이상스가 반드시 거부되어야 한다는 것을 의미한다."[64] 바꿔 말해서, 라캉에 따르면, 우리는 오직 **욕망**의 법을 통해 **위로부터만** 주이상스에 도달할 수 있다.

이렇게 봤을 때, '법-파괴적' 폭력으로서의 신적 폭력이라는 벤야민의 관념에 대한 지젝의 환호는 폭력에 대한 라캉 자신의 교리와는 동떨어져 있고, 오히려 『토템과 타부』(1913)의 프로이트적 모델에 접근해 있는 듯하다. 여기에서 우리는 라캉이 자크 데리다와 유사한 우려를 공유하고 있다고 상상해볼 수 있다. 잘 알려져 있다시피 벤야민은 신화적 폭력과 신적 폭력을 구분하면서, 신화적 폭력은 단지 위협하기 위해서 죽이는 종류의 폭력인 반면, 신적 폭력은 위협하는 것이 아니라 절멸하려고 하는 폭력이라고 규정한 바 있다.[65] 그러나 위협하지 않고 순수하게 절멸시키는 폭력이라는 것은 제도 일반에 대한 허무주의의 위험을 가지고 있을 뿐만 아니라, 극단적 폭력의 정의에 너무 가까이 가는 것이다. 나는 이 때문에 데리다가 신적 폭력이라는 벤야민의 관념에 유보적인 태도를 보였다고 생각한다.[66]

---

64) Lacan, "The Subversion of the Subject……," p.700.

65) Walter Benjamin, "Critique of Violence"(1921), *Reflections: Essays, Aphorisms, Autobiographical Writings*, trans. Edmund Jephcott, New York: Schocken Books, 1978, p.297. [최성만 옮김, 「폭력 비판을 위하여」, 『역사의 개념에 대하여 외』, 도서출판 길, 2008, 111~112쪽.]

아마도, 벤야민이 폭력에 대한 자신의 분류 전체를 통해 놓친 것은 (알튀세르가 이름 붙인) '증오 없는 공포'라는 마키아벨리적 차원, 곧 위협하지만 적어도 원칙상 증오를 불러오지는 않는 폭력의 차원이 아닌가 한다. 이런 폭력은 확실히 '법-정초적' 폭력이지만, 곧 보게 될 것처럼, 반드시 법의 절대화를 목표로 삼지 않는다. 바로 이 때문에 우리는, 좌파 정치가 폭력 또는 오히려 **반-폭력**의 이런 마키아벨리적 차원을 고려함으로써 자신의 혁명 정치를 포기하지 않으면서도 비판적으로 재구축할 수 있는 길을 찾을 수 있을지 모른다는 희망을 품어볼 수 있다. 그것도 여전히 1968년에 라캉이 한 경고를 심각하게 받아들이면서 말이다. "혁명적 열망은 오직 하나의 가능성만을 갖습니다. 곧 항상 주인의 담론으로 귀결된다는 것 말입니다. 경험이 이 점을 증명합니다. 혁명주의자로서 여러분이 열망하는 것은 주인입니다. 여러분은 곧 한 명의 주인을 갖게 될 것입니다!"[67]

3.2. 알튀세르의 접근법

정치에 대한 라캉의 이런 인식 안에서 알튀세르가 의문시하는 것은 물론 사회적 갈등들이 부성적 은유의 형성 과정을 통해 효과적이고 필연적으로 해소될 수 있으리라는 목적론적 믿음이다. 편지에 대한 라캉의 테제("편지는 항상 자신의 목적지에 도착한다")를 비판했을 때 알튀세르가 문제로 삼았던 것이 바로 이런 믿음이었다.[68] 그런데 이

---

66) Jacques Derrida, "Force of the Law"(1994), *Acts of Religion*, trans. Mary Quaintance, ed. Gil Anidjar, London: Routledge, 2002. [진태원 옮김, 『법의 힘』, 문학과지성사, 2004.]

67) Stavrakakis, *Lacan and the Political*, p.12. [『라캉과 정치』, 40쪽.] 재인용.

것이 논쟁의 끝인가? 생전에 출판된 알튀세르의 텍스트만 고려한다면 실제로 그렇게 보인다. 그러나 알튀세르의 몇몇 유고작들, 특히 마키아벨리에 대한 유고작들을 고려하게 되면 이야기는 달라지는데, 놀랍게도 거기에서 우리는 알튀세르 자신이 라캉의 그와 같은 이론적 구상에 자신도 모르게 이끌렸었다는 사실을 발견한다. 가장 흥미로운 것은 이런 이론적 수렴이 일어난 것이 알튀세르가 '마주침의 유물론' 또는 '우발성의 유물론'을 정식화함으로써 자신의 목적론 비판을 최대화하는 것으로 보이는 텍스트 안에서라는 사실이다.

『마키아벨리와 우리』(1972~86)의 마지막 장에서 알튀세르는 '증오 없는 공포'라는 관념에 집중한다. 『군주론』(1513)의 제17장에 등장하는, "사랑받는 것보다 공포의 대상이 되는 것이 더 낫다"는 마키아벨리의 격언을 논하며 알튀세르는 인민적 군주의 형상 안에서 '공포'라는 질문과 '계급투쟁'이라는 두 가지 질문을 결합한다.

이 정식(증오 없는 공포)은 인민적 군주의 인민에게는 가혹하게 보일 수 있다. 그러나 정확한 의미를 부여하려면 이 정식을 더 진전시켜야 한다. 군주가 어떤 대가를 치루더라도 인민의 미움을 사는 것을 피해야 한다는 말은 인민을 소외시키는 일이 가장 큰 위험임을 군주가 틀림없이 알고 있다는 것을 명백히 의미한다. 그러나 더 있다. 마키아벨리에게서 증오는 정확한 함의를 가지고 있다. 무엇보다 그것은 인

---

68) Louis Althusser, "The Discovery of Dr. Freud"(1976), *Writings on Psychoanalysis*, trans. Jeffrey Mehlman, New York: Columbia University Press, 1996, pp.90~92. [윤소영 옮김, 「프로이트 박사의 발견」, 『알튀세르와 라캉: '프로이트-마르크스주의'를 넘어서』, 공감, 1996, 47~48쪽.]

민이 **귀족들**에 대해 가지고 있는 증오이다. 예컨대 프랑스 왕국과 관련해 우리는 다음과 같은 말을 듣는다. 루이 9세는 "귀족들의 야심과 오만에 대해 잘 알고 있었다. …… 다른 한편, 인민이 귀족들을 증오한다는 것도 알고 있었다"[『군주론』, 제19장]. 따라서 그 왕국의 정초자는 "귀족들을 제약하고 인민의 편에 서는" 고등법원을 수립했다. 그리하여 증오는 계급적 의미를 가진다. '증오 없는 공포'라는 정식 안에서 '증오 없는'이라는 구절은 군주가 귀족들로부터 자신을 구분하고 귀족들에 대항해서 인민의 편에 선다는 것을 의미한다.[69]

따라서 군주가 인민의 증오를 피할 수 있는 것은 자신이 모든 사람 안에 불러일으키는 바로 그 공포를 통해, 귀족들에 맞선 인민과의 계급동맹을 형성하는 한에서인 것이다. 알튀세르는 군주가 귀족들에게 가하는 제약 때문에 인민의 사랑을 받을 수 있어야 한다고 말하지 않는다. 실제로 군주에 대한 인민의 사랑은 위험한 것으로 간주되는데, 왜냐하면 사랑은 쉽게 증오로 변질되기 때문이다. 여기에서 모든 것은 정세에, 또는 마키아벨리가 말하듯이 운(포르투나^{fortuna})에 의존한다. 어떤 이가 사랑을 받으면 받을수록 장차 운이 그 마음을 바꿀 때 그 사람이 미움 받을 수 있는 기회는 더욱 늘어난다. 이와 같은 사랑의 유해한 효과를 피하기 위해서는 군주와 인민 사이에 어떤 거리(또는 알튀세르가 선호하는 표현에 따르면 "취해진 거리의 공

---

69) Louis Althusser, *Machiavelli and Us*(1994), trans. Gregory Elliott, London: Verso, 2000, pp.100~101. [오덕근·김정한 옮김, 『마키아벨리의 가면』, 도서출판 이후, 2001, 174~175쪽.]

백")를 유지해야만 한다. 왜냐하면 이런 거리는 운(또는, 똑같은 말이지만, 인민의 마음)의 예상하지 못한 변화와 맞설 수 있는 군주의 능력(비르투스^{virtù})의 핵심을 이룬다고 볼 수 있기 때문이다. 그러므로 필요한 것은 인민의 사랑이 아니라 인민의 **우정**(공포가 동반되고 공포에 의해 통제되는 우정)이다. 이처럼 기이한 우정의 쟁취가 바로 마키아벨리가 『군주론』 전체를 통해 추구하는 정치적 목표이다. 알튀세르는 계속해서 이렇게 말한다.

> 그러나 여전히 더 있다. 증오 없는 공포는 한 공간을 닫고 또 다른 종별적 공간, 최소한의 정치적 기초를 여는데, 그로부터 (마키아벨리가 인민의 사랑보다 선호하는 표현인) 인민의 우정이 결정적인 정치적 목표가 된다. 실제로 배제되는 것은 강제 없는 인민의 희석되지 않은 사랑인데, 왜냐하면 그런 사랑은 불안정하고 변덕스럽기 때문이다. 그 대신 목표가 되는 것은 인민의 우정, 국가적 강제에 기초하는 '인민의 선의'이다. 마키아벨리는 끊임없이 이 주제로 돌아오는데, 이 주제가 그 자신의 입장에 명확한 표현을 부여한다.[70]

군주는 인민과의 이와 같은 기이한 우정을 정확히 어떻게 개시할 수 있는가? 이 질문에 대한 답을 찾기 위해서는 알튀세르의 자서전 『미래는 오래 지속된다』의 증보판(2007)에 부록으로 수록되어 출판된 또 다른 텍스트를 참조하는 것이 좋다. 이 증보판에는 "『미래는 오래 지속된다』의 단편들"이라는 제목 아래 세 편의 에세이가 수록됐

---

70) Althusser, *Machiavelli and Us*, p.101. [『마키아벨리의 가면』, 175쪽.]

는데, 그 중 하나가 「마키아벨리」(1985)라는 제목의 텍스트이다. 거기에서 알튀세르는 '사랑-증오'에 '우정-공포'를 대립시키며 마키아벨리가 『군주론』의 제7장에서 논하는 사례, 곧 체자레 보르자가 자신의 부하 레미로를 다룬 독특한 사례에 집중한다. 다소 길지만 마키아벨리 자신의 설명을 직접 인용해보자.

로마냐를 장악한 [체자레] 공작은, 지금까지 그곳이 무능한 영주들에 의해 다스려져왔으며, 그들이 신민들을 제대로 통치하기보다는 오히려 유린했을 뿐만 아니라 신민들에게 단결은커녕 오히려 분열의 빌미만을 주어왔을 뿐임을 알게 됐습니다. 그 지방은 도적과 싸움과 다른 모든 종류의 무도한 행위들로 가득 차 있었기 때문에, 공작은 그곳에 평화를 가져오고 군주의 권위에 복종케 하기 위해서는 좋은 통치 체제를 부여할 필요가 있다고 판단했습니다. 그래서 공작은 그곳을 잔혹하면서도 날랜 인물인 레미로 데 오르코에게 맡기고 전권을 주었습니다. 레미노는 단기간에 그곳에 평화와 단결을 가져왔고, 이로 인해 커다란 명성을 얻었습니다. 이후 공작은 그처럼 과도한 권위가 필요하지 않다고 판단하게 됐는데, 왜냐하면 그런 권위가 오히려 증오로 변할 수도 있음을 우려했기 때문입니다. 그래서 공작은 그 지역의 중앙에 시민법정을 세우고 명망 있는 인물을 재판장으로 삼게 하고는 각 도시로 하여금 이곳에 각자의 법관을 배치하도록 만들었습니다. 공작은 또한 과거의 가혹한 조치들이 레미로에 대한 상당한 증오를 유발했다는 것을 알아차렸기 때문에, 그곳 사람들의 마음을 달래고 그들을 완전히 장악하기 위해서, 만일 어떤 잔혹한 행위가 있었다면 그것은 자신으로 인해 야기된 것이 아니라 장

관[레미로]의 혹독한 성격 탓임을 보여주려고 작정했습니다. 마침내 기회를 잡은 공작은 어느 날 아침 레미로를 두 토막으로 잘라 체제나의 광장에 갖다 놓고는, 옆에다 나무 형틀 한 무더기와 피 묻은 칼 한 자루를 놓아뒀습니다. 그 광경의 흉포함 때문에 사람들은 **만족스러워하면서도 동시에 두려워했습니다.**[71]

이 에피소드에서 체자레의 행동이 얼마나 끔찍해 보이든 간에, 중요한 것은 체자레가 어떤 메커니즘을 통해 인민 안에서 만족과 두려움이라는 두 가지 반대 감정의 통일, 곧 '증오 없는 공포'의 효과를 달성할 수 있었는지를 놓치지 않는 것이다. 이 에피소드와 관련된 마키아벨리의 논점은 단지 체자레가 잔혹했다거나 레미로 자신을 포함해서 그 누구보다도 잔혹했다는 것에 있지 않다. 왜냐하면 만일 단순히 잔혹하기만 했다면 체자레는 결코 인민의 우정을 얻어내지 못했을 것이기 때문이다. 오히려 마키아벨리의 논점은 이런 잔혹 그 자체가 **연속해서 이어지는 두 개의 단계**를 통해 수행됐다는 데에 있다. 먼저, 체자레는 레미로를 로마냐에 보내, 레미로 자신의 잔혹과 자의성을 가지고, 인민을 약탈하는 데에만 혈안이 되어 있는 귀족들뿐만 아니라 또한 인민을 통치하게 만든다. 그런 다음, 그 지역에 질서가 회복됐을 때 체자레 자신이 도착하는데, 레미로가 수립해 놓은 효과적인 통치를 칭찬하기 위해서가 아니라 오히려 정반대로 그 통치를 비

<hr>

71) Niccolò Machiavelli, *The Prince*(1513), 2nd ed., trans. Harvey C. Mansfield, Chicago: The University of Chicago Press, 1998, pp.29~30. [곽차섭 옮김, 『군주론』, 도서출판 길, 2015, 89~90쪽.] 강조는 인용자.

난하며 레미로를 처벌하기 위해서 도착하는 것이다. 혹자는 이런 행동이 단순한 쇼이자 거짓에 불과하다고 말할지도 모른다(그리고 나 또한 이에 완전히 동의한다). 그러나 바로 이런 기만적인 조작을 통해서 체자레는 모든 사람의 눈앞에서 스스로 레미로를 **대체**했으며, 동시에 시민법정을 세우고, 자신이 공포한 법을 정당화시키며, 그리하여 단순한 무자비나 초과적인 권위의 실천만으로는 도저히 설명할 수 없는, **그 자신이 가진 권력의 헤게모니적 차원**을 생산해냈던 것이다. 이와 같은 '대체'야말로 체자레가 인민의 마음속에 증오 없는 공포라는 반ᄒ직관적인 감정을 창조하고, 인민과의 기묘한 우정을 수립하는 것을 가능하게 만들어줬다. 마키아벨리 자신이 설명하듯이, 군주의 이런 잔혹한 행위는 인민에게 고통을 주는 현재 진행 중인 폭력을 감축하는 효과를 생산하도록 고안되어야만 한다.

저는 이런 일이 결국 잔혹한 행위를 잘 사용하는가 또는 잘못 사용하는가에서 연유한다고 믿습니다. 잔혹한 행위를 잘 사용한다고 불릴 수 있는 것은, 스스로의 안전을 위해서 필요하다면 단번에 그것을 사용하되 이후에는 그것을 지속하지 않고 최대한 신민들에게 더 유익한 쪽으로 바꾸는 경우입니다. 잔혹한 행위를 잘못 사용한다는 것은 처음에는 그 횟수가 적다가 시간이 갈수록 사라지기는커녕 오히려 증가하는 경우입니다.[72]

하지만 체자레에 대한 이 에피소드의 구조는 라캉이 **부성적 은유**

---

72) Machiavelli, *The Prince*, pp.37~38. [『군주론』, 115쪽.]

에 대한 자신의 정식화를 가지고 이론화하려고 했던 것과 너무나 유사하지 않은가? 왜냐하면 라캉의 정식화 또한 부성적 은유를 정확히 하나의 기표가 다른 하나의 기표를 '대체'함으로써 형성되는 것으로 규정하기 때문이다. 억압적인 주인기표 '레미로'가 또 다른 기표 '체자레 보르자'로 대체됨으로써, 인민이 체자레를 향해 가질 수 있었던 사랑과 증오의 양가감정은 통제될 수 있었고 군주와 인민 사이에는 "취해진 거리의 공백"이 성공적으로 수립됐기 때문이다. 비록 알튀세르 본인은 필시 깨닫지 못한 것 같지만, 내가 보기에 여기에서 알튀세르는 라캉과 아주 가까운 곳에 서 있다. 왜냐하면 라캉이야말로 사랑과 증오의 양가적 효과를 제압하는 방법을 찾고자 지난하게 투쟁했던 이론가였기 때문이다. 알튀세르가 "빈 거리"라고 부르는 것은 라캉이 '아버지의 이름'이라는 관념을 가지고 공동체와 그 구성원들 사이에 도입하길 원했던 '분리'의 간격이라는 것과 쉽게 비교될 만한 것이다.73) 알튀세르는 이렇게 쓴다.

---

73) 체자레의 레미로 처형 일화에 대한 나의 해석은 발리바르의 해석과 부분적으로 다르다. 「비극적 마키아벨리」(2001)라는 에세이에서 발리바르는 단순히 체자레의 행위가 가지는 비상하게 잔혹하고 스펙터클한 성격에 대해서만 강조하고, 그런 폭력적인 주권적 행위에 들어 있는 위험을 보지 못하는 알튀세르를 비판하는데, 발리바르에 따르면 그런 행위는 공포의 요소와 주이상스(만족)의 요소를 위험한 방식으로 결합하고 있다. Étienne Balibar, "Machiavel tragique," *La Philosophie au sens large*, Séminaires de Pierre Macherey, 4 avril 2001. [stl.recherche.univ-lille3.fr/seminaires/philosophie/macherey/Macherey 20002001/BalibarMachiavel.html] 2011년 10월 15일 접속. 그러나 나의 관점에서 볼 때, 체자레의 행위는 원칙적으로 공동체를 대타자의 주이상스에 통일시키는 것으로 인식되어서는 안 되고 오히려 아브라함이 행한 희생제의에 대해 라캉이 제시한 해석에서 보듯이 '인민이 군주의 욕망과 맺는 동맹'을 확립하는 것으로서 인식되어야 한다.

군주는 군주이기 위해서 실상 무엇을 해야 하는가? '살찐' 자들 즉 세력가들을 억제하기 위해서 '여윈' 인민 즉 빈자들에 기대는 미묘한 시소게임을 통해 자신과 인민 사이에 **빈 거리**를 확립하고 구성하고 유지해야 한다. 이 빈 거리는 **공포-우정의 거리이지 증오나 사랑 같은 유해한 근접성이 아니다.** 스피노자라면 이 양면 감정의 두 항을 글자 그대로 다시 취할 것이다. 증오와 사랑은 인민을 각자의 감정에 결박하고 …… 군주를 인민의 감정이라는 전염병에 걸리게 만드는데, 이 인민의 감정은 실로 치명적으로 해로운 것이기 때문이다.[74]

알튀세르는 이런 빈 거리의 생산이 '여우'로서의 군주의 능력에 속한다고 주장한다. 주지하다시피 마키아벨리는 군주의 능력(비르투스)을 인간의 능력과 짐승의 능력이라는 두 가지 범주로 나눈다. 인간의 능력이 기본적으로 군주의 도덕적 덕과 그 덕을 구현하는 법의 힘을 가리킨다면, 짐승의 능력은 완전히 상이한 추론의 선을 따라 움직이는 군주의 비도덕적 또는 반도덕적 능력을 가리킨다. 그러나 알튀세르에 따르면 군주 안에서 짐승 자체가 다시 두 가지 하위 범주로 나뉘어 있다는 것은 상대적으로 덜 알려져 있다. 곧 사자와 여우가 그것인데, 사자가 순전한 폭력의 수단을 활용할 수 있는 군주의 능력을 표상한다면, (주석가들이 간과하곤 하는) 여우는 상황과 위험들을 이해하고 그에 따라 자신의 외적 모습을 조작할 줄 아는 군주의 능력

74) Louis Althusser, "Machiavel"(1985), *L'Avenir dure longtemps, suivi de Les Faits*, Nouvelle édition, éd. Olivier Corpet et Yann Moulier-Boutang, Paris: Éditions Stock/IMEC, 2007, p.500. [권은미 옮김, 「마키아벨리」, 『미래는 오래 지속된다』(증보판), 이매진, 2008, 566쪽.] 강조는 인용자.

을 표상한다. 알튀세르는 여우의 능력을 "**야수적인 지성**, 즉 **무의식적인** 지성, 지성 그 자체인 책략 속에서 군주의 지성을 움직이기 때문에 인간적인 지성 이상의 것인 지성"[75]이라고 정의한다.

왜 군주는 자기 자신을, 자신의 인간적 지성 자체를 속일 수 있어야 하는가? 왜냐하면 인민의 전염성 강한 정념들로부터 적절한 거리를 취하기 위해서 우선 자기 자신 안에 공백을, 곧 자기 자신의 감정들로부터 빈 거리를 가져야 하기 때문이다. 군주는 자신의 계획과 의도는 물론 자신의 내적 감정들을 남들에게 보여줘서는 안 된다. 가장 중요하게, 군주는 자신의 짐승적 면모 자체를 인민에게 드러내서는 안 된다(어쨌든 그 면모를 있는 그대로 드러내서는 안 된다). 군주는 자신의 잔인성뿐만 아니라 가장할 수 있는 기만적 능력을 감춰야 한다. 군주는 자신의 폭력을 감출 수 있어야 하는데, 여우의 가면이 아니라 인간의 가면 뒤에 감출 수 있어야 한다. 군주는 도덕적이 될 필요는 없지만, 도덕적으로 보여야 한다. 그러나 도덕적으로 보일 수 있는 이런 능력은 인간에게 속하는 것이 아니라 여우에게 속한다. 군주는 자신이 숨기고 있다는 것을 숨겨야 하고 사라지는 것처럼 보이거나 나타나면서 사라져야 한다. 그리고 이 모든 것을 위해서 군주는 무엇보다도 자기 자신을 속이는 법을, 자기 자신으로부터 거리를 취하는 법을, 그리하여 자신 안에 공백을 생산하는 법을 알아야 한다.

알튀세르는 여우의 이런 기만적 작업을 직접적으로 사회적 의미에서 이해되는 이데올로기와 연결시킨다. "적어도 [마키아벨리는] 군주가 지닌 이런 여우의 역량이 군주의 사회적 이미지, 즉 **공적 이미지**

---

75) Althusser, "Machiavel," p.500. [「마키아벨리」, 566쪽.] 강조는 인용자.

에 관련된다고 말하거니와, 나는 그것을 제1의 이데올로기적 국가장치라 부를 것이다."[76] 그러나 알튀세르는, 이런 이데올로기적 작동의 환상이 인민에게 폭로되어야 한다고 주장하기는커녕 반대로, 예컨대 정신분석적 실천에 의해 생산되는 긍정적인 치유 효과와 결부지으면서 이렇게 주장한다.

이 점에 대해 마키아벨리는 스피노자 역시 (『신학-정치론』에서) 말하는 것을 말하지만, 불행히도 더 이상 나아가지 않는다. 마키아벨리는 여우 자체의 '본성'에 대해서는 말하지 않는다. 그런데 스피노자는 여우에 대해서는 말하지 않지만 그 '본성'에 대해서는 말한다. 그 '본성'은 슬픈 감정이 (앞에서 본 대로 내적인 전위에 의해) 즐거운 감정으로 전환하는 데서 발생한다. 그리고 우리는 또한 이 전환이, 즉 전적으로 프로이트를 미리 생각하게 하는 전위가, 빈약한 계몽 시대의 신학적인 이론가들이 바랐을 것과 같이 계몽이나 단순한 지적 노력과 관계있는 것이 전혀 아니며, 반대로 멘스^{mens} 속에서 슬픈 감정을 즐거운 감정으로 전위시키는 '**신체의 운동의 발전**'(코나투스 속에서의 신체의 자유로운 민활성과 자유로운 자기 처신, 신체의 성찰 및 '창안')과 전적으로 관계있다는 것을 보았다(프로이트의 경우에 환상들이, 그것도 가장 나쁜 환상들이 그러하듯이, 감정들은 치료 속에서, 치료를 통해서 결코 무의식으로부터 사라지지 않는다. 감정들은 단순히 지배적 지위에서 피지배적·종속적 지위로 전위된다). 따라서 여우는 더할 나위 없이 **신체**이며 **신체의 해방된 역량**이다. 여기에서 우리는 스

---

76) Althusser, "Machiavel," p.501. [「마키아벨리」, 566쪽.]

피노자와 니체에 대한 들뢰즈의 해석에 매우 근접했다. 그러나 프로이트와 반대로 들뢰즈의 경우에 신체의 이 무의식적 역량은 (내 생각으로는 들뢰즈가 부당하게 거부한) 오이디푸스 속에서 환상들, 예컨대 지배적인 환상들과 종속적인 환상들의 하나의 배치 형태로 '묶이지' 않는다. 마키아벨리는 이 점이 이런 제3의 심급으로 동물적·야수적이고, 따라서 무의식적이지만 의식 그 자체보다 더 지성적인 한 심급을 만든다는 것을 잘 알고 있었다.[77]

그럼에도 불구하고, 이 구절에서 알튀세르가 라캉에 대해 전혀 언급하고 있지 않다는 점은 호기심을 자아내지 않는가? 이 침묵은 여기에서 알튀세르가 라캉에 대한 준거를 의식적으로든 무의식적으로든 억압하고 있다는 것을 지시하는 징후가 아닐까? 이에 대한 대답은 내가 보기에 "예"이면서 동시에 "아니오"이다. 왜냐하면 라캉과 가장 가까이에 서 있는 것처럼 보이는 이 자리에서 알튀세르는 또한 라캉으로부터 무한하게 발산해 나오고 있기 때문이다. 이런 발산의 이유를 몇 가지 생각해볼 수 있을 것이다. 먼저 우리의 주목을 끄는 것은 알튀세르가 신체를 강조한다는 점이다. 물론 이런 '신체'는 순수하게 생물학적인 의미로 이해되지 않는데, 왜냐하면 알튀세르가 여기에서 논하는 무의식과 무의식의 환상들은 신체와 정신의 경계에서 발생하는 것이고, 그리하여 '멘스'라는 스피노자적인 의념과 관련되는 것이기 때문이다(알튀세르가 공공연하게 말하듯이 '멘스'의 프로이트적 등가물은 '리비도' 이외의 그 무엇도 아니다). 알튀세르에게 문제가 되

---

77) Althusser, "Machiavel," pp.501~502. [『마키아벨리』, 567~568쪽.] 강조는 인용자.

는 것은 오히려 더 '적합한' 방식으로 신체에 기여할 수 있는 환상들의 상이한 배치 형태를 구축할 수 있는 가능성이다. 신체에 대한 정신의 적합성 정도라는 이 문제설정은 『윤리학』(1677)에서 누누이 말해지듯이 베네딕투스 데 스피노자에게는 핵심적인 것이지만 아마도 라캉에게는 그렇지 않을 것인데, 왜냐하면 라캉에게 신체는 기표의 장으로 들어설 때 일률적으로 하나의 공백으로 나타나는 것(따라서 사라져버리는 것)처럼 보이기 때문이다. 라캉의 경우 신체에 더 적합한(또는 덜 적합한) 기표의 상이한 질서 같은 것은 존재하지 않는다. 라캉은 기표의 질서로 환원될 수 없는 신체의 진정으로 이질적인 차원을 사고할 여지를 자신의 이론 안에서 사실상 주지 않는다. 즉, 라캉의 이론 안에서 신체들은 각각의 독특성들과 상관없이 모두 동일한 공백으로 환원될 수 있다.

그러나 우리의 논의 맥락에서 주목해야 하는 더 중요한 것은 알튀세르가 (정신분석적 치료를 통해 달성되든, 마키아벨리-스피노자적인 정치적 실천을 통해 달성되든 간에) 치유 효과를 새로운 보편적인 상징적 법의 정초가 아니라 **세력 관계들**의 전환-전위의 측면에서 사고하고자 한다는 사실이다. 알튀세르는 지배적인 환상들과 지배받는 환상들이 있으며 우리가 바랄 수 있는 최선의 것은 모든 종류의 환상에 종언을 고하거나 하나의 환상을 제거하고 또 다른 환상을 고수하는 것이 아니라, 정확히 정세적인 방식으로 지배적 환상들과 지배받는 환상들이 자리를 바꿀 수 있는 어떤 시소게임을 도입하는 것이라고 말한다. 이런 식으로 유도되는 치유 효과는 경우에 따라 오랜 기간 지속될 수 있을 것이다. 그러나 그런 치유 효과가, 하나의 세력이 다른 하나의 세력을 완전히 배제할 수 없는 시소게임을 통해서 야기되는 한(완전한 배제는 시소게임 그 자체를 취소하는 것과 같기에), 치유 과정이 완료될 것으로 기대되는 지점으로서의 종착점, 목적지 같은 것은 없다.

우리는 이미 알튀세르가 가난한 인민, '여윈 자들'의 편에 무게를 실어줌으로써 귀족들, '살찐 자들'의 탐욕을 제한할 수 있는 군주의 능력을 묘사하려고 시도하면서 시소게임의 이미지를 활용한 것을 본 바 있다. 그러나 군주의 책략은 결코 귀족들의 완전한 격파를 목표로 삼아서는 안 되는데, 왜냐하면 군주가 귀족들을 모두 패퇴시키자마자 그 자신이 필요로 하는 자신과 인민 사이의 '빈 거리'를 자신이 유지할 수 없을 것이기 때문이다. 귀족들을 완전히 파괴하는 것은 오히려 시소게임 자체의 총체적 실패로 귀결될 것이며, 따라서 의도된 민주화 과정 자체뿐만 아니라 자신의 주권적 권력의 총체적 붕괴로 귀결될 것이다. 중요한 것은 **정치를 불가능하지 않게** 만들 길을 찾는 것이다. 체자레가 레미로를 파견한 이후 공개 처형하는 비상한 수단을 사용했던 이유는 이와 같은 추론에 준거해 도출된다. 알튀세르는 이렇게 말한다. "'만약' 계속 이렇게 간다면, '그렇다면' 더 이상 아무것도 가능하지 않으며, '그렇다면' 인민은 증오로 돌아설 것이고, 누구에 의한 통치이든 통치 전체가 불가능해진다."[78]

따라서 알튀세르가 마키아벨리와 함께 사유하는 것은 정치 그 자체의 바로 그 불확실성 안에서 인민적 계급투쟁을 전진시키면서도 그로부터 나오는 증오와 폭력의 양을 감축하는 것이 가능해지는 정치의 공간을 열어낼 가능성이다. 물론 이는 이와 같은 투쟁들 안에 어

---

78) Althusser, "Machiavel," p.499. [「마키아벨리」, 564쪽.]

면 폭력적 행위도 포함되어서는 안 된다는 것을 의미하지 않는다. 오히려 폭력적 행위는 오직 계급 정치가 일반화된 증오에 의해 불가능해지지 않는 공간을 그 행위가 열어내는 한에서만 정당화될 수 있다는 것을 의미한다. 알튀세르는 이런 정치적 공간이 '만일'과 '그렇다면'의 마키아벨리적인 우발성의 논리를 따라 인식되어야만 하며 법의 목적론적 논리에 따라 인식되어서는 안 된다고 주장한다. 마키아벨리 자신이 지적하듯이 좋은 법은 여전히 필요하다. 그러나 좋은 법은 갈등을 종식시키기보다는, 계급투쟁 자체의 '기능'이 되어야 한다. 『마키아벨리와 우리』에서 알튀세르는 다음과 같이 주장한다.

법은 정치적 제약의 **일반적 형태**가 아니다. 우리는 또 다른 형태(공포)가 있으며 심지어 법은 공포의 소멸로 귀결되기는커녕 단순히 공포를 전위시킨다는 것을 발견한다. 타르퀴니우스 왕 이후 귀족들을 구속한 것은 법[예컨대 호민관]이었다. 그리하여 공포의 요소는 법 안에 포함되어 있으며 다시 한 번 순수하게 도덕적인 국가라는 신화를 배제한다. 법의 진실은 실제로 마키아벨리가 때로는 귀족과 인민이라고, 때로는 '대립하는 기질들'이라고, 때로는 **계급들**이라고 부르는 국가 내의 **적대적인 사회 집단들 간의 갈등의 기능**으로 나타난다. 이것이 두 '기질들'에 대한 유명한 이론인데, "공화국을 흔드는 저 기질들이 법에 의해 확립된 표출 수단을 가질 수 있도록 …… 공화국을 조직하는 것만큼 공화국을 안정되고 한결같게 만드는 것은 없다." 마키아벨리는 법을 계급투쟁과의 관계 속에서 **이중의 각도에서** 숙고한다. 법의 **결과**에 있어서 보자면, 법은 계급 간 세력의 균형을 안정시키고, 그렇게 해서 (마키아벨리가 말하듯이) 하나의 '매개'로 작동하며 '자유'를 생성시킨다. 그러나 법의 '원인'에 있어서 보자면, 법은 인민을 우선시하는데, 인민의 '소요'는 법의 쟁취로 귀결된다. **계급투쟁을 제한하는 법의 기원으로서의 계급투쟁**이라는 자신의 이론에서 마키아벨리는 인민의 관점을 취한다.[79]

따라서 계급투쟁은 궁극적으로 전쟁이 아닌 정치가 되기 위해서 스스로를 문명화해야 한다. 계급투쟁은 그것 자체가 쟁취하는 법과 제도를 수단으로 해서 스스로를 제한할 수 있어야 한다. 로마 공화국에서 이런 시도는 먼저 군주라는 인물을 통해서 이뤄졌고, 그런 다음에는 호민관 같은 인민의 대표자의 제도화를 통해 이뤄졌다.[80]

혹자는 여전히 이렇게 물을지도 모른다. 시민공존의 정치의 이런 마키아벨리적-알튀세르적 판본은, 앞에서 언급한 차이들에도 불구

---

79) Althusser, *Machiavelli and Us*, pp.58~59. [『마키아벨리의 가면』, 108~109쪽.] 강조는 인용자.

80) 알튀세르는 이렇게 설명한다. "그러므로 로마에서, 예를 들어 '공포를 통해 귀족 사회를 제어했던 타르퀴니우스가 쫓겨난 뒤, 타르퀴니우스가 했던 것과 동일한 효과를 생산할 새로운 제도를 고려하는 것은 당연하다.' 이 새로운 제도는 호민관들의 작품이었으며, 호민관들은 '평민과 원로원 사이의 매개체로서 행위하고 …… 귀족의 오만을 억제'할 수 있었다." Althusser, *Machiavelli and Us*, p.58. [『마키아벨리의 가면』, 108쪽.] 두 가지 기질에 대한 마키아벨리의 이론으로부터 기원하는 시민공존 개념에 대해서는 다음을 참조하라. Marie-Gaille Nikodimov, *Conflit civil et liberté: La politique machiavélienne entre histoire et médicine*, Paris: Honoré champion éditeur, 2004, pp.61~101. 마키아벨리 자신이 사용한 '시민공존적 삶'(vivere civile)이라는 표현은 『로마사 논고』의 제1권 3장에 처음 등장한다. Niccolò Machiavelli, *Discourses on the First Ten Books of Titus Livius*(1517), trans. Max Lerner, New York: Random House, 1950, p.117. [강정인·안선재 옮김, 『로마사 논고』, 한길사, 2003, 84쪽. 한국어판에는 '잘 정비된 국가의 삶'이라 번역되어 있다.]

하고, 주권권력의 궁극적 담지자로서 군주의 역할을 강조한다는 점에서, 여전히 라캉적 판본에 너무 가까운 것은 아닌가? 바꿔 말해서, 그것은 알튀세르가 자신의 이데올로기론에서 추구하고자 했던 해방의 정치와 양립 가능할 정도로 충분히 민주적인가? 알튀세르 자신이이 질문을 던지면서, 스피노자에게 있어서는 적어도 원칙적으로 모든 개인이 환상들의 경제의 어떤 전환-전위를 작동시킬 수 있는 자로 나타나는 반면, 마키아벨리에게 있어서는 오직 군주만이 그렇게할 수 있는 자로 나타난다는 점을 지적한다. 결국 여우의 역량은 단지 군주에게 속할 뿐, 인민 자신에게 속하지는 않는 능력으로 간주된다고 봐야 하는가? 그러나 알튀세르는 그렇지 않다고 말한다. "군주로 하여금 인민 자신의 정념에 대한 거리를 인민 안에 불러일으키도록 하고, 또 군주 안에 있는 사랑과 증오라는 주인-정념에 대한 거리를 인민 안에 불러일으키도록 하는 이 순환적 인과성으로 돌아가 보자면, 이런 판단은 아마 착각일 것이다."[81]

---

81) Althusser, "Machiavel," p.501. [「마키아벨리」, 568~569쪽.] 능력(비르투스)에 대한 마키아벨리적 관념에 대해 있을 수 있는 또 다른 문제제기는, 그런 관념이 군주의 남성적 능력을 특권화하지 않는가 하는 것이다. 이는 합당한 문제제기인데, 특히 우리는 여기에서 라캉적 정치와 마키아벨리적-알튀세르적 정치의 차이라는 문제를 논하고 있기 때문이다. 이런 쟁점에 대해 우리는 보니 호니히의 주장에 준거할 수 있을 것이다. "전체적으로 봤을 때 마키아벨리의 능력을 지닌 남성의 최고의 탁월함은 행운의 여신[포르투나]처럼 될 수 있는 능력, 그녀처럼 변덕스럽고, 예측 불가능하고, 교활할 수 있는 능력이다. 진정한 사내다움은 옷을 바꿔 입을 수 있는 역량, 가장 진정한(왜냐하면 가장 가짜이기 때문에?) 여성의 의복을 걸치고 그녀의 무기를 휘두를 수 있는 역량을 의미한다. 행운의 여신을 일관되게 그리고 훌륭하게 물리칠 수 있는 역량, 곧 능력(비르투스)은 행운의 여신 자신의 게임에서 그녀를 이길 수 있는 재능이다. 비결은 행운의 여신보다 더 여성스러워지는 것, 그녀보다 더 나은 여성이

따라서 인민의 전염성 강한 정념들로부터의 적절한 거리를 생산해야 하는 것은 단지 군주만이 아니다. 인민 자신이 그렇게 해야 하는데, 군주라는 인물을 통해서, 또는 좀 더 일반적으로는 자신들의 **대표자**라는 형상을 통해서 인민은 군주의 정념뿐만 아니라 자기 자신의 정념으로부터 스스로 거리를 두려고 시도해야 한다. 아마도 여기에서, 「'피콜로,' 베르톨라치와 브레히트(유물론적 연극에 대한 노트)」(1962)에서 제시된 대중과 멜로드라마의 관계에 대한 알튀세르의 논의에 준거해, '변증법을-무대의-가장자리에-위치시키는 구조'라고 부른 것에 대해 새롭게 생각해보는 것이 적절할 것 같다.[82] 알튀세르에게 중요한 것은 관객을 연극 자체로부터 분리시키는 외적 거리가 아니라, 연극 내부에서 열리는 내적 거리, 관객들을 그 안에 담아내고 자신들의 이데올로기에 대해 비판적 의식을 발전시키도록 관객들을 움직이는 내적 거리이다. 이런 내적 거리를 만들어내기 위해서는 멜로드라마적이거나 비극적인 구조를 무대의 가장자리로 전위시키고, 대중들 자신(그들의 텅 빈 삶과 실존의 조건들)을 무대의 중심에 올려야 한다고 알튀세르는 주장한다. 그렇다고 멜로드라마나 비극의 변증법적인 구조가 유물론적 연극 자체로부터 모두 제거되어야 한다는 뜻은 아니다. 정반대로 이런 구조는, 심지어 주변으

되는 것이다. 그리고 능력을 지닌 남성만이 그것을 할 수 있다. 마키아벨리의 능력을 지닌 남성의 재능이란 (남성과 여성, 인간과 자연 사이의) 넘을 수 없는 선을 넘는 그의 역량, 평범한 인간이라면 물러설 자리에서 위험을 무릅쓰고자 하는 그의 의지이다." Bonnie Honig, *Political Theory and the Displacement of Politics*, Ithaca: Cornell University Press, 1993, p.16.

82) Althusser, "The 'Piccolo Teatro'," p.142. [「'피콜로'」, 169쪽.]

로 전위되어야 한다고 할지라도, 유물론적 연극에 절대적으로 필요한 것이다. 이데올로기적 극장에 대한 비판의 항상적인 운동에 참여하기 위해서 관객들은 그와 같은 드라마의 변증법적 구조를 무대의 가장자리에 반드시 가지고 있어야만 한다. 그리고 만일 이처럼 변증법을-무대의-가장자리에-위치시키는 구조가 유물론적 연극에 필요하다면, 유사한 방식으로 우리는 **대표를-무대의-가장자리에-위치시키는 구조**라고 부를 만한 것이 계급 정치의 유물론적 무대를 위해서 요구된다고도 말할 수는 없는가? 대중은 정치적 대표를 통해서 자기 자신의 정념 및 스스로에게 위험스러워지곤 하는 자신의 역량으로부터 적절한 거리를 취할 수 있다. 하지만 알튀세르는 이와 같은 낯설게 만들기 효과가 실현되려면 대표의 구조가 무대의 가장자리로 전위되어야만 하고 무대의 중심을 대중들 자신에게 내줘야 한다고 주장한다.[83] 대중들이 무대의 중심에서 스스로를 하나의 정치적 세력

---

83) 『폭력과 시민공존』에서 발리바르는 이와 유사한 결론에 도달한다. "그러나 오늘 나는 …… 이것[러시아 혁명의 과정에서 볼셰비키가 대의제 민주주의의 요소들을 공격하기 위해 프롤레타리아 독재를 도입한 것은, 결국 공공의 삶을 야만화(Verwilderung)시키는 것으로 귀결될 수밖에 없다고 경고한 로자 룩셈부르크의 말]을 다르게 읽을 수 있다고 믿는다. 이러저러한 제도적 또는 사법적 형태를 강조함으로써가 아니라, 혁명을 위한(그리고 심지어 혁명적 과정 안에서의) 대의적 계기의 필요성/필연성을 강조함으로써 말이다. 집단적 운동 및 특히 대중의 운동으로 하여금 자기 자신과 거리를 취할 수 있도록 허용하는 계기, 또는 그 운동의 집단적 동일성 및 그 운동이 자신의 목적과 수단(자신의 힘)에 대해 형성하는 표상과 관련해, 거의 브레히트적인 의미에서 낯설게 만들기 효과를, 즉 '무대에 올리기' 또는 '거리를 두고 보기'로부터 귀결되는 비판적 지각의 효과를 생산할 수 있도록 허용하는 계기." Balibar, *Violence et civilité*, p.159. 또한 다음 논문의 결론을 참조하라. Guillaume Sibertin-Blanc, "De la théorie du théatre à la scène de la théorie: Réflxions sur 《Le 'Piccolo,'

으로 조직하지 않는다면, 대의제는 평범한 자유주의적 멜로드라마로
쉽게 변질되고 말 것이며, 이는 외려 대중들이 스스로에 대해 취해야
하는 적절한 거리를 파괴하고 말 것이기 때문이다.

여기에서 잠시 지젝의 『폭력이란 무엇인가』로 돌아가보자. 지젝
은 "신적 폭력"이라는 제목을 붙인 제6장의 결론에서 라캉의 『세미
나 11: 정신분석의 네 가지 근본 개념』(1964~65)에 명시적으로 준
거해 다음과 같이 주장한다.

> 키에르케고르는 여기에서 라캉이 나중에 설명할 **증오사랑**hainamoration
> 의 논리를 적용하는데, 이 논리는 사랑하는 사람 안에서 사랑하는 사
> 람과 그 사람에 대한 내 사랑의 진정한 대상-원인, 곧 "그 사람 안에
> 있는 그 자신 이상"인 것(키에르케고르의 경우에는 신) 사이의 분열에
> 의존한다. 때로 증오는 내가 당신을 진정으로 사랑하고 있다는 유일
> 한 증거이다. 여기에서 사랑이라는 의념은 그 바울적 중요성을 온전
> 히 부여받아야만 한다. 요컨대 **순수한 폭력의 영역**, 법(법적 권력) 바
> 깥의 영역, 법-정초적이지도 않고 법-보존적이지도 않은 폭력의 영
> 역은 **사랑의 영역**이다.[84]

그러나 이런 주장은 라캉의 이론을 여지없이 오독한 것이다. 왜냐
하면 『세미나 11』에서 라캉은 **칸트적 도덕 법칙**이야말로 사랑하는 자

Bertolazzi et Brecht》 d'Althusser," *Le Moment philosophique des Années
1960 en France*, éd. Patrice Maniglier, Paris: PUF, pp.271~272.

84) Slavoj Žižek, *Violence*, New York: Picador, 2008, pp.204~205. [이현우·김희
진·정일권 옮김, 『폭력이란 무엇인가』, 난장이, 2011, 281쪽.]

안에서 정념적 대상과 대상 a를 나누는 것을 가능하게 만드는 것이라고 말하기 때문이다.[85] 라캉은 더욱이 다음과 같이 주장한다.

> 혹자들의 눈에는 우리가 사랑을 깎아내린 것처럼 보일 테지만, 사랑은 무엇보다 사랑의 대상을 기각하는 저 너머에만 자리 잡을 수 있습니다. 바로 이 점을 통해 우리는 또한 하나의 성의 다른 성에 대한 지속 가능한, 온화한 관계가 자리 잡을 수 있는 안식처는 **부성적 은유**라는 매개물의 개입을 반드시 필요로 한다는 것을 이해할 수 있습니다. 그것이 바로 정신분석의 가르침이죠.[86]

따라서 라캉에 따르면 사랑은 오직 법의 영역, 부성적인 상징적 법(아버지-의-이름)의 영역 **안에서만** 지속 가능한, 온화한 관계가 된다.[87] 그렇다면 지젝이 라캉을 이렇게 거꾸로 뒤집는 이유는 무엇인가? 이 오독은 단순하거나 사소한 것이 아닌데, 왜냐하면 이 오독은 지젝의 작품 전체를 관통하고 있기 때문이다. 이런 오독은 오히려 지젝이 상징적 법의 지고의 중요성을 강조하는 라캉의 정신분석학 이론을 자기 자신의 혁명적 열망과 화해시키려고 시도함에 있어 겪게 되는 곤란들을 지시한다. 이런 곤란들을 해결하기 위해서는, 내가 보

---

85) Lacan, *The Four Fundamental Concepts of Psychoanalysis*, pp.275~276. [『정신분석의 네 가지 근본 개념』, 414~415쪽.]

86) Lacan, *The Four Fundamental Concepts of Psychoanalysis*, p.276. [『정신분석의 네 가지 근본 개념』, 415쪽.] 강조는 인용자.

87) 『세미나 20』에서 라캉이 수행하는 이론적 단절에 대해서는 본서 제2장에서의 논의를 참조하라.

기에, 법과 폭력이라는 쟁점들에 대한 마키아벨리적-알튀세르적 관점에서의 접근이 필요할 것이라 여겨진다.

알튀세르와 라캉이 걸었던 길은 때로는 수렴했고 때로는 발산했다. 서로에게 접근해가면서도, 서로로부터 무엇인가를 배우면서도, 사실상 그들은 논쟁하기를 결코 멈추지 않았다. 그러나 둘 중 어느 누구도 상대방이 없었다면 자신이 될 수 없었으리라는 점도 마찬가지로 분명하다. 알튀세르와 라캉의 새로운 대화 가능성은 무한히 열려 있다. 우리 자신이 무한히 문을 열고 들어가는 독특한 정세들 속에서, 그들 자신이 우리가 반드시 새롭게 결합해야 하는 사고의 요소들을 이루고 있기 때문이다.

'정동 이론' 비판*
알튀세르의 이데올로기론과의 쟁점을 중심으로

1. 번역 용어에 관해서: affection, affect, emotion

이른바 '정동 이론'은 'affect theory'를 번역한 말이다.[1] 요컨대 affect 를 '정동'이라는 신조어로 옮긴 것이다. 이런 번역의 적절함 여부를 둘러싸고 최근 약간의 논란이 있었다. 조강석은 『현대시학』(2016년 1월호)에 기고한 「정동적 동요와 시 이미지」라는 글에서 affect를 '정동'으로, affection을 '정서'로 번역하는 국내 자율주의 계열 번역자 들의 선택을 그대로 따르면서 "정서는 봉인하고 정동은 이행한다" 라는 주장을 펼쳤다. 따라서 '정동'이라는 신조어는 affect의 운동적

---

* 이 글은 다음에 수록된 논문을 확대·수정한 것이다. 최원, 「'정동이론' 비판; 알튀세르의 이데올롤기론과의 쟁점을 중심으로」, 『문화과학』(통권86호/여름), 문화과학사, 2016. 비록 본서 제3장의 내용과 일부 겹치지만, 이 논문은 알튀 세르의 논의가 구조주의 언어학이나 자크 라캉의 정신분석뿐만 아니라 또 다 른 흐름들(질 들뢰즈나 브라이언 마수미)과 가지는 쟁점들을 이해하는 데 도움 이 될 수 있다고 판단되어 부록으로 수록한다.

1) Melissa Gregg and Gregory J. Seigworth, ed., *The Affect Theory Reader*, Dur- ham/London: Duke University Press, 2010. [최성희·김지영·박혜정 옮김, 『정 동 이론』, 갈무리, 2015.]

또는 이행적 측면을 강조하려는 의도가 들어가 있다고 볼 수 있다. 이에 대해 진태원은 『현대시학』(2016년 4월호)에 「정동인가 정서인가?: 스피노자 철학에 대한 초보적 논의」라는 글을 기고해, '정동'이라는 번역어는 질 들뢰즈가 평이하게 '포함하다'의 의미로 사용한 envelopper(envelop)라는 단어를 '봉인하다'라고 오역하고[2] affection과 affect를 봉인 대 이행(또는 정지 대 운동)의 구도로 대립시킨 것에서 비롯된 것이라고 지적했다.

그런데 '정동'이라는 번역어도 확실히 문제가 있지만, 내게 더 눈에 띄는 문제는 affection의 번역어로 '정서'라는 용어를 선택했다는 점이다. 들뢰즈 자신의 스피노자 강의록을 직접 읽어보면 들뢰즈는 affection을 어떤 주관적인 감정과 직접 연결시키지 않고 있음을 쉽게 확인할 수 있다. (부차적으로는 그럴 수 있다고 할지라도) affection은 일차적으로 감정의 문제가 아니다. 들뢰즈는 "신체들의 섞임 모두를 affection이라고 부를 것이다"라고 말한다.[3] 따라서 들뢰즈가 사용하는 affection은 하나의 신체(또는 그 신체의 이미지)가 다른 신체에 영향을 미치는 일체의 작용을 일컫는 말이다. 이는 정확히 스피노자가 라틴어 affectio를 사용한 방식과 동일한 것으로, 가장 적합한 번역어는 이미 많은 스피노자 번역자들이 택해온 '변용'이라고 볼 수 있다. 이렇게 이해하지 않고 affection을 '정서'라고 이해할 경우, 우리는 다음과 같은 들뢰즈의 말을 도저히 이해할 수 없게 된다.

---

2) 진태원은 envelopper에 상응하는 베네딕투스 데 스피노자 자신의 표현 역시 라틴어 involvere, 곧 '포함하다'였다는 점을 근거로 제시한다.

3) Gilles Deleuze, "Sur Spinoza: Cours Vincennes, 24 janvier 1978," Les Cours de Gilles Deleuze [www.webdeleuze.com/php/sommaire.html]

"태양은 밀납을 녹이고, 진흙을 굳게 합니다." 이런 점들은 아무것도 아닌 것이 아닙니다. 이런 점들은 affectio[affections]의 관념들입니다. 나는 녹아 흐르는 밀납을 보고, 바로 그 옆에서 굳어지는 진흙을 봅니다. 이것이 바로 밀납의 affection이고 진흙의 affection입니다. 그리고 나는 이런 affections에 대한 관념을 가집니다.[4]

"밀납의 affection"과 "진흙의 affection"을 "밀납의 정서," "진흙의 정서"라고 옮길 수 있을까? 억지로 그렇게 옮기더라도 그것이 부적절하다는 점은 누구나 인정할 수 있을 것이다. 오히려 "밀납의 변용," "진흙의 변용"이라고 옮길 때 들뢰즈의 말이 쉽게 이해될 수 있다. affection은 단순히 하나의 신체가 다른 신체에 의해 변용되는 사태를 의미한다. 들뢰즈는 곧바로 이런 신체의 변용이 정신에 의해 '표상'될 때 생겨나는 관념을 '제1종의 인식'(상상)과 연결시킨다.

스피노자는 자신의 용어법의 엄밀함을 보존하기 위해서, affectio는 변용하는 신체의 자연본성보다 변용되는 신체의 자연본성을 더 가리키며, 변용하는 신체의 자연본성을 포함한다envelope고 말할 것입니다. 나는 스피노자에게서 첫 번째 유형의 관념들은 신체의 affectio, 곧 하나의 신체와 다른 신체의 섞임을 말하는 affectio를 표상하는re-présente 모든 사유의 양태라고 말할 것입니다. 또는 내 신체 위에 [새겨지는] 또 다른 신체의 흔적을 affectio의 관념이라고 부를 것입니다. 그것이 변용-관념idée-affection, 첫 번째 유형의 관념들이라는 것은 이

---

4) Deleuze, "Cours Vincennes, 24 janvier 1978," ibid.

런 의미에서입니다. 그리고 이 첫 번째 유형의 관념들은 스피노자가 가장 저급한, 제1종의 인식이라고 불렀던 것에 상응합니다.[5]

요컨대 affection은 어떤 신체의 다른 신체에 의한 '변용'이며(따라서 순수하게 '연장'에 속하는 물리적 변화이며), 이 변용을 정신 안에서 표상하는 '관념'은 제1종의 인식(상상)에 해당한다(우리는 다음 절에서 이 논점으로 다시 돌아올 것이다).

그렇다면 왜 이 '변용'이라는 의미의 affection이 '정서'라는 식으로 오역되고 있는 것일까? '정동 이론'의 한국 번역자들에게 책임이 있는 것일까? 부분적으로 그렇다고 볼 수 있지만, 내가 보기에 더욱 책임이 큰 것은 '정동 이론'의 기원에 있다고 볼 수 있는 브라이언 마수미이다. 마수미는 들뢰즈를 따라 affect를 강렬도^{intensité}와 등치시킨 뒤, emotion과 대비시키면서 이렇게 말한다.

emotion은 주관적 내용이자 경험의 질의 사회-언어학적 고정이며, 이때부터 이 경험은 개인적인 것으로 규정된다. emotion은 한정된 강렬도이며, 의미론적·기호론적으로 형성된 진행 안으로, 서사화될 수 있는 작용-반작용의 회로 안으로, 기능과 의미 안으로 강렬도가 기입되는 수렴적·공감각적 지점이다. affect와 emotion의 차이를 이론화하는 것은 결정적이다. 혹자가 affect가 시들해졌다는 인상을 받았다면 이는 affect가 한정되지 않기 때문이다. 그와 같은 것으로서, affect는 소유하거나 알아볼 수 없고, 그리하여 비판에 저항한다.[6]

5) Deleuze, "Cours Vincennes, 24 janvier 1978," ibid.

마수미는 여기에서 들뢰즈의 'affection-affect'의 구분을 'emotion-affect'의 구분으로 바꿔놓고 있다. 한국 번역자들이 이 구분을 '정서-정동'으로 번역하게 된 것은 필시 이 때문일 것이다. 그리고 (본래적으로 언어적인 것과 관련 없는) 이행하는 순수 강렬도로서의 affect와 그것의 사회-언어학적인 고정, 의미론-기호론 안으로의 기입으로서의 emotion 사이의 마수미적 대립 구도가 추가되면서 "정서는 봉인하고 정동은 이행한다"라는 해석이 나왔다고 볼 수 있다.

물론 들뢰즈 자신도 affection과 affect를 각각 '순간'instantanéité과 '지속'durée에 연결시키며, "affection은 affect를 enveloppe한다"고 말하고 있는 것은 사실이다.[7] 그러나 이 말은 affection은 지속적으로 이행하고 있는 affect의 순간적인 한 지점에서의 값이라고 볼 수 있다는 이야기일 뿐 거기에 마수미가 부여하는 의미는 없다. affection은 앞에서 말한 바와 같이 다른 신체와의 섞임에서 비롯되는 신체의 변용일 뿐이다. 이런 신체의 변용이 정신 안에서 표상되어 관념을 형성할 때 그것이 첫 번째 유형의 관념으로서 변용-관념(제1종의 인식)이 되지만, 변용 그 자체가 의미론적이고 기호론적이고 언어학적인 회로로의 기입은 아닌 것이다.

신체의 변용은 부정적인 변용일 수도 있고, 반대로 긍정적인 변용일 수도 있다. 부정적인 변용일 경우 그런 변용을 야기한 다른 신체를 제거하기 위해서 나는 내 신체의 역량을 소비해야 하고, 그만큼

---

6) Brian Massumi, "The Autonomy of Affect," *Culture Critique*, no.31: The Politics of Systems and Environments, Part II, Autumn 1995, p.88.

7) Gilles Deleuze, "Sur Spinoza: Cours Vincennes, 20 janvier 1981," Les Cours de Gilles Deleuze [www.webdeleuze.com/php/sommaire.html]

내 신체의 역량(존재할 수 있는 역량, 행동할 수 있는 역량)이 감소하는 affect가 나타나게 된다. 그것이 곧 '슬픔'인 것이다. 반면 그런 변용이 긍정적인 변용일 경우, 나는 그 변용을 야기한 다른 신체와 관계를 형성하거나 결합함으로써 내 신체의 역량이 증가하는 affect가 나타나게 된다. 그것이 곧 '기쁨'인 것이다. 이렇게 (스피노자에게서와 마찬가지로) 들뢰즈에게서 기쁨과 슬픔은 가장 기본적인 affect로 제시되고 있다. 그러니 affect가 분명 역량의 변화 또는 이행을 뜻하는 것은 사실이지만, 그 변화 또는 이행이야말로 우리가 '정서'라고 부르는 것에 다름 아닌 것이다. 바꿔 말해서, **'정서=affect'란** 그 자체로 항상 (더 슬퍼지거나 더 기뻐지는) **'이행'인 것이다.** 따라서 이하부터 나는 affection을 '변용'으로, affect를 '정서'로 일관되게 쓸 것이다.

2. '정동 이론'의 이론적 노림수

들뢰즈는 관념idée과 정서를 날카롭게 구분하는데, 관념은 "표상적인 성격에 의해 규정되는 사유의 양태"라고 규정하고, 반면 정서는 "비표상적인 한에서의 사유의 양태"라고 말한다. 물론 신체적 변용을 가해오는 대상(다른 신체)에 대한 '표상'을 동반하지 않는 정서는 없다는 점을 들뢰즈는 잘 알고 있고, 이 때문에 들뢰즈는 "정서에 대한 관념의 일차성"이 있다고 말한다. 그러나 동시에 들뢰즈는 우리가 어떤 대상을 의욕will한다고 했을 때, 그 대상에 대해 우리가 형성하는 관념과 우리의 의욕 자체(의욕함)는 구분되어야 하며 이때 의욕은 비표상적인 사유의 양태로서의 정서라고 볼 수 있다고 주장한다. 그렇다면 스피노자 자신은 정서를 어떻게 규정할까?

나는 정서affectus[affect]를 신체의 행동할 수 있는 역량을 증대시키거나 감소시키고, 촉진하거나 저해하는 신체의 변용affectio[affection] 및 동시에 그런 변용에 대한 관념으로 이해한다. 그러므로 만일 우리가 그런 변용의 타당한 원인이 될 수 있다면, 그 경우 나는 그 정서를 **능동**으로 이해하며 그렇지 않을 경우는 **수동**으로 이해한다.8)

스피노자의 이런 정의를 문자 그대로 받아들인다면, 우리는 들뢰즈의 정서 개념과 스피노자의 정서 개념 사이에는 미세하지만 중요한 차이가 있다는 것을 알 수 있다. 왜냐하면 스피노자의 정서는 신체의 변용 및 그 변용에 대한 관념을 **동시에** 함축하는 개념이기 때문이다. 다시 말해서 스피노자에 따르면, 정서가 있고 그 정서의 대상에 대한 관념이 있는 것이 아니라, 정서는 그 안에 관념까지 포함하는 것으로 규정되고 있다. 게다가 그 관념은 대상에 대한 관념이라기보다는 그 대상과의 마주침에서 비롯되는 내 신체의 변용에 대한 관념이다(이 때문에 정서는 변용하는 신체보다 변용되는 신체의 상태를 더욱 많이 지시한다). 만일 어떤 대상에 대한 의욕이 문제라면, 그 정서는 그 대상을 의욕하게 된 내 신체의 변용과 나의 의욕함에 대한 관념을 동시에 포괄하는 것이다. 따라서 우리는 사실 스피노자가 함께 모아 놓고 있는 것을 들뢰즈는 오히려 나눠 놓고 있으며, 이런 분리를 통해 정서를 순수하게 '비표상적인 것'으로 규정하고자 한다고 말할 수 있을 것이다.

---

8) 베네딕트 데 스피노자, 『에티카』(개정판), 강영계 옮김, 서광사, 2007, 153쪽 (제3부, 정의 3). 번역은 인용자가 수정했다.

마수미의 경우 이런 분리의 경향은 더욱 강화된다. 마수미는 스피노자가 "정서란 신체의 변용 및 동시에 그 변용에 대한 관념이다"라고 말한 부분을 직접 인용하면서, 이때 스피노자가 말하는 '관념'이란 정신에 속하는 것이 **아니라** 신체 그 자체에 속한다고, 신체 그 자체가 사고하는 것이라고 해석한다.

베르그손은 스피노자와 함께 읽을 때 유익할 수 있다. 정서에 대한 스피노자의 기본 정의 중 하나는 "신체의 변용(바꿔 말해서 신체에 대한 침범) 및 **동시에 그 변용에 대한 관념**"이다. 이는 의심스러울 정도로 베르그손적으로 들리기 시작한다. 스피노자가 신체란 자신이 침범됐을 때, 자신 안에 존재하기보다는 자신의 바깥에 존재하며 침범한 사물의 추상된 작용과 그 작용의 추상된 맥락 안에 존재하는, 정념적 유예의 상태에 있다고 묘사한다는 점에 주목한다면 그렇다. 그리고 **여기서 문제가 되는 관념은 의식적이지 않을 뿐만 아니라 최초 심급에서 '정신'**mind **안에 있지도 않다**.[9]

정신 안에 있는 것이 아닌 관념, 신체 그 자체가 가지고 있는 관념이라는 것이 스피노자에게게서는 전혀 생각조차 할 수 없는 것이라는 점을 마수미는 여기에서 완전히 무시하고 있다. 게다가 위와 같은 정의를 전후로 스피노자가 관념의 타당성 문제에 따라 능동적 정서와 수동적 정서를 명확히 구분하고 있다는 점을 생각한다면 마수미의 해석은 완전한 오해에 기초해 있다는 점이 대번에 드러난다.

---

9) Massumi, "The Autonomy of Affect," p.92. 강조는 인용자.

도식적으로 정리해보자. 스피노자는 정서를 신체의 변용과 그 변용에 대한 관념을 포함하는 것으로서 이해하며 사실 이때 관념은 표상적이다. 들뢰즈는 정서를 관념과 분리시키며 비표상적인 순수한 강렬도로서 파악한다. 마수미는 정서를 순수한 강렬도라고 말하면서 동시에 정서는 관념을 포함하지만 그 관념은 표상적이지도 않고 정신 안에 속하지도 않는, 신체 그 자체가 형성하는 관념이라고 말한다 (정신 안에 고유하게 속하는 관념은 이런 신체적 관념에 대한 2차적 반성, 관념에 대한 관념으로 출현하는 파생적인 것에 불과하다).

왜 스피노자를 이런 식으로 비트는가? 이유는 꽤 명확하다. 마수미의 언급에서 쉽게 눈치챌 수 있듯이, 들뢰즈와 마수미는 스피노자를 앙리 베르그손의 철학(그리고 아마도 데이비드 흄이나 고트프리트 빌헬름 라이프니츠의 철학 등)의 렌즈를 통해 읽고 싶어 하기 때문이다. 엄밀한 스피노자 연구자로서 들뢰즈의 비틀음은 여전히 미묘한 수준이지만, 마수미의 비틀음은 명백한 왜곡이라고 간주할 만한 것이다. 그러나 개념의 왜곡보다 더욱 중요한 문제는 이런 왜곡이 드러내는 이른바 '정서 이론'(또는 원한다면, '정동 이론')의 지향, **이론적 노림수**이다. 그 이론적 노림수를 파악하기 위해서 스피노자, 들뢰즈, 마수미의 차이점을 좀 더 고찰해보자.

우선 들뢰즈로부터 우리의 고찰을 시작해보자. 마수미와 달리, 들뢰즈는 신체의 변용을 표상적 관념과 결부시켜 사고하고 있으며, 그 것을 '인식의 종류'에 대한 스피노자의 사유에 직접적으로 연결시킨다. 변용-관념은 제1종의 인식에 대응하는 것이라는 생각이 바로 그 것이다. 그리고 이 때문에 들뢰즈는 신체의 변용에 따라 생겨나는 이행으로서의 **정서**는 그것이 신체의 역량, 곧 신체가 존재하고 행동할 수 있는 역량의 감소일 경우는 물론이고 **역량의 증대일 경우에도 여전히 '능동'이 아닌 '수동'에 지나지 않는다는 점**을 명확하게 파악하고 있다. 물론 들뢰즈는 슬픔이라는 정서보다는 기쁨이라는 정서를 가져다주는 다른 신체와의 마주침occursus[encounter]이 타당한 관념으로 나아갈 수 있는 일종의 '도약대'를 이룰 수 있다고 말하고 있으며, 이 점에서 들뢰즈의 해석은 스피노자 자신의 생각과는 중요한 차이가 있다. 우선 스피노자는 (들뢰즈가 말하고 있듯이) '능동'이 타당한 관념을 통해서만 달성될 수 있다고 말한다.

> 우리의 정신은 어떤 점에서는 작용하지만, 어떤 점에서는 작용 받는다. 곧 정신이 타당한 관념을 가지는 경우에는 필연적으로 작용하고, 타당하지 못한 관념을 가지는 경우에는 필연적으로 작용 받는다.10)

그러나 스피노자가 기쁨의 정서를 (들뢰즈가 말하듯이) 타당한 인식을 향해 뛰어오를 수 있는 일종의 도약대로 파악하고 있는 것은 아니다. 왜냐하면 스피노자는 "우리는 어떤 것이 기쁨이나 슬픔의 작용인efficient cause이 아님에도, 그것을 기쁨이나 슬픔의 정서와 함께 고찰했다는 것만으로도 그것을 사랑하거나 증오할 수 있다"11)고 말하면서 어떤 신체와의 마주침은 단지 우연에 의해서 우리를 기쁘게 하거나 슬프게 할 수 있다고 말하고 있기 때문이다. 따라서 스피노자에게 있어서 타당한 관념(그리고 능동적 정서)에 이르는 '유일한 길'은 외

---

10) 스피노자, 『에티카』(개정판), 154쪽(제3부, 정리 1).
11) 스피노자, 『에티카』(개정판), 170쪽(제3부, 정리 15의 보충).

적 사물과의 우연한 마주침에 좌지우지되는 정서를 통해 열리는 것이 아니라, 많은 사물들에 대한 동시적이고 내적인 성찰을 통해서만, 곧 **인식을 위한 지적 노동**을 통해서만 열린다.

> 정신이 자연의 일상적 질서로 사물을 인식할 때, 말하자면 **외부로부터** 결정되어 사물과의 우연한 접촉으로 인해 이것저것을 관찰할 때, 정신은 자기 자신에 대해서도, 자신의 신체에 대해서도, 외부 물체에 대해서도 타당한 인식이 아니라 단지 혼란한 인식만을 가진다. 그러나 **내부로부터** 결정되어, 곧 많은 사물을 동시에 관찰함으로써 사물의 일치, 차이와 반대를 인식할 때는 그렇지 않다. 왜냐하면 정신이 이러저러한 방식으로 내부로부터 결정될 때에는 정신은 …… 사물을 명석판명하게 관찰하기 때문이다.[12]

그리고 더 나아가 스피노자에게 있어서는, 이렇게 해서 확보되는 타당한 관념은 더 이상 '표상적인 것'representational이 아니다.

> 인간 정신이 자기 신체의 변용의 관념에 의해 외부 물체를 관찰할 때, 우리는 정신이 그것을 표상한다고 말한다(제2부 정리 17의 주석 참조). 정신은 다른 방식으로는 (제2부의 정리 26에 의해) 외부 물체를 현실적으로 존재하는 것으로 표상할 수 없다. 그러므로 (제2부의 정리 25에 의해) **정신은 외부 물체를 표상하는 경우 그것에 대한 타당한 인식을 소유하지 않는다.**[13]

---

12) 스피노자, 『에티카』(개정판), 117~118쪽(제2부, 정리 29의 주석).

들뢰즈의 설명과 달리, 스피노자에게 있어서 모든 관념이 표상적인 것은 아니다. 오직 제1종의 인식에 해당하는 관념들(들뢰즈 식으로 표현하면 변용-관념들)만이 표상적인 것이다. 따라서 표상은 상상적 인식이 가지고 있는 성격이라고 볼 수 있다. 외적 사물들이 나와 마주칠 때 그것들이 나에 의해서 상상되는 방식을 일컬어 스피노자는 '표상'이라는 말을 사용하고 있다.

마수미의 경우는 앞에서 본 바와 같이 들뢰즈보다 더욱 더 정서를 사유라는 속성(또는 정신)으로부터 **분리**시키고자 하며, 그리하여 '신체적 관념'이라는 매우 신비스러운 의념을 도입한다. 물론 타당한 관념으로의 이행의 문제 따위는 모두 기각된다. 마수미가 이렇게 하는 이유는 그 자신의 논문 제목이 시사하듯이 "정서의 자율성"을 선언하고 싶어 하기 때문이다. 어떤 정신적인 것으로부터도, 어떤 사회적인 것으로부터도 자율성을 가지고 있는 정서, 따라서 그 자체 '자유'와 동일시될 수 있는 것으로서의 정서를 이론화하는 것이 마수미의 목표이다. 그리고 이런 의미에서의 정서는 생명, 삶, 활력 그 자체와 동일시된다. 정서는 "자기 자신의 활력에 대한 지각, 자신의 살아 있음의, (종종 '자유'라고 기호화되는) 변화 가능성의 감각에 대한 지각이다. 자신의 '살아 있음의 감각'은 연속적이고 비의식적인 자기-지각(무의식적인 자기-성찰)이다."[14] 들뢰즈에게서는 정서 자체가 능동적인 것은 아니지만(그리고 슬픔이라는 정서는 역량의 감소를 지시하지만), 마수미에게서는 정서 자체가 자율적이고, 자유로우며, 따라서

---

13) 스피노자, 『에티카』(개정판), 116쪽(제2부, 정리 26의 증명). 강조는 인용자.
14) Massumi, "The Autonomy of Affect," p.97.

능동적인 것이다(그래서 마수미는 정서 안에서 슬픔과 기쁨의 구분은 의미가 없으며 모순되는 둘이 공존한다고 말한다).

왜 마수미에게 이런 "정서의 자율성"을 선언하는 일이 중요할까? 우리는 그 이유를 다음과 같은 구절에서 분명하게 볼 수 있다. 조금 길지만 인용해보자.

현재 문화 이론을 지배하고 있는 **사회적 구성주의**의 다양한 변종들을 관통하는 공통의 맥락은, 자연을 포함해 모든 것은 담론 안에서 구성된다고 주장하는 것이다. 이성적 동물로서의 인간이라는 고전적 정의가 새롭게 변환되어 복귀한다. 바로 떠드는 동물^{chattering animal}로서의 인간이라는 것이다. 단, 동물적인 것은 괄호 안에 넣어진다. 문화의 떠듦으로서의 인간. 이는 인간과 비인간 사이의 견고한 분할을 복구하는데, 왜냐하면 라캉 이래로 언어를 인간의 특별한 전유물로 만드는 것이 상식이 되어왔기 때문이다(떠드는 침팬지들이 있음에도 불구하고). …… 자연이 담론적으로 구성된다고 말하는 것은 자연이 담론 **안에** 있다고 말하는 것과 반드시 똑같은 것은 아니다. 사회적 구성주의는 양자역학에 대한 주관주의적 해석과 비슷한 문화적 유아론으로 쉽사리 이어진다. 이런 최악의 유아론적 시나리오 안에서 자연은 문화에 내재적인 것으로(문화의 구성으로) 나타난다. 최선의 경우, 자연의 지위가 주목받을 가치가 없다고 여겨지면 자연은 그냥 한 옆으로 밀쳐내어진다. 그 경우 자연은 자동적으로 문화에 대해 초월적인 것으로(문화의 비활성적이고 무의미한 잔존물로) 나타난다. 아마도 최선과 최악의 차이는 거기에서 기대되는 바와는 전혀 다를 것이다. 왜냐하면 어떤 경우에서든 능산적 자연, 자신의 고유한 동학을 갖는 자연은 지워지기 때문이다. 인간적인 것의 종식을 목표로 하는 이론적 움직임들은 인간 문화를 모든 것의 척도와 의미로 만드는 것으로 귀결된다. 예컨대 문화 이론과 생태학의 접합을 미리 배제하는 고삐 풀린 의인론anthropomorphism 같은 것 안에서 말이다. 비인간이 단지 인간 문화의 구성물이라면, 또는 비활성물이라면, 비인간에 대한 인간의 관계를 질문한다는 것은 의미 없다. 자연과 문화라는 개념을 진지하게 재정비할 필요가 있다. 인간에 대한 능동적 연결 안에서, 그리고 그 연결을 통해서 비인간의 환원 불가능한 타자성을 표현하는 방식으로 말이다. 그 반대의 경우도 마찬가지이다. 이제는 문화 이론가들이 질료를 질료라고, 두뇌를 두뇌라고, 해파리를 해파리라고 인정할 시간이고, **문화란** 환원 불가능한 타자성과 무한한 연결 속에서 **자연이라고** 인정할 시간이다.15)

따라서 마수미가 "정서의 자율성"을 선언하는 것의 이론적 노림수는 바로 자연은 사회적으로 구성된다고 파악하는 '사회적 구성주의'를 비판하고, **"문화는 자연이다"**라고 정반대로 주장하는 것이다. 문화가 자연에 작용하고 그렇게 함으로써 자연(또는 자연에 대한 관념)을 특정한 방식으로 구성하는 것이 아니라, 반대로 자연이 선차적이며 문화를 결정한다. 이것이 바로 마수미가 구조주의에 대해 매우 적대적인 태도를 보여주는 이유라고 볼 수 있다. 이제 우리는 '정서 이론' 또는 '정동 이론'이 루이 알튀세르의 이데올로기론과 갖는 쟁점으로 진입할 준비가 됐다.

---

15) Massumi, "The Autonomy of Affect," p.100. 강조는 인용자.

3. 이른바 '정동적 전환'이 향하는 곳은 어디인가?

마수미가 제기하는 문제에 관해 알튀세르는 어떤 입장을 취했을까? 1963~64년 학기에 알튀세르는 파리 고등사범학교에서 자신의 학생들과 정신분석학 세미나를 조직하고 거기서 두 번 강의했는데, 이 강의는 『정신분석학과 인문과학: 두 번의 강의』라는 제목으로 사후 출판됐다. 알튀세르의 초청으로 자크 라캉이 파리 고등사범학교에 와서 연속 세미나를 재개했던 것은 바로 알튀세르의 이 세미나가 진행되던 도중이었고(더 정확하게는 1964년 1월), 파리 고등사범학교에서 라캉이 한 첫 번째 세미나가 『정신분석학의 네 가지 근본 개념』(세미나 11)이었다. 알튀세르는 라캉의 세미나에 직접 모습을 드러낸 적은 없었지만, 그 세미나에 참석했던 몇몇 제자들로부터 확보한 노트들을 주의 깊게 검토했다. 1970년에 알튀세르가 행한 이데올로기적 호명에 대한 개념화 안에는 라캉 이론에 대한 이와 같은 연구의 흔적들이 구체적으로 담겨 있다. 그러나 알튀세르가 자신의 세미나에서 했던 두 번의 강의가 특히 흥미로운 것은 다음과 같은 질문에 모종의 힌트를 주고 있기 때문이다. 곧 알튀세르에게는 라캉 이론의 어떤 측면이 가장 매혹적이었으며, 또 어떤 측면이 부족한 것으로 보였는가? 나는 다음 절에서 알튀세르의 불만이 무엇이었는지를 본격적으로 다루며 라캉-마수미-알튀세르의 차이점을 논해볼 것이다. 하지만 먼저 알튀세르가 인정하는 라캉의 공헌에 대해 논해보자.

알튀세르에 따르면, 지크문트 프로이트는 자신의 이론적 경력이 쌓여갈수록 점점 더 이중적인 과제에 사로잡히게 됐다. 먼저 정신분석학과 외양상 가장 가까워 보이는 분과학문, 곧 심리학으로부터 정신분석학을 발본적으로 분리하는 과제, 그리고 두 번째로 정신분석학과 외양상 꽤 거리가 있어 보이는 다른 기존의 분과학문들, 곧 사회학, 인류학, 민속학 등에 정신분석학을 접근시키는 과제가 그것이었다.16) 프로이트가 이런 이중적인 과제에 사로잡히게 된 것은 과학들의 장 안에서 자신의 것이라고 주장할 수 있는 정신분석학 고유의 자리를 발견해야 할 이론적 필요 때문이었다. 일단 '인식론적 절단'을 생산하고 그리하여 무의식을 자신의 종별적인 대상으로 수립하자, 정신분석학은 곧바로 자신의 과학적 발견들이 기존 과학들의 장에 의해 "도전받고 취소되는" 곤란한 상황에 처하게 됐다. 이미 다른 분과학문들이 모든 자리들을 장악하고 있었기 때문에 정신분석학은 자신이 균열을 만들고 솟아오른 그 기존의 장 안으로 다시 흡수될 위험에 빠졌고, 결과적으로 프로이트는 정신에 대한 정의를 발본적으로 변화시킨 뒤에조차 여전히 심리학의 낡은 언어(심리학의 낡은 의념들과 패러다임들)로 말하게끔 강제됐다.17) 이런 이론적 봉쇄를 극복하기 위해 프로이트는 단지 기존 과학들의 장 안에서 정신분석학의 자리를 찾는 일에 만족할 수 없었고, 그 장 자체를 변화시킴으로써 정신분석학 자신의 자리를 만들려고 시도하는 데까지 나아가야 했다. 이 때문에 정신분석학은 자신의 가까운 형제처럼 보이는 심리

---

16) Louis Althusser, *Psychanalyse et sciences humaines: Deux conférences*, Paris: Livre de Poche, 1996, p.77.

17) 이런 낡은 언어의 사례는 가령 (정신적인 것과 생물학적인 것의 경계를 혼동하는 경향이 있는) '본능,' (정신을 기본적으로 주어진 사회적 규범에 순응하기 위해 생물학적 존재가 행하는 일련의 적응의 결과로서 이해하는) '현실 원칙' 같은 의념들, 그리고 (정신적 현상들을 본질적으로 연대기적인 발전의 선을 따라 분석하려고 시도하는) 발전 단계의 패러다임 따위에서 발견된다.

학과 가장 공격적인 방식으로 싸워야 했고, 또 정확히 자신과 다른 과학들의 경계에 대한 지도를 그림으로써 자신의 대상을 다른 과학들의 대상과 연관시킬 수 있는 길을 찾아내야 했다.

알튀세르는, 이런 면에서 봤을 때 라캉의 핵심적인 기여는 **필요의 심리학적 주체**에 대한 발본적 비판, 곧 작은 생물학적 존재인 아기가 인간이 되는 과정을 심리학이 설명하려고 시도할 때 상정하게 되는 주체에 대한 비판에서 찾아질 수 있다고 주장한다. 알튀세르에 따르면 심리학의 문제설정 전체를 지휘하는 것은 언어에 대한 에티엔 보노 드 콩디악의 관념인데, 이 관념은 특히 18세기 말과 19세기 초에 인간 세계와 어떤 접촉도 하지 못한 채 숲에서 동물들과 함께 살다가 발견된 늑대 소년, 송아지 소년, 두더지 소년 따위의 이른바 '야생의 아이들'의 현상에 접근하기 위해서 동원됐다. 의사들과 심리학자들은 콩디악의 교육법을 채택해 이들에게 말을 가르치려고 시도했는데, 그 교육법의 기본 생각은 야생의 아이들 안에 이미 존재하고 있는 생물학적인 필요(갈증, 허기 등)와 그 필요에 조응하는 말이나 기호 사이에 어떤 언어적 연결을 생산하는 것이 가능하리라는 것이었다. 바꿔 말해서, 그 의사들과 심리학자들은 본질적으로 언어를, 주체들이 내적으로 느끼고 서로 소통하고 싶어 하는 필요를 외적으로 **표현**하는 수단으로 파악했다(물론 이 시도들은 비참하게 실패했다).[18]

---

18) 에티엔 보노 드 콩디악은 『인간 지식의 기원에 대한 에세이』(1746)에서 '언어의 기원'에 대해 논의하며(제2부 1절) 서로의 필요를 표현하고 소통하기 위해 언어를 발명하는 두 명의 원시인 어린아이에 대한 가설적 이야기를 꾸며낸다. Étienne Bonnot de Condillac, *Essay on the Origin of Human Knowledge*, trans. Hans Aarsleff, Cambridge: Cambridge University Press, 2001, pp.114~

알튀세르는 다음과 같이 주장한다.

생물학적 주체의 이런 인간-되기는 모두 필요에 의해 규정되는 심리학적 주체라는 이데올로기에 따라 해석됩니다. 그리고 단순하게 기호는 사물과 관계가 있고 필요는 그 자체가 사물과 관계가 있다는 이론, 곧 필요는 아기에게 그것을 줄 또 다른 사람과의 소통 수단으로서의 언어에 의해 확보되기 이전의 그 사물과 관계가 있다는 이론에 따라 언어가 개입합니다. 필요는 자기 자신을 결정하고, 필요는 사물을 제공하는 또 다른 사람에게 보내질 기호 안에서 자신을 표현하며, 사물은 필요와 직접적 관계를 가지고 있습니다. 회로는 그렇게 해서 닫히게 되지만 두 주체의 현존, 곧 말하는 주체와 언어를 이해하는 주체의 현존을 출현시키고, 언어의 특수한 지위를 출현시킵니다. 그 [회로] 안에 기호와 의미된 사물 간의, 기표와 의미된 사물 간의 모호한 관계가 실존하는 것이죠. 여러분은 거기에서 상상적 기계를 작동시키는 이데올로기적 배경을 발견합니다.[19]

알튀세르는 라캉이 현대 언어학, 특히 페르디낭 드 소쉬르의 언어학이 만들어낸 단절을 활용함으로써 언어 또는 언어 획득에 대한 이 심리학적 관점을 비판했다고 주장한다. 언어에 대한 콩디악적 인식 안에서 우리는 생물학적인 것으로부터 문화적인 것으로 시간 순서대

---

115. 또한 다음의 책도 참조하라. George Albert Wells, *The Origin of Language: Aspects of the Discussion from Condillac to Wundt*, La Salle, IL: Open Court, 1987, p.8ff.

19) Althusser, *Psychanalyse et sciences humaines*, pp.88~89.

로 진행한다고 가정된다. 곧 우리는 먼저 생물학적 필요를 가지고 있으며, 그 다음에 그 필요를 재-현$^{re\text{-}present}$할 단어로 그 필요를 표현한다는 것이다. 우리가 스스로 말을 만들어내든 타인들로부터 말을 배우든 간에 그것은 크게 상관이 없는데, 그 말이 모두 선재하는 어떤 인간의 필요에서 기원한 것으로 간주될 수 있는 한 그렇다. 이런 의미에서 필요는 언어의 궁극적 기원으로 나타난다. 심리학은 필요(또는 필요한 사물)로부터 그 필요에 다소간 조응하는 단어들로 진행하는 언어의 이런 시간적이고 선형적인 발전에 준거함으로써 생물학적 주체와 문화적 주체 사이의 연속성을 수립하려고 시도한다.[20]

그러나 소쉬르가 발견한 사실은, 만일 기표들 간의 차이의 네트워크로서의 언어를 가지고 있지 않다면 우리는 애초에 언어적으로 서로 구분되는 개념들로서 사물들에 접근할 수 없을 것이라는 점이다. 오히려 우리는 사물들의 연속체 같은 어떤 것(유사-칸트적 의미에서 일종의 '물자체')을 가질 것이며, 그 연속체 안에서 모든 의미들은 극단적으로 불안정화되고 서로 혼동될 것이다. 왜냐하면 어떤 기의도 기표 없이는, 더 정확히 말해서 기표들의 차이 없이는, 생산될 수 없

---

20) 비록 알튀세르는 여기에서 콩디악의 심리학에 대한 비판에 초점을 맞추지만, 장 피아제의 심리학이나 행동주의 심리학 같이 훨씬 더 최근의 심리학들도 그 비판의 사정거리에서 벗어나지 못한다. 왜냐하면 그것들도 모두 인간 정신의 기원을 생물학적인 것 안에서 발견하려고 추적하는 발생론의 어떤 판본을 구축하려고 시도하기 때문이다. 행동주의 심리학은 명확하게 자신의 이론적 모델을 동물들의 행동 패턴에 대한 연구로서의 동물학으로부터 가지고 온다. 마찬가지로 피아제는 구조주의와의 친화성에도 불구하고 자신이 '발생론적 인식론'이라고 부르는 것을 발전시키는데, 이것은 근본적으로 인식 구조들 또는 단계들을 생물학적 조절의 변이들과 관련시킨다.

기 때문이다. 우리가 사물들 자체에 언어적으로 접근할 수 있는 것은 오로지 기표들의 전체 매트릭스가 작동해서일 뿐이다. 이렇게 해서 언어학적 인과성의 방향에 대한 우리의 관념은 뒤집어진다. 사물들에 작용하는 것이 언어이지, 그 반대가 아닌 것이다. 곧 사물들이 있고 그 사물들에 대한 필요가 언어를 만들어내는 것이 아니라, 언어가 있고 그 언어가 사물들의 연속체를 구분되는 개념들로 분할하면서 각각의 사물들로 만든다.21)

마찬가지로 아기가 처음 문화적인 것 안에 '삽입'될 때, 생물학적인 것이 문화적인 것을 야기하는 것이 아니라 문화적인 것이 생물학적인 것에 대해 작용하는 것이라고 알튀세르는 주장한다.

---

21) 『일반 언어학 강의』에서 소쉬르는 다음과 같이 주장한다. "이 모든 사례에서 보듯이 미리 주어진 **관념**이 체계에서 발생하는 **가치**를 포착하는 것입니다. 이 가치가 개념에 대응하는 것이라고 말할 때, 이는 개념이 순전히 미분적이라는 것, 즉 그 내용으로 적극적으로 정의되는 것이 아니라 언어 체계의 다른 사항들과 맺는 관계에 의해 소극적으로 정의된다는 것을 의미합니다. 개념의 가장 정확한 특징은 다른 개념이 아닌 바로 그 자신이라는 점입니다." 그 뒤에 소쉬르는 계속해서 이렇게 말한다. "앞에서 말한 모든 것은 결국 **언어에는 차이만이 있다**는 사실을 천명하는 것입니다. 뿐만 아니라 차이는 일반적으로 적극적 사항을 전제하며, 이 적극적 사항들 사이에서 성립됩니다. 그러나 언어에는 **적극적 사항이 없이** 차이만이 있습니다. 우리가 기의를 취하든 기표를 취하든 언어에는 언어 체계에 선재하는 관념이나 음성이 포함된 것이 아니라, 단지 언어 체계에서 나오는 개념 차이와 음성 차이만이 포함되어 있을 뿐입니다. 기호 내의 관념이나 음성 질료보다는 그 기호의 주위에 있는 다른 기호의 관념이나 음성 질료가 더 중요합니다. 그 증거는 한 언어 사항의 의미와 음성이 손상을 입지 않았는데도 그 언어 사항의 가치가 변할 수 있다는 것입니다." Ferdinand de Saussure, *Course in General Linguistics*, trans. Roy Harris, Chicago: Open Court, 1986, pp.115, 118. [김현권 옮김, 『일반 언어학 강의』, 지식을만드는지식, 2012, 238~239, 245쪽.]

가장 중요한 것은, 이는 라캉이 고집하는 것이자 라캉의 위대한 발견인데, 우리에게 "생물학적인 것으로부터 문화적인 것으로의 이행"이라는 벡터를 따라 나타나게 될 이런 인간-되기가 사실은 생물학적인 것에 대한 문화적인 것의 작용의 효과라는 점입니다. …… '생물 → 문화'라는 벡터를 상대해야 하는 것이 아니라, 그런 결정을 거꾸로 뒤집어서 상대해야 합니다. 문화 속으로의 삽입이 생산되는 것은 그 작은 생물학적 인간 존재에 대한 문화의 작용에 의해서입니다.[22]

이런 발견의 심층적 함의는 물론 **기원적 주체 같은 것은 없다**는 것이다. 심리학적 경향의 형태로도, 순수한 생물학적 충동의 형태로도 말이다. 아기의 인간-되기 과정의 최초 지점에 놓여 있다고 심리학이 가정하는 필요의 주체는 오히려 생물학적인 것에 대해 작용하는 문화적인 것의 효과에 불과하다. 물론 이는 인간 존재에 귀속될 만한 생물학적 차원 같은 것이 없다는 뜻은 아니다. 오히려 통상적 의미의 생물학적인 것은 **결코 주체의 형태로 존재하지 않는다**는 뜻이다. 심리학이 생물학적이라고 가정하는 최초의 주체는 사실 **문화적 주체**이며, 문화적인 것에 의해 이미 구성되어 생물학적인 것 쪽으로, 생물학적인 것**으로서**, 목적론적인 방식으로 거꾸로 투사된 주체이다. 알튀세르는 이렇게 말한다. "작은 인간 존재의 인간-되기에 앞서 일어나는 것은 심리학, [필요의] 심리학적 주체가 아니라, 라캉이 '상징적인 것의 질서'라고 부르는 것 또는 여러분이 바란다면 제가 문화의 법칙이라고 부르고자 하는 것입니다."[23] 따라서 문화적 주체에 선행하고

---

22) Althusser, *Psychanalyse et sciences humaines*, p.91.

그것을 전진적인 방식으로 만들어내는 것은 필요에 의해 규정되는 심리학적 주체가 아니다. 반대로 생물학적인 것에 작용하고 그리하여 주체의 효과, 또는 단적으로 **주체-효과**를 생산하는 것이 문화적인 것이다. 인과성의 시간 순서대로의 방향을 이렇게 거꾸로 뒤집음으로써('생물 → 문화'를 '문화 → 생물'로), 라캉은 주체에게서 그 어떤 구성하는 기능 또는 기원적 기능도 박탈하고, 주체를 문화적인 것 또는 상징적인 것과의 관계에 있어서의 그 **수동성**에 의해 근본적으로 특징지어지는 위치로 명확하게 좌천시킨다.

그런데 마수미가 '사회적 구성주의'를 비판하면서 다시 뒤집으려고 시도하는 것이 바로 이런 구조주의적 벡터라고 볼 수 있다. 마수미는 구조주의에 반대해 '문화 → 생물'의 벡터를 다시 '생물 → 문화'의 벡터로 뒤집으려고 한다. 역전의 역전, 전환의 전환, 이것이 바로 이른바 **'정동적 전환'**(또는 우리의 용어로는 '정서적 전환')이 의미하는 바이다. 구조주의가 '언어학적 전환'으로부터 출발했다면, '정동적 전환'은 이것을 다시 전환해 자연이 문화의 토대이며 자연에 의해 문화가 결정된다는 것을 주장하려는 것이다. 그러나 그렇다면 '정동적 전환'이라는 것이 前-구조주의적인 심리학주의, 생물학주의(특히 진화주의)로의 복귀라는 것을 어떻게 의미하지 않을 수 있겠는가?

사실 이런 벡터의 역전(또는 역전의 역전)은 들뢰즈 자신의 작업에서 이미 시작됐다고 볼 수 있다. 『차이와 반복』의 제2장에서 들뢰즈는 임마누엘 칸트의 초월주의가 전제하는 통일된 초월적 주체가 어떻게 '발생'하는가 하는 문제를 제기한다. 그리고 이에 대한 설명

---

23) Althusser, *Psychanalyse et sciences humaines*, pp.91~92.

을 흄의 경험주의 철학에서 구해 오면서 '수동적 종합'synthèse passive이라는 관념을 이론화해 '초월적 경험주의'empirisme transcendantal라는 자신의 입장을 가공해낸다.[24] 들뢰즈는 어떤 대상 안에서 모종의 반복이 일어날 때, 그 반복은 대상 자체 안에서는 어떤 변화도 일으키지 않지만, 그 반복에 대해 생각하는 정신 안에서는 "어떤 차이, 어떤 새로운 것"을 생산하게 된다고 말한다. 예컨대 AB, AB, AB, A……라는 반복이 있을 때 정신은 A 다음에 B가 올 것을 '기대'하게 되는데, 이런 기대는 정신이 시간을 수축하는 능력을 가지고 있는 한에서 생겨나는 것이다. 대상 자체 안에는 현재적 순간들만이 있을 뿐이기 때문에, B가 나타나면 A가 사라지고 다시 A가 나타나면 B가 사라지는 식으로 반복 그 자체가 '무'로 환원되지만, 그런 모습을 지각하는 정신은 이런 요소들(A, B)을 수축함으로써 패턴을 알아보고 동일한 패턴이 되풀이해서 일어나면 일어날수록 더욱 강하게 반복을 '기대'하게 된다. 흄적인 의미에서 일종의 사유의 습관이 형성되는 것이다. 들뢰즈는 정신 안에서 형성되는 이런 습관의 형성이야말로 반복의 대자le pour-soi로서 **'기원적 주체성'**을 구성한다고 주장한다.[25] 개념을 가지고 직관을 종합하는 '능동적 종합'의 주체성(칸트)에 대해 논리적이고 시간적으로 앞서는 '수동적 종합'의 주체성 말이다. 이것이 수동적인 이유는 이런 종합이 정신**에 의해** 수행되지 않고, 단지 정신 **안에서** 일어날 뿐이기 때문이라고 설명된다. 들뢰즈에 따르면, 칸트가 말하

---

24) Gilles Deleuze, *Difference and Repetition*, trans. Paul Patton, New York: Columbia University Press, 1994, p.71. [김상환 옮김, 『차이와 반복』, 민음사, 2004, 170~171쪽.]

25) Deleuze, *Difference and Repetition*, p.70. [『차이와 반복』, 169~170쪽.]

는 통일된 초월적 주체란 이런 수동적 종합들의 결과를 회고적으로 투영해 마치 처음부터 그 초월적 주체가 주어져 있는 것인 양 착각하는 것에 불과하다. 이렇게 해서 들뢰즈는 '유충적 주체들'sujets larvaires이라는 것을 상정하게 된다. "자기들Les moi은 유충적 주체들이다. 수동적 종합들의 세계는 아직 결정되지 않은 조건 아래에서 자기의 체계를 구성하지만, 그것은 분해된 자기moi dissous의 체계이다."26) 그런데 도대체 이 유충적 주체들이라고 불리는 것은 무엇일까? 들뢰즈가 명시적으로 말하듯이 유충적 주체들이란 '필요'의 주체들이다.

> 더 정확히 말해서, 필요는 변할 수 있는 현재의 한계들을 표시한다. 현재는 필요의 [수축과 피로라는] 두 돌발 사이에서 연장되어 있으며, 사유의 지속과 일치한다. **필요의 반복**과 거기에 의존하는 모든 것의 반복은 시간의 종합에 속하는 시간, 그 종합의 시간 내적 성격에 속하는 시간을 표현한다. 반복은 본질적으로 필요 안에 기입되어 있는데, 왜냐하면 필요는 본질적으로 반복을 포함하는 순간에 의존하기 때문이다. 이것이 반복의 대자와 어떤 지속의 대자를 구성한다. 모든 우리의 리듬들, 우리의 비축들réserves, 우리의 반응 시간들, 천 개의 엮임들, 우리를 구성하는 현재들과 피로들은 우리의 사유의 기초 위에서 규정된다. 규칙을 이루는 것은 우리가 우리 자신의 현재보다, 또는 오히려 우리의 현재들보다 빨리 갈 수 없다는 것이다. 우리가 서로에 준거하는 습관들 또는 수축들로 정의하는 바의 **기호들은** 항상 현재에 속한다.27)

---

26) Deleuze, *Difference and Repetition*, p.78. [『차이와 반복』, 185~186쪽.]

이로부터 '자연적 기호'와 '인공적 기호'에 대한 들뢰즈적 구분이 나오게 된다. 들뢰즈에게 자연적 기호는 수동적 종합에 기초한 기호인 반면에 인공적 기호는 능동적 종합에 기초한 기호이다. 그러므로 '필요'가 먼저 있고, 그 '필요'가 반복과 수축을 통해 습관을 형성하면서 수동적 종합을 이루면 '자연적 기호'가 생겨나고, 그 토대 위에서 능동적 종합을 이루면 '인공적 기호'가 생겨난다. 그러나 그렇다면 이런 필요의 유충적 주체들이란 필요의 심리학적 주체를 새로이 변환해 복귀시킨 것에 불과한 것이 아닌가? 유충적 주체들이 설사 분해되어 있는 다양한 것, (통일된 주체 안에서) 우글거리고 있는 것이라고 말한다고 해서 심리학주의와 생물학주의를 피해갈 수 있는 것은 아니지 않은가?[28]

이제 우리는 마수미가 구조주의 안에 여전히 건재하다고 고발하는 '인간주의' 또는 '의인론'의 문제를 다시 한 번 곰곰이 따져볼 필요가 있다. 구조주의의 가장 중요한 테제 가운데 하나는 주체를 '구성하는 위치'에서 '구성되는 위치'로 옮겨놔야 한다는 것이다. 이 점

---

27) Deleuze, *Difference and Repetition*, p.77. [『차이와 반복』, 184~185쪽.]

28) 통일된 초월적 주체와 유충적 주체는 다시 몰적 주체와 분자적 주체들, 대역적 자아와 소역적 자아들로 변주된다. 이에 관해서는 다음을 참조하라. 고쿠분 고이치로, 박철은 옮김, 『들뢰즈 제대로 이해하기』, 동아시아, 2015. 특히 제3장을 참조할 것. 단, '기호'에 대한 고쿠분의 설명은 들뢰즈 자신의 것과 다르다는 점을 지적할 필요가 있다. 고쿠분은 기호와 수동적 종합(습관)을 대립시키는데, 들뢰즈는 그 둘을 함께 묶는다. 들뢰즈는 이렇게 말한다. "그러므로 우리는 수동적 종합과의 관계에서 반복의 형태들뿐 아니라 수동적 종합의 수준들 및 이 수준들의 상호 결합들, 능동적 종합과의 결합들을 구분해야 한다. 이 모든 것은 기호들의 풍부한 영역을 형성한다." Deleuze, *Difference and Repetition*, p.73. [『차이와 반복』, 176쪽.]

에서 구조주의는 인간 또는 인간의 본질을 이러저러한 사회적 현상들을 설명하기 위한 원인이나 근거로 제시하지 않고, 반대로 인간을 인간이 기입되어 있는 사회적 관계들에 의해 설명되어야 할 결과 또는 효과로서 간주한다. '이론적 반인간주의'(알튀세르)는 구조주의에 특징적인 사유인 것이다. 구조주의 이전에도 물론 이런 사고가 있었다. 인간의 본질을 **"사회적 관계들의 앙상블"**(「포이어바흐에 대한 테제」[1845])이라고 규정했을 때, 칼 맑스는 정확히 '구성되는 주체'에 대한 구조주의적 테제를 선취하고 있었다고 볼 수 있다. 그럼에도 불구하고 마수미가 구조주의를 인간중심주의로 고발하는 이유는 사회적 관계를 여전히 인간적인 것 또는 의인론적인 것(곧 인간의 형상을 갖는 것)이라고 생각하고 있기 때문이다. 그러나 다양한 사회적 관계들, 예컨대 경제적 생산관계(또는 생산양식)나 국가장치들의 체계(억압적 국가장치, 이데올로기적 국가장치) 등이 그 자체로 인간적인 것이거나 인간의 형상을 가지고 있는 것은 **아니다.** 사회적 관계가 인간의 형상을 하고 있다고 말하는 것은 터무니없는 소리이다. 사회적 관계는 물질적 관계이며 인간적인 것과 아무런 관계도 없다. 왜냐하면 다양한 사회적 관계들은 특정한 '인간 주체'라는 효과를 불러오는 원인들이지만 그 원인들 자체가 인간적인 것은 아니기 때문이다. 물론 우리는 이런 원인들의 범주에서 생물학적이거나 생태학적인 차원을 배제할 필요는 전혀 없다(오히려 거꾸로이다). 그러나 그런 차원은 앞에서 이야기했듯이 결코 '주체'라는 형태로, 다시 말해서 '문화적 주체'를 탄생시키는 '자연적 주체'라는 형태로 사유될 수 없다. 그렇게 사고하자마자 우리는 곧바로 구조주의 이전의 심리학주의와 생물학주의로 퇴행할 뿐이기 때문이다.

4. 왜 다시 '이데올로기론'인가?

물론 마수미가 구조주의에 대해 가지고 있는 불만이 완전히 부당한 것이라고 볼 수는 없다. 언어학을 특권화시키는 경향이 구조주의 안에 있는 것은 사실이기 때문이다. 그러나 구조주의는 20세기에 일어났던 거대한 사상 운동으로서, 결코 통일된 하나의 학파가 아니며 오히려 그 안에 다양한 이질적인 경향들이 서로 논쟁하고 갈등하는 하나의 장場이었다고 볼 수 있다. 마수미가 제기하는 문제와 관련해 우리가 눈여겨봐야 할 것은 바로 이 논쟁, 이 갈등이다.

위에서 살펴본 심리학과 심리학적 주체에 대한 라캉의 비판이 알튀세르를 가장 매혹했던 점이었다면, 반대로 알튀세르에게 가장 취약해 보였던 것은 라캉의 다음과 같은 믿음, 곧 정신분석학이 다른 과학이나 분과학문의 도움 없이도 혼자만의 힘으로 기존 과학들의 장을 변화시키는 과제에 성공할 수 있으리라는 믿음이었다. 이 쟁점에 대한 논의로 직접 들어가진 않으면서도 알튀세르는 매우 짧지만 의미심장한 언급을 해둔다. "정신분석학이 혼자서 이 장의 위상학을 변형시키는 데, 곧 그 장의 본성과 내적인 분할들을 변화시키는 데 충분할까요? 이 질문은 열려 있습니다. 라캉은 실로 정신분석학이 자신이 침입한 그 장을 재구조화할 수 있다고 생각합니다. 아마도 이는 정신분석학의 역량을 넘어서는 일일 것입니다."[29] 따라서 알튀세르가 라캉의 이론적 절단의 온전함과 관련해 제기하는 문제는 '인문과학'의 상이한 대상들의 접합이라는 질문인데, 이는 결국 상이한 사회적 심

---

29) Althusser, *Psychanalyse et sciences humaines*, p.81.

급들 또는 수준들의 접합이라는 문제에 다름 아니다. 요컨대 이는 **토픽**이라는 질문, 즉 (정치적, 이데올로기적, 경제적 수준뿐만 아니라 개인적이고 집단적인 수준, 실천적이고 이론적인 수준, 담론적이고 비담론적인 수준 따위의) 사회 전체의 다양한 심급들 또는 수준들 사이에 형성되는 서로를 구속하면서도 동시에 미분적인(심지어 갈등적인) 접합의 관계를 재현하는 공간적 은유로서의 토픽이라는 질문이다.

알튀세르가 유보 없이 동의하는 것은 심리학(특히 자아-심리학)에 대한 라캉의 비판이며, 이를 위해서 인과성의 벡터를('생물 → 문화'에서 '문화 → 생물'로) 역전시키기로 한 라캉의 이론적 결정인데, 이런 결정의 놓칠 수 없는 함의는, 주체의 범주를 능동적 위치에서 수동적 위치(구성되는 위치)로 옮겨놓기 위해서는 주체의 원인이나 맹아를 **주체 그 자체 안에서 주체를 선행하는 것**이라는 형태로 포착하려는 그 모든 '발생론'적 시도를 비판하는 것이 필수불가결하다는 것이다(들뢰즈의 발생론도 알튀세르의 이런 비판에서 전혀 예외가 되지는 않는다). 반면 알튀세르가 가지는 라캉과의 근본적인 이견은 라캉이 주체를 오직 언어 또는 기표라는 **단 하나의** 심급과의 관계 속에서만 구성되는 것으로 이론화하려는 경향이 있다는 점과 관련된다. 알튀세르는 주체의 형성이라는 질문을 오히려 **사회적 관계들 자체의 복잡성** 안에서, 주어진 특정한 사회구성체를 구성하는 복수의 이질적인 심급들의 과잉결정 안에서 인식하고자 한다.

알튀세르는 1965년에 『맑스를 위하여』와 《자본》을 읽자』를 출판한 뒤 곧바로 자신의 몇몇 제자들과 함께 "변증법적 유물론의 요소들"이라는 가제가 붙은 철학 저서의 출판을 집단적으로 준비하는 비밀 세미나를 조직하고, 그 안에서 담론 이론에 대한 몇 편의 길고 짧은 원고들을 작성해 토론했다. 이 원고들은 미간행으로 남아 있다가 알튀세르의 사후에 유고작으로 출판됐는데, 이 출판으로 말미암아 우리는 이후 알튀세르가 「이데올로기와 이데올로기적 국가장치들」(1970)에서 제시한 이데올로기론이 이 연구들의 극히 일부에 지나지 않는다는 사실을 알게 됐다. 여기서 이 유고작들을 제대로 다룰 수 있는 여유는 없다. 다만 여기에서는 다음과 같은 점을 확인하는 것으로 만족하도록 하자.30)

「담론 이론에 대한 세 편의 노트」(1966)라는 글에서 알튀세르는 '언어학'이나 '정신분석학'은 모두 **국지 이론**에 불과하며, '언어학'이나 '정신분석학'의 대상들이 서로, 그리고 또 다른 국지 이론들의 대상들과 어떻게 접합되어 있는가 하는 문제는 이 국지 이론들 자체의 역량으로는 해결될 수 없다고 설명한다. 곧 **일반 이론**이 요구되는데, 바로 이런 **일반 이론이 결여됐을 때 생겨나는 효과**가 바로 하나의 특정한 국지 이론을 마치 일반 이론인 양 특권화해 여타 다른 국지 이론들을 상동론의 관점에서 환원론적으로 설명하는 것이다. 라캉에게서는, 언어학 내지 언어학과 동맹을 맺은 정신분석학이 모든 과학들의 '모체-학문'의 역할을 한다고 믿는 것으로 그 효과가 나타났다.

따라서 이런 문제점을 해결하려면 어떤 일반 이론이 필요해지는데, 알튀세르는 (정신분석학이 문제인 한에서) 하나가 아닌 두 개의 일반 이론이 필요하다고 말한다. 정신분석학의 대상이 '무의식의 담론'이라고 규정되어야 한다면 동일한 대상의 두 측면('무의식'이라는 측

---

30) 특히 「레비-스트로스에 대하여」(1966)와 곧 살펴볼 「담론 이론에 대한 세 편의 노트」에 대한 상세한 논의는 본서의 제3장을 참조하라.

면과 '담론'이라는 측면)에 관련된 두 개의 일반 이론이 필요해진다. 무의식이 기표들로 이뤄진 담론의 한 종류인 한에서, 정신분석학은 '기표의 일반 이론'을 요구한다. 그러나 **여기에 더해** 무의식이 다른 담론들(과학, 예술, 이데올로기)과 맺는 관계 및 이와 접합된 비–담론적 실천들(예컨대 경제적 실천들)과 맺는 관계를 사유할 수 있도록 해주는 또 다른 일반 이론이 있어야 한다는 것이다. 알튀세르는 이 두 번째 일반 이론을 '역사 유물론이라는 일반 이론'과 등치시킨다.[31]

두 가지 논점을 강조하자. **첫째**, 알튀세르는 담론의 수준을 언어의 수준과 명확하게 구분했다. 세 편의 '노트'의 마지막 부분에서 알튀세르는 '언어/발화' 또는 '랑그/파롤'이라는 대당을 의문에 붙이며, 우리가 '발화'라고 부르는 것은 사실은 언어/발화의 대립의 수준이 아니라 (기표들의 결합들로 생산되는) **담론의 수준에서** 일어난다고 말한다. **둘째**, 알튀세르가 기표라고 부르는 것은 언어적 기표에 한정된 것이 아니다. 알튀세르에 따르면, "언어의 기표들은 형태소(재료는 음소)"인 반면, 그와 상대적으로 구분되는 **네 가지 담론**(과학, 예술, 이데올로기, 무의식)**의 기표들**은 단어뿐만 아니라 개념, 소리, 색깔, 제스처, 행위양식, 감정, 환상 같은 많은 다른 요소들을 포함한다. 여기서 주목해야 하는 점은 알튀세르가 말하는 이 '다른 기표들'은 바로 마수미가 '정서 이론'에서 분석의 필요성을 주장하는 바로 그것들이라는 점이다. '소리, 제스처, 행위양식, 감정, 환상.' 사실 소쉬르도 『일

---

31) Louis Althusser, "Three Notes on the Theory of Discourses"(1966), *The Hu -manist Controversy and Other Writings*, trans. G. M. Goshgarian, London: Verso, 2003, pp.33~84.

반 언어학 강의』에서 기호학과 언어학의 관계를 논하며 언어학은 일반 기호학의 일부에 지나지 않는다고 말하고 일반 기호학을 언어학으로 환원시키는 것을 거부한 바 있다. 이 때문에 훗날 자크 데리다는 이것을 소쉬르의 "엄청난 기여"라고 말한 것이다.[32] 따라서 마수미가 제기하는 '언어학중심주의'는 구조주의 내의 어떤 당파에 특징적인 것이지 구조주의 자체에 본래적인 것은 아니다. 심지어 구조주의가 '언어학적 전환'으로부터 출발했다고 할지라도 말이다.

하지만 더 나아가, 알튀세르가 말하는 기표들 가운데에는 '정서'에 관련된 것뿐만 아니라 **'개념,'** 곧 과학이라는 담론이 가진 기표 또한 있다는 점을 즉시 강조해둘 필요가 있다. 앞에서 살펴봤듯이, 스피노자는 정서와 관념의 관계를 논하며 수동적 정서(정념)에서 능동적 정서로 이행하려면 '타당한 관념'(제2·3종의 인식)의 형성이 반드시 필요하다고 주장한다. 알튀세르는 바로 이런 스피노자의 주장을 '과학'이라는 담론의 종별성에 대한 해명이라는 과제로 연결시키면서 그 유명한 '인식론적 절단'이라는 의념을 이론화한 바 있다.

그러나 여기까지는 '기표 이론'이라는 일반 이론에 해당하는 부분이다. 알튀세르가 여기에 추가하는 또 다른 일반 이론으로서 '역사유물론' 또는 '역사과학'은 담론적 실천들과 비담론적 실천들 사이의 접합 문제, 더 나아가 '사회적 전체'를 구성하는 다양한 이질적 심급들의 접합 문제를 대상으로 한다. 나는 이 문제를 논하기 위해 알튀세르가 「담론 이론에 대한 세 편의 노트」에서 논한 것을 직접 살펴

---

32) 자크 데리다, 박성창 옮김, 「기호학과 그라마톨로지: 쥴리아 크리스테바와의 대담」, 『입장들』, 솔, 1993, 41쪽.

보기보다는 「이데올로기와 이데올로기적 국가장치들」에 대해 (다시) 살펴보고자 하는데, 에티엔 발리바르는 최근에 발표한 논문 「알튀세르의 극작법과 이데올로기 비판」에서 이 문제와 관련된 매우 시사적인 언급을 한 바 있다.[33] 발리바르는 알튀세르의 이데올로기 논문에 대해 이뤄져온 기존의 논의들이 논문의 후반부(특히 이데올로기적 호명 개념)에만 집중하고 논문의 전반부에 대해서는 거의 무시해왔으며, 그 결과 알튀세르의 이데올로기론을 단순히 '재생산'의 관점에서만 다룰 뿐 그 논의가 '생산'과 어떻게 **접합**되어 있는지 하는 문제가 제대로 사유되지 않아왔다고 말한다.

그렇다면 알튀세르가 자신의 이데올로기 논문 전반부에서 행하는 작업은 무엇인가? 그것은 무엇보다도 상부구조-하부구조라는 건축물의 수직적 토픽을 '생산과 재생산'의 수평적 토픽으로 바꾸는 것이다. 알튀세르에 따르면 건축물이라는 은유는 많은 장점(특히 G. W. F. 헤겔의 원환의 은유가 무시해버리는, 심급들 사이의 불균등성이라는 문제를 드러내는 장점)에도 불구하고 상부구조와 하부구조가 어떻게 접합되어 있는지를 해명하는 데에 무능력하다. 건축물의 은유는 기껏해야 상부구조의 상대적 자율성을 단언하거나 상부구조가 가진 모종의 피드백 효과가 있음을 확인하는 정도에 머문다. 따라서 이 심급들의 접합 문제를 파악하기 위해서는 그 수직적 토픽을 '생산과 재생산'의 수평적 토픽으로 **대체**할 필요가 있는데, 이와 같은 대체를 통해 우리는 억압적 국가장치들과 이데올로기적 국가장치들이 노동과정

---

33) Étienne Balibar, "Althusser's Dramaturgy and the Critique of Ideology"(2013), *Differences*, vol.26, no.3, December 2015, pp.1~22.

에 실제로 어떻게 결합되어 있으며, 어떻게 생산조건(생산수단, 노동력, 생산관계 등)을 재생산하게 되는지 이론적으로 이해할 수 있게 된다. 여기에서 이런 대체의 또 다른 이론적 효과들에 대해서도 간단하게 정리해두자. 첫째, 우리는 이런 대체를 통해 바로 '최종 심급으로서의 경제'라는 생각을 탈구축할 수 있게 된다. 이 때문에 이 논문 이후 알튀세르는 실제로 (『아미엥에서의 주장』[1975]에서 볼 수 있듯이) 최종 심급을 '경제'가 아닌 **'계급투쟁'**이라고 수정하게 된다. 곧 사회구성체는 이제 그 안의 모든 것이 "계급투쟁의 내포, 효과, 조건"(발리바르)으로 이해되는 수평적 도식을 따라 파악되는 것이다. 둘째, 건축물의 은유는 매우 정태적인 상을 가지고 있는 반면 생산-재생산의 도식은 동태적인 상을 가지고 있는 만큼, 그 안으로 시간 및 역사의 차원(계급투쟁의 역사의 차원)이 들어올 수 있게 된다. 이는 '재생산'이라는 것 자체가 어떤 단순한 반복일 수 없음을 말해준다. 이 때문에 알튀세르는 이후에 쓴 「이데올로기적 국가장치들에 대한 노트」(1976)에서 이렇게 말하게 되는 것이다.

지배 이데올로기의 재생산이란 단순한 반복도 단순재생산도 **아니며** 그 기능에 의해 단번에 정의되는 주어진 제도들의 자동적이고 기계적인 확대재생산도 **아니다**. 지배 이데올로기의 재생산은 오히려 기존의 이질적이고 모순적인 이데올로기적 요소들을, 예전의 형태들과 새로운 경향들에 대항하는 계급투쟁을 통해, 또 그런 계급투쟁 속에서 성취되는 통일성의 테두리 안에서, 통일하고 쇄신하기 위한 **투쟁**이다. 지배 이데올로기의 재생산을 위한 투쟁은 언제나 계급투쟁에 종속한 채 끊임없이 재개될 수밖에 없는 항상 **미완성의 투쟁**이다.[34]

곧 지배 이데올로기의 재생산은 항상 계급투쟁을 통과하는, 따라서 위기를 동반하는, 따라서 위기극복을 위한 혁신의 투쟁이 없다면 실패할 수밖에 없는 '차이를 동반하는 반복'이다(이는 들뢰즈와 펠릭스 가타리가 '구조'에 '기계'를 대립시키며 사고하려고 했던 것으로, 알튀세르는 그들의 생각을 **모순 및 투쟁**의 문제로 풀어내고 있다).

알튀세르가 이렇게 생산과 재생산의 접합 문제에 집착하는 이유는, 어떤 사회적 부분 또는 사회적 심급은 그것이 속한 사회적 전체의 복잡한 접합 구조를 파악하지 않으면 이해될 수 없다고 생각하기 때문이다.[35] 사실 이런 생각은 넓은 의미에서의 구조주의의 근본적인 테제라고 볼 수 있다. '부분들'의 본질은 다른 부분들과의 관계로서의 '전체' 속에서만 파악될 수 있다는 것, 또는 '요소들'은 본래적으로 어떤 본질을 가지고 있는 것이 아니라 그것들이 서로 맺고 있는 관계로서의 '구조'에 의해서만 어떤 본질을 갖게 된다는 것, (질베르 시몽동의 용어법을 도입한다면) '개체들'individus의 본질이란 오직 '관개체적'transindividuel인 방식으로만 주어지게 된다는 것 말이다.[36]

우리의 논의와 관련해 이런 알튀세르의 문제의식이 가지는 의미를 보기 위해서 '사회적 구성주의' 및 그것에 대한 마수미의 비판으

---

34) Louis Althusser, "Note sur les AIE"(1976), *Sur la reproduction*, Paris: PUF, 1995., p.254. [김응권 옮김, 「이데올로기적 국가 장치에 대한 노트」, 『재생산에 대하여』, 동문선, 2007, 330~331쪽.] 강조는 인용자.

35) 이 문제에 관해서는 알튀세르의 클로드 레비-스트로스 비판을 참조할 수 있다. Louis Althusser, "On Lévi-Strauss"(1966), *The Humanist Controversy and Other Writings*, trans. G. M. Goshgarian, London: Verso, 2003, pp.19~32.

36) 흥미롭게도 마수미는 관개체성이 아닌 전개체성(pre-individuality)에 집착한다(사실 들뢰즈도 그런 경향이 있다)는 점을 지나가는 김에 지적해두자.

로 잠시 돌아가보자. '사회적 구성주의'를 가장 먼저 발본적인 방식으로 제기했던 이론가는 주지하다시피 주디스 버틀러이다. 버틀러는 젠더의 문제를 다루면서 단지 문화적 젠더만이 사회적으로 구성된다고 말한 것이 아니라 우리가 생물학적 또는 자연적 성별sex이라고 믿는 것 또한 사회적으로 구성된 젠더를 자연으로 투사함으로써, '자연화'naturalization한 결과로서 구성된다는 입장을 취한다. 곧 남자와 여자 따위는 본래 자연 안에 존재하는 것이 아니며, 이성애중심주의적인 젠더를 자연 안에 투사한 효과에 지나지 않는다는 것이다. 아마도 이에 대해 마수미는 오히려 자연적 성별은 분명히 있는데, 다만 그 성별을 남자와 여자가 아니라 잠재적인 성으로서의 'n개의 성'으로 봐야 하며, 이 가운데 남자와 여자라는 이성애적 성이 지배적인 것으로 '현실화'됐을 뿐이라는 입장을 취할 수 있을 것이다.[37] 그러나 양자 모두 대답하기 곤란한 것은 바로 다음과 같은 질문일 수밖에 없다. 왜 그렇다면 '이성애적 성'은 역사적으로 지배적인 것으로 조직됐는가? 이 질문은 사실 마수미의 입장에서는 물론이고, 버틀러의 입장에서도 '동어반복적인 방식'으로가 아니라면 대답하기 어려운 것이다. 또는 하나의 '사실'로서 전제될 뿐 설명되지 않는다. 그러나 '생산과 재생산의 접합'이라는 문제설정을 취하는 알튀세르의 입

---

37) 그러나 성(sexuality)에 대한 이런 이해는 여전히 생물학주의적이며 프로이트가 인간의 성을 생물학적 성으로부터의 '도착'(perversion)으로 이론화했다는 점을 전혀 이해하지 못하는 것이다. 즉, 생물학적인 n개의 성이 있는 것이 아니라 생물학적인 것(재생산)으로부터 도착되어 생겨나는 인간의 젠더 자체가 n개가 있는 것이다. 지크문트 프로이트, 김정일 옮김, 「성욕에 관한 세 편의 에세이」, 『성욕에 관한 세 편의 에세이』, 열린책들, 2003, 9~149쪽.

장에서 바라보면 우리는 이처럼 곤란한 질문에 대답할 수 있는 길을 찾게 되는데, 왜냐하면 바로 그런 이성애적 성의 지배 체제의 의미를 생산과의 관련성 속에서 파악할 수 있게 되기 때문이다. 다시 말해서 우리는 '착취'를 위한 노동력의 재생산, **인구**의 재생산의 조직화에 이성애적 체제가 접합되는 방식에서 그 체제가 지배적이 되는 원인을 분석할 수 있게 된다(미래의 노동력을 이룰 아동들의 재생산). 이는 이성애적 체제가 생산관계로 환원된다거나 단순히 생산관계에 의해 규정된다는 의미가 아니다. 왜냐하면 생산관계 또한 이성애적 체제의 특정한 조직화를 경유해서만 자신을 재생산할 수 있기 때문이다. 따라서 문제는 하나를 다른 하나로 환원하지 않으면서 그 양자가 어떻게 역사 속에서 서로 접합 또는 재접합되어왔는지를 매우 구체적인 방식으로 분석하는 것일 수밖에 없다. 발리바르가 (명시적으로 말하고 있지는 않지만) '생산과 재생산의 접합'이라는 문제를 제기함으로써 버틀러를 부분적으로 비판하면서 드러내고자 하는 것이 바로 이런 지점일 것이다.38)

---

38) 주지하다시피 발리바르는 1990년대에 이데올로기적 유대 양식으로서의 민족국가와 경제적 생산양식으로서의 자본주의 간의 '마주침'의 역사, '접합'의 역사를 분석하는 데 많은 노력을 기울여왔다. 특히 다음의 책을 참조하라. Étienne Balibar (avec Immanuel Wallerstein), *Race, Nation, Classe*, Paris: La Découverte, 1988. [최원 옮김, 『인종, 민족, 계급』, 그린비, 근간.] 최근 발리바르는 (자율주의 계열에 속한다고 볼 수 있지만 그 작업이 자율주의로 환원되는 것은 아닌) 실비아 페데리치의 작업에 주목한 바 있다. 페데리치는 자본 축적과 가족의 역사적 변형의 접합을 매우 구체적인 방식으로 분석하고 있다. Silvia Federici, *Caliban and the Witch: Women, the Body and Primitive Accumulation*, Brooklyn, N.Y.: Autonomedia, 2004. [황성원·김민철 옮김, 『캘리번과 마녀: 여성, 신체 그리고 시초축적』, 갈무리, 2013.]

마지막으로 알튀세르가 제시한 바 있는 이데올로기에 대한 정의를 음미하며 이 글을 마칠까 한다. 알튀세르는 이데올로기를 "개인들이 자기 실존의 실재 조건들과 맺는 상상적 관계에 대한 '표상'"이라고 규정한다. 그러나 여기서 '표상'이라 번역된 représentation은 사실 표상 이외에도 다양한 방식으로 번역될 수 있는 말이다. 그것은 표상이기도 하지만, 재현이기도 하고, 다시-제시함re-présentation이기도 하고, 상연(연극적 상연)이기도 하다. 이런 중의적인 말이 단순히 '표상'이라고 번역됨으로써 많은 오해가 생겨난 면도 있다. 하지만 알튀세르가 처음부터 이데올로기를 위와 같이 정의한 것은 아니다. 『맑스를 위하여』에서만 하더라도 알튀세르는 이데올로기를 매우 인식론적인 관점에서만 파악하고 있었다. 그러나 1965년부터의 작업을 통해 알튀세르는 전진적으로 자신의 생각을 교정해갔으며, 「이데올로기와 이데올로기적 국가장치들」에 제시된 저 최종적인 정의는 이제 인식론적인 차원을 명확히 넘어서서 **사회존재론적 차원**을 확보하고 있다(그렇지 않다면 우리는 알튀세르가 이데올로기를 사고함에 있어 대체되어 사라지는 용어로 '관념'을 들고 있다는 점을 좀처럼 이해할 수 없을 것이다). 왜냐하면 그 최종 정의 안에서 이데올로기는 "실재 존재 조건에 대한 개인들의 상상적 표상"이라고 단순하게 규정되는 것이 아니라 "개인들이 자기 실존의 실재 조건들과 맺는 상상적 관계"를 **다시-제시**하는 것(또한 **상연**하는 것)이라고 말하고 있기 때문이다. 이데올로기는 개인들이 자기의 실재 존재 조건에 대해 맺는 상상적 관계를 (이데올로기적 국가장치들을 수단으로) 가공하고 채널링하고 통제하는 **사회적 실천**, 다시 말해서 개인들의 상상에 개입해 들어오는 사회적 실천이다. 이런 관점에서 봤을 때, 이제 우리는 생산과 재생산의 접합을 말하는 알튀세르의 이데올로기론이 필연적으로 제기하는 과제가 무엇인지 알 수 있게 된다. 사회적 실천으로서의 이데올로기가 다른 사회적 실천들(경제, 정치 따위)과 역사적으로 접합되어온 방식들에 대한 구체적 연구, 지금 그 접합이 해체되거나 새롭게 조직되는 방식들에 대한 구체적 연구, 그 속에서 드러나는 현재 우리가 살아가고 있는 체제의 위기와 모순들에 대한 구체적 연구, 그리고 이로부터 도출되는 다양한 대중들의 실천 및 투쟁의 목표와 방법론에 대한 연구가 바로 그 과제이다. 이런 연구들은 단지 '정서' 또는 '정동'에 대한 연구로 환원될 수 없다. '정서 이론'이 국지 이론의 영역으로 재-위치된다는 조건 아래에서, 그리고 그것이 완전히 다른 전제 위에서 재구성된다는 조건 아래에서, 여전히 어떤 의미를 가질 수는 있다고 할지라도 말이다.

:: 후 기

내가 「'정동 이론' 비판」이라는 논문을 출판할 예정이라는 소식을 접한 동료 학자와 지인 가운데 몇 분이 "브라이언 마수미가 '정동 이론'의 대표자인가?"라는 문제제기를 해주셨다. 그래서 '후기' 형태로나마 간략하게 내가 마수미를 주요 검토 대상으로 택한 이유를 밝힐 필요를 느꼈다. 사실 진태원이 「정동인가 정서인가?: 스피노자 철학에 대한 초보적 논의」라는 글을 발표한 뒤, 특히 SNS에서 가장 주목을 끌었던 반론은 국내에 '정동 이론'을 가장 정력적으로 소개하고 있는 자율주의 연구자 조정환(도서출판 갈무리 대표)에게서 나왔다. 자신의 글에서 조정환은, 진태원이 스피노자에 준거해 '정동 이론'에 대해 논하는 것은 일종의 '기원'에 대한 집착이며, '정동 이론'의 기원에 있는 것은 스피노자도 들뢰즈도 아니며 마수미라고 지적했다. 내가 우선 마수미를 검토할 필요가 있다고 느꼈던 것은 이 때문이다.

그러나 이는 사실 조정환의 발언이 아니더라도 그 자체로 충분히 정당화될 수 있다. 『정동 이론』의 편저자인 멜리사 그레그와 그레고리 시그워스는 서문에서 다음과 같이 말한다.

> 최근에 정동과 정동 이론에 대한 관심과 호기심을 다시 불붙인 분수령이 되는 사건은 1995년 이브 세지윅과 애덤 프랭크의 논문(「사이버네틱 주름에서의 수치」)과 브라이언 마수미의 논문(「정동의 자율성」)일 것이다. 이 탁월한 두 논문의 이론적 내용은 (정동이 인식의 중심성을 대체하는 것과 정동 이론이 구조주의와 후기구조주의의 중심성에 대한 논쟁을 대체하는 것을 합쳐) 새로운 활기를 북돋웠을 뿐 아니라 …… 이후에도 널리 회자되고 상당한 영향력을 행사하게 됐다. 1995년의 이 두 논문과 더불어 [바로 그] 저자들이 그 후에 발표한 연구는 인문학에서의 정동 연구에서 지배적인 두 가지 방향성에 실질적인 형태를 부여했다. 바로 실번 톰킨스의 미분적 정동의 심리생리학(1962)(세지윅과 프랭크)과 질 들뢰즈의 스피노자식 신체 능력의 행동학(1988a)(마수미)이다.[39]

여기에서 우리는, 세지윅-프랭크와 마수미가 '정동 이론'에 실질적 형태를 부여한 대표적 이론가로 꼽힌다는 것을 쉽게 확인할 수 있

---

39) Melissa Gregg and Gregory J. Seigworth, "An Inventory of Shimmers," *The Affect Theory Reader*, Durham/London: Duke University Press, 2010, p.5. [최성희·김지영 옮김, 「미명의 목록[창안]」, 『정동 이론』, 갈무리, 2015, 22쪽.]

다. 이 가운데 내가 특히 마수미를 택한 이유는 세지윅-프랭크는 진화론적 문제설정 속에서 움직이고 있기 때문에, 철학적 문제설정을 드러내기에는 마수미가 훨씬 적합하다고 판단했기 때문이다.

마수미는 분명 '정동 이론'의 어떤 패러다임(적어도 '정동 이론' 내의 지배적인 두 방향 중 하나)을 만들어냈다. 당연히 '정동 이론'에 속하는 모든 연구가 마수미로 환원되는 것은 아닐 것이다. 하지만 '정동'이라는 개념의 형성 과정을 살펴봄에 있어서 마수미는 확실히 특권적인 위치를 점하고 있는 것이 사실이다. 그러므로 혹자가 "마수미는 정동 이론의 대표자가 아니다"라는 식의 반론을 여전히 고수하고 싶다면, 마수미의 문제설정에 대해 비판적이거나 마수미와는 이질적인 '정동 이론' 내의 다른 분파의 작업 및 내부 논쟁을 정리해 보여줄 수 있어야 할 것이다. 그래야 우리가 논쟁을 통해 서로 배울 수 있는 기회를 가질 수 있을 테니 말이다.

찾아보기

은유(métaphore/metaphor) 67,
78~109, 116, 149~157, 180, 188 → '응
축,' '환유' 항목 참조
응시(regard/gaze) 53n32, 153, 168
응축(condensation/condensation) 78,
88, 89, 180, 357 → '은유' 항목 참조
의미작용[의미화](signification/
signification) 41n14, 51, 79, 87, 94,
104, 115, 136, 144, 152, 179
이글턴(Terry Eagleton) 231, 232,
239~241
이데올로기(idéologie/ideology) 17, 18,
30, 37~45, 62~64, 228~329, 346, 347
→ '보편성,' '호명' 항목 참조
　이데올로기적 반역(révolte idéologique/
　ideological revolt) 17, 333, 334,
　347~350, 366, 367, 370, 371, 377
이삭(Isaac)[성경] 381~384 → '아브라
함' 항목 참조
이접적 종합(synthèse disjonctive/
disjunctive synthesis) 328, 329
이타성(altérité/alterity) 269, 270
인과성(causalité/causality) 226~227,
272n58, 294~297, 329, 407, 432~440
　구조적 인과성(causalité structurale/
　structural causality) 272n58, 294, 324
　표현적 인과성(causalité expressive/
　expressive causality) 294, 295, 324
인셉션(inception/inception) 228, 230,
257, 258
인식론적 절단(coupure
épistémologique/epistemological break)
218, 274, 366, 371, 428, 443
일반 이론(la théorie générale/general
theory) 17, 314~321, 324, 441~443 →
'국지 이론' 항목 참조
입사(introjection/introjection) 49~51,
71 → '투사' 항목 참조

ㅈ
자아(moi/ego)
　이상적 자아(moi idéal[Ideal Ich]/ideal
　ego) 47~53, 153
　자아이상(idéal du moi[Ich-ideal]/ego-
　ideal) 47~53
자아심리학(ego psychology) 68, 69
장자(莊子) 153
전위(déplacement/displacement) 23,
78, 89, 149 → '환유' 항목 참조
전이(transfert/transference) 68~70,
142~147, 169, 232
접합(articulation/articulation) 16, 17,
107, 227, 274, 275, 289, 295, 308, 311,
318~328, 439~448, 450 → '과잉결정'
항목 참조
정서(affectus/affect) 41n14, 413~427,
443 → '변용' 항목 참조
정신(psyche) 129, 132n24, 141 → '육
체' 항목 참조
정신증(psychose/psychosis) 12, 86,
203~206
제논(Zenon) 175
조이스(James Joyce) 197, 205~208
　『피네간의 경야』(Finnegans Wake)
　208n162
존스(Ernest Jones) 120, 137
좌절(frustration/frustration) 76~85,
91~99, 144
주이상스(jouissance/enjoyment)
15, 31, 47, 49, 55~64, 90, 91n83,
117, 160~165, 173~196, 300, 301,
386~390, 398n73
주체(subjet/subject)
　무의식의 주체(le sujet de l'inconscient/
　the subject of the unconscious) 17,
　124, 141, 147, 155, 170, 253~256,
　285, 291, 334

라캉 또는 알튀세르
이데올로기적 반역과 반폭력의 정치를 위하여

초판 1쇄 인쇄 | 2016년 7월 18일
초판 1쇄 발행 | 2016년 7월 25일

지은이 | 최　원
펴낸곳 | 도서출판 난장·등록번호 제307-2007-34호
펴낸이 | 이재원
주　소 | (04380) 서울시 용산구 이촌로 105(한강로 3가 40-879) 이촌빌딩 1층
연락처 | (전화) 02-334-7485　(팩스) 02-334-7486
블로그 | blog.naver.com/virilio73
이메일 | nanjang07@naver.com

책값은 뒤표지에 있습니다.
잘못 만들어진 책은 구입한 서점에서 바꿔드립니다.
ISBN 978-89-94769-19-6　03160

이 도서의 국립중앙도서관 출판예정도서목록(CIP)은
서지정보유통지원시스템 홈페이지(http://seoji.nl.go.kr)와
국가자료공동목록시스템(http://www.nl.go.kr/kolisnet)에서 이용하실 수 있습니다.
(CIP제어번호: CIP2016016633)